Der Märkische Kreis ist mehr

Holger Krieg

ISBN 978-3-86037-483-2

1. Auflage

©2012 Edition Limosa GmbH
Lüchower Straße 13a, 29459 Clenze
Telefon (0 58 44) 97 11 63-0, Telefax (0 58 44) 97 11 63-9
mail@limosa.de, www.limosa.de

Redaktion:
Holger Krieg

Satz und Layout:
Zdenko Baticeli, Lena Hermann, Christin Brösel

Korrektorat:
Ulrike Kauber

Unter Mitarbeit von:
Sathis Nageswaran, Britta Arndt, Doreen Rinke

Medienberatung:
Robin A. Schröder, Michael Bergmann

Gedruckt in der Europäischen Union.
Der Inhalt dieses Buches ist auf säurefreiem, alterungsbeständigem Papier gedruckt,
hergestellt aus chlorfrei gebleichtem Zellstoff aus FSC®-zertifiziertem Holz.

Alle in diesem Buch enthaltenen Angaben, Daten, Ergebnisse usw. wurden nach bestem Wissen erstellt und mit größtmöglicher Sorgfalt überprüft. Dennoch sind inhaltliche Fehler nicht völlig auszuschließen. Daher erfolgen die Angaben und Hinweise ohne jegliche Verpflichtung oder Garantie des Verlages, des Herausgebers oder der Autoren. Diese übernehmen deshalb keinerlei Verantwortung für etwa vorhandene Unrichtigkeiten.

Das Werk einschließlich aller seiner Teile ist urheberrechtlich geschützt. Jede Verwertung außerhalb der engen Grenzen des Urheberrechtsgesetzes ist ohne Zustimmung des Verlages unzulässig und strafbar. Das gilt besonders für Vervielfältigungen, Übersetzungen, Mikroverfilmungen und Einspeicherung und Verarbeitung in elektronischen Systemen.

Holger Krieg

Der Märkische Kreis ist mehr

Die Burg Altena, in der alten Drahtzieherstadt hoch über dem Lennetal gelegen, ist das Wahrzeichen des Märkischen Kreises und Anziehungspunkt für Touristen aus dem gesamten Bundesgebiet und sogar dem Ausland.

Ist der Märkische Kreis mehr?

Warum nur – um alles in der Welt – macht ein allzu großes, allzu dickes, allzu schweres Buch keinen Sinn? »Ganz einfach«, sagen die, die davon was zu verstehen glauben: »Es ist zu viel zu lesen, zu viel zu gucken, zu schwer zum Mitnehmen ...« Also sollte es »nur« ein schönes großes und reich bebildertes Werk mit 280 Seiten sein. Das klang schlüssig und gut – und für andere Themen und andere Ecken der Welt war es ja stets ausreichend. Das war gestern. Bevor das Buch über den MK entstand.

Dann Gedanken über den Arbeitstitel: »Das ist der Märkische Kreis«. Die Betonung sollte auf »das« liegen. Klang gut, Tat und Schuld angemessen, wie es vor Gericht heißt. Damit kann man nicht viel falsch machen. Aber: Vielleicht sollte es doch besser »Der Märkische Kreis ist mehr« heißen? Aber den Gedanken verwarf ich bald wieder. Hätten die Leser nicht verstanden. Der »Mehr-Titel« wäre mehr der Titel für mich selbst als für die gewesen, die Spaß an dem Buch haben sollen.

Oder doch mehr? Ungeachtet dessen bleibt festzuhalten: Ich dachte, ich kenne den Kreis und ich weiß, was schön und wichtig ist. Das, was ich kannte und schön und wichtig wusste, das ist es auch. Aber es ist längst nicht alles. Der Märkische Kreis ist sogar viel, viel mehr und auf 280 Seiten gar nicht darstellbar ... Und da schließt sich der Kreis. Der mit dem eigentlich richtigen Titel und so ...

Aber der Reihe nach. MK. Der Märkische Kreis. Als ich (der Schreiber) im Jahr der deutschen Vereinigung aus dem hessischen Main-Kinzig-Kreis – die übrigens auch liebend gerne MK nähmen – beruflich ins märkische Sauerland übersiedelte, fehlte zu Beginn jeglicher Bezug zur neuen Heimat. Ganz früher hatte ich auf einer Urlaubsreise in Südfrankreich ein junges Pärchen aus MK kennengelernt und erfahren: MK ist Lüdenscheid ... ?!? Später beschäftigte ich mich ein wenig mit Eishockey. Da war der Märkische Kreis plötzlich Iserlohn. Komisch ...

Lüdenscheid, Iserlohn ... aber auch Altena und ein Dutzend attraktiver und spannender Kommunen mehr. Das ist der Märkische Kreis. Da ist die Burg, das Wahrzeichen, auf die der Kreis, die Menschen im Kreis und ganz besonders die Altenaer mit Recht stolz sind. Überhaupt gibt es einen Haufen Dinge, auf die die Märker stolz sein können: auf die Höhlen in Balve und im Hönnetal, auf das Meer aus Felsen in Hemer, auf die Skispringer(innen) in Meinerzhagen, auf die Eis-Hähne am Iserlohner Seilersee, auf die Lichtinszenierungen in Lüdenscheid und, und, und.

Glücklicherweise sind sie nicht ewig, die Gestrigen, die den Zeiten nachtrauern, als auf den Straßen im MK-Gebiet nicht weniger als fünf verschiedene Autokennzeichen tourten. Die Palette reichte von LÜD und LS über IS und AL bis hin zum ARN für die Balver Teile Arnsbergs. Wer Neid zwischen MK-Nord und MK-Neid schüren will, kommt heute nicht mehr wirklich gut an.

Gut an kommt dagegen zweifelsohne die Lage des Märkischen Kreises zwischen Ruhrgebiet und dem Sauerland. Ein Katzensprung ist es ebenso in die Metropolregion wie in die Beschaulichkeit der 1000 Berge. Die Wirtschaft liegt strategisch günstig, unter anderem an der Königin der deutschen Autobahnen, der Sauerlandlinie. Diese ist übrigens – nicht zuletzt aufgrund der vielen Talbrücken wo am schönsten? Im Märkischen Kreis natürlich!

Und im Kreis gibt's nicht nur Talbrücken, sondern auch Talsperren, die für die heimische Region weit mehr bedeuten als bloße Wasserspeicher. Und die ... Mehr halt. Der Märkische Kreis ist mehr. Also doch! Der Märkische Kreis ist auch seine Unternehmen, Institute und Institutionen, die reichlich in diesem Buch zu finden sind. Nicht umsonst ging just 2012 durch die Medien, dass schlaue Leute herausgefunden haben: Die innovativsten Mittelständler Deutschlands kommen aus dem Märkischen Kreis. Noch Fragen? Der MK als gutes Stück Südwestfalen wird auch der jüngsten Region Deutschlands mit seinem Charme seinen Stempel aufdrücken. Nicht nur während der Regionale 2013.

Deshalb also vorab schon mal die Entschuldigung: Alles, was es gibt, ist auf 280 Seiten nicht unterzubringen. Egal, welcher Titel vorne drauf steht. Strafen Sie mich dafür nicht. Mit dem Kürzen und Selektieren war ich – glauben Sie's – schon genug gestraft. Aber vielleicht freuen Sie sich ja sogar, das Ganze gestrafft und bisweilen auf eine sachliche Ebene heruntergebrochen präsentiert zu bekommen und machen sich nach der Lektüre selber auf, das, was nicht geschrieben und fotografiert wurde, selbst zu entdecken. Es lohnt sich, denn er ist doch mehr, als man glaubt, der Märkische Kreis.

Ihr Holger Krieg

Holger und Nanga Kriegs Lieblingsplatz im Märkischen Kreis liegt an der Hälver – im Hälvertal zwischen Schalksmühle und Halver. Regelmäßig baden geht dort jedoch nur eine von beiden.

Inhalt

Ist der Märkische Kreis mehr? 6

MK – Der Kreis

MK – Drahtseilakt zwischen Naturpark und Gesenkschmiede 10
Eine Million Briefe jedes Jahr 12
Der Märker 15
Aus LÜDISALAR wurde MK 18
Route 45 20
Märkisches Jugendsinfonieorchester (MJO) 20
Wandern, Radfahren und viel Kultur 22
Plattdüütsch is doll, woll 24
Johannes Rau bei den Märkern 24
Die Stipendien der
Märkischen Kulturkonferenz (MKK) 24
Mittelstand prägt Wirtschaftsstruktur
im Märkischen Kreis 26
Bedeutendste Industriemesse in der Region 28
Studie: Märkischer Kreis ist Deutschlands innovativster
Wirtschaftsstandort 28
Als die Dieselloks noch durch den Kreis schnurrten 31

Regionale 2013

Regionale 2013 nimmt Herausforderungen
der Globalisierung an 34
Erlebnisaufzug zur Burg Altena 34
Die jüngste Region Deutschlands 35
Oben an der Volme tut sich was 35

Berge und Täler

129 Kilometer vom Kahlen Asten nach Hagen 36
Volme gelangt zu Popularität 37
Mysteriöses Hönnetal 38
Die Hönnetalbahnstrecke 39
Liebenswerte Hönne 39
Weitläufige unterirdische Systeme 40
Die Feldhofhöhle 41
Die Reckenhöhle 41
Klusenstein thront über der Klippe 43
Die sieben Jungfrauen vom Hönnetal 44
Weißes H auf gelbem Quadrat 44
Traumhaftes Zusammenspiel von Wald und Wasser 45

Das Land der Talsperren

Gewaltige Talsperrendichte im Kreis 46
»Die Verse« bietet Trinkwasser und Strom 46
Fuelbecke: Trinkwasser und Romantik pur 47
Die Glör bietet enorm hohen Freizeitwert 47
Kerspetalsperre liefert täglich 70 000 Kubikmeter 48
Fürwiggetalsperre – die kleinste im Land 48
»Wasserlehrpfad« um die Genkeltalsperre 49
Tauchen in der Oestertalsperre 49

Altena

Altena setzt auf Miteinander von Jung und Alt 51
Die Siedlung war den Arnsbergern »all te na« 53
Burg Altena 54
Erste Jugendherberge der Welt 57
Vom Kettenhemd zum Supraleiter 58
Fritz Berg,
ein Wirtschaftsfunktionär aus Stahl 60
»Bürgerburg« Holtzbrinck nicht als Burg erbaut 62
Zeitgenössische Kunst in der Stadt 63
Die Altenaer sind auf Draht 63

Balve

Balve: Von Höhle, Hütte und dem Optimum 65
Balve Optimum mit traditionsreicher Historie 66
Der Balver Dom 67
Von Dinosauriern und Hexenwahn 68
400 000 Millionen Jahre Balver Geschichte 69
Der »Felsendom« ist die größte Kulturhöhle Europas 70
Luisenhütte – Wasser, Dampf und heißes Eisen 72
Die Perle im Orletal 75

Halver

Lebenswerter Ort an der Grenze zum Rheinland 77
Nicolai-Kirche als Perle und Wahrzeichen 79
Halver: eine Stadt im Wandel 80
Freizeit- und Naturerlebnis Heesfelder Mühle 82
Engagement für den Aussichtsturm 83
Dauerbrenner Halveraner Herbst 84

Mittelalterfest in Altena

Eventstadt Halver	85
Eugen Schmalenbachs Werk bis heute aktuell	86
Herpines Zukunft durch Privatinitiative gesichert	87

Hemer

Hemer mit positiver Bevölkerungsprognose	89
Über Hademare und Hedemer zur Stadt von heute	92
Es war einmal eine Kaserne …	94
Global Player in der Sanitärbranche	96
Von Bären und Hyänen in atemberaubendem Ambiente	100
Der Höhlenbär von Hemer	102
Fokus auf Erd- und Stadtgeschichte gleichermaßen	102
Geotop und Touristenattraktion	104

Herscheid

Die Naturparkgemeinde im Ebbegebirge	109
»Hertsceido« 1072 erstmals urkundlich erwähnt	111
Apostelkirche erhielt erst 1971 ihren Namen	112
Attraktion Kürbismarkt Rärin	112
Der Ahe-Hammer	113
Der Herscheider Spieker	113
Und die Bieberlies dampft weiter	114

Iserlohn

Wirtschaftskraft + Wohnwert = Iserlohn	117
Naherholung pur am Seilersee	119
Barendorf gibt Blick auf ursprüngliche Industrieansiedlung frei	120
Museum für Handwerk und Postgeschichte	121
»Eisenwalds« beeindruckende Geschichte	124
Als Pater und Nonne den Bischof in die Lenne warfen	130
Ich versteh' nur Stadtbahnhof	130
Ein Marktplatz am Hellweg	131
St. Pankratiuskirche ältestes Bauwerk der Stadt	135
Die Kirche mit den beiden Namen	135
Ins Fernsehen und den Weltraum	138
Wahrzeichen Danzturm	140
Floriansdorf: Zündeln ausdrücklich erlaubt	142
IBSV bietet das größte Volksfest Südwestfalens	143
Roosters: Eishockey-Kult im Hexenkessel am Seilersee	146
2011 feierte Letmathe 975-Jähriges	147
Kiliansdom prägt das Gesicht Letmathes	148
Bandbreite von der Kettenherstellung bis »50-plus«	150

Kierspe

Dorf und Bahnhof fügen sich zusammen	153
»Adjüs Welt, iek go no Keispe«	155
Die Höhle von Kierspe	156
Haus Rhade, ein mittelalterliches Kleinod	157
Ein Museum für den »Stoff der tausend Dinge«	160
Vieles im Original im Schleiper Hammer	161
Die Ölmühle in Rönsahl	162
Der Rauk ist allgegenwärtig	162
Waldemar Wien, Gestalter der Plätze	162
Das Kiersper »Rechtsdenkmal« Thingslinde	162
Das Dorf der Pulvermacher und Schnapsbrenner	163

Lüdenscheid

Moderne Industriestadt – von der Natur verwöhnt	165
Die Ente bleibt draußen	167
Kreisstadt trotzte der topographisch ungünstigen Lage	170
Lüdenscheid ist nicht gleich Regenscheid	173
Medardus, der Patron von Lüdenscheid	173
Haube des Erlöserkirchenturms prägt Stadtbild	174
Knopfstadt Lüdenscheid	175
Innovationsfreude des Mittelstands prägend	178
Die Stadt des Lichts	182
Bezauberndes Schloss Neuenhof	183
Lüdenscheid Nord	184
»415 m über Null« – Denkfabrik Lüdenscheid	184
Kurt Weill, Kapellmeister in Lüdenscheid	185
Ida Gerhardi: Paris – Lüdenscheid	185
Gottes größtes Haus im Märkischen Kreis	187
St. Joseph und Medardus	187
Schule an der Höh »Vorbild für andere«	189
Der Luftschiffpionier aus Lüdenscheid	191
Phänomenta: Anfassen erwünscht	192
»Hauptschüler mit Profil« fit in Sachen Technik	193
Die Entwicklung des Schmiedehandwerks live	195
Museen der Stadt – ein Kaleidoskop der industriellen Entwicklung	198
Beeindruckender Blick von der Homert	198
Blick zurück auf spannende Zweitligazeiten	199
Highlander kamen bereits hoch hinaus	199

Meinerzhagen

Meinerzhagen mit hohem Erholungswert	203
Stadtname huldigt einem Einsiedlermönch	205

Der Lüdenscheider Sternplatz mit dem Rathaus

Romantisches Wasserschloss Badinghagen	206
Die Knochenmühle von Mühlhofe	206
Jesus-Christus-Kirche als Emporenbasilika ausgelegt	207
Meinhardusschanzen fest im Sprungkalender	208
Valbert kontinuierlich von Grenzstreitigkeiten betroffen	209

Menden

Menden zwischen Tradition und Moderne	211
»Abwechslungsreiche« Geschichte Mendens	214
Eventstadt Menden	217
Traditionsreiches Mendener Schützenwesen	217
Des Teufels »Karnevalsturm«	220
Spannende Zeitreise durch die Geschichte	221
Menden ist Handball	222
Romantik pur am Hexenteich	223
Burg Rodenberg bereits 1301 zerstört	223
Eine gotische Hallenkirche im Herzen der Stadt	225
Menden – industriegeschichtlich ein Schrittmacher Südwestfalens	226

Nachrodt-Wiblingwerde

1907 entstand liebenswerte Doppelgemeinde	231
Namensgeber Haus Nachrodt	233
In der Heimatstube wird Geschichte lebendig	233
Hof Dümpel an der Grenze zu Iserlohn	234
Kein schöner Land in dieser Zeit	235

Neuenrade

Schmucke Stadt an Hönne und Kohlberg	237
Der Neuenrader Stadtbrunnen	238
Gertrüdchenmarkt lockt nach Neuenrade	239
Erste Siedler nach Nyenrade gezwungen	240
St. Lambertus ist das Prunkstück	242
Der höchste Punkt Neuenrades	242
Wirtschaftsstandort im Grünen	242
Kloster Berentrop mit langer Geschichte	243
Berentrop – der besterhaltenste Rennofen	244
Die Neuenrader Gerichtslinde	245

Plettenberg

Keine »normale« Industriestadt	247
Die schönste Hallenkirche des Sauerlands	249
Schloss Brüninghausen etliche Male umgebaut	249
»Heslipho« taucht 1072 erstmals in einer Urkunde auf	250
Verarbeitendes Gewerbe dominierend	251
»Neu Glück« mit lebendigen Bleispuren	252
Von Burg Schwarzenberg wurde die Region regiert	254

Schalksmühle

Als Kiepenlisettken durch Elektro Valley hausieren ging	257
Das ewige Kiepenlisettken	259
Vom Schandfleck zur Schönheit	260

In der Plettenberger Innenstadt

Zweithöchste Industriedichte im Kreis	261
Zum Bau der Glörtalsperre kamen 1903 die ersten Gastarbeiter nach Dahlerbrück	263

Werdohl

Zweiflüssestadt mit 31 Brücken und der Zukunft im Visier	265
Alfred Colsman: Ein Werdohler prägte die Luftschifffahrt mit	267
Die Eisenbahn sorgte für Aufschwung	270
Von Pungeschede bis Pungelscheid	273
Rathaus diente einst als Ledigenheim	273
Schweinegruppe auf dem Weg zum Schlachthof	274
Die Dame mit Tasche und Schirm	274
Busenhof einer der ältesten in Werdohl	274
Wenn die Lenne spuckt	274
Bahnhof erstrahlt in neuem Glanze	275
Hochgotische Verzierung in der Christuskirche	275

Orts-, Personen-, Firmen- und Sachregister	276
Bildquellennachweis	278
Besten Dank	279
Der Autor	279

> Bei den Beiträgen mit **blauen** Überschriften handelt es sich um (Selbst-)Darstellungen der Protagonisten dieses Buches.
> Die mit **orangenen** Überschriften versehenen Beiträge sind redaktionelle Darstellungen zu verschiedenen Themen.

MK – Drahtseilakt zwischen Naturpark und Gesenkschmiede

Der Märkische Kreis mit seinen 15 Kommunen ist ein Kreis der großen Gegensätze

2004 wurde die Luisenhütte zum Denkmal von nationaler Bedeutung erklärt.

Der Märkische Kreis mit seinen 15 Städten und Gemeinden ist einzigartig in seiner Vielfalt. Im Zuge der Gebietsreform in Nordrhein-Westfalen entstand er am 1. Januar 1975 im Wesentlichen aus den Alt-Kreisen Iserlohn und Lüdenscheid, der kreisfreien Stadt Iserlohn sowie dem Amt Balve. Mit knapp 1060 Quadratkilometern Fläche und rund 430 000 Menschen zählt der Märkische Kreis heute zu einem der größten und bevölkerungsreichsten Kreise in ganz Deutschland.

Der Märkische Kreis ist ein gewaltiges Verwaltungs- und Dienstleistungsorgan. Ob er Sozialhilfe gewährt, Naturschutz und Landschaftspflege betreibt, für Abfallbeseitigung sorgt, den Rettungsdienst organisiert, Kraftfahrzeuge zulässt oder Lebensmittelkontrollen startet – die Aufgaben sind ebenso vielfältig wie umfangreich.

Den Verantwortlichen ist zwischen Ruhr und Lister, Volme und Hönne eine beeindruckende Synthese zwischen Arbeit und Erholung geglückt. Zum einen zählt der Märkische Kreis zu den industriestärksten Regionen in Nordrhein-Westfalen, zum anderen besitzt er einen kaum zu übertreffenden Erholungs- und Freizeitwert. Immer mehr Besucher entdecken die landschaftlichen Reize, die ungestörte Ruhe der großen Naturparke Homert und Ebbegebirge.

Trotz seiner Tradition als bedeutender Industriestandort wartet der Märkische Kreis mit einer intakten Umwelt auf. Naturnahes Wohnen und ein vielfältiges Angebot an Sport- und Freizeitmöglichkeiten schaffen einen hohen Erlebnis- und Erholungswert. Etwa 50 Prozent der Fläche sind als die Naturparks Ebbegebirge und Homert ausgewiesen. Mehr als 120 Naturschutzgebiete ermöglichen Naturerlebnisse und leisten gleichzeitig einen Beitrag zum aktiven Umweltschutz. Der große Wasserreichtum ist ein weiteres Kennzeichen. Zehn herrlich gelegene Flüsse, Seen und Talsperren geben der Landschaft eine typische Prägung. Wasserkraft, Holzreichtum und Eisenerze ließen bereits vor mehreren hundert Jahren eine tragende klein- und mittelständische Industrie heranwachsen.

Der Märkische Kreis ist auch dafür bekannt, Gegensätze zu vereinen: So sind die Unterschiede zwischen Iserlohn mit fast 100 000 Einwohnern und der Kreisstadt Lüdenscheid mit gut 80 000 Einwohnern als den beiden größten Städten zu Nachrodt-Wiblingwerde (etwa 6500 Einwohner) und Herscheid (etwa 7500) als den beiden kleinsten Gemeinden sehr groß. Auch werden im Märkischen Kreis trotz des Industriereichtums 83 Prozent der Gesamtfläche forst- und landwirtschaftlich genutzt. Aufgabe der Kreisverwaltung ist es hier, einen strukturellen Ausgleich zu schaffen. So betreibt der Kreis beispielsweise ein Jugendamt für die kleineren Städte, das auf rund 90 000 Einwohner zugeschnitten ist.

Der Märkische Kreis bietet mit zwei Autobahnen günstige Verkehrsanbindungen, Ver- und Entsorgungssicherheit, leistungsfähige Aus- und Weiterbildungsmöglichkeiten, Transferangebote im Bereich Forschung und Entwicklung – aber auch eine attraktive Kulturszene, Möglichkeiten der Sport- und Freizeitgestaltung sowie eine moderne touristische Struktur. Besonders stolz ist der Kreis auf seine Märkischen Kliniken in Lüdenscheid, die mit ihren 28 Fachabteilungen und 1000 Planbetten zur Spitzenversorgung zählen. Nationalen Ruf genießen darüber hinaus das Sportkrankenhaus Hellersen mit seinen Olympiaärzten, die Lungenklinik und die Hans-Prinzhorn Klinik in Hemer.

Das Kreishaus des Märkischen Kreises an der Heedfelder Straße in Lüdenscheid

Die Lüdenscheider Altstadt

MK – Der Kreis

Der Märkische Kreis ist eine »Hochburg« der deutschen Talsperrenlandschaft. Diese Wasserlandschaften – hier die Kerspetalsperre bei Kierspe – bieten ein imposantes Bild.

Kaum ein anderer Kreis ist Träger so vieler Berufskollegs wie der Märkische Kreis

Mit ihrer modernen Ausstattung und zukunftsweisenden Ausbildungsberufen genießen sie in der Wirtschaft einen guten Ruf. Ein wichtiger Impulsgeber für die Region ist die Fachhochschule Südwestfalen mit ihrem Standort in Iserlohn. Unter dem Stichwort Regionalmarketing gründete der Märkische Kreis vor einigen Jahren die Gesellschaft zur Wirtschafts- und Strukturförderung (GWS). Dort ist auch der Bereich Touristik angesiedelt.

Mehr als 170 Sehenswürdigkeiten, Museen und Denkmäler laden zu Entdeckungstouren in Vergangenheit und Gegenwart ein. Kulturelles Wahrzeichen ist die Burg Altena. Weltweit bekannt ist die Burg als Standort der ersten und damit ältesten Jugendherberge der Welt. Außerdem lohnt ein Besuch im dort ebenfalls angesiedelten Museum sowie im nahegelegenen Deutschen Drahtmuseum.

Im Rahmen des Handlungsschwerpunktes »Den demographischen Wandel gestalten« koordiniert und moderiert der Märkische Kreis die Entwicklung von Handlungsempfehlungen in enger Zusammenarbeit mit den Städten und Gemeinden im Kreis. Zu erwartende massive Veränderungen der Bevölkerungsstruktur im Kreis machten dies notwendig.

Die Burg Altena

MK – Der Kreis

Eine Million Briefe jedes Jahr ...

Die Aufgaben der Kreisverwaltung

Das Schullandheim des Märkischen Kreises auf der Insel Norderney

Das Kreishaus in Altena

Die Frage war einfach. »Was macht eigentlich die Kreisverwaltung?«, wollte die Mutter einer 15-Jährigen aus Plettenberg wissen. Ihre Tochter sollte ein Referat für die Schule schreiben und genau diese Frage beantworten. »Bei der Straßenverkehrsbehörde muss man sein Auto anmelden – aber sonst wüsste ich nichts?« Genau, das geht sogar an drei Standorten – im Lüdenscheider Kreishaus, im Bürgerbüro am Griesenbrauck in Iserlohn und in der Nebenstelle im Werdohler Rathaus.

Gut 20 000 Autos, Motorräder, landwirtschaftliche Fahrzeuge, Transporter und Laster bekommen dort jedes Jahr Brief, Schein, TÜV-Siegel und Nummernschild. Insgesamt sind knapp 300 000 Fahrzeuge zugelassen. »So viele?«, wundert sich die Mama aus Plettenberg. Bei knapp 430 000 Einwohnern eine stolze Quote. Nicht so positiv ist die Zahl von gut 700 Autofahrern pro Jahr, deren Wagen zwangsweise stillgelegt werden müssen. Der Kreis hat auch eine Führerscheinstelle.

»Wie viele Leute arbeiten in der Kreisverwaltung?« Gut 300 Beamte und 926 tariflich Beschäftigte. »Und was machen die den ganzen Tag?« Sie bearbeiten beispielsweise rund eine Million ein- und ausgehende Briefe im Jahr und 960 000 Anrufe. Bis zu 14 000 Telefonate kommen Monat für Monat allein im Telefon-Service-Center an. Die Lebensmittelkontrolleure führen gut 3000 Kontrollen durch und nehmen dabei mehr als 2500 Proben. Sie sorgen so für sichere und gesunde Nahrungsmittel sowie hygienisch einwandfreie Betriebe.

Der Kreis als Schulträger

»Die Berufsschule hier in Plettenberg, ist das nicht auch eine Schule des Kreises?« Richtig, es ist eine Nebenstelle des Gertrud-Bäumer-Berufskollegs in Lüdenscheid. Der Kreis ist Träger von sechs Berufskollegs an sieben Standorten. Mehr als 13 000 Schülerinnen und Schüler werden dort täglich unterrichtet. Das Berufskolleg an der Hansaallee in Iserlohn gehört zu den größten Schulen im Regierungsbezirk Arnsberg. Darüber hinaus hat der Märkische Kreis sechs Förderschulen in Iserlohn, Hemer und Lüdenscheid mit den Förderschwerpunkten Sprache, Geistige Entwicklung sowie Emotionale und Soziale Entwicklung. 850 Jungen und Mädchen lernen dort auch fürs Leben. Mehr als 64 000 Kinder und Jugendliche besuchen die allgemeinbildenden Schulen. Für die 72 Grundschulen und 22 Hauptschulen ist die Schulaufsicht des Kreises zuständig. Auch die Lehrereinstellungen nimmt die Kreisverwaltung vor. Nicht zuletzt betreibt der Märkische Kreis seit Jahren ein Schullandheim mit 96 Betten auf der Nordseeinsel Norderney. 4075 Gäste sorgen für fast 23 000 Übernachtungen jährlich. Und sie fühlen sich dort sehr wohl, bleiben im Schnitt viereinhalb Tage. 95 Prozent gaben bei einer Befragung an, mit ihrem Aufenthalt zufrieden gewesen zu sein.

»Mir wird von den ganzen Zahlen fast schwindelig«, beklagt sich die Plettenbergerin. Dabei sind das noch lange nicht alle Informationen. Die

Der Eingangsbereich des Kreishauses

In der Kreisleitstelle am Lüdenscheider Dukatenweg

25 Mitarbeiter der Kreisleitstelle in Lüdenscheid koordinieren rund um die Uhr Rettungsdienst- und Feuerwehr-Einsätze im Kreisgebiet. Alle Notrufe, die über Handy abgesetzt werden, laufen dort auf. Die Notrufe über die Nummer 112 landen aus zwölf von 15 Städten und Gemeinden am Lüdenscheider Dukatenweg. Lediglich Iserlohn, Hemer und Menden haben noch eigene Nachrichtenzentralen. Bis zu 73 000 Notrufe werden in der Kreisleitstelle pro Jahr entgegengenommen und die jeweilgen Rettungsfahrzeuge in Marsch gesetzt.

Der Kreis betreibt eigene Rettungswachen in Balve, Halver, Werdohl und Meinerzhagen sowie eine Außenstelle in Herscheid. Über die Märkische Kliniken GmbH ist er Eigentümer des Klinikums Lüdenscheid, einem Krankenhaus der Spitzenversorgung, der Stadtklinik Werdohl sowie des Marienhospitals in Iserlohn-Letmathe mit zusammen knapp 1100 Krankenhausbetten. Etwa 3200 Beschäftige kümmern sich in den Krankenhäusern und deren Tochtergesellschaften um mehr als 160 000 Patienten jährlich. Zur Daseinsvorsorge gehört auch die Märkische Verkehrsgesellschaft (MVG). Sie befördert ungefähr 40 Millionen Fahrgäste im Jahr auf 15 Millionen Buskilometern. Für einen zuverlässigen Öffentlichen Personennahverkehr ist der Kreis mitverantwortlich.

Für Flora, Fauna, Habitat

Landschafts- und Umweltschutz werden großgeschrieben. Regelmäßig werden Wasserproben in Flüssen und Talsperren genommen und Kleinkläranlagen kontrolliert. Seit 2011 hat der Kreis eine Klimaschutzbeauftragte und setzt in seinen Gebäuden auf Energieeffizienz. Die Umsetzung der FFH (Fauna, Flora, Habitat)-Richtlinien sowie die Aufstellung von Landschaftsplänen oder der Vertragsnaturschutz werden begleitet und umgesetzt. 1500 altlastverdächtige Flächen sind aktenkundig. Dabei handelt es sich zumeist um Grundstücke stillgelegter Fabriken oder ehemaliger Deponien. Der Kreis sichert mit seinem Müllheizkraftwerk in Iserlohn die Abfallentsorgung für die Bürger.

Im Fachdienst Schwerbehindertenrecht und BAföG in Altena werden jährlich mehr als 5000 Schwerbehindertenausweise ausgestellt oder verlängert. Gut 1700 BAföG-Anträge werden entschieden. Der Kreis zahlt knapp 18 Millionen Euro Elterngeld an fast 3800 Empfänger aus. 3600 Jungen und Mädchen werden zur Sprachstandsfeststellung, dem sogenannten Delfin 4, eingeladen sowie mehr als 650 Bauanträge bearbeitet und entschieden. Gut sechs Millionen Euro pro Jahr kostet die Heimunterbringung von Kindern und Jugendlichen aus Problemfamilien.

Ein Heimplatz schlägt mit bis zu 6000 Euro monatlich zu Buche. Der Kreis ist Träger der Jugendhilfe für acht der 15 kreisangehörigen Städte und Gemeinden. In seinem Auftrag bieten verschiedene Träger in 53 Kindertagesstätten KiTa-Betreuung an. Er kümmert sich um Pflegeeltern und Tagesmütter.

»Stopp, ich komme mit dem Notieren ja gar nicht nach«, fleht die Mama am Telefon. Es ist noch lange nicht Schluss mit Daten, Fakten und Zahlen. Zufrieden ist die Heimaufsicht mit der Situation für die Bewohner in den 79 Betreuungseinrichtungen für Senioren. Die Häuser werden einmal im Jahr überprüft. Möglichen Beschwerden von Bewohnern oder deren Angehörigen wird konsequent nachgegangen.

»Das muss doch alles einen Haufen Geld kosten«, ist die Plettenbergerin zunehmend beeindruckt. Gut 400 Millionen Euro umfasst der jährliche Etat. Die größten Ausgabeposten sind dabei die Sozialausgaben mit 150 Millionen Euro, die Landschaftsumlage, quasi der Mitgliedsbeitrag an den Landschaftsverband Westfalen-Lippe, mit 76 Millionen Euro, die Personalkosten mit 63 Millionen Euro sowie Aufwendungen für den Öffentlichen Personennahverkehr mit knapp acht Millionen Euro. Hauptsächlich finanziert wird das alles aus der

MK – Der Kreis

Das Bürgerbüro Griesenbrauck in Iserlohn

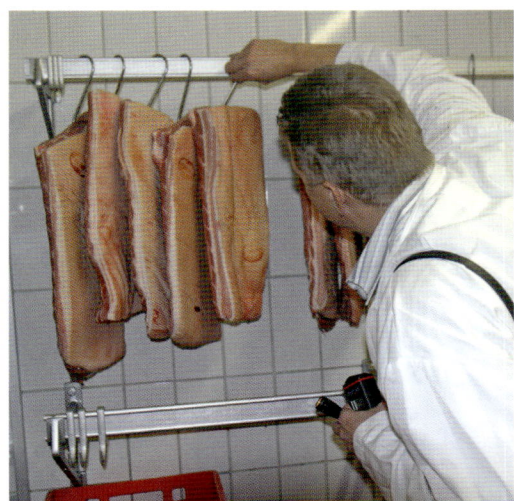
Die Lebensmittelüberwachung gehört zu den Aufgaben der Kreisverwaltung.

Interessierte Besucher in der Landeskundlichen Bibliothek

Auf einer Zulassungsstelle

Kreisumlage der kreisangehörigen Städte und Gemeinden – zuletzt gut 218 Millionen Euro – sowie den Schlüsselzuweisungen des Landes von rund 100 Millionen Euro.

Pflicht- und freiwillige Aufgaben

Mit dem Geld muss der Kreis größtenteils Pflichtaufgaben erledigen, die in erster Linie den Städten und Gemeinden sowie deren Einwohnern zugute kommen. Es gibt nur wenige Ausnahmen. Eine ist die Kulturförderung. Der Kreis ist Eigentümer von drei Museen – den Museen auf der Burg Altena, dem Deutschen Drahtmuseum in Altena sowie der Luisenhütte in Balve-Wocklum. Burg und Luisenhütte sind sogar Denkmäler von nationaler Bedeutung. Auch die Dechenhöhle mit dem Deutschen Höhlenmuseum in Iserlohn-Letmathe gehört über die Mark-Sauerland Touristik GmbH zu zwei Dritteln dem Kreis – das andere Drittel der Stadt Iserlohn.

Zuletzt wurden jährlich 83 439 Besuche in den Museen gezählt. Die meisten davon, gut 65 000, auf der Burg. Zur Kultur gehört auch das Kreisarchiv mit der Landeskundlichen Bibliothek. Letztere ist seit mehr als 120 Jahren Spezialbibliothek für das Gebiet der ehemaligen Grafschaft Mark und zählt mit einem Bestand von 100 000 Bänden zu den bedeutendsten Spezialbibliotheken dieser Art in Westfalen. Das 1989 gegründete Märkische Jugendsinfonieorchester ist längst ein Aushängeschild des Märkischen Kreises geworden. Knapp 100 junge Musikerinnen und Musiker begeistern bei ihren zwei Auftritten im Jahr viele Hundert Menschen. Unterstützt wird auch die Märkische Kulturkonferenz, die drei Stipendien für Literatur, Musik und Bildende Kunst vergibt.

Und da sind auch noch die Partnerschaftskreise. Mit dem Wrexham County Borough in Nordwales ist der Kreis seit mehr als 35 Jahren verbunden, mit dem Landkreis Elbe-Elster in Brandenburg seit gut zwei Jahrzehnten und mit Ratibor in Polen seit zehn Jahren. Mehr als 20 000 Menschen haben sich seither gegenseitig besucht.

»Es reicht, es reicht«, fleht die Plettenbergerin und bedankt sich für die Informationen. Es ist nicht überliefert, wie viele Seiten die Tochter für ihr Referat beschrieben hat und wie es benotet wurde. Sicher ist, auch ihre Lehrerin hat bei der Lektüre viel dazugelernt.

Hendrik Klein, Pressesprecher des Märkischen Kreises im Sommer 2012

Das Klinikum der Märkischen Kliniken in Lüdenscheid-Hellersen

Der Märker

Sauerländische Dickköpfe an Lenne und Volme

Was sind das für Menschen, die an Lenne, Volme und Hönne leben und arbeiten? »Noch heute können wir in diesem Lebensraum unsere märkische Wesensart nicht verleugnen. Unsere Sprache verrät uns, gleich ob wir Hochdeutsch oder das breite, behäbige Platt sprechen«, berichtete der bekannte Pfarrer Möller (1750 bis 1807) aus dem angrenzenden Hohenlimburg-Elsey. »Der Fleiß in unseren Tälern ernährt uns allein durch die Arbeit unserer Hände. Unsere Fabrikanten dachten, erfanden und vervollkommneten; unsere Arbeiter waren emsig, arbeiteten sorgfältig und gut; unsere Kaufleute waren gewissenhaft, sparsam, heilig im Worthalten und treu im Bedienen«, fuhr er fort.

Diese treffende Beschreibung gilt bis in unsere Tage. Rechtschaffen, bieder, bisweilen etwas schwermütig – aber auf jeden Fall verbissen fleißig, hartnäckig, voller Selbstvertrauen sind weitere Attribute für die Menschen im Märkischen Kreis. Ein Menschenschlag halt, auf den man sich verlassen kann. Und wer es versteht, die angeborene Skepsis, Empfindlichkeit und manchmal auch die Rechthaberei zu tolerieren, hat einen zuverlässigen Partner oder Freund im Märker.

Tief ist das Bedürfnis nach Unabhängigkeit verwurzelt. Von Alters her musste sich der Märker seinen Lebensunterhalt hart erkämpfen. Sein technisches Verständnis, der Unternehmergeist und seine Weltoffenheit haben ihm dabei manchen Weg geebnet. Ernst Dossmann aus Iserlohn, viele Jahrzehnte Kreisheimatpfleger, beschrieb in mehreren Veröffentlichungen die Bewohner der Märkischen Region so: »Besinnung auf eigenes Können, Bereitschaft, mehr zu leisten als üblicherweise gefordert wird, Einsatz für alle, die guten Willens sind, besonders für diejenigen, deren physischen und psychischen Kräfte nicht mehr zur Sicherung ihres Wohlbefindens ausreichen, das spricht von jeher für die Menschen märkisch-sauerländischer Prägung.«

Die manchmal rechthaberisch wirkende Sturheit des Märkers, die ihm nicht selten die Bezeichnung »sauerländischer Dickkopf« einbringe, komme nicht von ungefähr, so Dossmann. Sie sei gewachsen durch die Härte des Lebens in dieser Landschaft. Schon die Vorfahren brauchten all ihre Kraft, um auf steinigen Äckern erfolgreich Getreide für das tägliche Brot anzubauen. »Hier taufte ihr Schweiß den kargen Boden, und der herbe, aber würzige Atem der Berge in diesem sauren Land sorgt noch heute dafür, dass der Kopf des Märkers klar und die Liebe zur Heimat wach bleibt«, endet Dossmann.

Der Märker ist gesellig, bodenständig aber auch weltoffen. Die

Der langjährige Kreisheimatpfleger Ernst Dossmann

15 Städte und Gemeinden pflegen Partnerschaften zu mehr als 40 Kommunen in ganz Europa. Zum Teil mehrere Jahrzehnte dauern die freundschaftlichen Bindungen der Einwohnerinnen und Einwohner zu Menschen in Frankreich, Großbritannien, den Niederlanden, Schweden, Österreich und der Schweiz, inzwischen sind Kontakte nach Tschechien, Polen, Litauen, Weißrussland und Russland hinzugekommen.

Engagement für Mitmenschen und die Gesellschaft ist für den Märker Herausforderung und Bedürfnis gleichermaßen. Er bringt sich gerne in ehrenamtliche Tätigkeiten ein. Bei den sechs Amtsgerichten in Menden, Iserlohn, Lüdenscheid, Altena, Plettenberg und Meinerzhagen sind mehr als 2200 Vereine ins Vereinsregister eingetragen – vom Skatclub und Fußballverein bis zu karitativen und kulturellen Vereinigungen.

Hendrik Klein

Graf Engelbert III. von der Mark (1330 bis 1391) regierte die Grafschaft Mark von 1346 bis 1391. Seine imposante Erscheinung ziert heute den Stadtbrunnen in Neuenrade. Ob das alte Adelsgeschlecht derer von der Mark wohl bereits die Eigenschaften besaß, die die Märker von heute charakterisieren?

MK – Der Kreis

Anschluss sicher – immer mehr Treffpunkthaltestellen im Kreis

Abo-Kunde schon mit jungen Jahren

Modern. Wirtschaftlich. Zukunftsorientiert. Mobilität im Kreis dank vielseitigem Angebot

Märkische Verkehrsgesellschaft (MVG) bietet seit drei Jahrzehnten nachfragegerechtes ÖPNV-Angebot – heute 130 Linien

AST, ALF und Bürgerbus – es existieren Verkehrsunternehmen, denen diese Begriffe noch gar nicht bekannt sind – zumindest nicht in Sachen ÖPNV. Bei der Märkischen Verkehrsgesellschaft (MVG) mit Sitz in Lüdenscheid sind sie dagegen bereits lange im Angebot. Bei vielen als Einstieg in den ÖPNV-Ausstieg gewählt, sind sie bei der MVG Garant für ein wirtschaftliches und zukunftsorientiertes Leistungsangebot – insbesondere in einem teils ländlich strukturierten Flächenkreis, abseits der großen Ballungsräume, wie dem Märkischen Kreis.

AST, ALF und Bürgerbus sind jedoch nur vergleichsweise kleine Bestandteile eines gewaltigen Leistungsangebots der 1975 gegründeten MVG. Die MVG-Busse fahren in den Städten Iserlohn und Lüdenscheid genauso zuverlässig wie in den ländlichen Gebieten oder in den Bereichen, die in die Nachbarkreise hinein reichen. Fast 150 000 Menschen »touren« täglich mit der MVG. Dafür sorgen neben den gut ausgebildeten Fahrerinnen und Fahrern auch rund 160 eigene und etwa 260 Busse der mehr als 30 beauftragten privaten Busunternehmen.

ÖPNV, das ist der öffentliche Personennahverkehr. Den klassischen ÖPNV mit Standardlinien und Gelenkbussen gibt es nicht erst seit Gründung der MVG. Er existierte bereits bei ihren unmittelbaren Vorgängergesellschaften, der Iserlohner Kreisbahn AG (gegründet 1899) und der Kraftverkehr Mark-Sauerland GmbH (gegründet 1925). Heute bedient die MVG mit ihren Solo- und Gelenkniederflurbussen 138 Linien, fährt damit jährlich etwa 14,5 Millionen Wagenkilometer und sichert die umweltfreundliche Mobilität von gut 33 Millionen ÖPNV-Nutzern.

Um ÖPNV jedoch auch dort anbieten zu können, wo die Fahrgastnachfrage eigentlich zu gering oder die Fahrwege zu eng sind, etablierte die MVG gemeinsam mit der Stadt Iserlohn von Februar 1999 an das Anruf-Sammel-Taxi (AST). AST zählt zu den »Flexiblen Betriebssystemen«, eine Angebotsform, die ihre Kundinnen und Kunden – im Unterschied zu den starren Fahrplanzeiten- und Linienwegen – exakt nach deren Wünschen zu den Zielen bringt und zudem wirtschaftlicher verkehrt. Das AST in Iserlohn fährt an den Wochenenden in den Abend- und Nachtstunden, jedoch nur auf Wunsch nach telefonischer Anmeldung bis spätestens 30 Minuten vor der fahrplanmäßigen Abfahrtszeit.

Das AST ermöglicht den Einstieg an jeder Haltestelle im Iserlohner Stadtgebiet und in Schwerte

10 Jahre AST Iserlohn – Stadtplaner Thomas Pott, Bürgermeister Peter Paul Ahrens und Peter Bökenkötter, MVG-Bereichsleiter Angebot, freuen sich zum Jubiläum im Januar 2009.

MK – Der Kreis

Sicher unterwegs, auch im Alter

50 Prozent der Kunden sind Schüler

am Bahnhof nach Fahrplan und bringt Fahrgäste sicher bis zur gewünschten Ausstiegshaltestelle, sogar bis vor die eigene Haustür. Die Fahrt erfolgt nicht auf einem im Fahrplan festgelegten Linienweg mit allen Haltestellen. Das Fahrzeug fährt lediglich die notwendige Strecke bis zum gewünschten Ziel – aber nur, wenn mindestens eine Fahrtbestellung vorliegt. Leerfahrten gibt es nicht. Alle Bushaltestellen im Iserlohner Stadtgebiet sind gleichzeitig AST-Haltestellen, erkennbar am AST-Logo auf dem Haltestellenschild. Im AST-Verkehr fahren vorrangig Kleinbusse mit acht Fahrgastsitzplätzen, die als sichtbares Kennzeichen ein AST-Dachschild tragen.

Das erste Bürgerbus-Angebot im Märkischen Kreis nahm in Schalksmühle im November 1988 Fahrt auf. Bürgerbusse verbessern seitdem die Mobilität überall dort, wo öffentlicher Nahverkehr sonst kaum möglich wäre: in dünn besiedelten, ländlichen beziehungsweise kleinstädtischen Regionen. Der klassische Linienverkehr, wie ihn die MVG hauptsächlich betreibt, ist in der Regel nur auf nachfragestarken Hauptverkehrsachsen wirtschaftlich zu betreiben. Andernorts bieten sich Bürgerbusse an, weil sie eine an die geringe Nachfrage und die Bedürfnisse der Fahrgäste angepasste wirtschaftliche Lösung bieten. Der Bürgerbus ist eine Lösung, die auf dem Prinzip der Selbstverantwortung der Bürger beruht: Bürger fahren für Bürger! Der Bürgerbus ist ein ganz normaler Linienverkehr auf einer konzessionierten Linie mit festen Haltestellen, Abfahrtszeiten und einem genehmigten Tarif. Die Fahrer arbeiten ehrenamtlich. Die MVG betreut mit ihrem fachlichen Know-how den Bürgerbusverein zum Beispiel bei der Erarbeitung des Linienweges und des Fahrplans. Als Konzessionsnehmer ist die MVG auch für die Sicherheit des Fahrbetriebes verantwortlich und übernimmt die Verantwortung für das Fahrzeug. Das Land NRW unterstützt die Beschaffung des Busses finanziell. Im Märkischen Kreis ist der Bürgerbus ein absoluter Erfolg. In zwölf der 15 Kommunen sichern Busse der Bürgerbusvereine eine ÖPNV-Mobilität, die die MVG mit ihren Linienbussen nicht wirtschaftlich anbieten könnte.

Und da wäre dann noch ALF. Ein Anruf und wir kommen. Unter diesem Motto starteten 2006 in Hemer, Iserlohn und Menden die ersten Anruf-Linienfahrten im Märkischen Kreis. Sie zählen ebenfalls zu den »Flexiblen Betriebssystemen«. Seit dem Fahrplanwechsel 2010 tauchen die nachfrageorientierten ALF-Angebote im Märkischen Kreis auch in Werdohl, Neuenrade, Balve, Plettenberg, Meinerzhagen sowie außerhalb in Attendorn und Finnentrop auf. Insgesamt sind es elf ALF-Linien, die das Leistungsangebot der MVG ergänzen und auch dort den klassischen Linienverkehr der MVG ersetzen – insbesondere in dünn besiedelten Gebieten und Zeitlagen mit geringer Fahrgastnachfrage.

AST, ALF und Bürgerbus sind nicht nur eine sinnvolle Ergänzung zum klassischen Linienverkehr der MVG. Sie sind zudem wirtschaftlicher zu betreiben und sichern damit nachhaltig eine attraktive, nachfrageorientierte ÖPNV-Daseinsvorsorge für alle Menschen im Märkischen Kreis.

Beitrag von:
MVG Märkische Verkehrsgesellschaft GmbH
Wehberger Straße 80 · 58507 Lüdenscheid
Tel. (0 23 51) 180 10 · Fax (0 23 51) 180 11 80
kontakt@mvg-online.de · www.mvg-online.de

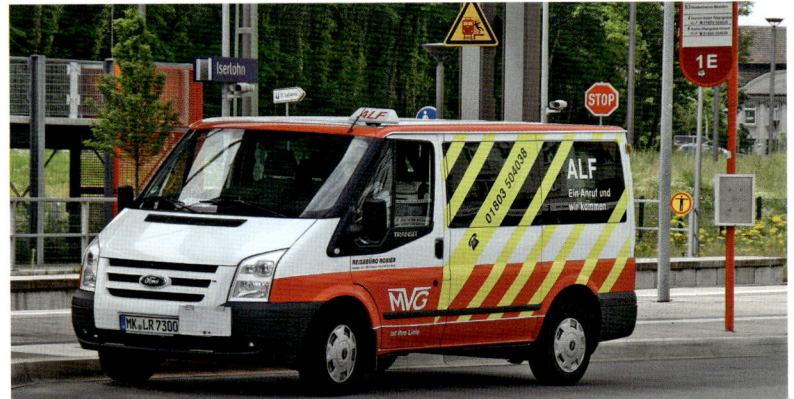
ALF – wirtschaftlich, da an der Nachfrage orientiert. Im Angebot seit 2006.

Zwölf Mal Ehrenamt im Märkischen Kreis: »Bürger fahren für Bürger« – der erste, auffälligste Bürgerbus in Altena und der erste in Schalksmühle

MK – Der Kreis

Aus LÜDISALAR wurde MK

Märkischer Kreis setzt sich aus den Altkreisen Lüdenscheid, Iserlohn und Altena und Teilen Arnsbergs zusammen

Den Märkischen Kreis haben die Verantwortlichen der Gebietsreform des Jahres 1975 aus unterschiedlichen historischen Gebieten zusammengesetzt. So galt zum Beispiel das Hönnetal mit der Burg Klusenstein seit dem Mittelalter als natürliche Grenze zwischen dem Gebiet der Grafen von der Mark und der Grafschaft Arnsberg. Der Name des Kreises leitet sich von der Grafschaft Mark ab, die von ihrer Stammburg im Dorf Mark (heute Hamm-Uentrop) aus einen Großteil der Fläche des heutigen Kreises beinhaltete. Der heutige Kreis setzt sich zusammen aus Bereichen der Grafschaften Altena und Limburg sowie des ehemaligen kurkölnischen Herzogtums Westfalen.

Historisch ist es jedoch nicht eindeutig nachvollziehbar, warum ausgerechnet das Gebiet des Märkischen Kreises mit dem Attribut »märkisch« versehen wurde. Ebenso hätte man auch den Ennepe-Ruhr-Kreis als »Märkischen Kreis« bezeichnen können. Der Gesetzgeber hatte einen Namen gewählt, der nur bedingt etwas mit der historischen Realität gemein hat.

Der Märkische Kreis entstand als Zusammenschluss der kreisfreien Stadt Iserlohn (Kfz-Kennzeichen IS), des Kreises Iserlohn (IS) ohne Schwerte und der ehemaligen Stadt Hohenlimburg, des Kreises Lüdenscheid (LÜD) sowie der Stadt Balve samt dem Amt Balve und der Gemeinde Asbeck aus dem Kreis Arnsberg (AR). Der Kreis Lüdenscheid war erst 1969 als Zusammenschluss des Landkreises Altena (AL) sowie der kreisfreien Stadt Lüdenscheid (LÜD) entstanden.

Von Januar 1975 bis Februar 1979 lautete das Kfz-Kennzeichen von Lüdenscheid übrigens LS. Seinerzeit wurden die Kennzeichen ausschließlich vom Ortsnamen des Sitzes der Kreisverwaltung abgeleitet. Erst 1979 wurde zum eindeutigen MK als Abkürzung für den Märkischen Kreis gewechselt.

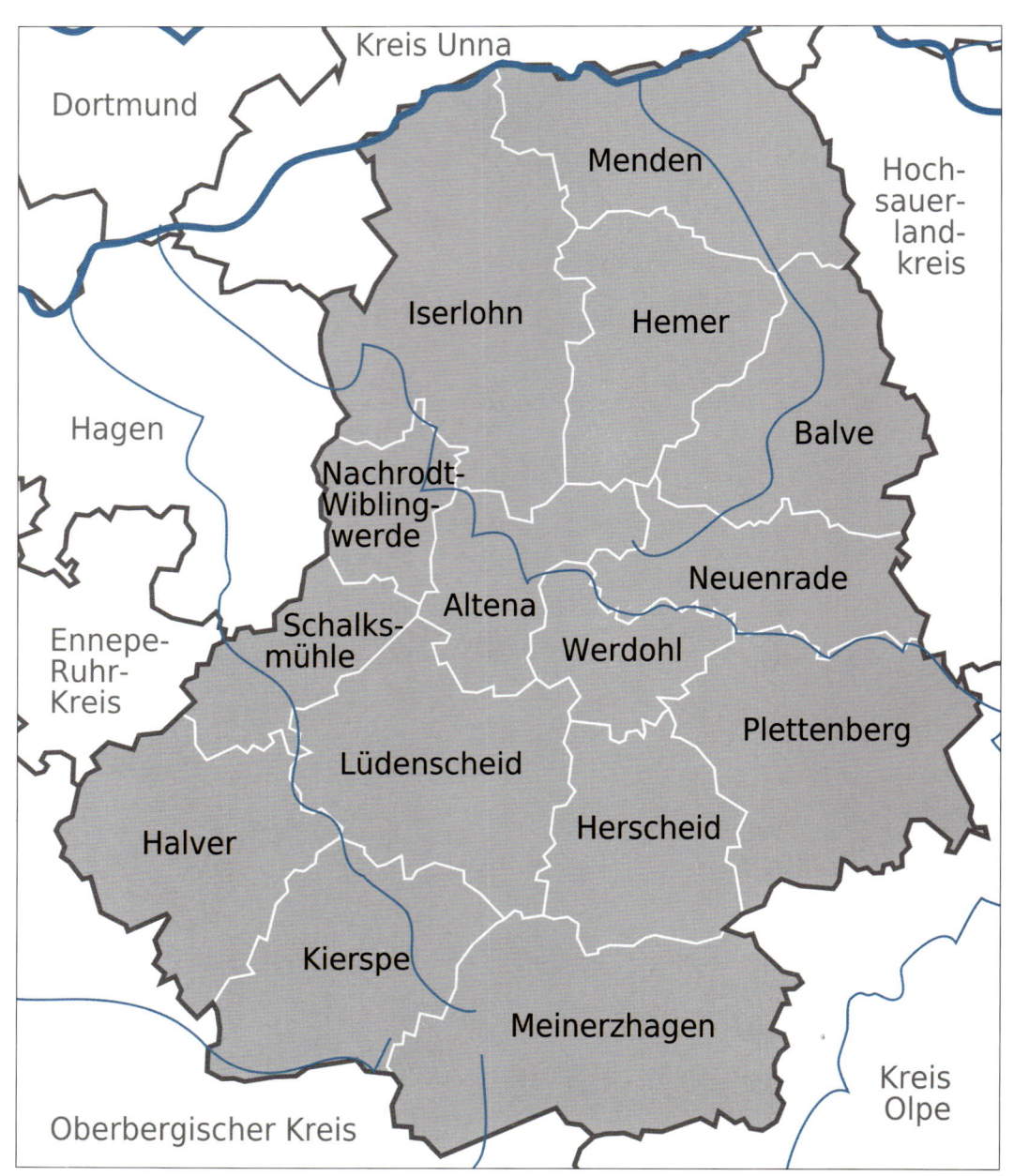

Die Struktur des Märkischen Kreises

Altena hoffte auf Kreissitz

Der nordrhein-westfälische Landtag verabschiedete am 5. November 1974 das so genannte Sauerland-Paderborn-Gesetz. Der Name zeigt bereits, in welchem großräumigen Zuschnitt diese Gebietsneuordnung vor sich ging. Ein Ergebnis war für das westliche Sauerland die Gründung des Märkischen Kreises als einer der großen des Landes, ja der gesamten Republik. Es gab erhebliches Gerangel. Lüdenscheid trug zum Beispiel mit Olpe einen heißen Kampf um Plettenberg aus.

Die Stadt Altena erhoffte sich seinerzeit aufgrund ihrer zentralen Lage den Verwaltungssitz. Das Rennen machte jedoch Lüdenscheid. Die Landesregierung vermutete dort ein hohes Entwicklungspotenzial für ein starkes Mittelzentrum zwischen Hagen und Siegen. Zudem war der Bevölkerungsanteil des ehemaligen Kreises Lüdenscheid höher als der des Restkreises Iserlohn.

Der Märkische Kreis unterhält neben dem nach der Gebietsreform in Lüdenscheid neu gebauten Kreishaus bis heute weitere Verwaltungsgebäude in den ehemaligen Kreisstädten Iserlohn und Altena.

Landkreis Altena bereits 1968 aufgelöst

Der Landkreis Altena war bereits 1968 im Rahmen der kommunalen Neugliederung in Nordrhein-Westfalen als einer der ersten Landkreise aufgelöst worden. Und das, obwohl er auf eine große Historie zurückblicken kann. Bis 1938 trug er die Bezeichnung Kreis Altena. Dieser wurde 1753 durch den preußischen Staat eingerichtet. Damit ist der Kreis Altena einer der ältesten (Land-)Kreise in ganz Deutschland, denn in Preußen wurden die meisten Landkreise erst 1815/1816 gebildet.

Mit der Gründung des Landkreises Altena ging der Zusammenschluss mit dem vormaligen Stadtkreis Lüdenscheid und den Gemeinden Evingsen (aus dem Amt Hemer im Landkreis Iserlohn) und Küntrop (aus dem Amt Balve im Landkreis Arnsberg) zum Kreis Lüdenscheid einher. Sämtliche Ämter wurden aufgelöst.

Der Kreis Lüdenscheid wurde dann 1969 aus der kreisfreien Stadt Lüdenscheid und dem Landkreis Altena gebildet. Das Wappen wurde vom Landkreis Altena übernommen, da der neu gebildete Landkreis Lüdenscheid überwiegend deckungsgleich mit dem Altkreis Altena war.

Schwerte und Hohenlimburg gingen »verloren«

Auch der Kreis Iserlohn wurde zum 1. Januar 1975 aufgelöst. Das Gebiet der heutigen Stadt Schwerte ging an den Kreis Unna. Die bis dahin selbstständige Stadt Hohenlimburg wurde Stadtteil der kreisfreien Stadt Hagen.

Der Kreis Iserlohn wurde 1817 von Preußen gegründet. Er bestand aus politisch unterschiedlichen Teilen: der Grafschaft Limburg mit Limburg, Elsey, Berchum, Ergste, Letmathe, Oestrich, Hennen und Henkhausen, Iserlohn, dem Amt Hemer, Schwerte und dem Amt Westhofen, aus Teilen der Grafschaft Mark sowie mit dem Amt Menden und Teilen der Ämter Balve, Hüsten und Sundern dem westlichen Teil des Herzogtums Westfalen.

Der Kreissitz des Kreises Iserlohn war für ein Jahr auf Schloss Melschede (bei Langscheid, heute Sundern). Der Schlossherr, Friedrich Freiherr von Wrede zu Melschede, war gleichzeitig erster Landrat. 1818 wechselte der Sitz nach Iserlohn.

1907 wurde die Stadt Iserlohn kreisfrei, blieb aber Sitz des Landkreises Iserlohn. Zwei Jahre später wurde das Amt Limburg aufgelöst und aus den Gemeinden Reh, Henkhausen, Elsey und Limburg die Stadt Hohenlimburg gebildet. Die verbleibenden Gemeinden Letmathe und Oestrich bildeten das Amt Letmathe-Oestrich. Der Verbund bestand bis 1922. Letmathe wurde dann eigenständig und Oestrich bildete mit dem aus dem Amt Hemer herausgelösten Ort Lössel das neue Amt Oestrich.

Das Kreishaus in Altena im Jahr 1908

Burg Klusenstein galt seit dem Mittelalter als natürliche Grenze zwischen dem Gebiet der Grafen von der Mark und der Grafschaft Arnsberg.

1956 Ende des Amtes Oestrich

1956 wurde das Amt Oestrich aufgelöst und große Teile der Gemeinden Oestrich und Lössel der Stadt Letmathe zugeschlagen. In diesem Zug gingen die übrigen Teile des Amtes Oestrich (Iserlohner Heide, Gerlingsen, Hombruch und Nußberg) an die kreisfreie Stadt Iserlohn. 1969 gelangte die Gemeinde Berchum zu Hohenlimburg. Die Gemeinde Evingsen wurde aus dem Amt Hemer gelöst und der Stadt Altena zugeschlagen, Wimbern nach Wickede (Ruhr) eingemeindet.

1975 wurden schließlich auch der Kreis Iserlohn und die kreisfreie Stadt Iserlohn mit dem Kreis Lüdenscheid zum neuen Märkischen Kreis vereinigt. Sämtliche Ämter wurden aufgelöst.

Mit Inkrafttreten des Sauerland-Paderborn-Gesetzes gab es weder eine gewählte politische noch eine Verwaltungsspitze, so dass für die ersten Monate eine kommissarische »Doppelspitze« eingesetzt werden musste, die aus einem politischen und einem Verwaltungs-Kommissar bestand. Vorgeschlagen wurde für die politische Seite Heinrich Bickmann, der aus Letmathe stammend schon vorher Mitglied im Kreistag in Iserlohn gewesen war. Als Beauftragter für die Wahrnehmung der Aufgaben des Oberkreisdirektors wurde der des aufgelösten Kreises Lüdenscheid, Wilfried Droste, bestätigt. Die erste Kommunalwahl nach der Neugliederung fand am 4. Mai 1975 statt. Zum Landrat des neuen Kreises wurde Dr. Walter Hostert gewählt, der bis 1994 im Amt blieb.

Zum ersten Oberkreisdirektor wurde Dr. Jürgen Albath (bis 1986) gewählt, zu seinem Nachfolger Dr. Bernhard Schneider. Dieser blieb bis Juni 1997 im Amt. Ihm folgte Klaus Tweer als erster hauptamtlicher Landrat. Bei der Kommunalwahl 1999 wurde Aloys Steppuhn direkt zum Landrat des Märkischen Kreises gewählt. Sein Nachfolger ist Thomas Gemke.

MK – Der Kreis

Route 45

Die Sauerlandlinie, eine der schönsten Autobahnteilstücke Deutschlands

Die Sauerlandlinie südlich von Meinerzhagen an der Grenze zum Kreis Olpe

Die Route 45, die Sauerlandlinie, ist zweifelsohne eine der schönsten Autobahnteilstücke ganz Deutschlands. Sie verbindet das östliche Ruhrgebiet mit Hessen und Süddeutschland. Mit einem Alter von mittlerweile über 40 Jahren ist sie schön wie eh und je, nur an den Brücken nagt etwas der Zahn der Zeit. Der ADAC nannte die A 45 einst »Schönheitskönigin der Autobahnen«.

Die A 45 wurde am 25. Oktober 1971 offiziell für den Verkehr freigegeben. Seit 1957 wurde kräftig geplant. Es galt, den Weg von Hagen nach Frankfurt kürzer zu gestalten. Ab 1962 wurde gebaut. Letzten Endes sind es nun 37 Kilometer weniger vom »Tor zum Sauerland« in die Main-Metropole. Von Hagen nach Frankfurt? Da war es nur logisch, dass die Sauerlandlinie eine ungerade Zahl im Namen trägt. Alle Autobahnen von Nord nach Süd tragen eine ungerade Zahl als Bezeichnung. Entsprechend sind für die von Ost nach West führenden Schnellstraßen gerade Ziffern vorgesehen.

Die Route 45 beginnt etwas nördlich des Märkischen Kreises, am Autobahnkreuz Dortmund Nord-West an der A 2. Und die durch den Märkischen Kreis verlaufende Route macht letzten Endes viel vom Reiz der – nicht zuletzt deshalb – Sauerlandlinie genannten Autobahn aus. Beim Überqueren unzähliger Talbrücken geht's auch schon mal auf 530 Meter über den Meer. Ein Hinweisschild sagt, warum: Man befindet sich im Land der 1000 Berge. In der Tat ist der Streckenabschnitt zwischen Hagen-Süd und Olpe, der Bereich mit den vielen Talbrücken, die seinerzeit zum Bau der Autobahn notwendig waren, das Zuckerstück der 45.

Viele fahren über diesen Streckenabschnitt. Beruflich und wenn's ins Wochenende oder in den Urlaub geht. Anschlussstellen wie Lüdenscheid Nord oder Süd oder ganze Städte wie Meinerzhagen verdanken ihre Popularität den Staumeldungen, die kilometerlänger werden, um so mehr man sich Hagen nähert. Seit den 1980er Jahren sind Taumittel-Sprühanlagen eine weitere Spezialität der Autobahn.

Über die Sauerländer Höhen führt die Route 45 durch das Siegerland, Wetzlar und Gießen durch die Wetterau. Im Bereich des Langenselbolder Dreiecks und des Hanauer Kreuzes streift sie dann noch einmal den Rand des Ballungsgebietes Rhein-Main. Die Autobahn 45 endet am Seligenstädter Dreieck in der A 3 – bereits im bayerischen Sektor.

Die Sauerlandlinie an der Homert bei Lüdenscheid

Märkisches Jugendsinfonieorchester (MJO)

Das Märkische Jugendsinfonieorchester (MJO) besteht seit 1989 und startet jeweils zum Ende der Sommer- und Weihnachtsferien sieben- bis zehntägige Arbeitsphasen mit anschließenden Konzerten. Das Ziel des Orchesters ist es, junge Musiker ab einem Alter von 14 Jahren an große Orchesterliteratur heranzuführen. Für jede Arbeitsphase müssen sie sich dazu neu anmelden. Von den jungen Musikern wird später viel von dem Erlernten zurück in die heimischen Musikschulen getragen. Manch ein früheres Orchestermitglied spielt heute in einem großen renommierten Orchester.

Eine Bank für Menschen und Unternehmen der Region

Volksbank im Märkischen Kreis versteht sich als genossenschaftlicher Partner

Die Volksbank im Märkischen Kreis ist mit 20 Geschäftsstellen und 400 Mitarbeiterinnen und Mitarbeitern im südlichen Märkischen Kreis und im angrenzenden Oberbergischen Kreis vertreten und ist die größte Volksbank in Südwestfalen.

»Ein Gewinn für alle – die Genossenschaften«. Unter diesem Motto firmierte 2012 das Internationale Jahr der Genossenschaften, das die Vereinten Nationen ausgerufen hatten. Ein Motto, das in Lüdenscheid ganz regional mit klaren Inhalten gefüllt ist: Die Volksbank im Märkischen Kreis, mit Hauptsitz in Lüdenscheid, ist eine solche Genossenschaft. Und dort hat man zum Motto »Gewinn für alle« eine klare Vorstellung.

Die Volksbank im Märkischen Kreis versteht ihre Aufgabe klar genossenschaftlich: Bankgeschäfte für Menschen und Unternehmen der Region werden demokratisch, mitgliederverpflichtet und ausschließlich regional in privater Hand gestaltet.

Das Prinzip der Genossenschaft ist einfach und fair und überzeugt bereits rund 37 000 Menschen, die nicht nur Kunde, sondern auch Mitglied – und damit Miteigentümer der Volksbank im Märkischen Kreis – sind. Jedes Mitglied besitzt, unabhängig von der Höhe des gezeichneten Geschäftsguthabens, eine Stimme in der genossenschaftlichen Gremienlandschaft.

Mitglieder der Volksbank im Märkischen Kreis sind dabei Privatpersonen oder Unternehmen beziehungsweise Unternehmer, die auch eine aktive Geschäftsverbindung mit dem Haus unterhalten. Besonders dieser Aspekt macht die Genossenschaftsbank als Finanzpartner so attraktiv. Auf dieser rein privatwirtschaftlichen Basis kann die Volksbank eine Bank führen, die nicht der Gewinnmaximierung verschrieben ist. Natürlich erwarten die Mitglieder ein angemessenes betriebswirtschaftliches Ergebnis in Form von Dividendenzahlungen. Aber sie legen auch Wert darauf, faire und zuverlässige Finanzdienstleistungen zu erhalten und eine Bank zu haben, die sich über ihr Kerngeschäft hinaus auch für die Region interessiert – und sich zum Beispiel in Form von Spenden und Sponsorings und als nachhaltiger Arbeitgeber engagiert.

Auch die 400 Mitarbeiterinnen und Mitarbeiter spielen bei dieser Ausrichtung eine erhebliche Rolle. Bereits bei der Ausbildung des eigenen Nachwuchses wird Wert auf die richtige Einstellung gelegt. Den insgesamt knapp 30 Auszubildenden wird von Beginn an vermittelt, was es heißt, Genossenschaftsbanker zu sein. Die Volksbank im Märkischen Kreis ist Finanzpartner für Menschen der Region und ist besonders intensiv für die Mitglieder da. Sie setzt auf Werte wie Solidarität, Fairness, Partnerschaftlichkeit, Verantwortung und Hilfe zur Selbsthilfe. Und genau diese Werte sind für die Mitarbeiterinnen und Mitarbeiter Maßgabe für ihre Arbeit.

Als modernes Kreditinstitut, das in zwölf Städten und Gemeinden im südlichen Märkischen Kreis und im angrenzenden Oberbergischen Kreis mit 20 Geschäftsstellen und klaren Kernkompetenzen vertreten ist, versteht sich die Volksbank im Märkischen Kreis als größte Volksbank in Südwestfalen ganz traditionell als Genossenschaft. Das bedeutet: Sie ist Partner vor Ort in allen Finanzfragen: Girokonto, Sparen und Anlegen, Wünsche und Immobilien finanzieren, Zukunftsvorsorge und Absicherung sowie eine ganzheitliche Begleitung von Firmenkunden gehören zum Angebot – ebenso wie das Verständnis, ein Teil des gesellschaftlichen Lebens vor Ort zu sein.

Der Vorstand der Volksbank im Märkischen Kreis eG gestaltet Bankgeschäfte für Menschen demokratisch, mitgliederverpflichtet und ausschließlich regional in privater Hand. Das Foto zeigt von links: Josef-Werner Schulte, Karl-Michael Dommes, Hans-Erich Lenk, und Roland Krebs.

Beitrag von:
Volksbank im Märkischen Kreis eG
Hauptstelle Lüdenscheid
Sauerfelder Straße 5 · 58511 Lüdenscheid
Tel. (0 23 51) 17 70 · Fax (0 23 51) 1 77 10 05
info@volksbank-im-mk.de
www.volksbank-im-mk.de

MK – Der Kreis

Wandern, Radfahren und viel Kultur

Qual der Wahl für Ausflügler im Märkischen Kreis

170 Ausflugsziele, zehn Talsperren, zwei Naturparke und 127 Naturschutzgebiete, drei Besucherhöhlen, mehr als 20 Museen, der Ruhrtalradweg und die Lenneroute für Fahrradfahrer, der neue Sauerlandpark in Hemer, drei Top-Wanderwege mit dem Sauerland Höhenflug, die Sauerland Waldroute und der Drahthandelsweg, die Burg Altena mit der ersten Jugendherberge der Welt und die Luisenhütte in Balve-Wocklum, beides Denkmäler von nationaler Bedeutung, das Deutsche Drahtmuseum und vieles, vieles mehr. Heile Tourismuswelt im Märkischen Kreis, möchte man meinen.

Sicher, in den vergangenen Jahren hat sich viel getan zwischen Lenne und Volme. Die Landesgartenschau in Hemer war mit mehr als einer Million Gäste der erwartete Besuchermagnet. Aus dem Landesgartenschau-Gelände wurde der Sauerlandpark. Er konnte im »Jahr eins nach der LGS« weit mehr als 200 000 Besucherinnen und Besucher begrüßen, viele davon mit einer Dauerkarte ausgestattet. Mit dem 254 Kilometer langen »Sauerland Höhenflug« und seinen beiden Einstiegsportalen in Altena und Meinerzhagen bis ins Hessische nach Korbach sowie der 240 Kilometer langen »Sauerland Waldroute« nach Marsberg mit ihrem Startpunkt in Iserlohn wurde die Wanderdestination im Märkischen Kreis deutlich verbessert.

Mit dem eröffneten zweiten Teilstück des historischen Drahthandelsweges von Altena nach

Traumhafte Herbstzeit an der Nordhelle

Angleridyll

Lüdenscheid ist der 32 Kilometer lange Wanderweg jetzt komplett. Der anlässlich des 101. Deutschen Wandertages im Jahr 2001 in Iserlohn eröffnete Drahthandelsweg endete bis dahin noch in Altena. Mit dem Bergbauwanderweg rund um die Luisenhütte oder der Ochsentour in Lüdenscheid gibt es weitere, herausragende Touren. Für den Märkischen Kreis ist der Ausbau der Wander-Infrastruktur darüber hinaus auch für die eigene Bevölkerung und deren Lebensqualität von wesentlicher Bedeutung.

Gleichwohl gibt es noch touristischen Handlungsbedarf. Das stellte auch das Deutsche Wirtschaftswissenschaftliche Institut für Fremdenverkehr (dwif) in seinem vom Märkischen Kreis in Auftrag gegebenen Gutachten zur künftigen Tourismusstrategie heraus. Die Untersuchung ergab ein hohes touristisches Potenzial für den Märkischen Kreis, sah aber noch Defizite bei der Organisationsstruktur und der Qualität der Hotellerie und Gastronomie. Weitere personelle und finanzielle Anstrengungen des Kreises sowie der 15 kreisangehörigen Städte und Gemeinden hätten gleichwohl gute Erfolgsaussichten.

Zwar konnten sich die Kommunen nicht zu den drei vorgeschlagenen touristischen Arbeitsgemeinschaften (Lennetal, Volmetal, Hönnetal) durchringen, sind aber zur vernetzten Zusammenarbeit bei einzelnen Projekten bereit und praktizieren diese auch. Erste Ergebnisse sind die Verlängerung des Drahthandelsweges sowie die intensivierten touristischen Kontakte zwischen den Städten Altena, Lüdenscheid und Iserlohn unter Beteiligung des Märkischen Kreises. Eingeflossen sind die Ergebnisse der Untersuchungen in eine neue Tourismusstrategie des Kreises.

Die Fuelbecke und viele andere Talsperren im Märkischen Kreis laden zu Spaziergängen und Wanderungen ein.

Das Irish-Folk-Festival ist ein kulturelles Ereignis sondergleichen.

Ein Meilenstein für die weitere Tourismusentwicklung ist die Fertigstellung des Eventaufzugs zur Burg Altena, ein Projekt der REGIONALE 2013. Unter dem Titel »Wir holen die Burg ans Lenneufer« soll ein vorhandener 60 Meter langer ehemaliger Luftschutzstollen ausgebaut und an dessen Ende ein 80 Meter hoher Eventaufzug zur Burg gebaut werden. Der Ausgang ist dann direkt auf dem oberen Burghof. Dass es geht, hat eine Machbarkeitsstudie des Fraunhofer-Instituts bestätigt. Somit hätten auch die Bustouristik-Unternehmen endlich einen bequemen Zugang ihrer Fahrgäste zu einer der schönsten Höhenburgen Deutschlands und zweifellos dem touristischen Leuchtturm des Kreises.

Der Nothaushalt-Kommune Altena ist es zudem gelungen, mit Fördergeldern den Stadtumbau voranzutreiben und die Lenneuferpromenade neu zu gestalten. Dort und auf der Burg Altena findet in Kooperation mit dem Märkischen Kreis schon fast traditionell ein Mittelalter-Festival statt, das bisher mehrere 10 000 Gäste aus Nah und Fern anlockte.

Die Regionale 2013 gibt weiter Anstöße, auch für den Tourismus. Mit den Projekten »Ein Kreis packt aus«, der die Renaturierung und Freilegung von Bächen und Flüssen zum Ziel hat, sowie dem »Radnetz Südwestfalen«, das großflächig die vorhandenen überregionalen Radwege vernetzt, sind zwei weitere zentrale Projekte in der Endphase. Ein gutes Beispiel für die touristische Zusammenarbeit war auch das »autofreie Volmetal.« Einen Sonntag lang war die Bundesstraße 54 zwischen Meinerzhagen und Lüdenscheid-Brügge für den motorisierten Verkehr komplett gesperrt und gehörte ausschließlich den Fahrradfahrern, Inline-Skatern und Spaziergängern. Ganze Familien nutzten die zahlreichen Angebote am Wegesrand der knapp 14 Kilometer.

Die vorgeschlagene zentrale Ausrichtung und konsequente Einbindung in den Sauerland-Tourismus e.V. ist von allen Städten und Gemeinden anerkannt. Der Märkische Kreis ist Gründungsmitglied des 2003 aus der Taufe gehobenen Vereins mit Sitz in Bad Fredeburg. In den vergangenen Jahren sind alle kreisangehörigen Städte und Gemeinden Mitglied im Sauerland-Tourismus geworden. Das Sauerland ist die zentrale touristische Marke für die Region. Die touristische Zusammenarbeit wird auch im Freizeit- und Tourismusverband Märkisches Sauerland e.V. zwischen den vielen Mitgliedern aus den Städten und Gemeinden, Vereinen und Verbänden gepflegt. Die hauptamtliche Geschäftsführung stellt satzungsgemäß die Kreisverwaltung.

Hilfreich für die gestiegene Akzeptanz war in jüngster Vergangenheit auch die stärkere Ausrichtung des Sauerland-Tourismus auf den Tagestouristen. Zwar können die 114 Beherbergungsbetriebe mit ihren gut 3900 Betten im Märkischen Kreis auf etwa 400 000 Übernachtungen im Jahr verweisen (Quelle IT-NRW), der größte Anteil davon entfällt allerdings auf den Geschäftstourismus. Die mittlere Aufenthaltsdauer sank von 2,2 auf 2 Tage. Hotellerie und Gastronomie haben die Wirtschaftskrise 2008/2009 stark zu spüren bekommen.

Hier setzt die neue Tourismusstrategie des Märkischen Kreises an. Nahe den Quell-Regionen Ruhrgebiet, Rhein-Main und den Niederlanden gelegen, möchte der Kreis mehr Tagestouristen und Kurz-Urlauber gewinnen. Er setzt dabei auf drei Schwerpunktthemen: das Wandern, das Radfahren und den Kulturtourismus.

Hendrik Klein

Plattdüütsch is doll, woll ...

Niederdeutsch bis Ende des 19. Jahrhunderts als Lünscher Platt Umgangssprache

Plattdüütsch ist auch im Märkischen Kreis längst nicht mehr allgegenwärtig, jedoch nach wie vor präsent. Und die Sprache wird hier und dort noch intensiv gepflegt.

Bis Ende des 19. Jahrhunderts war zum Beispiel in Lüdenscheid Niederdeutsch als Umgangssprache weit verbreitet. Das Lüdenscheider oder Lünscher Platt ist eine Variante des Sauerländer Platt mit spezifischer Aussprache und ausgeprägtem eigenen Wortschatz. Durch die seit der Industrialisierung kontinuierliche Zuwanderung wurde das lokale Niederdeutsch fortschreitend zurückgedrängt und besaß spätestens Mitte des 20. Jahrhunderts als Alltagssprache keine Bedeutung mehr. Zudem gab es kaum Anstrengungen von städtischer oder schulischer Seite, diese Entwicklung aufzuhalten.

Zwar existieren Veröffentlichungen in Lüdenscheider Platt und es besteht ein Verein (Plattdüütsche Frönne) zur Pflege der lokalen Mundart. Leider wird ihr Ende als lebende Sprache vermutlich kaum mehr aufzuhalten sein. In der gegenwärtigen Umgangssprache sind noch einzelne Vokabeln bekannt (zum Beispiel Pööle = Butterbrote, plästern = stark regnen oder Buxe = Hose). Auch ist Platt in zahlreichen Orts- und Flurnamen gegenwärtig (Mintenbecke = Minzenbach, Woeste = Wüstung oder Drögen Pütt = Trockener Brunnen). Die Versicherungsfrage woll (wie nicht wahr, gell) ist noch allgemein üblich, seltener jedoch bereits die Verneinungsform wonnich.

Auch in der Nachbargemeinde Schalksmühle bemühen sich engagierte Freunde des Plattdüütschen. Die Arbeits- und Interessengruppe widmet sich dem Erhalt und der Förderung des niederdeutschen Sprachgebrauchs in Schalksmühle. Die Beteiligung am »Wörterbuch südwestfälischer Mundart« mit 700 Seiten und fast 75 000 Wörtern, Redewendungen sowie dem »Plattdüütsch Riägelbauk«, einer plattdeutschen Grammatik, hat ermöglicht, den Zustand des gegenwärtig noch gesprochenen Plattdeutsch zu dokumentieren und für die Nachwelt zu bewahren, lehr- und lernbar zu machen.

Der Zugang zur Jugend und die Vermittlung des Brauch- und Sprachtums an nachfolgende Generationen erfolgt in Zusammenarbeit mit den beiden Schalksmühler Grundschulen Löh und Spormecke. Den Erfolg der Aktivitäten dokumentieren die Ausrichtung und Beteiligung an jährlichen Lesewettbewerben für Schüler, die kontinuierlich und intensiv von den Aktiven des Arbeitskreises geschult und vorbereitet werden.

In den Ortsnamen im Märkischen Kreis ist das Plattdeutsche nicht nur in Lünsche (Lüdenscheid), sondern beispielsweise auch in Uiserläon (Iserlohn) präsent.

Johannes Rau bei den Märkern

Zum 101. Deutschen Wandertag in Iserlohn im Juli 2001 stattete auch der damalige Bundespräsident Johannes Rau der Waldstadt einen Besuch ab.

Die Stipendien der Märkischen Kulturkonferenz (MKK)

Das Ziel der Märkischen Kulturkonferenz (MKK) e.V. ist es, durch die Vergabe von Stipendien junge Künstler zu fördern und das kulturelle Leben im Märkischen Kreis zu bereichern. Das Märkische Stipendium wird alljährlich für die Bereiche Bildende Kunst, Literatur und Musik verliehen. Es ist jeweils mit 12 000 Euro dotiert. Über die Vergabe der Stipendien entscheiden unabhängige Jurys, die neben sachkundigen Vertretern der MKK mit Fachleuten aus Kunstpraxis und -wissenschaft besetzt sind. In Zusammenarbeit mit vielen kulturellen Institutionen bietet die MKK den Stipendiaten mit Konzerten, Workshops, Lesungen, Vorträgen, Ausstellungen und Symposien eine Öffentlichkeit, die sicher nicht weniger wichtig ist als die finanzielle Zuwendung. Die ehemaligen Stipendiaten äußern sich rückblickend sehr positiv über die Förderung, die sie erhalten haben.

Im Bereich Literatur legt die Jury die Sparte fest (Prosa, Lyrik oder Drama) und sucht geeignete Autoren aus. Davon werden drei zu einer öffentlichen Lesung in die Stadtbücherei Lüdenscheid eingeladen. Dort wird die Stipendiatin oder der Stipendiat ausgewählt. Dabei hat jedes Jurymitglied und das Publikum eine Stimme.

Die drei Kandidaten für das MKK-Stipendium für Literatur werden zu einer öffentlichen Lesung in die Stadtbücherei Lüdenscheid eingeladen.

MK – Der Kreis

Jubiläum 2013: 20 Jahre Shopping-Erlebnis im Stern-Center

Der Einkaufsmittelpunkt der Region – besonders stark in Sachen Mode

»Einkaufen ... und mehr« – der langjährige Slogan des Stern-Center Lüdenscheid ist mehr als ein Lippenbekenntnis. In der Fußgängerzone der Kreisstadt gelegen, avancierte das Stern-Center schnell zum Einkaufsmittelpunkt der gesamten Region. Es ist unbestritten: Das Stern-Center Lüdenscheid bringt großstädtisches Flair ins Märkische Sauerland und ist enorm wichtig für Lüdenscheid und den Märkischen Kreis. Hell, freundlich, sicher und sauber ist das Stern-Center, in dem der gemütliche Einkaufsbummel mit der ganzen Familie bei jedem Wetter Spaß macht. Zudem ist es ein Center der kurzen Wege, in dem nicht nur etwa 110 Fachgeschäfte unter einem Dach schnell zu erreichen sind. Auch der Weg vom Parkhaus zu den Fachgeschäften, Cafés und Restaurants ist mehr als überschaubar. 2013 wird das Jubiläum »20 Jahre Stern-Center« groß gefeiert.

Das Stern-Center Lüdenscheid öffnete im März 1993. Die große Erweiterung wurde 2008 fertig gestellt. Auf einer Verkaufsfläche von 29 700 Quadratmetern bietet das Stern-Center auf vier Ebenen heute einen außergewöhnlich abwechslungsreichen Branchenmix. Zu den Mietern im Shopping-Center gehören Fachgeschäfte, Textilhäuser, ein Fachmarkt für Unterhaltungselektronik, eine Schlemmerzone, Dienstleistungs- und Gastronomiebetriebe.

Das Stern-Center, unmittelbar an der Fußgängerzone in der Lüdenscheider City gelegen, ist der Einkaufsmittelpunkt der Region.

Beeindruckend ist das Einzugsgebiet des Stern-Centers. Im Center-Parkhaus, in dem auf zwei Ebenen 450 Stellplätze zur Verfügung stehen, finden sich Auto-Kennzeichen, die viel über die Magnetwirkung des Stern-Centers aussagen. Die Palette reicht von EN und HSK bis OE und GM. Das Stern-Center und Lüdenscheid strahlen also über den Ennepe-Ruhr-Kreis und das Hochsauerland bis in den Süden nach Olpe und ins Bergische Land.

Zu finden ist das Stern-Center Lüdenscheid in letzter Zeit verstärkt auch in den Neuen Medien. Die Märker nutzen das Angebot, sich zu informieren, was es im Center Neues an Aktionen und Attraktionen gibt. Neben dem eigenen Internet-Auftritt www.stern-center-luedenscheid.de ist die Lüdenscheider Einkaufsgalerie auch auf Facebook aktiv. Das Stern-Center bietet seinen Besucherinnen und Besuchern die Chance, sich kontinuierlich auszutauschen.

Live-Modenschauen dokumentieren die große Modekompetenz im Fashion-Center der Region.

Spektakuläre Großaktionen wie die DTM-Show sorgen regelmäßig für Abwechslung in der Einkaufsgalerie.

Seine ganz besonderen Stärken beweist das Stern-Center im modischen Bereich. Das Stern-Center ist das Fashion-Center im Sauerland. Regelmäßig finden spektakuläre Fashion- und Catwalk-Shows statt, die Trends von Heute und Morgen präsentieren. Zu Gast war unter anderem bereits neben TV-bekannten Laufsteg-Schönheiten aus Heidi Klums Top-Model-Shows Detlef D! Soost, seines Zeichens Tänzer und Choreograph, der durch sein Mitwirken in der Castingshow »Popstars« populär wurde.

Das Stern-Center hat sich nach seiner Eröffnung vor fast 20 Jahren schnell zu einem sympathischen Treffpunkt für alle Generationen entwickelt, der stets auch die Herzen der Besucher anspricht. Egal, ob spektakuläre Großevents oder sympathische kleinere Aktionen mit Lokalkolorit: das Center sorgt regelmäßig für viel Abwechslung für die ganze Familie.

Beitrag von:
ECE Projektmanagement GmbH & Co. KG
Stern-Center Lüdenscheid · Center Management
Wilhelmstraße 33 · 58511 Lüdenscheid
Tel. (0 23 51) 2 40 61 · Fax (0 23 51) 3 92 13
info@stern-center-luedenscheid.de
www.stern-center-luedenscheid.de

MK – Der Kreis

Mittelstand prägt Wirtschaftsstruktur im Märkischen Kreis

Gros der Beschäftigten im verarbeitenden Gewerbe tätig – Dienstleistungssektor gewinnt weiter an Bedeutung

Städteübergreifende, interkommunale Gewerbegebiete, wie das in Rosmart, liegen im Märkischen Kreis im Trend.

Der Märkische Kreis zählt nach wie vor zu den industriestärksten Regionen in Nordrhein-Westfalen.

Der Märkische Kreis zählt nach wie vor zu den industriestärksten Regionen in Nordrhein-Westfalen. Trotz der wachsenden Bedeutung der Dienstleistungen arbeiten mehr als die Hälfte der etwa 143 000 sozialversicherungspflichtig Beschäftigten im produzierenden Gewerbe. Es gibt im Märkischen Kreis mehr als 21 000 selbstständige Betriebe.

Ein Schwerpunkt liegt in der Metall verarbeitenden Industrie. So produzieren dort mehr als die Hälfte aller deutschen Hersteller von Schrauben, Federn und Stanzteilen sowie die Mehrzahl aller deutschen Drahtziehereien. Namhafte Zulieferbetriebe für die Automobilindustrie fertigen im Kreis Elektroniksysteme und Bauteile aus Stahl, Aluminium, Titan und Nickel für Jet-Fahrwerke und ABS-Systeme.

Ein zweites starkes Standbein ist die Kunststoffverarbeitung und der Kunststoffmaschinenbau. Viele Unternehmen zählen zu den Global Playern ihrer Branche: Innovative Lichttechniken, Schalt- und Regeltechniken, Armaturen und Sanitärausstattungen sowie Entsorgungs- und Recycling-Techniken werden im Kreis entwickelt, produziert und weltweit exportiert.

Der Dienstleistungsbereich steht mit mehr als 30 000 Arbeitsplätzen an zweiter Stelle vor Handel, Verkehr und Telekommunikation.

Der Märkische Kreis ist ein innovationsstarker Wirtschaftsstandort. Unternehmerische Initiative, Erfindungsreichtum und Risikobereitschaft sind Eigenschaften, die die Unternehmer im Märkischen Kreis seit jeher auszeichnen. So hat die Industrie vor allem in den vergangenen Jahren einen außerordentlichen Anpassungsprozess vollzogen. Gerade die mittelständischen Betriebe haben durch die Einführung neuer Technologien und die Umsetzung von Produktinnovationen internationale Wettbewerbsfähigkeit bewiesen.

Die Region des Märkischen Kreises gehört zu den führenden Standorten des Maschinen- und Anlagenbaus, was sich durch hochinnovative System- und Problemlösungen auszeichnet, die sich als Produkt- und Prozessinnovationen in die vor- und nachgelagerten Branchen fortpflanzen.

Charakteristisch für die Wirtschaftsstruktur ist der besonders hohe Anteil an kleinen und mittleren Unternehmen. Darunter befinden sich zahlreiche international ausgerichtete Familienunternehmen, die zum Teil Weltmarktführer in ihren Branchensegmenten sind. »MK« – eine starke Industrieregion.

Der Märkische Kreis ist eine starke Industrieregion. Der Nordteil besitzt eine vergleichsweise starke Konzentration in den Bereichen Metallerzeugung und -bearbeitung (57 Unternehmen, 500 Prozent mehr), Herstellung von Metallerzeugnissen (242 Unternehmen, 435 Prozent mehr) und Maschinenbau (107 Unternehmen, 224 Prozent mehr).

Die Wirtschaftsförderung im Kreis wird organisiert von der GWS. Die Gesellschaft zur Wirtschafts- und Strukturförderung im Märkischen Kreis mbH (GWS) ist ein gemeinsames Unternehmen des Märkischen Kreises, der Kreishandwerkerschaft Märkischer Kreis und der Südwestfälischen Industrie- und Handelskammer zu Hagen (SIHK).

Ein Blick zurück: Vereinzelt kann für den Interessierten im märkischen Sauerland für die Zeit um 800 der Beginn der Eisenverhüttung in Rennfeuern nachgewiesen werden. Vom 11. bis zum 13. Jahrhundert erfuhren die Rennöfen eine weite Verbreitung. Seit dieser Zeit zählt das märkische Sauerland zu den bedeutenden Eisen erzeugenden und weiter verarbeitenden Regionen Europas. Ab etwa 1250 wurden die Rennfeuer und -öfen durch die wesentlich effektiveren und ergiebigeren Floßöfen, die bereits die Wasserkraft nutzen, ersetzt. Die Vermutung liegt nahe, dass die Burg Altena während der Blütezeit der Rennöfen in das fernab der wichtigen mittelalterlichen Handelswege gelegene märkische Sauerland gebaut wurde, um das wichtige Eisengewerbe zu schützen und zu nutzen.

Der Nordteil des Märkischen Kreises besitzt im Vergleich zu Westdeutschland eine starke Konzentration in den Bereichen Metallerzeugung und -bearbeitung, Herstellung von Metallerzeugnissen und Maschinenbau.

Der Schlüssel zum Erfolg sind Menschen.

NAUST HUNECKE und Partner

Mittelstandsberatung im Märkischen Kreis aus einer Hand

Für ihre Mandanten bietet die Kanzlei NAUST HUNECKE und Partner ein umfassendes Leistungsangebot mit dem Schwerpunkt der Tätigkeit im Märkischen Kreis. NAUST & HUNECKE ist eine der größten Kanzleien in Südwestfalen und die größte im Märkischen Kreis.

Grundlage der Tätigkeit von NAUST & HUNECKE ist die enge, bereichsübergreifende Zusammenarbeit von Wirtschaftsprüfern, Steuerberatern, Rechtsanwälten und Betriebswirtschaftlern mit über 100 qualifizierten und erfahrenen Mitarbeiterinnen und Mitarbeitern. Sie gewähren Qualität zum Nutzen der Mandanten und machen das umfassende Leistungsangebot von NAUST & HUNECKE erst möglich. Wirtschaftsprüfung, Steuer- und Rechtsberatung sowie Unternehmensberatung sind die Tätigkeitsbereiche der Kanzlei mit ihren beiden Niederlassungen in Iserlohn und Hagen.

Nur gegenseitiges Vertrauen zwischen Berater und Mandanten ermöglicht das gemeinsame Erarbeiten wirtschaftlicher Lösungen. Die Mandanten werden deshalb unter Leitung eines verantwortlichen Partners umfassend in allen wirtschaftlichen, steuerlichen und rechtlichen Belangen in ihrem jeweiligen Umfeld individuell betreut. Die Mandanten – das sind überwiegend mittelständische Unternehmen aus Industrie, Handel und Dienstleistung oder auch aus dem öffentlich-rechtlichen Bereich sowie Privatpersonen mit entsprechendem Beratungsbedarf – finden in der Kanzlei mit Standorten in Iserlohn und Hagen umfassende Hilfe in allen Belangen.

Unter der Marke NAUST & HUNECKE haben sich im Jahr 2008 die beiden traditionsreichen Kanzleien Naust und Partner aus Iserlohn und Hunecke und Partner aus Hagen zusammengeschlossen. Um den mittelständischen Mandanten die Vorteile regionaler Nähe und intensiver Beratung bei gleichzeitigem Zugriff auf internationale Kontakte zu gewährleisten, hat sich die Kanzlei bereits vor mehr als zehn Jahren dem internationalen Netzwerk MOORE STEPHENS angeschlossen. Durch die Präsenz der unabhängigen Netzwerkpartner in mehr als 100 Ländern ist die Kanzlei in der Lage, auch anspruchsvolle internationale steuerliche Fragen zu lösen und ihre Mandanten bei ihrer Arbeit über Grenzen hinweg zu unterstützen.

Neben der Förderung der Jugend, das heißt die möglichst frühzeitige Einbindung von Schülern und Prak-

NAUST HUNECKE und Partner in Iserlohn

tikanten sowie der regelmäßigen Stellung von Ausbildungsplätzen, wird auch die Fortbildung der Mitarbeiter durch interne und externe Weiterbildung stark gefördert. Jedes Jahr beginnen mehrere junge Menschen ihr Berufsleben in den Kanzlei-Niederlassungen. Ausgebildet werden sie zu Steuerfachangestellten und zu Rechtsanwalts- und Notar-Fachangestellten.

Ein intaktes und zukunftsfähiges regionales Umfeld ist für NAUST & HUNECKE wichtig. Schon seit Jahren erfolgt eine Zusammenarbeit mit der Hochschule BiTS, der SIHK sowie weiteren lokalen Institutionen. Dazu gehört auch das Engagement für ausgewählte soziale Projekte und Sponsoring regionaler Aktivitäten im Märkischen Kreis. Über das regionale Engagement in Iserlohn und in der Region informiert die Kanzlei im Iserlohner Teil dieses Buches.

NAUST HUNECKE und Partner
Lange Straße 19
58636 Iserlohn
Tel. (0 23 71) 77 46 0
Fax (0 23 71) 77 46 30
info@nausthunecke.de
www.nausthunecke.de

MK – Der Kreis

Bedeutendste Industriemesse in der Region

SWTAL: Südwestfälische Technologie-Ausstellung Lüdenscheid als Fachmesse für Industrie-Automation etabliert

Rund 200 Maschinen sind bei der Fachmesse für Industrie-Automation live und in Bewegung zu erleben.

Die Südwestfälische Technologie-Ausstellung Lüdenscheid (SWTAL) findet in der Schützenhalle und einer angegliederten Leichtbauhalle statt.

Die mit Abstand bedeutendste Industriemesse im weiten Umkreis findet seit fast 30 Jahren in Lüdenscheid statt. Die Historie der Südwestfälischen Technologie-Ausstellung Lüdenscheid, kurz SWTAL, die die Stadt Lüdenscheid ursprünglich als »reine« Wirtschaftsförderungsmaßnahme ausrichtete und positionierte, beginnt 1986 mit zwölf Lüdenscheider Firmen als »Hausmesse«. Seitdem ist die Fachmesse alle zwei Jahre zu erleben.

1998 erweiterten die Verantwortlichen vom Amt für Wirtschaftsförderung der Stadt Lüdenscheid die Ausstellung in der Schützenhalle um eine zweite Halle, eine Leichtbauhalle. Dies ließ nicht nur die Fläche, sondern auch die Ausstellerzahl sprunghaft ansteigen. Mit 115 vertretenen Firmen und Institutionen verzeichnete die SWTAL 2008 bereits einen Ausstellerrekord, nachdem zwei Jahre zuvor erstmals mehr als 100 Firmen und Institutionen vertreten waren.

Längst wird die SWTAL nicht nur den Ansprüchen eines Aushängeschildes für die Wirtschaftsregion Südwestfalen mehr als gerecht. Heute nimmt sie den Status einer regionalen Industrie-Fachmesse mit überregionaler Bedeutung ein. Tendenz: weiter steigend. Dies schlägt sich auch in den Besucherzahlen nieder, die zum Beispiel 2002 und 2008 über 5000 lag. Fachpublikum reiste dabei aus dem Ruhrgebiet und dem Hochsauerland genauso an wie – schon traditionell – aus Baden-Württemberg und den Benelux-Staaten.

Die Aussteller begreifen die Lüdenscheider Messe stets als Chance und versprühen Optimismus. Damit unterstreichen sie die Kompetenz und Leistungsstärke der heimischen Region. Den Löwenanteil der Aussteller bilden nach wie vor kleine und mittelständische Unternehmen aus dem

Die SWTAL ist eine Kontaktmesse, die sich bereits seit langem um die Nachwuchsförderung bemüht.

Großraum Südwestfalen. Rund 30 Prozent der Messeteilnehmer haben ihren Sitz unmittelbar in der Kreisstadt, darüber hinaus rund 25 Prozent im Märkischen Kreis, weitere etwa 30 Prozent in Nordrhein-Westfalen sowie gut 15 Prozent im übrigen Bundesgebiet.

Die SWTAL bemüht sich seit langem außerordentlich engagiert um die Nachwuchsförderung. So »beweglich«, wie sich die vertretene Unternehmerschaft auf der Ausstellung präsentiert, so sehr zeigt sich die SWTAL als echte Maschinenmesse. Die Besucherinnen und Besucher können während ihres Rundgangs durch die Messehallen beim Passieren von fast 700 Metern Standfront im Schnitt nicht weniger als 200 Maschinen live in Bewegung erleben.

Studie: Märkischer Kreis ist Deutschlands innovativster Wirtschaftsstandort

Die Nachricht schlug im April 2012 bundesweit Wellen. Im Märkischen Kreis sitzen die innovativsten Unternehmen Deutschlands. Entdeckt hat dies eine Studie der Technischen Universität München, die im Magazin »impulse Wissen« präsentiert wurde. Insgesamt haben die Macher 438 Städte und Kreise in der Bundesrepublik unter die Lupe genommen. Auf den Plätzen liegen zwei Landkreise aus Baden-Württemberg. Die Wirtschaftsforscher ermittelten, dass der Märkische Kreis eine lange Tradition produzierender Familienunternehmen habe, die sich »flexibel und schnell auf neue Technologien und Absatzmärkte einstellen konnten«. Diese Tatsache habe dazu geführt, dass die hiesigen Unternehmen sich in Nischen weltweit durchsetzen konnten. Südwestfalen schnitt insgesamt ziemlich gut ab. Für die Studie untersuchten die Wissenschaftler die regionale Verteilung von Familienunternehmen aus hoch technologisierten Industrie-Branchen, bei denen Forschung und Entwicklung eine zentrale Rolle spielen.

Innovation bewiesen auch die Stadt Lüdenscheid und etliche Lüdenscheider Unternehmen beim »Projekt« Stadt des Lichts, wie der erstrahlte Rathausplatz beweist.

Mark-E: Aufgeladen mit Energie

Unternehmensgruppe versorgt 750 000 Kunden mit Strom, Gas, Wärme und Trinkwasser

Mark-E treibt das Innovationsthema E-Mobility voran und ist deutschlandweit erster Anbieter für »Elektromobilität im Abo«.

Mark-E plant, 240 Megawatt Windenergieleistung bis zum Jahr 2020 in und außerhalb der Region zu errichten.

Die Mark-E Aktiengesellschaft gehört zur ENERVIE – Südwestfalen Energie und Wasser AG. Der Unternehmensverbund ist zu über 80 Prozent im Besitz von zwölf Städten und Gemeinden der Region. Die Unternehmen der ENERVIE Gruppe versorgen rund 750 000 Kunden und Energiehandelspartner mit Strom, Gas, Wärme und Trinkwasser.

»Wir liefern Energie und Ideen«
Mark-E hält für die rund 300 000 Privat- und Geschäftskunden überzeugende Angebote bereit: Zur Auswahl stehen neben dem Grundversorgungstarif mit vollem Service CO_2-neutrale KlimaFair Tarife, der Tarif »NullAtom Strom« sowie Sondertarife mit festen Laufzeiten und Smart Meter Technologie. Für die Geschäftskunden bündelt die Mark-E Know-how in Serviceangeboten zu Druckluft, Kälte, Wärme, Arbeits- und Umweltschutz. Mit Energiecheck und -analyse ermittelt Mark-E den Bedarf, entwickelt effiziente Lösungen und optimiert jeden Energieeinsatz.

Effiziente Energieerzeugung
Mark-E setzt für die Stromerzeugung in dem 1300 Megawatt starken Kraftwerkspark auf einen zukunftsfähigen Erzeugungsmix aus Erdgas, Steinkohle, Wasserkraft, Biomasse, Sonnenenergie und seit 2011 auch Windkraft. Den Einsatz der Anlagen optimiert das Unternehmen über den Energiehandel. Mark-E ist für alle Tochtergesellschaften der ENERVIE-Gruppe an den Energiebörsen aktiv, vermarktet Kapazitäten und beschafft Strom, Gas und CO_2-Zertifikate.

Clever Energiesparen
Das eigene Klimaschutzprogramm hat seit dem Start 2002 über 4300 Maßnahmen zum Energiesparen gefördert und damit rund 20 000 Tonnen CO_2 eingespart. Auch 2012 stellt die Mark-E für energiesparende Geräte, effiziente Heiztechnik und umweltfreundliche E-Fahrzeuge wieder 400 000 Euro zur Verfügung. Voraussetzung zur Förderung ist der Bezug der CO_2-neutralen KlimaFair-Tarife für Strom oder Gas.

»Mobilität im Abo«
Mark-E bietet deutschlandweit als erstes Unternehmen ein Leasing-Modell »Elektromobilität im Abo« an. Kunden, die E-Autos nutzen wollen, können unter mehreren Leasingpaketen wählen. Neben dem E-Mobil können nach Bedarf 24-Stunden-Pannenservice, Schadensmanagement, Ladestation, Versicherung und Reifenservice gebucht werden.

»Wir engagieren uns hier«
Mark-E ist nicht nur Ansprechpartner für Energie- und Infrastrukturdienstleistungen – der Versorger unterstützt auch als Sponsoringpartner vielfältig das Engagement von Vereinen und Initiativen in den Bereichen Bildung, Sport, Kultur und Soziales.

Herausforderungen für die Zukunft
Mark-E hat ambitionierte Ziele: So will man bis zum Jahr 2020 in Windkraftanlagen mit insgesamt 240 Megawatt Leistung investieren. Einen Wachstumsmarkt sehen die Verantwortlichen auch in dem jungen Geschäftsfeld der Elektromobilität: Mit der vorhandenen Infrastruktur, der Nutzung erneuerbarer Energien und dem Angebot von zertifiziertem Ökostrom können zukünftige Mobilitätskonzepte mitgestaltet werden. Auch wird man sich vor Ort über die KlimaFair-Förderung und unsere Sponsoringaktivitäten engagieren. Mit Energie, die bewegt.

Über die Netzgesellschaft ENERVIE AssetNetWork betreiben Mark-E und Stadtwerke Lüdenscheid ein 12 000 Kilometer langes Leitungsnetz für die Verteilung von Strom, Gas und Wasser

---

Beitrag von:
Mark-E Aktiengesellschaft
Körnerstraße 40 · 58095 Hagen
Tel. (0 23 31) 12 30
info@mark-e.de · www.mark-e.de

Der BiTS Campus am Seilersee – Deutschlands drittschönster Campus

Lernen in kleinen Gruppen bildet eines der Fundamente des BiTS Studiums.

Akademischer Anspruch und internationales Flair

Business and Information Technology School (BiTS) ist staatlich anerkannte private Hochschule

Dort studieren, wo andere Urlaub machen – dieser Eindruck entsteht häufig bei der direkt am Ufer des Seilersees in Iserlohn liegenden Business and Information Technology School (BiTS). An der staatlich anerkannten, privaten Fachhochschule studieren etwa 1300 junge Menschen, weitere knapp 1000 Studenten haben ihr Studium bereits erfolgreich absolviert. Auf dem weitläufigen Campus-Gelände, das seit dem Jahr 2000 die Hochschule beherbergt, befinden sich neben dem Hauptgebäude auch zwei Wohnheime, eine Mensa und ein weiteres Gebäude für studentische Ressorts und Initiativen. Ein weiterer Faktor, der den Campus zu einem aufregenden Ort macht, ist das internationale Flair. Das baut ganz besonders die interkulturelle Kommunikation aus und ist somit ein weiterer Bestandteil der akademischen Programme.

Zu den Schwerpunkten des BiTS-Studiums gehören natürlich die akademischen Inhalte. Eine ganz besondere Rolle hierbei spielen die Dozenten aus der Praxis. Sie sorgen für einen starken Anwendungsbezug in den Vorlesungen und ermöglichen insbesondere in den höheren Semestern einen direkten Kontakt zu großen und mittelständischen Unternehmen.

Die BiTS bietet in Iserlohn acht Bachelor- und sechs Master-Studiengänge auf Basis klassischer Betriebswirtschaftslehre an. Die Bachelor-Studiengänge dauern in der Regel sechs Semester und integrieren neben einem Auslandssemester oder alternativen Aufenthalten im Ausland auch Praxisanteile, sei es in Form ganzer Semester oder Pflichtpraktika in der vorlesungsfreien Zeit. Die Bachelorprogramme haben folgende Schwerpunkte: klassische Betriebswirtschaftslehre, Medienmanagement, Journalismus & Unternehmenskommunikation, Wirtschaftspsychologie, Sport- und Eventmanagement, Tourismus-, Hotellerie- und Eventmanagement, Umweltmanagement, Wirtschaftsingenieurwesen (beinhaltet ein zusätzliches Semester).

Neben der grundsätzlich bestehenden Möglichkeit, einen so genannten Double Degree im Ausland zu erlangen – hierbei besuchen die Studenten in einem optionalen 7. Semester noch einmal eine Hochschule im Ausland und legen eine weitere Abschlussprüfung ab – bieten die Studiengänge diverse Schwerpunkte an.

Die Bachelor-Studiengänge erlauben eine Weiter-Qualifizierung durch den Master. Auch die BiTS bietet viersemestrige Master-Programme an. Die Master-Studiengänge bieten folgende Inhalte: Unternehmensführung, Marketing Management, Wirtschaftspsychologie, Finanzmanagement, PR & Unternehmenskommunikation, Internationales Sport- und Eventmanagement.

Die Zusammenarbeit im Laureate-Netzwerk erlaubt es, einige Programme der deutschen Partnerhochschulen in Berlin und Hamburg am Standort Iserlohn anzubieten. Das sind bisher Fotografie und Kommunikationsdesign. Die klare Abgrenzung zu den Wirtschaftsfächern erlaubt auch auf akademischer Ebene eine Vermischung von Interessen und Inhalten.

Um die theoretischen Inhalte praktisch anwenden zu können, bietet die BiTS nicht nur zahlreiche Fallstudien in den Vorlesungen und verpflichtet die Studierenden zu Praktika. Eine besondere Veranstaltung, die diese Zusammenarbeit noch unterstreicht, ist das Campus Symposium. Regelmäßig schafft es das rein studentische Team, eine zweitägige Wirtschaftskonferenz zu den Themen der Zeit auf die Beine zu stellen – mit Referenten wie Bill Clinton, Kofi Annan, Tony Blair oder Al Gore.

Das eigene Campus Radio BiTS fm wird nur von den Studenten betrieben.

> Beitrag von:
> BiTS Business and Information
> Technology School gGmbH
> Reiterweg 26b · 58636 Iserlohn
> Tel. (0 23 71) 77 65 34
> Fax (0 23 71) 77 65 03
> info@bits-hochschule.de
> www.bits-hochschule.de

Als die Dieselloks noch durch den Kreis schnurrten

Kreis Altenaer Kleinbahn fast ein Jahrhundert zwischen Plettenberg und Halver unterwegs

Kreis Altenaer Eisenbahn AG (KAE) hieß seit 1922 die bereits 1886 als Kreis Altenaer Schmalspur-Eisenbahn-AG gegründete Eisenbahngesellschaft im ehemaligen Landkreis Altena. Die Gesellschaft existierte bis 1976. Zu ihrem Start wurde etwa die Hälfte des Aktienkapitals von Privatleuten und Gewerbebetrieben aufgebracht, die andere Hälfte vom preußischen Staat und der Landgemeinde Lüdenscheid, zu einem kleinen Teil auch von der Gemeinde Halver. Ihr Ziel war es, die vielfältige Kleineisenindustrie in den Tälern von Rahmede, Verse und Hälver zwischen Lenne- und Ebbegebirge an das Hauptbahnnetz anzuschließen. Im Volksmund ist der Name Schnurre für die Kreis Altenaer Eisenbahn weitaus geläufiger.

Das Streckennetz der KAE lag vollständig im heutigen Märkischen Kreis. Es handelte sich rechtlich um Eisenbahnen, nicht um Kleinbahnen, obwohl die Spurweite von einem Meter und die gesamte Trassierung und Anlage der Bahn – weitgehend auf öffentlichen Straßen – das vermuten ließe. Der erste Teil des 41 Kilometer langen Netzes entstand 1887/1888. Vom Bahnhofsvorplatz in Altena, wo der Anschluss zu der 1860/1861 von der Bergisch-Märkischen Eisenbahn-Gesellschaft erbauten Ruhr-Sieg-Strecke hergestellt wurde, nahm 1887 die »Rahmedetalbahn« ihren Beginn und führte 14 Kilometer talaufwärts bis zum KAE-Bahnhof in Lüdenscheid. Im Zuge dieser Strecke wurde in Altena ein kurzer Eisenbahntunnel mit 55 Meter Länge gebaut, der noch vorhanden ist und heute als Garage genutzt wird.

Die zweite Strecke war 16 Kilometer lang und begann an der Station Werdohl. Sie führte von 1887 an zunächst nur bis Augustenthal. Erst 1905 wurde die »Versetalbahn« bis Schafsbrücke Weiche verlängert und mündete dort in die Strecke zum KAE-Bahnhof ein.

Eine dritte Strecke, die neun Kilometer lange »Hälvertalbahn«, wurde 1888 zwischen Halver und Schalksmühle eröffnet. Sie schloss in Schalksmühle an Staatsbahnstrecken an. Halver erhielt 1910 einen Anschluss an die Staatsbahn, es gab in Halver jedoch keine Verbindung zwischen den beiden Bahnen, jedoch einen etwa 500 Meter langen, auf eigener Trasse parallel zur Straße »Haus Heide« verlaufenden Gleisanschluss in das Märkische Werk.

Das Verkehrsaufkommen entwickelte sich entsprechend der allgemeinen Wirtschaftslage und wuchs vor allem vor dem Ersten Weltkrieg stark an. Aber auch danach behielt die KAE – mit Ausnahme der Hälvertalbahn – ihre Bedeutung im Personen- wie im Güterverkehr bei. Erst nach der Währungsreform 1949/1950 ergaben sich immer mehr Probleme. Vor allem die Einnahmen im Personenverkehr ließen zu wünschen übrig. Schwierigkeiten bereitete zunehmend der wachsende Kraftverkehr auf den engen Straßen, die

Ein Kleinbahnzug der KAE thront in den Museen der Stadt Lüdenscheid.

die Bahn mitbenutzte. So kam es im folgenden Jahrzehnt zunächst zur Einstellung des Personenverkehrs auf der Schiene.

Für ihre umfangreichen Beförderungsaufgaben im Personen- und Güterverkehr besaß die KAE einen entsprechenden Bestand an Dampflokomotiven und Eisenbahnwagen. Die Anzahl der Triebfahrzeuge betrug bei der Gründung des Unternehmens neun Lokomotiven und steigerte sich später auf 15. Bedingt durch die bei Lokomotiven üblichen Fluktuation besaß das Unternehmen im Laufe seiner Geschichte insgesamt 26 Dampflokomotiven. Die Lokomotiven Nummer eins bis 19 trugen männliche Vornamen. Bei der KAE waren im Laufe der Jahre insgesamt 35 Personenwagen im Einsatz und sechs Packwagen. Hinzu kamen bis zu 240 Güterwagen, von denen einige als Spezialwagen, wie beispielsweise Kesselwagen, verwendet wurden.

MK – Der Kreis

Das VW-Autohaus im Märkischen Kreis

Traditionsreiches Hemeraner Unternehmen setzt auf Kundennähe und Umweltschutz

Die Mannschaft des VW Autohauses Nixdorf an der Mendener Straße in Hemer

»Das« Volkswagen Autohaus im Märkischen Kreis sein will Thorsten Kraus, geschäftsführender Gesellschafter des Autohauses Nixdorf in Hemer. Dieser große Anspruch wird durch die Leistung eines hoch motivierten Teams getragen. Thorsten Kraus steht für das, was er kommuniziert – und er möchte geradezu daran gemessen werden.

Das Autohaus Nixdorf in Hemer ist seit 1974 Partner in Sachen Volkswagen und Audi. Hinzugekommen sind zwei weitere Geschäftsfelder, der Nutzfahrzeug-Service VW und der Skoda-Service. Neben dem Handel mit Kraftfahrzeugen und dem Kundendienst bietet das Unternehmen natürlich auch Ersatzteile und Zubehör in großem Umfang an. Eine stattliche Anzahl an Ersatzfahrzeugen sowie ein Hol- und Bring-Dienst runden den Service ab. Ein weiterer Pluspunkt für die Kunden ist der eigene Notdienst, der 24 Stunden erreichbar ist.

Direkt an der B7 zwischen Iserlohn und Menden gelegen, stehen die 53 Mitarbeiterinnen und Mitarbeiter den Kunden täglich von 7.15 bis 18.30 Uhr zur Verfügung. Rund 200 Neu- und Gebrauchtwagen werden ständig angeboten. Des Weiteren verfügt das Autohaus Nixdorf als Partner von »Das Weltauto« über die Möglichkeit, auf den gesamten Bestand an Werksdienstwagen der VW AG zuzugreifen.

Im Neuwagenverkauf finden die Interessierten an der Mendener Straße das gesamte Angebot vom up! über Polo, Golf, Jetta, Passat, Eos, Tiguan bis zum Touareg und Phaeton. Hinzu kommen die

Das Verkaufsteam des Autohauses Nixdorf (von links): Dirk Schmidt, Verkaufsleiter Neuwagen Ralf Kegel, Verkaufsleiter Gebrautwagen Werner Kleine, Volker Hofschneider und Prokurist Daniel Pokorny

Nutzfahrzeuge vom Caddy bis zum Crafter. Das gesamte Gebrauchtwagenangebot ist natürlich werkstattgeprüft und wird inklusive Garantie angeboten. Neben dem regionalen Geschäft und dem Verkauf über das Internet ist das Autohaus Nixdorf europaweit vernetzt und tätig. EU-Neufahrzeuge sind ein weiteres Geschäftsfeld des Unternehmens. »Hier sind wir besonders stark. Innerhalb kürzester Zeit können wir fast jedes Auto in jeder Farbe und Ausstattung beschaffen«, verspricht Thorsten Kraus.

Nicht nur für Privatkunden, sondern auch für Firmen in Hemer und weit über die Stadt- und Kreisgrenze hinaus ist das Autohaus Nixdorf seit langem ein verlässlicher Partner. »Unser Credo ist es, dem Kunden gegenüber jederzeit authentisch zu sein«, erläutert Thorsten Kraus. Das betrifft den Verkauf ebenso wie den Kundendienst. Kundendienst und Service sind nach wie vor das Herzstück des Kfz-Profibetriebes. Das Werkstatt-Team ist für sämtliche Service-, Reparatur- und Karosseriearbeiten bestens gerüstet.

Während immer weniger Betriebe in Deutschland ausbilden, stellt sich das Autohaus Nixdorf ganz bewusst dieser Aufgabe. »Die Zukunft gehört den gut ausgebildeten Fachkräften und

Serviceberater Sascha Krause im Kundengespräch

Thorsten Kraus, geschäftsführender Gesellschafter des Unternehmens, in der Ausstellungshalle

die Ausbildung von Jugendlichen gehört dazu. Wir machen uns unser gutes Personal selbst«, sagt Kraus. 14 junge Leute werden derzeit im technischen und kaufmännischen Bereich ausgebildet. Das ist eine erstklassige Quote und sichert dem Unternehmen langfristig bestens qualifiziertes Personal. Die Kombination aus Jung und Alt macht es in Hemer aus. Viele Mitarbeiter feierten bei Nixdorf bereits langjährige Dienstjubiläen. Das gute Ambiente und ein hervorragendes Betriebsklima schaffen eine Atmosphäre, in der sich die Besucherinnen und Besucher spontan wohlfühlen. »In die mehr als 1000 Quadratmeter große Ausstellungshalle und auch in die mehr als 11 000 Quadratmeter große Außenfläche haben wir kräftig investiert«, sagt Thorsten Kraus.

Auch das Thema Umweltschutz hat einen hohen Stellenwert im Autohaus Nixdorf. Als erstes Autohaus in NRW nahm Nixdorf 2010 am Future Climate Programm von VW teil. Der gesamte Energiebedarf, Beleuchtung, Heizung und Wasserverbrauch wurde überprüft, überdacht und verändert. Exemplarisch sind viel warmes Licht mit wenig Energie, eine sparsamere Heizung und seit 2012 eine neue, moderne Waschanlage mit eigener Wasseraufbereitung.

Nicht nur die energieeffizienten Fahrzeuge von VW, sondern auch die Maßnahmen des Unternehmens Nixdorf schonen die Umwelt und sparen Geld. Die Protagonisten gehen mit den Ressourcen pfleglich um. Ziel ist der »Vierklang« aus Ökologie, Ökonomie, Innovation und Trend, bekräftigt Thorsten Kraus.

Sparen ist auch in anderen Bereichen angesagt. Stichwort »Economy Pakete«. Für alle VW Modelle, die älter als fünf Jahre sind, bietet der Hersteller besondere Reparaturlösungen mit Economy-Teilen an. Zusammen mit günstigen Einbaupreisen ergeben sich so Paketangebote mit einem Preisvorteil von bis zu 30 Prozent.

Bei allem geschäftlichen Engagement kommt das Soziale bei Nixdorf nicht zu kurz. Banden- und Trikotwerbung beim Iserlohner Rollhockeyclub gehören ebenso dazu wie die Unterstützung für die Hemeraner Handballer, für Felsenmeer- oder Oesetalschule. Äußerst beliebt sind auch die regelmäßig stattfindenden Frühjahrs- und Herbstveranstaltungen im Haus.

Thorsten Kraus und sein Team fahren mit Kontinuität, Zuverlässigkeit, Qualität und Teamgeist auf der richtigen Seite – und das bedeutet auf der Überholspur – in die Zukunft.

> Beitrag von:
> Autohaus R. Nixdorf GmbH
> Mendener Straße 64 · 58675 Hemer
> Tel. (0 23 72) 9 48 00 · Fax (0 23 72) 94 80 24
> info@autohaus-nixdorf.net
> www.autohaus-nixdorf.net

Regionale 2013

Mit Engagement die Lebensqualität in den Städten und Dörfern der Region steigern

Regionale 2013 nimmt Herausforderungen der Globalisierung an

Die Regionale 2013 ist ein Strukturförderprogramm des Landes Nordrhein-Westfalen. 2008 bekam die neugegründete Region Südwestfalen den Zuschlag. In den 59 Städten und Gemeinden der fünf Kreise leben knapp 1,5 Millionen Menschen. Um die strukturelle Entwicklung zu fördern, bietet das Land NRW im dreijährigen Rhythmus einer Region die Möglichkeit, sich mit wegweisenden Projekten zu präsentieren. Vorgänger war die Regionale 2010 in der Region Köln/Bonn. Nachfolger wird die Regionale 2016 im Westmünsterland sein.

Ein großes Netzwerk von Sachverständigen aus Politik, Verwaltung, Wissenschaft, Institutionen und der heimischen Wirtschaft organisiert die Regionale 2013. Gefördert werden die Regionale-Projekte durch das Land Nordrhein-Westfalen, die Bundesrepublik Deutschland und die Europäische Union.

Mit der Regionale 2013 setzen sich alle gesellschaftlichen, politischen und wirtschaftlichen Akteure in Südwestfalen das Ziel, gemeinsam den Herausforderungen der Globalisierung und des demografischen Wandels zu begegnen. Dabei stehen die Stärkung einer der leistungsfähigsten Industrieregionen in Nordrhein-Westfalen ebenso wie der Erhalt der Naturlandschaft im Fokus. Insbesondere werden Projekte zu den Themen Innovations-, Generationen- und Naturerholungsregion angestoßen und gefördert.

Um Südwestfalen als Innovationsregion zu fördern, hat man Akteure zusammengeführt, Kommunikationsplattformen geschaffen und Prozesse mit dem Ziel initiiert, die in der Region vorhandenen Ideen und Kreativität, die Kräfte und das Wissen zu bündeln und strategisch zu vernetzen. Dazu gehörte und gehört zum Beispiel die Förderung der Kooperationen von Hochschulen und anderen Bildungseinrichtungen. Modellhafte Prozesse tragen nicht nur zum Erhalt, sondern auch zur Steigerung der Lebensqualität in den Dörfern, Gemeinden und Städten bei.

Auch die Umwelt wird berücksichtigt. So stellt die Bewältigung der Folgen des Klimawandels eine der großen ökologischen, wirtschaftlichen, kulturellen und sozialen Herausforderungen Südwestfalens dar.

Am 1. September 2008 wurde offiziell die Südwestfalen-Agentur GmbH in Olpe gegründet. Das achtköpfige Team um Geschäftsführer Dirk Glaser initiiert und koordiniert die Projekte rund um die Regionale 2013. Ihnen geht es besonders darum, die Kräfte in Südwestfalen zu bündeln und die Region als starke Marke zu etablieren. Die Anstrengungen und das Engagement für die Region sollen mit der Regionale 2013 nicht abgeschlossen sein und auch nach dem Jahr 2013 weiter vorangetrieben und ausgebaut werden.

Der Märkische Kreis ist ein gutes Stück Südwestfalen. Die Region lebt auch von ihrer beeindruckenden Natur, wie dieser Sonnenuntergang in Hemer-Ihmert beweist.

Erlebnisaufzug zur Burg Altena

Regionale 2013-Projekt: Wir holen die Burg ans Lenneufer

Ein unterirdischer Aufzug mit Startpunkt in der Innenstadt und Endpunkt in der Remise auf dem oberen Hof der Burg Altena ist ein gigantisches Projekt! Märkischer Kreis und Stadt Altena suchten im Rahmen der Regionale 2013 gemeinsam nach Lösungen, Besucherinnen und Besuchern der Burg einen weniger mühevollen Zugang zum Ort der Begierde zu ermöglichen. Bei einer optimierten Verkehrsanbindung der Burg Altena lassen sich die Besucherzahlen um bis zu 32 Prozent steigern, wissen die Experten vom Fraunhofer-Institut.

Im Juli 2011 war es soweit: Altena konnte mit dem Projekt tatsächlich beginnen. NRW-Minister Harry Kurt Voigtsberger überreichte den Bewilligungsbescheid an den Bürgermeister. Für das Projekt »Wir holen die Burg ans Lenneufer« erhielt die Stadt Altena vom Land nicht weniger als 5,2 Millionen Euro. An dem Gesamtvolumen von 5,7 Millionen Euro beteiligen sich zudem der Märkische Kreis und der heimische Energieversorger Mark E. Geplant ist ein in Nordrhein-Westfalen einzigartiger Erlebnisaufzug, der die Innenstadt mit der Burg Altena verbindet. Erwartet wird von dem Projekt eine Signalwirkung für ganz Südwestfalen.

Mit dem Burgaufzug soll der beschwerliche Weg hinauf zur Burg Altena wesentlich bequemer werden.

Die jüngste Region Deutschlands
Südwestfalen macht sich auf den Weg

Der Märkische Kreis, der Hochsauerlandkreis, die Kreise Olpe, Siegen-Wittgenstein und Soest haben sich 2007 zur Region Südwestfalen zusammengeschlossen. Nur kurze Zeit später wurden sie vom Land Nordrhein-Westfalen für die Ausrichtung der Regionale 2013 ausgewählt.

Durch den Zusammenschluss entstand eine Region, die in dieser Konstellation einmalig ist. Einerseits ist Südwestfalen das waldreichste Erholungsgebiet Deutschlands. Andererseits ist es aber auch Heimat von zahlreichen industriellen Weltmarktführern verschiedener Branchen.

Südwestfalen ist die jüngste Region Deutschlands. Zum ersten Mal überhaupt haben sich in der Bewerbungsphase zur Regionale fünf Kreistage, 59 Stadt- und Gemeinderäte auf gemeinsame Ziele verständigt.

Die Region Südwestfalen leistet damit etwas, was in der Geschichte des Wettbewerbs Regionale einmalig ist. Die Regionale dient diesmal nicht dazu, bereits gewachsene Regionalstrukturen auszubauen und zu kräftigen. Erstmals macht die Regionale das, was ihr Name verheißt: Sie ermöglicht die Bildung einer völlig neuen Region in Nordrhein-Westfalen.

Die Region hat ein klares Ziel formuliert: In gemeinsamer Arbeit will sich Südwestfalen europaweit als attraktiver Lebens- und Wirtschaftsraum profilieren und Maßstäbe für Qualitäten und Innovationen in der Entwicklung des Landschafts- und Siedlungsraumes, in der Infrastruktur, der Kultur und Wirtschaft setzen. Einige lokale Beispiele, wie sich die Kommunen in den Wettbewerb einbringen, zeichnet dieses Buch auf.

Einerseits ist Südwestfalen das waldreichste Erholungsgebiet Deutschlands, andererseits ist es aber auch Heimat von zahlreichen industriellen Weltmarktführern verschiedener Branchen.

Oben an der Volme tut sich was
Ambitionierte Projekte von Meinerzhagen, Kierspe, Halver und Schalksmühle

Das Projekt »Oben an der Volme« gehörte von Beginn an zu den besonders umfangreichen und ambitionierten ihrer Art im Rahmen der Regionale 2013. »Oben an der Volme« wird von den vier Kommunen Halver, Kierspe, Meinerzhagen und Schalksmühle initiiert. Die Verantwortlichen wollen mehr Lebensqualität durch städtebauliche Veränderungen erreichen und bessere Mobilitätsmöglichkeiten und Konzepte gegen die Folgen des demographischen Wandels erarbeiten.

Das Vorhaben umfasst ein vielfältiges Maßnahmenbündel, für das 65 Millionen Euro investiert werden. Die Deutsche Bahn AG beteiligt sich mit 29 Millionen Euro für die Reaktivierung der Volmetalbahn. Zum Projekt gehört der Ausbau der Strecke zwischen Marienheide und Meinerzhagen. Der Bahnhof in Kierspe wird auf aktuellen technischen Stand gebracht. 2015 soll dann auch der Personennahverkehr zwischen Meinerzhagen und Lüdenscheid-Brügge wieder aufgenommen werden.

Zwischen Meinerzhagen und Brügge wurde die Volmetal-Radweg-Trasse erarbeitet. Für die weitere Streckenführung bis nach Schalksmühle soll der Radweg über das nicht mehr benötigte zweite Gleis der Eisenbahnlinie führen. Um den Fluss Volme wieder erlebbarer zu machen, ist unter anderem die Freilegung rund um die Stadthalle in Meinerzhagen geplant. In Kierspe wird auf einer Fläche an der B54 (Ecke Kölner Straße) der »Volme Freizeit Park« entstehen.

Der Schwerpunkt der interkommunalen Kunst- und Kulturachse »Art Volmetal« wird in Halver entstehen: Zwei unter Denkmalschutz stehende Schieferhäuser, die »Häuser der Kultur«, werden umgebaut und als Sitz des Kultur-Managements genutzt.

In Kierspe soll auf dem Gelände der ehemaligen Firma Brune die Volme renaturiert, die Wasserkraftanlage wieder nutzbar gemacht und einige der alten Gebäude saniert und touristisch genutzt werden. Auch eine Aktivierung der Stadtzentren steht im Fokus.

Die beiden unter Denkmalschutz stehenden Schieferhäuser an der Frankfurter Straße in Halver, die »Häuser der Kultur«, werden umgebaut und als Sitz des Kultur-Managements »Art Volmetal« genutzt.

Berge und Täler

129 Kilometer vom Kahlen Asten nach Hagen

Die Lenne ist einer der prägenden Flüsse im Märkischen Kreis

Mit ihrer Länge von 129 Kilometern ist die Lenne nicht nur ein wichtiger südöstlicher Nebenfluss der Ruhr, sie ist auch einer der prägenden Flüsse im Märkischen Kreis. Mit einem durchschnittlichen Abfluss von rund 30 Kubikmetern in der Sekunde ist sie zudem der wasserreichste Nebenfluss der Ruhr.

Die Lenne entspringt am Kahlen Asten, nur etwa 300 Meter westlich des 841 Meter hohen Gipfels auf einer Höhe von 823 Metern. Zur Lennequelle gelangt der Interessierte über den Lehrpfad Kahler Asten. Von dort aus verläuft der Fluss zunächst westlich. Dabei durchfließt die Lenne die Ortschaften Westfeld und Oberkirchen. In Winkhausen mündet die Sorpe in die Lenne. Unterhalb von Gleidorf erreicht die Lenne Schmallenberg.

Herbstidyll in Nachrodt

Nächste größere Ortschaft am Flusslauf ist das zu Lennestadt gehörende Saalhausen. Vorbei an den Ortschaften Langenei und Kickenbach fließt die Lenne nach Altenhundem. Dort wendet sich der Lauf des Flusses in nordwestliche Richtung. Nach dem Passieren der Ortsteile Meggen und Maumke erreicht die Lenne Grevenbrück. Unterhalb von Grevenbrück gelangt sie auf das Gemeindegebiet von Finnentrop. Dort mündet die aus Südwesten kommende gestaute Bigge. Hinter Rönkhausen erreicht die Lenne das Stadtgebiet von Plettenberg und damit den Märkischen Kreis.

Plettenberg selbst wird von der Else durchflossen, die in Eiringhausen von Süden kommend in die Lenne mündet. Etwas flussabwärts passiert die Lenne noch Ohle, bevor sie die Vier-Täler-Stadt Richtung Werdohl verlässt. In Werdohl macht der Flusslauf drei Mäander. Darüber hinaus mündet dort die aus Süden kommende Verse. Unterhalb Ütterlingsens erreicht der Fluss Altenaer Gebiet, wo die Steinerne Brücke über den Fluss führt.

In Altena mündet nach dem Umfließen des Schlossbergs mit der Burg Altena von rechts die Nette in die Lenne. Weitere zu Altena gehörende Ortschaften am Flusslauf sind Mühlendorf,

Blick von der Burg Altena auf die Lenne

Linscheid, Knerling und Pragpaul. Opperhusen gehört dann schon zu Nachrodt-Wiblingwerde. Der Flusslauf führt die Lenne an Einsal, Obstfeld und Nachrodt vorbei.

Nach dem Passieren der Stadtgrenze von Iserlohn im Letmather Bereich erreicht die Lenne Lasbeck. Vor Erreichen Letmathes mündet rechts der Grüne Bach. Die Lenne macht einen Bogen nach Süden und erreicht mit dem rechtsseitigen Oege und dem linksseitigen Hohenlimburg das Stadtgebiet von Hagen, wo sie ihr Lauf wieder nach Nordwesten führt. Wenig später kommt sie in Elsey an. Der Fluss fließt östlich der Kernstadt Hagens vorbei und mündet bei Helfe linksseitig in die Ruhr. Ein krönender Abschluss, denn gegenüber der Mündung liegt die Hohensyburg.

Berge und Täler

Volme gelangt zu Popularität

Fluss bot Basis für märkische Kleineisenindustrie

Nicht zuletzt die Initiative der vier Kommunen Meinerzhagen, Kierspe, Halver und Schalksmühle mit ihrem viel beachteten Regionale-Projekt »Oben an der Volme« hat dem Fluss zu so etwas wie Popularität verholfen. Keine Frage: Im Volmetal ist es ziemlich nett und der Fluss hatte in der Vergangenheit auch eine nicht zu unterschätzende wirtschaftliche Bedeutung, doch ein kleiner Schub konnte und kann der Volme in der Tat nicht schaden ...

Die Volme ist ein linker Nebenfluss der Ruhr und 50 und einen halben Kilometer lang. Davon entfallen rund 20 Kilometer auf Hagener Stadtgebiet, mehr als 30 Kilometer und damit das Gros auf das im Märkischen Kreis gelegene nach ihr benannte Volmetal. Durch das Tal der Volme verläuft auch die Strecke der Volmetalbahn.

Die Volme entspringt ganz im Süden des Märkischen Kreises in 460 Metern Höhe am Südostrand Meinerzhagens. Sie durchfließt neben Meinerzhagen und Kierspe auch den Halveraner Stadtteil Oberbrügge, das zu Lüdenscheid gehörende Brügge, Schalksmühle und Dahlerbrück, bevor es schließlich auf Hagener Stadtgebiet geht. Die »Stationen« dort sind Rummenohl, Priorei, Dahl, Ambrock, Eilpe, Mitte und Boelerheide. Auf schließlich nur noch 91 Metern Höhe mündet die Volme in die Ruhr. Auf dem Stadtgebiet von Hagen ist die Volme über größere Stecken kanalisiert. Die Verantwortlichen haben sie aber inzwischen teilweise renaturiert.

Ohne die Volme hätte es die märkische Kleineisenindustrie des 19. und 20. Jahrhunderts wohl kaum gegeben. Schon im vorindustriellen Zeitalter entstanden entlang des Flusses zahlreiche Mühlen, Hammerwerke und Sensenschmieden, die über Vorteiche die Wasserkraft dieses stetig fließenden Gewässers nutzten.

Die Volme bei Haus Rhade in Kierspe

In der Volmegemeinde Schalksmühle ist dem Fluss ein kleiner Park gewidmet.

Die Volme in Schalksmühle

37

Berge und Täler

Mysteriöses Hönnetal

Kalkstein prägt die Höhlenwelt zwischen Neuenrade und Menden

Wild zerklüftete, bis zu 60 Meter hohe Steilhänge und Klippen prägen das Bild. Im frühlingshaften Sonnenschein atemberaubend schön, bei Sturm und Regen schon morbid. In jedem Fall imposant und reizvoll lädt das Hönnetal entlang der Städte Neuenrade, Balve, Hemer und Menden zu jeder Jahreszeit zu Tagesausflügen ein.

Das Kalksteintal gehört zu den romantischsten Tälern in Deutschland. Die »Sieben Jungfrauen«, der »Uhu-Felsen« oder »Klusenstein« – so die Namen der beeindruckenden Felsformationen aus Kalkstein – bieten der Fantasie reichlich Nahrung. Das Hönnetal ist zudem außergewöhnlich reich an Höhlen. Sie bildeten sich durch Auswaschungen des Kalksteins über Jahrtausende hinweg, sind nur zum Teil erschlossen und verraten viel über die Natur- und Kulturgeschichte. Viele lebten bereits hier. Die Palette reicht vom Dinosaurier bis zum Höhlenbär.

Westlich des Hönnetals verläuft der Mittelgebirgskamm des Balver Waldes. Mit Höhen von mehr als 500 Metern und durch die recht freie Lage bieten sich weite Ausblicke auf das Sauerland, aber auch Richtung Ruhr im Westen.

Erster Fahrweg im Jahr 1814

Wer heute an schönen Sommerwochenenden auf der B515 zwischen Menden-Lendringsen und Balve die endlose Blechkolonne erlebt beziehungsweise erleidet, kann nicht glauben, was 1817 ein Wanderer über das Hönnetal schrieb:

»Ich möchte die Irrfahrt mit einigen unerschrockenen Gefährten, und obgleich es, oft durch den Fluß, bald Klippen auf und ab ging, und man häufig die Kunst zu balancieren und sich anzuklemmen üben mußte, so wurden wir doch herrlich belohnt durch die großen Szenen, die sich jeden Augenblick verändert unseren Augen darboten. Alles trägt den Charakter des ernst Romantischen in dieser mit üppigen Bäumen und Kräutern so reich geschmückten Gegend«.

Das Hönnetal verband seit Anfang des 19. Jahrhunderts die Ortschaften Neuenrade, Garbeck, Balve, Sanssouci, Binolen, Lendringsen, Menden und Fröndenberg. Zu dieser Zeit entstand der erste durchgehende Fahrweg durch das Hönnetal. Er wurde 1814 angelegt. Vorher führten Höhenwege um das unwegsame Kalksteintal herum. Rund 100 Jahre später (1912) wurde die Hönnetalbahn eröffnet.

Die Hönne bot den Menschen seit der Altsteinzeit einen Besiedlungsraum. Die Veränderung der Wasserstände in dieser Region lässt sich gut an den Felswänden der Reckenhöhle ablesen.

Eine beeindruckende Sicht über das Hönnetal bietet sich von der Burg Klusenstein aus.

Die Hönne in Menden

Quer durch das Hönnetal, in Höhe der Burg Klusenstein, verläuft die historische Grenze, die die ehemalige Grafschaft Arnsberg, von 1368 bis zur Säkularisation vom katholischen Kurköln aus regiert, vom protestantisch geprägten märkischen Sauerland trennte. Die Grenzlinie verlief vom heutigen Neuenrade über die Iserlohner Höhe und umschloss noch die Burg Klusenstein und die Furt im Hönnetal, bevor sie sich Richtung Iserlohn wendete. Dies erklärt die besondere Rolle der Burg Klusenstein als »Grenzfeste« (so genannte Raubritterburg) und die jahrhundertelangen Streitigkeiten zwischen »Märkern« und »Kurkölnern« im Balver Wald.

Das romantische Hönnetal

Levin Schücking und Ferdinand Freiligrath schrieben in »Das malerische und romantische Westfalen« im Jahr 1841 über das Hönnetal:

»Es ist eine romantische Wanderschaft; das Tal klemmt sich immer wilder und düsterer endlich zur engen Schlucht zusammen; die schmale Hönne rauscht pfeilschnell unten über kantige Felsbrocken, aufbrodelnd und Streichwellen über den Fußweg schleudernd, bis endlich aus tiefem Kessel uns das Gebrause und Schäumen einer Mühle entgegen stürmen. Hier ist die Fährlichkeit überwunden, eine kühne und kuppige Felswand springt vor uns auf, drüben ragen die Ringmauern und Trümmer einer alten Burg, aus der ein neues Wohnhaus wie ein wohlhäbiger Pächter einer alten Ritterherrlichkeit hervorlugt. (...)

Von Klusenstein führt das Hönnethal weiter hinauf an dem hübsch gelegenen Wirthshaus Sanssouci vorüber nach dem Städtchen Balve, in dessen Nähe die Gegend weniger wild romantisch ist, aber ebenfalls ein merkwürdiges Denkmal schaffender Naturkräfte in der ›Balver Höhle‹ besitzt – wie das Kalksteingebirge zwischen Ruhr und Lenne überhaupt einen auffallenden Reichthum an Grotten und Höhlen hat. Die Balver Höhle zeichnet sich durch das großartige Thorgewölbe, das ihr zur Einfahrt dient, aus. Sie besitzt viele Reste antediluvianischer Thiere – man findet Zähne urweltlicher Geschöpfe bis zu sieben Pfund Gewicht.«

Kannibalismus im Hönnetal?

Die Ursprünglichkeit des Hönnetals provozierte zur Bildung von zahlreichen Sagen. Die kleinen und großen Höhlen wurden zum Beispiel während der Eisenzeit von den Menschen benutzt, vermutlich als Begräbnisorte sowie wohl auch als Kultplätze. Noch heute werden in den Hönnetalhöhlen menschliche Hinterlassenschaften auch aus der Bronzezeit gefunden, aus denen geschlossen werden kann, dass die Höhlen zum einen als Wohn-, aber auch als Grabstätte genutzt wurden.

Aus der Art und Beschaffenheit der Funde kann möglicherweise auf einen damaligen, eventuell religiös motivierten Kannibalismus geschlossen werden. Beweise dafür will unter anderen Dr. Bruno Bernhard, Assistenzarzt an der psychiatrischen Klinik in Würzburg, gefunden haben, der mit dem Geologen Emil Carthaus und dem Heimatkundler Wilhelm Bleicher als Verfechter der Kannibalismus-These galt. Funde von 1891 wurden zeittypisch in diesem Sinne gedeutet. Zuletzt wurde diese These von Harald Polenz wieder aufgegriffen.

Um 1730 befand sich eine Falschmünzerwerkstatt im hintersten Teil der Honert-Höhle, die bei Ausgrabungen des Privatdozenten Dr. Julius Andree im Sommer 1926 entdeckt wurde.

Die Hönnebrücke bei Volkringhausen

Liebenswerte Hönne

Eigentlich ist die Hönne »nur« ein Nebenfluss der Ruhr und durchfließt den nordöstlichen Teil des Märkischen Kreises. Doch der Fluss fungierte über Jahrtausende hinweg als Lebensader der Region. Die Qualität des Wassers ist heute wieder so gut, dass reiche Fischvorkommen an manchen Stellen das Angeln zulassen. Eine Besonderheit bietet der Fluss in regenarmen Zeiten, wenn die Hönne im Untergrund verschwindet, durch die Kalkhöhlen unter dem Flussbett fließt und etwa zwei Kilometer flussabwärts wieder zu Tage tritt. Durch mehrere Versuche mit Einfärbung des Flusswassers konnte das Phänomen erforscht werden. Die Hönne entspringt am Großen Attig auf 437 Metern Höhe. Bei der Hönnequelle handelt es sich um eine sogenannte Hungerquelle, das heißt: Fällt der Grundwasserspiegel unter das Niveau des Austritts, trocknet die Quelle aus. Das Foto zeigt die Hönne in der Nähe der Reckenhöhle in Balve.

Die Hönnetalbahnstrecke

Die Strecke gilt als eine der romantischsten Bahnlinien in ganz Deutschland. Sie ist nur 22 Kilometer lang, eingleisig und nicht elektrifiziert. Sie führt durch zwei Tunnels – unter anderem den Uhufelsen – und über sieben Brücken aus Naturstein. Die wunderschöne Hönnetalbahn wurde am 1. April 1912 eingeweiht und ist bereits in der Zeit der deutschen Romantik für ihre Schönheit gepriesen worden. Die Bahnlinie diente in erster Linie der industriellen Nutzung des Hönnetals. Aufgrund der neuen Verkehrsanbindung entstanden entlang der Strecke Kalksteinbrüche in Binolen, Sanssouci, Balve und Garbeck. Der wirtschaftliche Aufschwung verzögerte sich durch den Ausbruch des Ersten Weltkrieges, der auch eine Einschränkung im Personenverkehr brachte. Im Steckrübenwinter 1917/1918 diente auch die Hönnetalbahn zur Versorgung der hungernden Bevölkerung des Ruhrgebiets. Nach 1925 erhöhte sich der Ausflugsreisezugverkehr ins Hönnetal wieder. Zwischen den beiden Kriegen kamen außerordentlich viele Menschen ins Hönnetal. Dem engen Tal drohte sogar der Ausbau einer Eisenbahnstrecke Emden – Hönnetal – Frankfurt, um eine vor Feinden (Franzosen) sichere Nord-Süd-Verkehrsverbindung nutzen zu können. Mitte der 1950er Jahre war die Nebenbahnstrecke der Hönnetalbahn die rentabelste der Bundesbahndirektion Wuppertal. In den vergangenen Jahren drohte der Strecke mehrfach die Stilllegung.

Berge und Täler

Weitläufige unterirdische Systeme

Höhlen im Hönnetal geben Einblick in die Geschichte der Erde

Entlang meist versteckter Pfade sind nicht weniger als 75 Höhlen zu entdecken, die die Massenkalkformationen im mittleren Hönnetal hinterlassen haben. Ihre Eingänge gleichen häufig engen Schlupflöchern oder spaltartigen Öffnungen, hinter denen sich Hohlräume (Karhofhöhle), enge Gänge mit Kammern (Leichenhöhle) oder weitläufige Höhlensysteme (Reckenhöhle) ausbreiten. Von der Friedrichshöhle führen stufenweise Schächte und Klüfte in die »Hönnetaler Unterwelt«, eine erst teilweise erforschte unterirdische Flusshöhle.

Ganz anders präsentieren sich die Balver Höhle und die Feldhofhöhle. Ihre hohen Deckengewölbe und Eingangsbereiche gleichen offenen Hallen. Von archäologischer und paläontologischer Bedeutung sind die sogenannten Kultur- beziehungsweise Kulthöhlen. Allein in der Großen Burghöhle am Klusenstein wurden zigtausende Funde geborgen. Ablagerungen (Kulturschichten), tierische Relikte und Zeugnisse menschlicher Aktivitäten spiegeln erdgeschichtliche Entwicklungen wider oder berichten von der kulturellen Entwicklung des Homo sapiens über 100 000 Jahre – vom Neandertaler über den Cro-Magnon-Menschen und Rentierjäger bis zum Jetztmenschen.

Höhlen entstehen

Vor 350 Millionen Jahren bedeckte auch das Sauerland ein flaches, warmes, sauerstoffreiches Salzmeer, ein geeigneter Lebensraum für Korallen und andere Schalentiere. Die unverwechselbaren Gehäuse aus Calcit zerrieb die Riffbrandung zu Kalkschlämmen. Auf dem Meeresgrund häuften sich ihre Ablagerungen in Jahrmillionen zu hohen Bänken, die schließlich unter thermischen Einflüssen zu Massenkalkformationen von Wuppertal über Balve bis Warstein/Brilon »versteinerten«.

Das untermeerische »Gebirge« aus Kalkstein erreichte bei Eisborn eine Stärke von 1000 Metern. Mit Beginn des Tertiär vor etwa 65 Millionen Jahren setzten weltweit die Phasen der alpinischen Gebirgsbildung ein. Die tektonischen Verschiebungen der europäischen Festlandsplatte prägten auch die Oberflächengestalt der heutigen deutschen Mittelgebirge und damit des Sauerlands. Hebungen des Meeresbodens und Faltungen der Erdoberfläche führten zur Bildung von hohen Sätteln und tiefen Mulden wie dem Balver Wald und dem Hönnetal. Tektonische Schübe verursachten im Felsgestein Verwerfungen, Kerbungen und Abbrüche. Besonders im homogenen Massenkalk entstanden Risse, Spalten und Klüfte unterschiedlicher Größe und Tiefe. Einige füllte die Zeit mit Lehmen oder Lockergestein aus, andere »verheilten« durch die Bildung von Mineralien, manche jedoch weiteten ihre Hohlräume, vor allem, wenn eindringendes Oberflächenwasser erodierte oder korrodierte Kalksteinteile ausschwemmen konnte.

Die Balver Höhle ist die größte Kulturhöhle Europas.

Klima bestimmte Größe und Form

Art, Form und Größe der Hönnetaler Höhlen wurden wesentlich von klimatisch bestimmten Einflüssen geprägt. Kaltzeiten wechselten mit Warmzeiten. Aber auch diese Klimaperioden waren starken Temperaturschwankungen unterworfen. In hochglazialen Perioden zum Beispiel beherrschten Gletscher und Dauerfrostböden Norddeutschland, in mäßig warmen Zeiten bedeckten Laubwälder das Sauerland. Vor etwa

Der Eingangsbereich der Reckenhöhle

zwei Millionen Jahren bestimmte subtropisches Klima Flora und Fauna der heimischen Bergwelt. In Feuchtperioden versumpften Täler, Mulden und Auen. Vegetation und Tierwelt passten sich den klimatischen Bedingungen an.

Besonders regenreiche Zeiten haben die Gestalt von Höhlen verändert, wie am Beispiel der Balver Höhle deutlich wird. Jahrtausende strömte durch den sogenannten Einstrudelungskanal Oberflächenwasser der umliegenden Höhen und Hochebenen in das Höhleninnere. Das Wasser löste Lockergestein und zerrieb es, schmirgelte die Seitenwände ab und schwemmte Erosionsschutt fort. Noch heute sind Schmirgel- und Schrammspuren des »Höhlenflusses« zu erkennen. In den Zwischeneiszeiten verwandelten die Schmelzwasser vereister Bergspitzen das Hönnetal nicht selten in einen reißenden Gebirgsfluss.

Die Kuppen des Balver Waldes erreichten ursprünglich eine Höhe von etwa 1000 Meter. Auch der Talgrund bei Balve lag vor 800 000 Jahren erheblich höher als heute, wahrscheinlich nur wenige Meter unter dem heutigen Eingang der Balver Höhle. So konnte die Hönne bei hohem Wasserstand Lehme, Sände, Feingerölle, aber auch Tierkadaver oder Skeletteile in die Balver Höhle einschwemmen. Noch vor 150 Jahren versperrte ein 15 Meter hoher »Lehmberg«, der fast die Höhlendecke erreichte, den Zugang zu den hinteren Höhlenarmen.

Mit Beginn warmzeitlicher Perioden vor etwa 8000 Jahren kam auch die Balver Höhle zur Ruhe. Auf die sogenannte Rentierschicht (seit 10 000 v.Chr. verlieren sich die Spuren der Rentierjäger) tropfte kalkreiches Sickerwasser, das zu kräftigen Sinterschichten verdunstete. Sie schützten die unzähligen Fossilien jener Tiere, die einmal das Hönnetal bevölkerten und deren Relikte auf irgendeine Weise in die Höhle gelangten, aber auch die Zeugnisse menschlicher Tätigkeiten, das heißt Hinterlassenschaften von Horden, die auf ihren Wanderungen und Jagdzügen in der Höhle Schutz suchten.

Verwitterungen ließen über Jahrmillionen aus einer Spalte oder Kluft die Balver Höhle in heutiger Größe und Gestalt entstehen. Sie sind auch Ursache für die Entwicklung anderer Höhlen des Hönnetales bis zu ihrer heutigen Erscheinung.

Hans-Hermann Hochkeppel
(www.balver-hoehle.de)

Der Eingangsbereich der Feldhofhöhle

Die Reckenhöhle

Franz Recke entdeckte seine Höhle bei der Fuchsjagd. Sie gehört zu den schönsten Tropfsteinhöhlen mit Säulen, Sinterterrassen und Wasserbecken. Die 500 Meter lange Reckenhöhle wurde 1888 vom Gastwirt Franz Recke entdeckt, der auf seinem Gelände einen Fuchs verfolgte, der ihm schon die einen oder anderen Hühner und Gänse gestohlen hatte. Reckes Nachfahren erschlossen immer neue Höhlenbereiche, so dass sich die Besucher der Höhle heute bei einem 500 Meter langen Rundgang an der Farben- und Formenschönheit der zahlreichen Tropfstein-, Sinter- und Felsgebilde erfreuen können. Insgesamt verfügt die Reckenhöhle über 2500 Meter bekannte Höhlengänge. Recke hob seinen »Fuchsbau« aus und es offenbarte sich ihm ein überwältigendes System von begehbaren Höhlengängen, ausgeschmückt mit den schönsten Tropfsteingebilden. Am 16. August 1890 wurde der erste Teil (Haupthalle) als Schauhöhle eröffnet. In 34-jähriger Arbeit wurde die Höhle ausgebaut. Seit 1924 ist die Höhle in der heutigen Form begehbar. Franz Recke selbst starb im Alter von nur 42 Jahren an einer Lungenentzündung, die er sich bei den Ausgrabungen zugezogen hatte.

Die Feldhofhöhle

Zwischen dem Binolener Tunnel der Hönnetalbahn und Burg Klusenstein ist mit der Feldhofhöhle eine Kulturhöhle zu entdecken. Sie gehört gemeinsam mit der benachbarten Tunnelhöhle und der Friedrichshöhle zu einem von zwei Bächen geprägten Höhlensystem. Der Eingang hat eine Höhe von vier Metern und ist acht Meter breit. Die Haupthalle verzweigt sich nach einer Länge von etwa 100 Metern in mehrere tote Nebenarme. Einer dieser Nebenarme endet nach knapp 200 Metern vor einem Verbruch. Die Höhle besitzt nur wenige Tropfsteine. Forscher fanden dort Spuren vom Neandertaler, ebenso Knochen von Wollnashörnern, Rentieren, Pferden, Hyänen und Wölfen. Die Höhle ist auch Fundstätte von Keramik der älteren Eisenzeit. Fünf Kulturschichten entdeckte Professor Andree bei Grabungen in den Jahren 1925/1926.

Berge und Täler

»Ihre Volksbank ganz nah« – nicht nur Slogan, sondern Verpflichtung

Märkische Bank ist in Iserlohn, Hemer, Menden und Nachrodt mit Geschäftsstellen präsent

Die Märkische Bank ist mit 21 Geschäftsstellen und sieben SB-Centern in neun Städten und Gemeinden vertreten. In ihren Filialen sind mehr als 250 Mitarbeiter beschäftigt. In der märkischen Region, die der Bank – nach der Fusion mit der damaligen Volksbank Menden im Jahr 2001 – ihren Namen gab, betreibt die Märkische Bank heute neun Filialen. In Iserlohn unterhält sie die Standorte Dröschede, Grüne, Letmathe, Sümmern und das KompetenzCenter im Iserlohner Zentrum am Schillerplatz. In Menden befindet sich ebenfalls ein KompetenzCenter und die Filiale Platte Heide. Dazu kommen dann noch die beiden Filialen in Hemer und Nachrodt.

»Durch unsere Nähe zu den Menschen und zum Markt sind wir eng mit der Region verbunden. Wir können schnell und flexibel auf neue Situationen vor Ort reagieren«, erläutert der Vorstandsvorsitzende Hermann Backhaus das Erfolgsmodell seiner Volksbank.

Von den mehr als 26 000 Kunden der Märkischen Bank in der märkischen Region ist jeder Dritte zugleich Teilhaber der Märkischen Bank. Das gilt auch für Firmen, Vereine und Körperschaften. Die Mitgliedschaft begründet nicht nur die Rechtsform »eingetragene Genossenschaft (eG)«, sondern gibt der Bank zudem den Auftrag der Mitgliederförderung und dem Mitglied ein Mitbestimmungsrecht. Übrigens ist fast jeder fünfte Erwachsene in Deutschland Mitglied einer Genossenschaftsbank!

Mit der Region ist die Märkische Bank auch durch die Förderung sozialer, kultureller und sportlicher Projekte tief verbunden. So fördert die Genossenschaftsbank bereits seit Jahren den höchstklassig spielenden Sportverein der Region, die Iserlohn Roosters. Im Sauerlandpark Hemer ist die Märkische Bank seit der Landesgartenschau Hauptsponsor der Skateanlage »Rollgarten«. Dort wird seitdem Jahr für Jahr im Namen der Bank der so genannte COS-Cup, ein Lauf zur Deutschen Meisterschaft im Skateboarding, ausgefahren.

Daneben unterstützt die Bank regelmäßig große und kleine Kulturveranstaltungen wie zum Beispiel die Mixed Pickles-Reihe des Parktheaters Iserlohn, Menden à la Carte oder das Campus-Symposium der BiTS in Iserlohn, aber auch Brauchtumsfeste wie das Iserlohner Schützenfest. Kleinere Organisationen, Vereine und Institutionen werden ebenfalls mit Geld- und Sachspenden unterstützt. Besonders am Herzen liegen der Bank auch karitative Projekte, für die sie regelmäßig, meist zum Ende eines Jahres, spendet.

Bevorzugt unterstützt die Bank Aktivitäten, die das Leben vor Ort spürbar bereichern, denn sie möchte nicht nur für ihre Kunden, sondern auch für die ansässigen Bürgerinnen und Bürger das Umfeld fördern, in dem sie und auch die Bank und ihre Mitarbeiterinnen und Mitarbeiter leben und arbeiten.

Wichtig ist bei den Engagements besonders die Nachhaltigkeit: Die Partner der Märkischen Bank können sich darauf verlassen, dass diese längerfristig an ihrer Seite steht.

Die Märkische Bank in Iserlohn

Die Märkische Bank in Menden

Die Filiale der Märkischen Bank in Hemer

Das Team der Märkischen Bank in Iserlohn

Beitrag von:
Märkische Bank eG

Turmstraße 4 · 58636 Iserlohn | Im Hütten 46 · 58644 Iserlohn
Düsingstraße 60 · 58644 Iserlohn | Hagener Straße 18 · 58642 Iserlohn
Laventiestraße 22 · 58640 Iserlohn | Auf dem Hammer 9 · 58675 Hemer
Poststraße 5 · 58706 Menden | Hermann-Löns-Straße 31a · 58708 Menden
Hagener Straße 67 · 58769 Nachrodt

info@maerkische-bank.de
www.maerkische-bank.de

Berge und Täler

Klusenstein thront über der Klippe

Die Burg über dem Hönnetal diente einst als wichtige Grenzbefestigung

Die Location ist atemberaubend, aber nicht jedermanns Sache. Schon gar nicht die derjenigen, die mit Höhenangst zu kämpfen haben: Ja, Burg Klusenstein liegt weit oben, auf einer 60 Meter hohen Klippe am Rande des Hönnetals auf dem Gebiet der Stadt Hemer. Bei der Anreise ahnt keiner, was ihn erwartet, steht er erstmal vor dem historisch durchaus bedeutsamen Gemäuer. Burg Klusenstein war einst Grenzbefestigung der Grafschaft Mark zum angrenzenden Territorium Kurkölns und der Grafschaft Arnsberg.

Die Höhenburg wurde 1353 von Gerhard von Plettenberg, einem Drosten von Graf Engelbert III. von der Mark gebaut. Während der Fehde zwischen Graf Engelbert und Graf Gottfried IV. von Arnsberg wurde die Burg belagert, konnte aber nicht erobert werden. Nachdem Gottfried die Grafschaft Arnsberg an den Bischof von Köln verkauft hatte, verlor die Burg ihre strategische Bedeutung.

Eine Ringmauer aus Bruchstein, die ganz früher wahrscheinlich wesentlich höher war, umgrenzt den Burghof und lässt die Burghofgröße erkennen. Das Burghaus ist als zweieinhalbgeschossiges Satteldachtraufenhaus in Bruchstein erstellt. Der westliche Teil ist unterkellert, die östliche Hälfte ist auf den Fels gebaut. An der Giebelseite befindet sich ein eingeschossiger Fachwerkanbau von 1919.

Imposant: Seit Jahrhunderten thront Burg Klusenstein auf einer Klippe über dem Hönnetal.

Am eigentlichen Burghaus der Burg Klusenstein sind zwei wichtige Erweiterungsphasen ablesbar: im westlichen Bereich ein dem ursprünglichen Bauwerk angepasster massiver Anbau, der nach 1829 entstand, und im östlichen Teil ein Fachwerkanbau, der 1919 errichtet wurde. Beide Anbauten zeigen das wachsende Raumbedürfnis der Bewohner Klusensteins. Unterstrich der Anbau von 1829 noch den wehrhaften Charakter Klusensteins, so zeigt die Ausführung des Fachwerkanbaues eine von Landschaftsvorstellungen der Romantik geprägte Ausführung. Dieser Fachwerkanbau trägt seit nunmehr 70 Jahren wesentlich zum charakteristischen Anblick der Burg bei.

Direkt unter der Burg Klusenstein liegt die große Burghöhle. Sie ist nur kletternd zu erreichen und ihre Öffnung ist nur ein schmaler Spalt, gerade groß genug, um hineinzugelangen, aber fast vier Meter hoch. Dann aber öffnet sich eine geräumige Halle, von der in alle Himmelsrichtungen Arme gehen. Der schnell nach oben aufsteigende Südarm soll der Notausgang der Burg Klusenstein gewesen sein. Die mittlere Halle der Höhle, die sogar hoch oben über ein »Höhlenfenster« als Rauchabzug verfügt, ist seit der Bronzezeit von Menschen bewohnt gewesen, lange, bevor mit dem Bau der darüber liegenden Burg begonnen wurde.

Als die Burg 1353 zeitgleich mit der Gründung der Stadt Neuenrade gebaut wurde, existierten bereits Burgen oder feste Häuser in Binolen, Eisborn und Beckum, wobei die Binoler Burg vielleicht schon von den Märkern zerstört war. Seit dem späten Mittelalter ist die Klusensteiner Burg von ihren Besitzern nicht mehr bewohnt gewesen. Der Landbesitz wurde von Pächtern bewirtschaftet. Seit 1694 gehörte die Burg der Familie von Brabeck. 1818 kaufte der Braunschweiger Händler Carl H. Löbbecke das Anwesen. Später wohnte die Familie auf der Edelburg in Hemer. Klusenstein ging 1908 an die an Kalkabbau im Hönnetal interessierte Stahlindustrie, später an die Rheinisch-Westfälischen Kalkwerke in Dornap. Um 1800 scheint das Haupthaus weitgehend verfallen gewesen zu sein, wie Berichten aus der Zeit zu entnehmen ist.

Heute ist sie in Besitz der Firma Rheinkalk und verpachtet. 1990 wurden verschiedene Teile der Burganlage unter Denkmalschutz gestellt. 2003 wurden die Burg und die angrenzenden Wirtschaftsgebäude renoviert. Das Burghaus ist bewohnt und kann nicht besichtigt werden. Sehens- und erlebenswert ist es jedoch, über die Felder der Deilinghofer Hochfläche kommend den Innenhof zu besichtigen und über die Mauer in das Hönnetal zu schauen.

Die Höhenburg wurde 1353 von Gerhard von Plettenberg errichtet. Heute ist sie bewohnt und nur von außen zu besichtigen.

Berge und Täler

Die sieben Jungfrauen vom Hönnetal

Eine imposante Felsformation und das Schicksal der abgewiesenen Schönheiten

Die gewaltige Felsformation »Sieben Jungfrauen«

Idyllisch und beschaulich steht die sagenumwobene Burg Klusenstein hoch über dem Hönnetal und gegenüber die Felskulisse der »Sieben Jungfrauen«. Sie bilden die imposanteste Felskulisse im gesamten Hönnetal und sind als Wahrzeichen vom angrenzenden Gesteinsabbau verschont geblieben.

Einst soll auf der Burg ein Ritter gelebt haben, den alle Leute aus dem Tal bewunderten. Auch sieben Jungfrauen, die um seine Gunst warben, aber allesamt Absagen erhielten. Sie baten die geheimnisvolle Köhlerfrau um Rat. Doch deren Tipps halfen nicht, der Ritter blieb abweisend. Da griff die Köhlerfrau zu härteren Mitteln. Sie gab den sieben Jungfrauen ein Pulver, von dem sie jeden Tag eine Messerspitze voll nehmen sollten – aber nicht mehr, sonst gäbe es ein Unglück. Die Jungfrauen nahmen die Messerspitze Pulver, doch die Wirkung auf den unnahbaren Ritter blieb aus. Da steigerten die jungen Damen die Dosis und schluckten einen ganzen Löffel von dem Pulver. Das Unglück nahm seinen Lauf. Als die sieben Jungfrauen eines Tages am Ufer der Hönne standen und sich in ihrer Schönheit spiegelten, fingen sie an zu wachsen und nahmen an Gewicht zu, bis sie zu riesigen Kalkfelsen erstarrten. Noch heute stehen die »Sieben Jungfrauen« an der Hönnetalstraße.

Das Naturdenkmal der »Sieben Jungfrauen« besteht aus dem gleichen Gesteinsmaterial, das im Werk Horst in ihrem Rücken zwischen der Mendener Asbeck und dem Balver Eisborn abgebaut wird.

Weißes H auf gelbem Quadrat

Sauerland-Höhenflug avanciert zum bedeutenden Mehretappenweg für Wanderfreunde

Der Sauerland-Höhenflug ist ein ebenso schöner wie populärer Wanderweg quer durch das Sauerland, der die beiden Städte Altena und Meinerzhagen mit dem in Hessen liegenden Korbach verbindet. Die Gesamtlänge beträgt etwa 250 Kilometer. Der Weg führt durch die Naturparke Homert, Ebbegebirge, Rothaargebirge und Diemelsee. Er verläuft überwiegend auf Bergrücken im Bereich von 400 bis 800 Höhenmetern. Nach mehrjähriger Vorbereitungszeit wurde der Wanderweg am 31. Mai 2008 offiziell eröffnet. Der Weg bietet wie kein anderer grandiose Aussichten und hautnahes Naturerleben von ganz weit oben.

Blicke, die kilometerweit in die Ferne schweifen, Wanderstunden, die hoch oben auf den Bergkämmen wie im Flug vergehen – und bei Bedarf abends ein exklusives Verwöhnprogramm im Hotel oder Restaurant. Mit diesen Vorzügen entstand einer der schönsten Wanderwege Deutschlands: der Sauerland-Höhenflug. Die Route bleibt dabei fast ohne große Steigungen. Wer die ganze Strecke zurücklegt, lässt mühelos vier Achthunderter hinter sich. Gleichzeitig führt der Weg durch traumhafte Natur, die den landschaftlichen Reichtum und die Abwechslung des Sauerlandes par excellence vor Augen führt.

Der in Altena auf der Burg beginnende Abschnitt führt entlang des Flugplatzes Hegenscheid über Ihmert, am Quitmannsturm und der Hönnequelle vorbei über die »Wilhelmshöhe« (westlicher Ortseingang Neuenrade), Altenaffeln, den Schombergturm passierend über Wildewiese zum Wanderdreieck »Röhrenspring«, das nördlich des Finnentroper Ortsteils Faulebutter liegt.

Der im Zentrum von Meinerzhagen beginnende Wanderwegabschnitt führt über den Wanderparkplatz Schallershaus vorbei an Schloss Badinghagen über Grünewald, Neuenhaus/Buntelichte durch das Quellental (nordöstlich von Hösinghausen), Knüppelsteg Ebbemoore, am Robert-Kolb-Turm entlang über den Wanderparkplatz Spinne, Windhausen, Parkplatz »Auf dem Höchsten«, Plettenberg-Landemert und Lenhausen. Nördlich von Faulebutter erreicht der Weg ebenfalls das Wanderdreieck »Röhrenspring«.

»Die Leichtigkeit entdecken« ist auch das Motto des Teilstücks des »Sauerland Höhenfluges«, das auf der Burg Altena beginnt.

Ergänzt wird die Höhenflugroute durch zahlreiche Zuwege. Rundwanderwege führen unter anderem durch das Europäische Vogelschutzgebiet der Medebacher Bucht, über den Kahlen Asten und die Nordhelle. Als Wanderzeichen dient dem Hauptweg des Sauerland-Höhenfluges ein weißes H auf gelbem Quadrat. Zuwege und Rundwege haben als Wegzeichen ein schwarzes H auf einem gelben Quadrat.

Berge und Täler

Traumhaftes Zusammenspiel von Wald und Wasser
Das Naherholungsgebiet Ebbegebirge bietet zahlreiche Sport- und Freizeitmöglichkeiten

Die Nordhelle ist mit 663,3 Metern Höhe die höchste Erhebung des Ebbegebirges und damit natürlich auch des Märkischen Kreises. Sie liegt genau auf der Stadtgrenze von Meinerzhagen und Herscheid. Im Gipfelbereich sind neben dem Robert-Kolb-Turm als Aussichtspunkt der 130 Meter hohe WDR-Sendeturm Nordhelle und ein Fernmeldeturm der Bundeswehr – ein Stahlbetonturm, der für den Mobilfunk genutzt wird – zu finden.

Das Gebirge ist Namensgeber des Naturparks Ebbegebirge. Es breitet sich im Märkischen Kreis und im Kreis Olpe zwischen Herscheid im Nordwesten, Plettenberg im Nordosten, Finnentrop im Osten, Attendorn im Südosten, Valbert im westlichen Süden, Meinerzhagen im Südwesten sowie Kierspe im Westen aus. Die Westsüdwestabdachung des Gebirges wird vom Volme-Oberlauf flankiert, die Ostnordostflanke von der Lenne. Der Naturpark Ebbegebirge umfasst mit einer Größe von 777 Quadratkilometern den größten Teil des südwestlichen Sauerlandes. Der Naturpark wurde 1964 mit dem Bau der Biggetalsperre eingerichtet. Insgesamt sichern nicht weniger als neun Talsperren im Ebbegebirge nicht nur die Wasserversorgung der Ballungsräume im Ruhrgebiet. Sie bieten dem Besucher auch eine Vielzahl von Freizeit- und Erholungsmöglichkeiten.

Überhaupt ist das Zusammenspiel von Wald und Wasser einmalig. In den ausgedehnten Waldgebieten entspringen unzählige Quellbäche und bilden Lebensräume für eine einzigartige Tier- und Pflanzenwelt. Die abwechslungsreiche Mittelgebirgslandschaft ist zu etwa zwei Dritteln mit Nadel-, Laub- und Mischwald bedeckt. Auch die vielen Talsperren prägen das Bild. Zudem befinden sich einige Moore und Heidegebiete wie zum Beispiel die Wacholderheide »Auf der Gasmert« östlich der Versetalsperre.

Zahlreiche Waldlehr- und Trimm-Dich-Pfade locken jährlich mehr als neun Millionen Besucher an. Von einem der mehr als 100 Park- und Rastplätze nutzen sie meist ein Netz von mehr als 1200 Kilometern markierten Rundwegen zu ausgedehnten Spaziergängen und Wanderungen. Eine Visite lohnen auch die technischen Kulturdenkmäler wie zum Beispiel der Bremecker Hammer bei Lüdenscheid. Radfahren, Mountainbiking, Langlauf und Alpin Ski, Tennis, Golf und Reiten sind häufig genutzte Sportangebote.

Obwohl seit Jahrhunderten ein Zentrum der Eisenproduktion, hat sich der zum Naturpark Ebbegebirge gehörende Teil des Sauerlandes den Charme einer bäuerlich geprägten Kulturlandschaft weitgehend bewahrt. Ausgedehnte, von Bächen durchzogene Wiesentäler bilden einen reizvollen Kontrast zu den bewaldeten Bergrücken. In vielen Dörfern finden sich sehenswerte Beispiele der für das Sauerland typischen schwarz-weißen Fachwerkarchitektur. Burgen und Schlösser wie das Schloss Neuenhof in Lüdenscheid zeugen von einer Territorialgeschichte, deren Auswirkungen bis heute spürbar sind.

Herrliche Winterlandschaft im Ebbegebirge

Herrlicher Blick von der Nordhelle

Ein herrlicher Blick über das Ebbegebirge und die Nordhelle bietet sich von der Gemeinde Herscheid aus, die sich nicht umsonst Ebbegemeinde nennt.

Fernseh- und Robert-Kolb-Turm auf der 663 Meter hohen Nordhelle

Das Land der Talsperren

Gewaltige Talsperrendichte im Kreis

Die populärsten in Deutschland dürften wohl die Bigge-, die Agger- und ganz besonders die Wiehltalsperre sein. Das ist die mit der seit mehr als 20 Jahren berühmten Krombacher-Insel am äußersten Zipfel. Die kleine Formel 1-, Bundesliga- und Tatort-Insel, die vom Erdboden aus normalerweise so gut wie nicht zu sehen ist und für die eigens ein Aussichtspunkt am Wanderweg angelegt wurde. Ob das Autorennen nun in Melbourne oder in Sao Paolo stattfindet: Die kleine Insel innerhalb des Stausees ist im Laufe jeder TV-Übertragung häufiger zu sehen als die Fahrer. Viele wissen, dass die Landschaft rund um den Stausee traumhaft schön ist, wo das Schöne in echt zu finden ist (nämlich in Nordrhein-Westfalen), können weitaus weniger einordnen. Die Wiehltalsperre dient der Trinkwasserversorgung und dem Hochwasserschutz und liegt etwa fünf Kilometer östlich von Wiehl auf dem Gebiet der Gemeinde Reichshof bei Gummersbach und damit im Oberbergischen Kreis. Von Meinerzhagen ist das nur ein Katzensprung.

Ungeachtet dessen: Ganz besonders im Märkischen Kreis ist eine exorbitante Talsperrendichte zu verzeichnen. Ja, das Bergische und das Sauerland sind die Heimat der Talsperren. Der Märkische Kreis ist geprägt durch tief eingeschnittene, enge Täler einerseits und hohe Niederschlagsmengen andererseits. Dadurch ließen sich Talsperren mit mäßigem Aufwand bauen und betreiben. Industrie und Bevölkerung gleichermaßen benötigen große Mengen an Trink- und Betriebswasser ...

In den vergangenen Jahrzehnten haben sich aufgrund des besonderen Schutzes von Trinkwassertalsperren und deren Einzugsgebieten vielfach Kleinode für Pflanzen und Tiere entwickelt. Die Menschen haben die Bedeutung der Naherholungsgebiete erkannt und täglich besuchen Wanderer, Sportler und Naturliebhaber die Randwege und genießen die erholsamen Stunden an den idyllisch gelegenen Plätzen.

Die Listertalsperre liegt ganz im Süden des Märkischen Kreises sowie im Kreis Olpe und erstreckt sich etwa im Zentrum des Naturparks Ebbegebirge. Neben zahlreichen namenlosen kleineren Zuflüssen wird der See von den drei großen Zuläufen Lister, Beche und Herpeler Bach gespeist. Die 1912 gebaute Talsperre staut die Lister bei Hunswinkel auf. Sie hat einen Stauinhalt von 21,6 Millionen Kubikmetern bei einer maximalen Wassertiefe von 34 Metern. Im Listerkraftwerk werden jährlich etwa 4,6 Millionen Kilowattstunden Strom erzeugt. Neben Stromerzeugung und Niedrigwasseraufhöhung der Ruhr dient der Stausee auch der Freizeitgestaltung. Schwimmen sowie Wassersport (seit 2010 auch Tauchen) sind erlaubt. Rund um die Listertalsperre laden Campingplätze und Ferienwohnungen zu gemütlichen Urlauben ein. Am See liegen die Meinerzhagener Stadtteile Hunswinkel, Windebruch und Krummenerl.

»Die Verse« bietet Trinkwasser und Strom

Die Versetalsperre, von den Menschen rund um Lüdenscheid nur liebevoll »die Verse« genannt, ist ein außerordentlich beliebter Stausee zwischen Lüdenscheid und Herscheid, südöstlich der Kreisstadt an der Nordwestflanke des Ebbegebirges gelegen. Die Talsperre staut die kleine Verse auf, die bei Meinerzhagen entspringt und bei Werdohl in die Lenne mündet.

Die Versetalsperre wird zur Trinkwasserversorgung, Niedrigwassererhöhung der Ruhr und zur Stromerzeugung genutzt. Das Wasserkraftwerk, mit einer installierten Leistung von 400 Kilowatt, erzeugt pro Jahr etwa 1,2 Millionen Kilowattstunden Strom. Das entspricht dem Strombedarf von rund 350 Haushalten.

Etwas weiter südlich, oberhalb der Versetalsperre, liegt die Fürwiggetalsperre. Neben dem durch einen Steinschüttdamm abgesperrten Hauptbecken hat die Versetalsperre ein ebenfalls durch einen Damm eingestautes Vorbecken. Klimatisch zeichnet sich auch das Verseeinzugsgebiet durch eine hohe Niederschlagsmenge aus. Die mittlere Niederschlagshöhe beträgt rund 1200 Millimeter pro Jahr. Neben der Sicherstellung der Wasserversorgung des Ruhrgebiets im Verbund mit anderen Talsperren dienen die Verse- und die Fürwiggetalsperre unmittelbar der Wasserversorgung der umliegenden Gemeinden. Damit mögliche Verunreinigungen weitestgehend ausgeschlossen werden können, erklärten die Verantwortlichen die Talsperren 1987 zum Wasserschutzgebiet.

Ein wenig eigentümlich mutet die Namensgebung an. Vor dem Bau der heute »Verse« genannten Talsperre wurde der Name »Versetalsperre« noch für die jetzige Fürwiggetalsperre verwendet. Die Versetalsperre zählt – neben Bigge, Möhne und Sorpe – zu den großen Stauseen des Sauerlandes. Der Bau erforderte die Umsiedlung von 91 Bewohnern aus neun Siedlungen, wobei die dabei überfluteten Dörfer bis heute erhalten und bei niedrigem Wasserstand teilweise sogar noch sichtbar sind. Der Name Klamer Brücke ist so auch vom Dorf Klame abgeleitet.

Sauerländer Talsperrenpanorama an der Versetalsperre

Das Land der Talsperren

Fuelbecke: Trinkwasser und Romantik pur

Unstrittig ist, dass diese Talsperre zum schönsten Natur- und Erholungserlebnis verhilft, das der Kreis zu bieten hat. Diskutiert wird dagegen hin und wieder, ob es nun Fuelbecker oder Fuelbecke Talsperre heißt. Richtig ist wohl, den Namen ohne das »r« zu benutzen. Die Fuelbecke im Altenaer Stadtteil Altroggenrahmede ist im Grunde eine »Zweital-Sperre«: Sie sperrt mit einer Mauer die an dieser Stelle zusammenlaufenden Täler der Wasserläufe Fuelbecke und Riethahner Bach. Damit hat die Talsperre zwei Arme, die landläufig »Lüdenscheider Arm« und »Rosmarter Arm« genannt werden. Es existiert eine Vielzahl von kleinen Wegen um und im Umfeld der Talsperre.

Die Fuelbecke Talsperre wurde von 1894 bis 1896 gebaut. Sie ist damit eine der ersten Talsperren in Deutschland mit Bruchsteinmauer. Der Anstoß zum Bau der Talsperre kam ein Jahr zuvor. Seinerzeit kamen die Leiter der wassergetriebenen Betriebe zusammen, die unter einer mehrmonatigen Wasserknappheit litten. Oft blieben die Werkzeuge still, weil nicht genügend Wasser verfügbar war, um die Wasserräder anzutreiben. Aus diesem Befürworter-Komitee ging später die »Thalsperren-Genossenschaft Füelbecke im Kreise Altena« hervor. Zu diesen Zeiten wurde die Fuelbecke noch anders geschrieben: Sie ist als »Füelbecker Thalsperre« in den Dokumenten zu finden.

1988 bis 1991 wurde die Fuelbecke nach neuesten technischen Standards saniert. Die Talsperre hatte nicht mehr den aktuellen Sicherheitsbestimmungen entsprochen. Dabei ging der ursprüngliche, etwas filigrane Charme der Mauer verloren, weil die für den Besucher sichtbare Breite der Mauer (die Kronenbreite), auf nun sieben Meter verdoppelt wurde: Die Bruchsteinmauer wurde wasserseitig durch eine aktuelle Betonmauer ergänzt. Heute gehen die Besucher also auf zwei Mauern gleichzeitig spazieren.

Die Fuelbecke Talsperre besitzt ein Fassungsvermögen von 700 000 Kubikmetern, das vornehmlich für Trinkwasser genutzt wird. Jährlich fließen 3,75 Millionen Kubikmeter Wasser aus drei größeren und einigen kleineren Zuläufen. Die Mauerhöhe beträgt 29 Meter.

Rund um die Fuelbecke Talsperre lässt es sich vortrefflich die Seele baumeln lassen.

Seit der Sanierung 1988 bis 1991, bei der die Bruchsteinmauer wasserseitig durch eine Betonmauer ergänzt wurde, gehen die Besucher auf zwei Mauern gleichzeitig spazieren.

Die Glör bietet enorm hohen Freizeitwert

Die völlig von Wald umgebene und 1904 in Betrieb genommene Glörtalsperre ist eine kleine Talsperre auf der Grenze zum Ennepe-Ruhr-Kreis. Die Glör gehört dabei zu etwa gleichen Teilen zu Schalksmühle, Halver und Breckerfeld. Gestaut wird die Glör. Die 168 Meter lange und 32 Meter hohe Bruchsteinstaumauer beschließt 21 Hektar Wasserfläche, der Stauinhalt beläuft sich auf 2,1 Millionen Kubikmeter Wasser. Die Glörtalsperre ist seit langem ein beliebtes Ausflugsziel für Besucher auch aus dem Ruhrgebiet. Neben dem großen landschaftlichen Reiz bietet die Glörtalsperre in warmen Sommermonaten auch die Möglichkeit, in sauberem, natürlichem Wasser zu baden. Der 3,4 Kilometer lange Weg rund um die Glör ist auch für Rollstuhlfahrer und Kinderwagen geeignet.

Die Glörtalsperre gibt Betriebswasser an die wassergetriebenen Werke im Glörtal und im unteren Volmetal ab und sorgt für die Aufhöhung der Ruhr bei Niedrigwasser. Die Wasserregulierung der Ruhr ist neben der Naherholung ihre Hauptaufgabe. Bereits 1929 entstand am Nordwest-Ufer eine Jugendherberge. Nach dem Zweiten Weltkrieg gewann die Glör zunehmend an Bedeutung als Freizeit- und Erholungsort. 1975 bis 1984 wurde die Glörtalsperre mit Fördermitteln des Regionalverband Ruhr ausgebaut. 1997 drohte die Stilllegung der Glörtalsperre, weil die wasserwirtschaftliche Bedeutung in den Hintergrund trat. Allein der hohe Freizeitwert der Anlage rettete sie vor der Zerstörung.

An der Glörtalsperre in Schalksmühle

Die Staumauer der Glörtalsperre

47

Das Land der Talsperren

Kerspetalsperre liefert täglich 70 000 Kubikmeter

An der Kerspetalsperre

Die imposante Staumauer der Kerspetalsperre

Die in Kierspe und im Oberbergischen Kreis gelegene Kerspetalsperre dient der Trinkwassergewinnung der Städte Wuppertal, Wipperfürth und Remscheid. Die in den Jahren 1908 bis 1912 erbaute Staumauer aus bearbeitetem Bruchstein staut die Kerspe.

Der Kerspetalsperre werden jedes Jahr 20 Millionen Kubikmeter Wasser entnommen. Die maximale tägliche Entnahmemenge beträgt 70 000 Kubikmeter. Die Staumauer wurde in den 1990er Jahren saniert und verstärkt. Sie bekam dabei einen Kontrollgang und eine vorgesetzte Dichtwand. Auch sämtliche Betriebs- und Überwachungseinrichtungen wurden erneuert. Das Einzugsgebiet des Stausees ist ein Wasserschutzgebiet. Entsprechend ist der Zugang zum Ufer für den Publikumsverkehr nicht möglich.

Fürwiggetalsperre – die kleinste im Land

Die Fürwiggetalsperre bietet dem Erholungssuchenden Natur pur.

Die Fürwiggetalsperre – im Hintergrund die Versetalsperre

Zu den vier Talsperren, die um die Jahrhundertwende von der Industrie angelegt wurden, um die Energie für die mit Wasserkraft getriebenen Maschinen in den Betrieben des Versetals zu speichern, gehört die Fürwiggetalsperre, die 1904 eingeweiht wurde. Deshalb wurde dieses Sperrwerk ursprünglich auch als »Versetalsperre« bezeichnet, später aber, als die neue Versetalsperre zwischen Lüdenscheid-Treckinghausen und Neuemühle gebaut wurde, nach einem Zufluss in »Fürwiggetalsperre« umbenannt.

Die leicht gekrümmte Sperrmauer besteht aus schwerem und wetterbeständigem blauem Grauwackegestein aus einem benachbarten Steinbruch. Mit 166 Metern Länge und 29 Metern Höhe hält sie zwischen dem Jüberg und Heide das Wasser aus den Sickerquellen und fünf kleinen Zuflüssen in der kleinsten der heutigen Trinkwassersperren des Landes auf. Während die Sohle eine Breite von fast 20 Metern hat, misst die Krone nur 4 Meter Breite, auf der zwei Schieberhäuschen zu sehen sind. Dahinter liegt eine Fläche von 177 000 Quadratmetern Wasserfläche. An der tiefsten Stelle misst man fast 24 Meter.

Da die Fürwiggetalsperre eine reine Trinkwasseranlage ist und eine Wasserschutzzone festgelegt wurde, ist Baden und Bootfahren dort nicht erlaubt. Dennoch ist die waldreiche Umgebung für das Wandern und Spazierengehen sehr reizvoll. Ein Uferrandweg von 4,1 Kilometern Länge kann zum Joggen, aber auch von Radfahrern genutzt werden.

Das Land der Talsperren

»Wasserlehrpfad« um die Genkeltalsperre

Vor mehr als 50 Jahren entschloss sich der Aggerverband, im Genkeltal zwischen Meinerzhagen und Gummersbach eine Talsperre für die Trinkwasseraufbereitung zu bauen. Seit 1953 wird dort Rohwasser entnommen und im benachbarten Wasserwerk Erlenhagen zu Trinkwasser aufbereitet. Die Versorgung der Städte Gummersbach, Bergneustadt, Meinerzhagen, der Gemeinde Marienheide sowie von Randgebieten anderer Kommunen mit Trinkwasser ist seither gesichert.

Die Genkeltalsperre ist 2,8 Kilometer lang, zwischen 100 und 200 Meter breit und verfügt über einen Speicherraum von 8,2 Millionen Kubikmeter. Sie ist eine reine Trinkwassertalsperre. Sie wird in erster Linie durch die Flüsse Genkel und Grotmicke gespeist. Der mittlere Jahresniederschlag im

An der Genkeltalsperre

Die Genkeltalsperre birgt auch im Winter ihren Reiz.

Einzugsgebiet beträgt 1320 Millimeter. Dieser sorgt für einen jährlichen Zufluss von etwa zehn Millionen Kubikmetern.

Die Genkeltalsperre bietet direkt zwei Rundwanderwege, 10 Kilometer und 14 Kilometer lang. Sie sind gut befestigt und bieten die Möglichkeit, Rad zu fahren, zu joggen und zu wandern. Außerdem haben die Verantwortlichen 2003 rund um die Genkeltalsperre einen reich beschilderten »Wasserlehrpfad« angelegt. Damm und direkte Uferbereiche sind aus Gründen des Gewässerschutzes durch Zäune abgesperrt und unzugänglich.

Tauchen in der Oestertalsperre

Am Oberlauf der Oester liegt die Talsperre mit einem Fassungsvermögen von etwa 3,1 Millionen Kubikmeter. Bei einer Länge von etwa anderthalb Kilometern und einer größten Breite von rund 250 Metern dient sie bis heute als Brauchwassertalsperre und bietet vielfältige Freizeitmöglichkeiten wie zum Beispiel Surfen, Segeln, Baden und Tauchen.

Die Oestertalsperre ist eine Brauchwassertalsperre und bietet vielfältige Freizeitmöglichkeiten wie zum Beispiel Surfen, Segeln, Baden und Tauchen.

An der Oestertalsperre

Gegen Ende des 19. Jahrhunderts nutzten die meisten Plettenberger Schmieden Wasser als Antriebskraft für ihre Triebwerke. Im Sommer, wenn wegen großer Trockenheit die Flüsse nicht ausreichend Wasser führten, und im Herbst oder Winter, wenn die Flüsse durch starken Niederschlag zu reißenden Gewässern wurden, kam es jedoch zu erheblichen Problemen. Um nicht mehr von stark schwankenden Wasserumständen abhängig zu sein, baute die Plettenberger Industrie eine Talsperre. Erste Anstöße zu einer solchen Anlage gab es schon 1886. Mit dem konkreten Bau der Talsperre wurde dann im Jahr 1903 begonnen, 1907 wurde die Oestertalsperre fertig gestellt.

Altena

Altena setzt auf Miteinander von Jung und Alt

Stadt ist seit jeher geprägt von der Metall verarbeitenden Industrie

Es gibt sie in der Tat noch, die Zeitgenossen, die allen Ernstes den Hamburger Stadtteil mit der Burg- und ehemaligen Kreisstadt verwechseln. Dabei ist es längst nicht nur die geografische Lage, die Altona und Altena unterscheidet. Hamburg und Homburg sind sich ähnlich ähnlich. Altona hat aber zum Beispiel keine Burg. Ob es dort eine Jugendherberge gibt, ist nicht bekannt. Wenn ja, dann ist sie zumindest nicht so alt. Auch ist nicht geläufig, ob in Altona Tischtennis gespielt wird ...

Aber der Reihe nach: Hoch oben über der Stadt Altena und der Lenne thront das Wahrzeichen von Stadt und Märkischem Kreis: die Burg Altena. Und das bereits beeindruckend seit dem 12. Jahrhundert. Doch nicht nur die Burg samt ihrer Museen und die erste Jugendherberge der Welt machen Altena zu einem attraktiven Ausflugsziel. Herrliche Natur – Attraktionen wie die Fuelbecke Talsperre inklusive – reizen. Auch Sportbegeisterte kommen auf ihre Kosten. Gute Radstrecken eignen sich für Biker und Radrennsportler gleichermaßen. Kanufahrer lockt das Lennewasser. Und wirtschaftlich: Nicht umsonst wird Altena die Drahtzieherstadt genannt und beherbergt das Deutsche Drahtmuseum.

Altenaer Ansichten

Aufgang zur Burg

Blick ins Tal

Die Stadt Altena gliedert sich in die Stadtteile Dahle, Evingsen, Rahmede sowie die Innenstadt. Die Innenstadt besteht aus der Stadt Altena in den Grenzen vor 1969 und gliedert sich wiederum in die Altstadt (mit Buchholz und Lennestein), Knerling (mit der Brachtenbecke), Pragpaul, Nettenscheid (mit der Nette), Breitenhagen (mit dem Drescheider Berg und der Städtischen Rahmede), Tiergarten und Mühlendorf

In der Altenaer Fußgängerzone

Am Markaner im Zentrum der Stadt befindet sich auch der Busbahnhof.

Die Stadtbücherei

Am Lenneufer

1924 legte Wilhelm von der Brake den Grundstein für eine Vision. Vier Generationen später erlebte sie ihren Höhepunkt: Das Apollo Royal Kino in Altena ist verwirklicht. 2007 haben die Verantwortlichen das erste Deluxe-Kino in der deutschen Lichtspielhaus-Geschichte eröffnet. Schon 1924 reichte Familie von der Brake Getränke und Butterbrote zum Film. Heute ist das Angebot freilich umfangreicher.

Altena präsentiert sich turmreich.

(mit dem Linscheid). Zum Stadtteil Rahmede, der zuvor zur Gemeinde Lüdenscheid-Land gehörte, zählen unter anderem die Ortschaften Mühlenrahmede, Altroggenrahmede, Grünewiese und Rosmart sowie Großen- und Kleinendrescheid.

Wie die Burg entstand auch die dazugehörige Siedlung im 12. Jahrhundert. Woher der Name Altena kommt, ist bis heute nicht gänzlich geklärt. Graf Engelbert III. von der Mark verlieh Altena 1367 die Freiheitsrechte. Die Burg war jedoch nur bis 1392 Stammsitz der Grafen, denn diese lebten bereits seit 1198 größtenteils in einem Hof bei Hamm. Seit 1753 existierte der Kreis Altena als einer von vier Landkreisen in der Grafschaft Mark. 1794 erhielt Altena den Titel Stadt, ohne eigentlich jemals die Stadtrechte offiziell verliehen bekommen zu haben.

Zum 1. Januar 1969 fassten die Verantwortlichen den Kreis Altena und die bis dahin kreisfreie Stadt Lüdenscheid zum Kreis Lüdenscheid zusammen. Altena wurde durch Eingemeindungen ebenso wie Lüdenscheid stark vergrößert, verlor aber den Kreissitz. 1975 folgte die Bildung des Märkischen Kreises durch Zusammenlegung der Kreise Lüdenscheid und Iserlohn sowie der kreisfreien Stadt Iserlohn. Das Kreis-Kulturamt, das Kreis-Sozialamt sowie eine Außenstelle des Gesundheitsamtes behielten ihren Dienstsitz jedoch an der Bismarckstraße in Altena.

Rund 18 000 Menschen leben heute in Altena. Das waren schon mal mehr. Gefördert durch ein Projekt der Bertelsmann-Stiftung etabliert sich Altena aber mehr und mehr als »Stadt der Generationen«. Dahinter steht das Vorhaben, die demographischen Veränderungen, die immer älter werdende Gesellschaft und den damit verbundenen ökonomischen, infrastrukturellen und sozialen Wandel in der Gesellschaft positiv für die eigene Stadtentwicklung zu nutzen. Erklärtes Ziel ist ein verstärktes Miteinander von Jung und Alt. Meilensteine auf diesem Weg sind das bereits beschlossene Entwicklungs- und Handlungskonzept der Stadt sowie das Projekt »Neues Altern in der Stadt«.

Wirtschaftlich geprägt ist die Stadt nach wie vor von der Metall verarbeitenden Industrie. Der Schwerpunkt liegt in der Drahtindustrie. Mit den neuen Industriegebieten »Vorm Kalkofen« in Evingsen und Rosmart (interkommunal) konnten Jahre des Stillstandes beendet und neue Unternehmen in Altena angesiedelt werden.

Altena bietet eine Vielzahl von Gesundheitseinrichtungen. Im Altenaer St. Vinzenz-Krankenhaus stehen modernste Diagnose- und Operationsmöglichkeiten zur Verfügung.

Die Siedlung war den Arnsbergern »all te na«

Altena erhielt von Graf Engelbert III. 1367 die Freiheitsrechte

Die Geschichte der Stadt Altena ist eng verknüpft mit der gleichnamigen Burg auf der Wulfsegge. Die Wehranlage wurde vermutlich zu Beginn des 12. Jahrhunderts durch die Grafen von Berg errichtet, die sich danach Grafen von Altena nannten. Mit dem Kauf des Oberhofes »Mark« bei Hamm 1198 nahmen die Grafen von Altena dort, an der wichtigen Handelsroute, ihren Hauptsitz und nannten sich in der Folge »Grafen von der Mark«. Die Altenaer Stammburg wurde nur noch zeitweise bewohnt und war noch bis 1392 Amtssitz.

Weder die Gründung noch die Namensgebung der Stadt Altena konnten bis heute eindeutig geklärt werden. Vieles spricht jedoch für die mittelniederdeutsche Formulierung »all te na«, wie sie heute noch in einer alten Sage erzählt wird, denn die Burg Altena soll den Grafen von Arnsberg angeblich »all zu nah« gelegen haben.

Graf Engelbert III. von der Mark verlieh der kleinen Siedlung am Fuße des Berges am 20. Dezember 1367 die Freiheitsrechte. Nach dem Tod des letzten Herzogs von Kleve-Mark fiel die Grafschaft Mark und damit auch Altena 1609 an die Kurfürsten von Brandenburg.

Mit königlich-preußischem Edikt vom 3. Oktober 1753 wurde der Landkreis Altena gegründet. Mit dem Frieden von Tilsit, in dem große Teile Preußens in ein französisches und ein russisches Interessensgebiet aufgeteilt wurden, fiel die Grafschaft Mark an das französische Großherzogtum Berg. Mit dem Wiener Kongress wurde Altena aber bereits 1815 wieder preußisch.

Im Zuge der kommunalen Neugliederung verlor Altena 1968 seinen Status als Kreisstadt. Dafür wurde mit der Gemeinde Dahle (vorher Amt Neuenrade), dem überwiegenden Teil der Gemeinde Evingsen (vorher Amt Hemer) sowie dem Rahmedetal bis Grünewiese (vorher Gemeinde Lüdenscheid Land) und Teilen der Gemeinde Nachrodt-Wiblingwerde mit Wirkung vom 1. Januar 1969 die neue Stadt Altena geschaffen.

In der Altenaer Innenstadt ist es historisch eng.

Prächtiger Bau in Burgnähe

Die Stadtgalerie bei Nacht

Alt-Altena

Blick über die Lenne

Altena

Burg Altena

Eine der schönsten Höhenburgen Deutschlands

Sie ist das Wahrzeichen der Stadt Altena und als eine der schönsten Höhenburgen Deutschlands ein weit über die Kreisgrenzen hinaus ebenso bekanntes wie beliebtes Touristenziel: Burg Altena. Anfang des 12. Jahrhunderts erbaut, hat sie nicht nur goldene Zeiten erlebt. Sie verfiel in den Jahren, in denen sie kein ständiger Wohnsitz der Grafen von der Mark war. In brandenburg-preußischer Zeit fungierte sie als Garnison und wurde 1771 sogar zur Anlegung eines Armen- und Arbeitshauses an die Stadt verkauft. 1766 bis 1811 war das Kriminalgericht der Grafschaft Mark nebst Gefängnis auf der Burg beheimatet. 1856 richtete der Johanniterorden in den Gebäuden ein Krankenhaus ein, das bis 1906 bestand. Im Frühjahr des gleichen Jahres ergriff der damalige Landrat Dr. Fritz Thomée die Initiative und gründete den Märkischen Burgverein, der es sich zur Aufgabe machte, die Burg bis zur 300-Jahr-Feier der Zugehörigkeit der Grafschaft Mark zu Preußen 1909 wieder aufzubauen. 1914 war die Burg nach Plänen des Architekten Prof. Georg Frentzen bis auf die Vorburg und den unteren Torbau erneuert. Die Abschlussarbeiten erfolgten 1915 bis 1918. 1943 ging die Burg in den Besitz des damaligen Kreises Altena über. Heute ist die Burg das Schmuckstück des Märkischen Kreises.

Der Weg hinauf zur Burg ist fast geschafft.

Die Burg ist nicht nur »bildungstechnisch« hochinteressant für den Nachwuchs, sie bietet auch einen fulminanten Spielplatz.

Im Inneren des gewaltigen Burg-Komplexes

In der Ritterspielecke der Burg Altena, in der die Besucher Kettenhemden und Helme anprobieren dürfen

Spannende Geschichte

Um 1108 sollen die Brüder Adolf und Everhard von Berg von Kaiser Heinrich V. für treue Dienste ein Stück Land im märkischen Sauerland erhalten haben. Auf dem Berg Wulfseck bauten sie eine Burg, die sie anfangs Wulfeshagen, später Altena nannten. Dies ist eine von mindestens drei Legenden zur Gründung der Grafschaft Altena beziehungsweise zur Entstehung der Burg. Nach einer anderen stammen die Grafen von Altena von Theodericus ab, dem Sohn eines Grafen von Kleve und Teisterband, der bereits im 9. Jahrhundert lebte ... Wie dem auch sei: Sehr lange währte das Grafenglück ohnehin nicht auf der Burg. Nach dem Erwerb des Oberhofs Mark bei Hamm 1198 nahmen die Grafen von Altena ihren Hauptwohnsitz in der dortigen Burg Mark und nannten sich später »Grafen von der Mark«.

Im 13. Jahrhundert: Graf Friedrich II. von Altena und Isenberg ermordete seinen Onkel, Erzbischof Engelbert von Köln, bei einem Überfall in der Nähe von Gevelsberg. Friedrich fiel in »Acht und Bann« und wurde 1226 hingerichtet. Der Isenberger Zweig der Familie wurde daraufhin aufgelöst und es kam zur Wiedervereinigung der zwischenzeitlich getrennten Grafschaft Altena-Mark, indem die Besitzungen der Isenberger Linie an Graf Adolf I. von Altena und von der Mark fielen. Für diese kurze Zeit gab es also wieder einen Grafen von Altena.

Zu Beginn des 14. Jahrhunderts gab es Fehden zwischen dem Grafen von der Mark und dem Bischof von Münster. Der Streit eskalierte und Graf Engelbert II. gelang es, den Bischof samt seiner Gefolgsleute drei Tage nach Pfingsten festzunehmen und auf die Burg Altena zu bringen, wo sie den ganzen Sommer über bleiben mussten. Erst im November konnte der Bischof das nötige Lösegeld auftreiben, um sich freizukaufen.

Graf Engelbert III. von der Mark verlieh der kleinen Siedlung am Fuße des Berges am 20. Dezember 1367 die Freiheitsrechte (unter anderem Selbstverwaltungsrecht und Zollfreiheit). 1368 wurde die Schwanenburg in Kleve neuer Residenz- und Regierungssitz der Grafen von Kleve und Mark. 1455 brannte Burg Altena ab. Nur notdürftig wurde sie wieder aufgebaut.

Friedrich Wilhelm I. von Brandenburg, auch der Große Kurfürst genannt, hielt sich im Dezember

1647 für zwei Tage in Altena auf und empfing im Zusammenhang mit den in Münster stattfindenden Friedensverhandlungen zur Beendigung des Dreißigjährigen Krieges mehrere Gesandte.

1670 wurde auf der Burg ein Invalidenhaus eingerichtet. Soldaten, die aufgrund von Alter oder Verwundung kampfunfähig waren, wurden auf der Burg als »Besatzung« untergebracht. Wie lange das Invalidenhaus Bestand hatte, lässt sich nicht mehr ermitteln.

Nach dem Verlust ihrer wehrtechnischen Bedeutung durch die Weiterentwicklung der Feuerwaffen verfiel Burg Altena um 1733 langsam. Das Generaldirektorium in Berlin schlug vor, zum Erhalt der Burg, die von den Preußen als Stammburg der mütterlichen Linie angesehen wurde, 1000 Thaler zu bewilligen. Der preußische König Friedrich Wilhelm I. lehnte mit der Bemerkung »Nit ein Kreuzer« ab.

Auf der Burg Altena wurde 1766 das Criminalgericht für die Grafschaft Mark eingerichtet. Vier Jahre später schlug die Kammer in Hamm dem Generaldirektorium in Berlin vor, man möge überlegen, ob es nicht sinnvoll sei, die Burg zu verkaufen. Das zu dieser Zeit dort befindliche Gefängnis solle dann nach Hamm verlegt werden. 1771 wurde die preußische Garnison auf der Burg Altena aufgelöst. Die Stadt Altena kaufte die Teile der Burg, die nicht von Criminalgericht und Gefängnis belegt waren, für 800 Reichsthaler.

Ein Harnisch im Ausstellungsbereich »Waffengang und Pulverrauch«

Ritter auf Burg Altena

Ein Waisen- und Armenhaus

Die wechselvolle Geschichte des Burgkomplexes nahm ihren Fortgang: In den Folgejahren richtete die Stadt Altena ihren Teil der Burg als Waisen- und Armenhaus ein. Der andere Teil diente weiterhin als Gefängnis und wurde besser gesichert. 1778 begann zudem die Armenspeisung auf Burg Altena.

1797 erhielt der Altenaer Nadelfabrikant und Bürgermeister Johann Caspar Rumpe die Erlaubnis, auf der Burg Altena Steine aus der »Alten Kirche«, mit der wahrscheinlich die Burgkapelle gemeint war, zu entfernen und zum Bau seines Wohnhauses zu nutzen. Unter Napoleon wurde das Criminalgericht und Gefängnis auf der Burg Altena 1811 aufgelöst und nach Werden verlegt.

Oberpräsident Vincke beauftragte 1834 Pläne für einen Wiederaufbau der mittlerweile stark verfallenen Burg. Diese waren 1835 fertig gestellt und zeigten einen am neugotischen Stil des englischen Castles orientierten Neubau, der wenig mit der ursprünglichen mittelalterlichen Burganlage zu tun hatte. Der Geldmangel des preußischen Königshauses führte jedoch zum Scheitern dieser Pläne. Im gleichen Jahr regte ein anonymer »Kosmopolit« im »Wochenblatt für den Kreis Altena« an, um die Burg Altena herum einen Spazierweg anzulegen. Die Finanzierung sollte durch freiwillige Spenden erfolgen. Da der von der Schriftleitung der Zeitung gezeichnete Beitrag in Höhe von 15 Silbergroschen der einzige blieb, musste auch dieser Plan fallen gelassen werden.

Nachdem 1840 das Armenhaus aufgelöst worden war, bot die Stadt Altena 1842 dem preußischen König Friedrich Wilhelm IV. ihr Eigentum an der Burg Altena als Geschenk an. Der König erklärte sich bereit, das Geschenk, zu dem auch der Burgberg gehörte, anzunehmen.

1856 bis 1907 wurde Burg Altena dem Johanniterorden widerruflich zur unentgeltlichen Nutzung als Krankenhaus überlassen. Dieses wurde erst 1907, als der Wiederaufbau der Burg begann, von der Burg in ein neues Gebäude in der Stadt verlagert.

Altena

In der Dauerausstellung der Burg Altena

Der obere Burghof

Besonders beliebt ist auf der Burg der Raum »Turnier und Fest«.

1906 Märkischer Burgverein

Im Frühjahr 1906 ergriff der damalige Landrat Fritz Thomée die Initiative und gründete den Märkischen Burgverein, der es sich zur Aufgabe machte, die Burg bis zur 300-Jahr-Feier der Zugehörigkeit der Grafschaft Mark zu Preußen 1909 wieder aufzubauen. Nachdem der Verein rund 600 000 Goldmark an Spenden gesammelt hatte, wurde 1907 begonnen. Über die Art und Weise der Rekonstruktion gab es eine hart geführte Debatte, in der sich die Verantwortlichen gegen Architektur- und Kunsthistoriker durchsetzten, die zum Teil von Karl Ernst Osthaus angeführt wurden.

In den Räumlichkeiten der Burg Altena wurde 1912 von Richard Schirrmann und Wilhelm Münker die erste ständige Jugendherberge der Welt eingeweiht. Sie ist die Keimzelle der internationalen Jugendherbergsbewegung. 1934 und 1999 wurde sie vergrößert, besteht heute aus Burg und Gästehaus und verfügt über 55 Betten. Die Räumlichkeiten der Ur-Herberge sind heute noch im Originalzustand als Museum Weltjugendherberge zugänglich. In der Vorburg existiert zudem eine vom Deutschen Jugendherbergswerk geführte Jugendherberge.

Die Verlagerung des bereits 1875 als ältestes regionalgeschichtliches Museum Westfalens gegründeten Süderländischen Museums auf die Burg schlossen die Verantwortlichen 1916 ab. Die Burg wurde nun auch in den zum Museum der Grafschaft Mark umgestalteten Teilen zur Besichtigung freigegeben.

Die Museen auf der Burg Altena erlebten im 20. Jahrhundert eine Reihe von Neuerungen und Überarbeitungen. In den 1930er Jahren wurde das Geologische Sauerlandmuseum integriert. Es folgte eine archäologische Sammlung. Ende der 1950er Jahre wurden die im Originalzustand erhaltenen Räumlichkeiten der ersten Jugendherberge der Welt zu Museumsräumen erklärt. 1960 wurde das Deutsche Schmiedemuseum eingeweiht, das spätere Märkische Schmiedemuseum. 1965 entstand im Kommandantenhaus der Burg das Deutsche Drahtmuseum. 1984 eröffnete Bundespräsident Karl Carstens das Deutsche Wandermuseum.

Nach halbjähriger Schließung eröffneten die Museen Burg Altena 2000 mit komplett neu konzipierten besucher- und erlebnisorientierten Dauerausstellungen. In das deutlich regionalgeschichtlicher ausgerichtete Museum der Grafschaft Mark wurden auch die Bestände des Märkischen Schmiedemuseums, des geologischen Sauerlandmuseums und der archäologischen Abteilung zu einer spannenden Zeitreise durch die Geschichte des märkischen Sauerlandes zusammengefasst. Das Deutsche Wandermuseum existiert nicht mehr.

Erste Jugendherberge der Welt

Erbe des Altenaer Lehrers Richard Schirrmann heute weltweit zu bewundern

Von der Burgstadt ging der Ruf in die ganze Welt: Bereits 1912 richtete der Altenaer Richard Schirrmann auf der Burg die erste ständige Jugendherberge der Welt ein. Sie wurde 1934 durch einen Neubau vergrößert und 1935 offiziell zur »Weltjugendherberge« ernannt. 1999 erweiterten die Verantwortlichen die äußerst beliebte Herberge noch um ein Gästehaus. Heute verfügt das Etablissement über 58 Betten, die von Schülergruppen und Familien genutzt werden und oft Jahre im voraus ausgebucht sind.

Entstanden sind Jugendherbergen ab Anfang des 20. Jahrhunderts im Zuge der Jugendbewegung als Unterkünfte für junge Menschen, Jugendgruppen und Schulklassen. 1909 wurde in der heutigen Richard-Schirrmann-Schule in Altena durch eben Richard Schirrmann, einen damaligen Lehrer der Schule, die erste Jugendherberge der Welt initiiert. Dieses Provisorium haben die Protagonisten dann 1912 durch eine Jugendherberge auf der Burg Altena ersetzt, die heute als Teil des Museums der Burg Altena im Original zu besichtigen ist. Selbstverständlich besteht auch heute auf der Burg Altena eine Jugendherberge. Schnell gab es seinerzeit 17 Jugendherbergen, 1921 etwa 1300 und 1928 rund 2200. Jugendherbergen verfügten in der Regel über große Schlafsäle und nur wenige kleinere Zimmer für Betreuer.

Mit der reisenden Jugend überschritt die Idee rasch die Grenzen Deutschlands: Überall auf der Welt entstanden Youth Hostels, die heute unter dem Dach des Weltverbandes Hostelling International in 90 nationalen Verbänden aus 80 Ländern und mehr als 4000 Jugendherbergen global zusammengefasst sind. Ideelle Zielsetzung ist unverändert neben der Förderung des Jugendreisens auch das gemeinsame Eintreten für Frieden und Völkerverständigung.

Die Weltjugendherberge in Altena

Der Jungenschlafsaal der Weltjugendherberge wurde in seinem Originalzustand belassen und ist heute auf der Burg zu besichtigen.

Im Altenaer Museum Weltjugendherberge sind heute noch die Räume der ältesten ständigen Jugendherberge der Welt im Originalzustand zu bestaunen. Das 1912 eingerichtete Haus blieb bis in die 1950er Jahre in Betrieb. Mittlerweile sind diese als Denkmal belassenen Räumlichkeiten zum Pilgerort des internationalen Jugendherbergswesens geworden.

Die Idee, dass ein Netz von Herbergen, nur einen Tagesmarsch voneinander entfernt, eine feine Sache wäre, kam Richard Schirrmann am 26. August 1909. Damals wurde der Lehrer mit seiner Klasse auf einer Wanderung von einem Gewitter überrascht. Bauern weigerten sich, die durchweichten Schüler aufzunehmen. Erst spät nachts stellte ein Dorflehrer seine Schule als Unterschlupf bereit. Seitdem bot Schirrmann seine Volksschule wandernden Jugendlichen als Herberge an. 1912 richtete er zusammen mit dem Fabrikanten Wilhelm Münker die erste Jugendherberge der Welt auf der Burg ein: Jungen- und Mädchenschlafsaal mit insgesamt 51 Betten und Aufenthaltsraum, der gleichzeitig als Küche und Speisesaal diente. Waschen musste man sich im Hof.

Dem Lehrer Richard Schirrmann, dem Gründer der ersten Jugendherberge der Welt, haben die Altenaer im Herzen seiner Heimatstadt ein Denkmal gesetzt.

Altena

Vom Kettenhemd zum Supraleiter

Die Altenaer sind auch heute noch mächtig auf Draht

Im Drahtmuseum

Das Drahtkleid

Das Deutsche Drahtmuseum am Fußweg zur Burg in Altena

Zivilisation ohne Draht ist nicht vorstellbar. Dieser so unscheinbar erscheinende Werkstoff hatte seit jeher eine Schlüsselfunktion für den technischen Fortschritt. Und Altena, das seit dem Mittelalter Zentrum des deutschen Drahtgewerbes war, ist heute Sitz des Deutschen Drahtmuseums. Das Museum liegt am Fuße der Burg. Die Technikgeschichte des Drahtes wird dort eindrucksvoll unter dem Motto »Vom Kettenhemd zum Supraleiter« in Szene gesetzt – Sozial-, Wirtschafts- und Kulturgeschichte inklusive.

Das Deutsche Drahtmuseum ist weltweit das einzige seiner Art. Es wurde 1965 auf Initiative des Altenaer Drahtindustriellen Paul Rump vom Landkreis Altena und mit Unterstützung der deutschen Drahtverbände als eines der Museen auf der Burg Altena gegründet. Schon bald zeigte sich, dass die lediglich 110 Quadratmeter große Ausstellungsfläche im Kommandantenhaus der Burg längst nicht ausreichte.

1989 fasste der Märkische Kreis als Rechtsnachfolger des Landkreises Altena und somit neuer Träger der Museen auf der Burg Altena, den Beschluss, das Museum aus der Burg auszulagern und 1994 in einem eigenen Gebäude unterzubringen.

Der Kreis entschloss sich zudem, in das Museum noch einmal rund eine Million Mark zu investieren. Von etlichen Seiten kam materielle Unterstützung. Zweieinhalb Jahre dauerten die intensiven Vorbereitungen und Recherchen, inhaltlichen und gestalterischen Planungen und deren Umsetzung. Die Dauerausstellung wurde um wichtige Themen und Aspekte ergänzt, mit interaktiven Stationen aufgewertet, komplett überarbeitet und letztlich völlig neu konzipiert. Am 26. April 1999 öffnete das Deutsche Drahtmuseum seine Türen.

Heute werden auf rund 630 Quadratmetern Dauerausstellungsfläche sowie im 120 Quadratmeter großen Wechselausstellungsraum vielfältige Aspekte des Themas Draht gezeigt. Die Ausstellungskonzeption spricht unterschiedliche Zielgruppen an. Dies sind neben den Besucherinnen und Besuchern der Burg zumeist Familien und Schulklassen.

Das Deutsche Drahtmuseum ist ein modernes Erlebnismuseum. Bereits auf dem Vorhof ist eine alte, aber voll funktionsfähige, motorbetriebene Schnellwäsche aufgebaut. Auf ihr wurde die vor dem ersten Ziehvorgang oder nach dem Zwischenglühen erforderliche chemische Entzunderung des Drahtes mechanisch polternd unterstützt. Bei Führungen wird sie ebenso in Betrieb genommen wie einige historische Maschinen, auf denen Draht in der Ausstellung gezogen und gewalzt werden kann.

Häufig fragen sich Besucher, ob ein Spezialmuseum zu Draht überhaupt gerechtfertigt sei. Aber Draht wirkt in unzähligen Einsatzgebieten: in der Telekommunikation, in der Architektur und im Brückenbau, in Drahtseilen von Seilbahnen. Es wird schnell deutlich, dass Draht ein elementarer Bestandteil aller technikunterstützten Bereiche des Lebens ist.

Im Drahtmuseum werden exemplarisch die Menschen gezeigt, die den Draht herstellten, weiterverarbeiteten und verkauften. Die Abteilung Schmuck und Schutz thematisiert die frühesten Anwendungsgebiete des Drahtes. Denn schon vor etwa 5000 Jahren fertigten die Ägypter durch verschiedene Techniken Golddrähte und verarbeiteten sie zu Schmuckstücken weiter.

Draht ist ein häufig unterschätzter Werkstoff, wie das Museum beweist.

Altena

»TeamEnergie« steht für Kompetenz rund um das Thema Gebäudetechnik

Jungkurth in Altena hat auch in Sachen Elektromobilität die Nase vorn

Seit nunmehr rund 80 Jahren steht der Name Jungkurth für Kompetenz, Qualität und Kundenfreundlichkeit. Das mittelständische Unternehmen mit Sitz in Altena ist spezialisiert auf Elektroinstallationen aller Art, Sicherheits- und Gebäudetechnik, Verkehrstechnik, Kommunikationstechnik sowie Sanitär-, Heizungs- und Klimatechnik. »Wir machen die zum Leben notwendige Energie durch technische Lösungen nutzbar«, erklären die Geschäftsführer Ewald und Sabine Jungkurth. Die Jungkurth GmbH, die sich als »TeamEnergie« einen Namen gemacht hat, beschäftigt derzeit rund 60 Mitarbeiter. Bei ihrer täglichen Arbeit beweisen sie, dass sich modernstes Energie-Engineering und traditionelles Handwerk verbinden lassen. Die Fachkräfte der Jungkurth GmbH zeichnet Fachwissen, Flexibilität und die Fähigkeit aus, Probleme zielgerecht zu lösen. Ob es im Eigenheim um Licht, Wärme, Kommunikation oder Sicherheit geht, Jungkurth macht Kundenwünsche wahr. »Die Dinge verändern sich, aber das Verlangen nach einem optimalen Lebensraum, der Sicherheit und Geborgenheit bietet, wird bleiben«, sagt Sabine Jungkurth. Das alles muss bezahlbar sein, deswegen achtet das Unternehmen stets auf Effizienz. Diese Unternehmensphilosophie hat Signalwirkung, ebenso wie die kräftige Farbe Orange, mit der sich das Unternehmen überall darstellt.

Die beiden Geschäftsführer, Vater Ewald und Tochter Sabine Jungkurth, mit ihrem E-Mobil an der ersten öffentlichen Stromtankstelle auf dem Gelände des Unternehmens in Altena

Jungkurth-Mitarbeiter vor Ort

Kein Wunder, steht diese Farbe doch für Optimismus, Vertrauen und Energie.

In den Städten und Gemeinden des Märkischen Kreises wird die Jungkurth GmbH außerdem im Bereich Verkehrstechnik als verlässlicher Partner geschätzt. Das Team installiert und wartet Ampelanlagen und sorgt vielerorts für eine optimale Ausleuchtung der Straßen. Heimische Industrieunternehmen beauftragen die Firma Jungkurth als Planer neuer Projekte und als Fachbetrieb für die Wartung der Anlagen.

Auch im Bereich Elektromobilität hat Jungkurth die Nase vorn. »Kunden unseres Unternehmens können ihre Elektrofahrzeuge oder E-Bikes bei uns aufladen«, berichtet Ewald Jungkurth. Im Hof des Unternehmens an der Rahmedestraße 316 in Altena steht die Stromtanksäule. Auf Wunsch wird eine solche Tanksäule auch beim Kunden installiert. Jungkurth setzt sich mit dem gesellschaftlichen Zukunftsthema Elektromobilität auseinander und baut seine Kompetenzen aus. So nutzt das Unternehmen selbst ein E-Mobil. Für Sabine Jungkurth wird das Fahren dadurch zu einem Erlebnis: »Dieses Fahrzeug ist extrem geräuscharm, selbst bei Höchstgeschwindigkeit Tempo 130«, berichtet sie. Zwar sei das CO_2-arme E-Mobil für das Unternehmen gegenüber den konventionellen Fahrzeugen noch nicht rentabel, »doch schon in den nächsten Jahren kann sich das ändern.« Mit seinen guten Verbindungen zum heimischen Energieversorger Enervie steht Jungkurth seinen Kunden für alle Fragen rund um das Thema Elektromobilität zur Verfügung.

Beitrag von:
Jungkurth GmbH
Rahmedestraße 316 · 58762 Altena
Tel. (0 23 52) 9 59 00 · Fax (0 23 52) 95 90 90
info@jungkurth.de · www.jungkurth.de

Altena

Fritz Berg, ein Wirtschaftsfunktionär aus Stahl

Erster BDI-Präsident nach dem Krieg stammte aus der Burgstadt

Der erste BDI-Präsident nach dem Zweiten Weltkrieg stammte aus der Burgstadt. Fritz Berg kam am 27. August 1901 in Altena zur Welt und starb am 3. Februar 1979 in Köln. Als Präsident des Bundesverbandes der Industrie wirkte er von 1949 bis 1971.

Der Unternehmersohn besuchte das Realprogymnasium Altena und absolvierte danach eine Ausbildung im Bankgeschäft und in einer Exportfirma in Hamburg. 1922 bis 1924 studierte er in Köln und war Mitglied des Corps Hansea Köln. 1925 bis 1928 folgten Tätigkeiten in den USA und in Kanada – unter anderem in den Ford-Werken in Detroit. Bereits im Alter von 27 Jahren übernahm er 1928 als Prokurist Verantwortung in der Firma des Vaters, die sich mit Stahlerzeugnissen befasste. 1940 wurde er Alleininhaber des Unternehmens, 1942 Mitglied des Beirats der Gauwirtschaftskammer, 1943 stellvertretender Leiter der Wirtschaftsgruppe Eisen-, Stahl- und Blechwarenindustrie und Mitglied des Präsidiums der Wirtschaftsgruppe Metallwaren.

Berg war bereits unmittelbar nach dem Zweiten Weltkrieg wieder als Wirtschaftsfunktionär aktiv. 1946 übernahm er den Vorsitz des Wirtschaftsverbandes Eisen-, Blech- und Metallwarenindustrie in Düsseldorf. Im selben Jahr wurde er auch Mitglied des Ausschusses für Fragen des Marshall- und Schumanplanes. 1948 wählte ihn die Vollversammlung der der Südwestfälischen Industrie- und Handelskammer zu Hagen (SIHK) zu ihrem Präsidenten. Fritz Berg leitete 1951 die erste westdeutsche Industriellen-Delegation in die USA. Später war er Mitglied des Präsidiums der Deutschen Gesellschaft für Auswärtige Politik, Gutsbesitzer und Vorsitzender beziehungsweise Mitglied zahlreicher Aufsichtsräte. Berg wirkte zudem als Geschäftsführer der Staatsbürgerlichen Vereinigung – und war dadurch in die umstrittene Parteienfinanzierung der 1970er Jahre verstrickt.

Als BDI-Präsident äußerte er im Herbst 1969 anlässlich der »wilden« Septemberstreiks in der Stahlindustrie des Ruhrgebiets: »Man hätte ruhig schießen sollen, dann herrscht wenigstens Ordnung«. Die von ihm testamentarisch verfügte Stiftung Fritz Berg betreibt seit 1995 in Altena das Fritz-Berg-Haus, eine Pflegeeinrichtung für ältere Menschen. 1982 benannte die Stadt Altena eine Lennebrücke nach Fritz Berg, der bereits 1953 das Große Verdienstkreuz mit Stern der Bundesrepublik Deutschland verliehen bekam.

An der Fritz-Berg-Brücke

1982 benannte die Stadt Altena eine Lennebrücke nach Fritz Berg.

In Altena gibt es seit 1995 das Fritz-Berg-Haus, eine Pflegeeinrichtung für ältere Menschen.

Geck: Qualität und Kontinuität seit 1852

Unternehmen stellt sich dem stetigen Wandel in der Warenpräsentation, bewahrt aber seine Tradition

Als mittelständisches Unternehmen hat sich das Altenaer Traditionsunternehmen J.D. Geck GmbH als Spezialist für Ladenbau, Shopfitting und Verkaufsförderung weltweit einen Namen gemacht. Das Unternehmen will einen Beitrag dazu leisten, Einkaufswelten zu realisieren, in der sich die Menschen wohl fühlen. Dabei erfordern unterschiedliche Einkaufsverhalten auch unterschiedliche Warenpräsentationen. Der Fokus liegt auf dem Bereich der Selbstbedienungsmärkte.

Die Bedürfnisse des Einzelhandels und der Konsumenten liegen dicht beieinander. Eine klare Struktur innerhalb des Geschäftes gilt es bis in das Regal zu transportieren. Aufgabe des Warenträgers ist es, in den Hintergrund zu treten und der Ware den Vortritt zu lassen. Die Inszenierung der Ware durch den Warenträger wird durch die Transparenz der verwendeten Materialien erreicht. Draht wird dieser Aufgabe in hervorragender Weise gerecht. Durch die indirekte Betonung der zu präsentierenden Produkte entsteht ein Gesamteindruck, der dem gestiegenen Bedürfnis nach Individualität Rechnung trägt.

Johann Dietrich Geck gründete 1852 seine Firma J.D. Geck GmbH und legte den Grundstein für den anhaltenden Erfolg der Fabrik für Metallerzeugnisse. Er richtete eine Schmiede ein, in der er Ketten und Geräte für die Landwirtschaft noch im Handwerk herstellte. Bereits ein Jahr später zog er in das Rahmedetal, um die Wasserkraft zu nutzen und Kleineisenwaren wie Fenster- und Türhaken, Kistengriffe und Türangeln herzustellen. Dort, in der heutigen Grünewiese, errichtete er eine neue Schmiede mit Wohnhaus und begann mit acht Mitarbeitern die Umstellung zur industriellen Fertigung.

Anfang des neuen Jahrhunderts produzierte Geck Drahtwaren, die zum Teil heute noch Bestandteil des Sortiments sind. Von 1950 bis 1970 beschäftigte sich Geck hauptsächlich mit der Fabrikation von Beschlägen und mit Zubehör für die Möbelindustrie. Mit dem Einzug der Selbstbedienung im Handel wurden die ersten Lochwandhaken angeboten und so der Grundstein für die weitere Ausrichtung des Unternehmens gelegt.

Von 1970 an wurde Geck zum konsequenten Zulieferer der Ladenbauindustrie. Die Selbstbedienungsmärkte forderten Artikel zur Warenpräsentation. Geck avancierte zum größten Hersteller in Europa für Warenträger für Rückwandsysteme. Später kam eine Vielzahl neuer Varianten von Präsentationshilfen hinzu.

In den 1990er Jahren erweiterten die Verantwortlichen das Produktspektrum um Displaylösungen. Heute umfasst das Sortiment 20 000 verkaufsfähige Artikel, von denen 6000 ständig am Lager sind – sowohl im Massenpräsentationsgeschäft der Selbstbedienung als auch bei individuellen Lösungen, die auf das Produkt zugeschnitten sind. 2010 erweiterte das Unternehmen das Sortiment um Produkte im Bereich der Preisauszeichnung. Dies bedeutete für das Unternehmen den Einstieg in die Kunststoffverarbeitung. Darüber hinaus wurde Geck mobil. Klassische Einkaufswagen und Sonderlösungen für Transportbedürfnisse im Handel runden das Angebot ab.

Geck verfügt heute über Niederlassungen und Partner in ganz Europa, Russland, den Vereinten Arabischen Emiraten, China und Indien. Mit rund 500 Mitarbeitern weltweit will Geck weitere internationale Märkte erschließen.

Präzision ist auch bei Schweißarbeiten gefragt.

Automatisierte Schweißungen im Fertigungsprozess

Einsatz von Robotik auch in der Fertigung von Einkaufswagen

Höchste Genauigkeit beginnt im Werkzeugbau.

Die Produktionsstätten im Jahr 1900 – Das Areal dient heute als Kunden- und Schulungszentrum.

Beitrag von:
J.D. Geck GmbH
Grünewiese 28 · 58762 Altena
Postfach 50 31 · 58752 Altena
Tel. (0 23 52) 54 20 · Fax (0 23 52) 54 21 38
geck@geck.de · www.geck.de

Altena

»Bürgerburg« Holtzbrinck nicht als Burg erbaut

Einziger repräsentativer Profanbau der Stadt mit großer kunsthistorischer Bedeutung

Zwei Burgen machen eine Stadt. Altena ist in der glücklichen Lage, wenn auch die weniger populäre Burg Holtzbrinck kaum den weithin sichtbaren Eindruck ihrer »Schwester« hinterlässt. Tatsache ist und bleibt jedoch, dass die im Herzen der Stadt gelegene und eigentlich nicht als Burg erbaute Burg Holtzbrinck außer der Burg Altena der einzige repräsentative Profanbau von kunsthistorischer Bedeutung und gleichzeitig das älteste Bürgerhaus der Stadt ist. Die Bezeichnung Burg erhielt der Gebäudekomplex, weil sein Baustil sehr daran erinnert. Die kunsthistorische Bedeutung ist unumstritten.

Die Burg wurde 1643 zum ersten Mal urkundlich erwähnt, als sie der Rentmeister Georg Holtzbrinck erwarb. Als sicher gilt, dass der älteste Teil des Hauses aus dem 16. Jahrhundert stammt. Stephan Johann, der Sohn Georg Holtzbrincks, nahm einschneidende Veränderungen an dem Gebäude vor, die für sein auch heute noch imposantes Erscheinungsbild sorgten. Dadurch erhielt das Haus in den Jahren 1673 bis 1689 etwa seine heutige Form. Auch die »alte Treppe« entstand in dieser Zeit. In der 1937 angebauten Garage sind heute Küche, Garderobe und Toiletten untergebracht.

Als Heinrich Wilhelm von Holtzbrinck Landrat des 1753 neu geschaffenen Kreises Altena geworden war, richteten die Kreisoberen das Landratsamt in der Burg Holtzbrinck ein. Dort blieb es bis 1878. Neben dem Arbeitszimmer befand sich eine Zeit lang der Gottesdienstraum der reformierten Gemeinde. Glanzvolle Architekturarbeiten sind die beiden Portale. Das Einfahrtstor zum Hof wurde 1688 von Matthias Hover geschaffen.

Das Hausportal weist zwei Daten auf: Im Giebelfeld neben einer stilisierten Muschel »Anno 1747« und im eingesetzten Wappen die Jahreszahl »1748«. Stilistisch ist der Bau der Barockzeit zuzuordnen, die im westfälischen Raum strengere Formen hervorbrachte als zum Beispiel in Süddeutschland. Den Namen »Burg« Holtzbrinck erhielt das Haus wegen seiner burgartigen Anlage.

Die Stadt Altena kaufte 1972 das gesamte Gelände auf. In mehrjähriger Arbeit wurde das Gebäude restauriert und 1976 seiner neuen Bestimmung übergeben: Die Burg wurde zur »Bürgerburg«, einer Stätte der Begegnung, die jedem Besucher zum Ausruhen, Lesen und Unterhalten zur Verfügung steht. Auch Gruppen und Vereine können die Räume nutzen. Im 160 Gäste fassenden Georg-von-Holtzbrinck-Saal finden regelmäßig kulturelle Veranstaltungen statt. In den Jahren 1980/1981 entstand die Tiefgarage. Der darüberliegende Park wurde umgearbeitet. Er erinnert an einen Rokokogarten.

Der Gebäudekomplex wird seit 1976 als »Bürgerburg« genutzt.

Burg Holtzbrinck erhielt in den Jahren 1673 bis 1689 ihre heutige Form.

Zeitgenössische Kunst in der Stadt

Stadtgalerie Haus Köster Emden weit über Grenzen Altenas beachtet

Das Haus Köster-Emden, ein 1707 erbautes Reidemeisterhaus in der Altenaer Lennestraße, beherbergt seit 1976 die Stadtgalerie. Regelmäßig wechselnde Ausstellungen von zeitgenössischer Kunst haben die Galerie weit über die Stadtgrenzen hinaus bekannt gemacht.

Eine Hausinschrift auf dem stattlichen Traufenhaus weist auf sein Entstehungsjahr 1707 hin. 1755 ging das Gebäude in den Besitz des Reidemeisters Carl Wilhelm Selkinghaus über. 1884 erwarb der Fuhrunternehmer Carl-Gustav Klincke den Komplex. Für seine geliebten Pferde ließ der Fuhrunternehmer eigens die Dachfläche zur Straßenseite verbreitern, damit sie beim Be- und Entladen besser vor Schnee und Regen geschützt waren. Den Namen »Haus Köster-Emden« erhielt das Areal durch seinen letzten Besitzer, Paul Köster, den Schwiegersohn von Carl-Gustav Klincke. Als einer der Überlebenden des Kreuzers Emden durfte er den Beinamen Emden führen. Die Familie Köster-Emden genoss in Altena hohes Ansehen, so dass der Name auch auf das Gebäude überging.

Das 1707 erbaute Haus Köster-Emden beherbergt seit 1976 die Stadtgalerie.

1975 kaufte die Stadt Altena das Gebäude, um im Erdgeschoss die Galerie einzurichten. Seit 2004 kümmert sich ein Förderverein um den Erhalt des Gebäudes und um die Ausstellungen.

Die Altenaer sind auf Draht

Der alte Drahthandelsweg führt von Altena nach Iserlohn

Auf dem Drahthandelsweg von Altena nach Iserlohn

32 Kilometer ist er lang und er verläuft durch die charakteristischen alten Drahthandelsstädte Iserlohn, Altena und Lüdenscheid: der Drahthandelsweg. Dabei ist es die herrliche Landschaft genauso wie die geschichtsträchtigen Gebäude, die den großen Reiz des Weges auszeichnen. Er versetzt die Wanderer zurück ins Mittelalter.

Auf dem Drahthandelsweg brachten die Reidemeister ihre Drahtrollen früher per Pferdekarren zur Weiterverarbeitung nach Iserlohn. Manchmal ging es auch mit schwerer Last zu Fuß. In der Waldstadt wurden dann Nadeln, Ösen, Angelhaken und Ketten hergestellt. Durch den Drahthandelsweg war somit eine Verbindung des märkischen Sauerlands mit den großen Handelsplätzen Dortmund, Soest und Unna gegeben.

Wer heute auf dem alten Drahthandelsweg unterwegs ist, erfährt viel über die Mühsal, unter der damals die 30 Kilogramm schweren Drahtringe transportiert werden mussten – unterwegs vorbei am »Eisengebet« und am »Toten Mann«. Der Weg ist auch für ungeübte Wanderer gut zu bewältigen. Die Tour beginnt am Altenaer Bahnhof und folgten der Wegemarkierung »weißes D auf schwarzem Grund«.

Balve

Balve: Von Höhle, Hütte und dem Optimum

Stadt im Hönnetal kann mit etlichen Superlativen aufwarten

Sie liegt mitten im Hönnetal. Im Westen der Balver Wald, ganz in der Nähe die waldreichen Höhenzüge und der Sorpesee. Im Osten verläuft die Grenze zum Hochsauerlandkreis: Die Stadt Balve hätte es mit ihrer Lage weitaus schlechter treffen können. Die Berglandschaft mit Hochebenen, idyllischen Wiesentälern und Bachläufen fordert geradezu zu ausgedehnten Wanderungen auf. Das Angebot an kulturellen und volkstümlichen Veranstaltungen ist vielseitig. Schützen- und Dorffeste, Sinfonie- und Wunschkonzerte, Theater und Tanz lösen einander ab. Die Veranstaltungen in der Balver Höhle genießen schon lange überregionale Bedeutung.

Obwohl ein wenig versteckt gelegen: Wer nach Balve will, kommt auch gut hin. Die Stadt ist verkehrsmäßig erschlossen durch die Eisenbahnlinie Unna-Fröndenberg-Balve-Neuenrade und die Bundesstraßen von Lüdenscheid nach Arnsberg sowie von Balve nach Menden. Und wer ange-

Das Balver Rathaus

Herrliche Fachwerkhäuser säumen die Straßen im Zentrum des Ortes.

In der Nähe der St. Blasius Kirche

kommen ist, muss keinesfalls hungern: Von der Sauerländer Dorfgaststätte bis zum anspruchsvollen Restaurationsbetrieb findet der Gast auf Balver Gebiet deutsche genauso wie internationale Gastronomie. Sakrale und technische Baudenkmäler, Herrensitze, bäuerliche Anwesen und die berühmte Balver Höhle geben Einblick in die Geschichte und bereichern das Landschaftsbild.

Balve liegt in einem milden Mittelgebirgsklima auf einer Höhe zwischen 260 und 546 Metern über dem Meer. Von den 7475 Hektar Gesamtfläche entfallen die Hälfte auf Wald und 34 Prozent auf landwirtschaftliche Fläche. Zur 12 500 Einwohner zählenden Stadt Balve gehören die Ortsteile Beckum, Eisborn, Garbeck, Langenholthausen, Mellen und Volkringhausen.

Sehenswert sind die St. Blasius Pfarrkirche mit ihren Fresken aus dem 12. Jahrhundert, die Luisenhütte und das daneben liegende Museum für Vor- und Frühgeschichte, die beide 2006 mit viel Aufwand restauriert wurden, das Wasserschloss Wocklum, die Reckenhöhle und nicht zuletzt die Balver Höhle. Sie ist Fundstätte der ältesten Spuren menschlichen Lebens im heimischen Raum und vieler

Das Mammut ist längst zum Markenzeichen der Stadt geworden. Überall im Ort verteilt stehen die häufig individuell verzierten Kunststoff-Tiere. Die Stadt hatte die Rohlinge zu Werbezwecken ausgegeben. Hier ist einer zu sehen.

Balve

eiszeitlicher Tierfossilien, wie Mammutstoßzahn, Höhlenbär und Höhlenhyäne. Das Fundgut wird in den Museen von Bonn bis Berlin ausgestellt.

Heute erfüllt die Balver Höhle ganz andere Zwecke. Die riesige Naturhalle mit ihrer einzigartigen Atmosphäre dient nicht nur als Festsaal für

Antoniushütte in Eisborn

das Schützenfest am 3. Wochenende im Juli und dem Verein »Festspiele Balver Höhle e.V.« für Sinfoniekonzerte, Märchenwochen, Theateraufführungen, Opern und weitere kulturelle Angebote, sondern auch als Veranstaltungsort für zahlreiche andere Events.

Einmal im Jahr steht Balve zudem im Fokus der Reiterschaft in ganz Deutschland und darüber hinaus. Das Balve Optimum ist ein internationales Reitsportturnier, das jedes Jahr auf dem Turniergelände am Schloss Wocklum im Orletal stattfindet – Deutsche Meisterschaften inklusive. An diesem Turnier nehmen Reiter aus aller Welt teil.

Balve präsentiert sich als Ferienort. Die Stadt verfügt über mehr als 300 Gästebetten in Hotels, Pensionen und Ferienwohnungen. Internationale Kontakte bestehen mit der niederländischen Gemeinde Heerde und der französischen Gemeinde Roussay. Daneben bemüht sich Balve auch um Neubürger, die eine intakte Infrastruktur mit Grundschulen, Haupt- und Realschule, Krankenhaus, Seniorenheim, guten Einkaufsmöglichkeiten und einem geselligen Gemeinde- und Vereinsleben vorfinden. Die Ausweisung neuer Gewerbe- und Wohngebiete hat dazu beigetragen, dass sich die Bevölkerungsentwicklung positiv darstellt.

Balve Optimum mit traditionsreicher Historie

Das Reitturnier lockt bereits seit mehr als 60 Jahren in die Hönnestadt

Das erste Reitturnier in Balve wurde exakt am 20. Juni 1948, dem Tag der deutschen Währungsreform, ausgetragen. In direkter Nachbarschaft zu Schloss Wocklum zauberten die Verantwortlichen aus den Allhoff'schen Wiesen einem respektablen Turnierplatz.

Bereits in den 1950er Jahren besuchten mehr als 12 000 pferdebegeisterte Zuschauerinnen und Zuschauer das Reitturnier am Schloss. 1972 richteten die Balver zum ersten Mal olympische Sichtungen aus und bis heute fanden sechs Olympische Qualifikationen, sechs Deutsche Meisterschaften sowie mehrfache Qualifikationen zu den Weltmeisterschaften in der Hönnestadt statt.

Die Siegerliste des »Großen Preises von Balve« liest sich wie das »who is who« der internationalen Topstars im Sattel. Die Palette reicht von Hans Günther Winkler über Hermann Schridde, Harry Boldt, Rodrigo Pessoa bis zu Ludger Beerbaum und vielen anderen mehr. Sie alle haben in Balve schon »Gold« gewonnen. Das Balve Optimum, in dessen Rahmen heute die Deutschen Meisterschaften ausgetragen werden, zählt somit zu den traditionsreichsten Turnieren Europas.

Hochklassiger Reitsport wird alljährlich beim Balve Optimum – und auf Sand – geboten.

Siegerehrung bei den Deutschen Meisterschaften 2011 mit Ludger Beerbaum und dem Balver Dieter Graf Landsberg-Velen, der den deutschen Sport, und insbesondere den Pferdesport, entscheidend mitgestaltete und prägte. Graf Landsberg wurde 1968 zum Präsidenten der gerade gegründeten Deutschen Reiterlichen Vereinigung (FN) gewählt. Er führte sie 34 Jahre lang. Er war zudem Präsident des Malteser Hilfsdienstes Deutschland. Dieter Graf Landsberg-Velen starb im April 2012 im 87. Lebensjahr.

Der Balver Dom

Pfarrkirche St. Blasius geht in ihren Ursprüngen zurück bis ins 10. Jahrhundert

Die Pfarrkirche St. Blasius in Balve ist seit dem 13. Jahrhundert dem Heiligen Blasius von Sebaste und der Gottesmutter Maria geweiht. Die Kirche besteht aus zwei Teilen: einer romanischen Kirche aus dem 10. und 12. Jahrhundert und dem großen neoromanischen Erweiterungsanbau aus dem Jahr 1910. Erbaut wurde das dreischiffige Langhaus von dem Besitzer eines Oberhofes in Balve. Die Kirche wurde ab dem 12. Jahrhundert immer wieder erweitert. Reliquien des Heiligen Blasius sowie ein Klappaltar mit Reliquien des Benedikt von Nursia sind zu finden. 1196 wurde die Balver Pfarrei erstmals erwähnt: »zwei Häuser in Brockhausen in der Pfarrei Balve«. Der erste urkundlich erwähnte Geistliche war 1202 Elbertus (auch Albertus) de Balleve.

In der Kirche befindet sich eine kulturhistorisch bedeutsame Darstellung der Legende des Nikolaus von Myra. Die Fenster der alten Kirche zeigen in dem Seitenschiff den Heiligen Liborius, die Heilige Agatha von Catania und den Heiligen Antonius von Padua. Die alte Orgel, deren Holzprospekt 1786 gebaut wurde, kann mit ihren zehn Registern vom eigenen Spieltisch oder vom Zentralspieltisch der neuen Orgel aus bedient werden.

Das im Jahr 1603 entstandene Epitaph ist Hermann von Hatzfeld, dem kurkölnischen Rat, Droste zu Balve gewidmet. Er war erfolgreicher »Gegenspieler« von Gebhard Truchsess von Waldburg während der so genannten Truchsessischen Wirren. Balve blieb in der Folge katholisch.

Der neoromanische Erweiterungsbau wurde am 30. Juni 1912 geweiht. Der Kuppelbau wurde nach seinen Vorbildern wie dem Felsendom in Jerusalem in der Form eines ungleichseitigen Achtecks mit unregelmäßigem Sechseck als seitenschiffartigem Umgang entworfen. An den acht Ecken befinden sich kräftige Rundpfeiler. Die Fenster der Kuppel enthalten die acht Seligpreisungen. Die anderen Fenster der Kirche zeigen Symbole des Glaubensbekenntnisses, eine Abbildung des Heiligen Ambrosius von Mailand und des Heiligen Gregor des Großen sowie Gleichnisse.

Jeder der Pfeiler der Kirche wird durch eine Heiligenfigur geschmückt. Der Turm mit seinem mehr als 20 Meter hohen Mauerwerk ist über der Turmkapelle errichtet. Der Kirchhof war jahrhundertelang der Friedhof der Pfarrgemeinde. Zwischen Kirche und Pfarrhaus steht seit mehr als 400 Jahren das alte Mausoleum, die Begräbnisstätte der Familie des Landdrosten Henneke-Schüngel.

Im Besitz der Pfarrgemeinde befindet sich auch die Piuskapelle. Sie liegt auf dem Husenberg und wurde Papst Pius IX. geweiht. Eingesegnet im Jahr 1878, ging der Bau auf eine Initiative des Vikars Christoph Adrian zurück, der auch unter Einsatz seines Privatvermögens dieses Bauwerk unter dem Einfluss des Kulturkampfes vorantrieb.

Der Balver Dom

Der Kuppelbau entstand nach dem Vorbild des Felsendoms in Jerusalem.

Die Pfarrkirche St. Blasius in Balve ist dem Heiligen Blasius von Sebaste und der Gottesmutter Maria geweiht.

In der Kirche befindet sich eine kulturhistorisch bedeutsame Darstellung der Legende des Nikolaus von Myra.

Balve

Von Dinosauriern und Hexenwahn

Aus der spannenden Geschichte Balves – 1430 Stadtrechte erhalten

Balver Fachwerk

Leben in Balve gab es eigentlich schon (fast) immer. 2002 stießen Forscher auf Überreste von acht identifizierten Spezies der Dinosaurier aus der Kreidezeit. Damit sind die Knochen 140 Millionen Jahre alt. Älteste menschliche Spuren stammen aus der Zeit der Neandertaler vor 100 000 bis 40 000 Jahren. Das waren wohl Jägergruppen, die im Hönnetal eiszeitliche Mammute jagten. Vor rund 12 000 Jahren waren es Rentierjäger, die in Balve ihre Lager aufschlugen.

Hinweise auf eine germanische Besiedlung des Balver Raums finden sich in alten Flurbezeichnungen wie »Zum Thing«. Außerdem wurden in Garbeck die Grundmauern eines alten germanischen Hofs aus dem 1. Jahrhundert freigelegt.

Der Ort Balve hat sich im frühen Mittelalter aus drei Höfen (Oberhof bei der Kirche, Niederhof an der Hönne und Salhof neben der Höhle) entwickelt. Die Olle Borg bei Wocklum stammt wahrscheinlich erst aus ottonischer Zeit. Die vermutlich älteste schriftliche Erwähnung Balves stammt aus der Vita Liudgeri III, Buch II, Kapitel 31. Nach der Legende wurde 864 ein blindes Mädchen aus Balve am Grab des Liudger in der Krypta des Klosters Werden wieder sehend. 890 bat Bischof Wigbert von Verden Kaiser Arnulf, ihm unter anderem Güter zu ,Ballava' als Eigentum zu überlassen.

Woher der Name Balve stammt, ist nicht hundertprozentig nachgewiesen. Das Wort »Balve« beziehungsweise »Palve« ist wahrscheinlich vom althochdeutschen oder keltischen Wort »Balma« abgeleitet und bedeutet so viel wie Mauer-Vorsprung, hervorragende Felsenwand oder hohler Felsen.

Balve war ursprünglich eine Tochterkirche von Menden. Diese war eine Eigenkirche des Oberhofes. Die älteste Erwähnung der Pfarrei Balve erfolgte 1196. Sie umfasste neben Balve die Orte Wocklum, Beckum, Langenholthausen, Mellen und Volckinghausen. 1202 wurde in einer Urkunde ein »Albertus de Balleve« genannt. 1329 ist dann vom »Dorp te Balve« die Rede.

1368 kam der Ort durch den Kauf der Grafschaft Arnsberg durch die Kölner Erzbischöfe für die nächsten Jahrhunderte zum Herzogtum Westfalen. Für die weitere Entwicklung spielte die Grenzlage zur Grafschaft Mark eine Rolle. 1430 verlieh Erzbischof Dietrich von Moers dem Ort die Stadtrechte. Damit verbunden waren Marktprivilegien, eine eingeschränkte Gerichtsbarkeit und vor allem eine weitreichende kommunale Autonomie. Die Urkunde zur Verleihung der Stadtrechte ist abhanden gekommen, ihr Text allerdings durch Abschriften überliefert. Bürger der Stadt Balve hatten, wie in anderen Städten des Herzogtums Westfalen üblich, einen »Bürgereid« abzulegen. Davon zeugt ein aus dem 17. Jahrhundert überliefertes Dokument. Am 24. September 1480 bestätigte Erzbischof Hermann IV. von Köln die städtischen Privilegien. Für 1482 ist erstmals namentlich ein Bürgermeister überliefert.

Balve war ein Zentrum der Hexenverfolgung. Nachweislich wurden zwischen 1592 und 1666 viele Hundert Menschen als Zauberer und Hexen verurteilt und ermordet. Allein zwischen 1628 und 1630 wurden fast 300 Menschen getötet. Diese Massenvernichtung war das Werk des Hexenjägers Kaspar Reinhard, dem mehr als 500 Menschen zum Opfer fielen. Er verbreitete so viel Angst und Schrecken, dass auf ihn 1630 in Balve ein Attentat verübt wurde. Er selbst wurde nur verletzt, der Gerichtsschreiber und ein Diener starben. Im Gedenken an die Hexenverfolgung ließ die Balver Heimwacht 2006 am Galgenberg eine Hexenstele errichten.

Stadt-Idyll mitten in Balve

St. Nikolauskirche in Beckum

Balve

Alte Schmiede in Beckum

Zwischen 1584 und 1789 zerstörten zahlreiche Brände große Teile der Stadt. Zur schnellen Verbreitung des Feuers trugen die enge Bebauung und die Bauart mit Strohdächern bei. Beim Brand von 1789 wurden von 85 Häusern 64 zerstört. Danach wurde die Stadtmauer abgetragen und die Häuser in größeren Abständen neu aufgebaut. Die Steine aus der Mauer wurden zum Wiederaufbau verwendet. Festgelegt war, dass jeweils nur zwei Häuser unmittelbar aneinander gebaut werden durften. Dann erfolgte ein Zwischenraum von 40 Fuß. Die Ausdehnung der Stadt erfolgte in Richtung Mühlenkamp, da die anderen Flächen qualitativ hochwertige Wiesen enthielten.

Im Siebenjährigen Krieg besetzten die Franzosen Balve zehn Tage lang und legten auf dem Kirchhof eine Feldbäckerei und eine Metzgerei an. Dazu wurde die Kirchhofsmauer »aus dem Grund gebrochen«, die Kirchenbänke aus der Kirche gerissen, das Mehlmagazin in die Kirche verlegt und zahlreiche Bäume gefällt.

Von 1802 bis 1816 war Balve Teil der Landgrafschaft Hessen-Darmstadt. 1816 kam Balve zu Preußen. Von 1819 bis 1832 gehörte Balve zum Kreis Iserlohn, danach bis 1975 zum Kreis Arnsberg.

Vom 2. bis 4. September 1922 fand in Balve die erste Tagung des Sauerländer Heimatbundes statt. Bei dieser Gelegenheit wurden auch die Festspiele Balver Höhle ins Leben gerufen. 1930 wurde die 500-Jahr-Feier zum Bestehen der Stadt und die historisch nicht nachgewiesene 1000-Jahr-Feier zum Bestehen des Ortes gefeiert.

1975 lösten die Verantwortlichen das alte Amt Balve auf. Sie gemeindeten große Teile in die erweiterte Stadt Balve ein. Gleichzeitig wurde die Stadt zum Märkischen Kreis überführt.

Am 18. und 19. Januar 2007 wütete Orkan Kyrill auch in Balve. Er verwüstete den Balver Wald zu großen Teilen. Besonders in den Höhenlagen blieb kaum ein Baum stehen. Menschen kamen nicht zu Schaden. Das Erscheinungsbild der Landschaft hat sich jedoch gründlich verändert.

400 000 Millionen Jahre Balver Geschichte

Museum für Vor- und Frühgeschichte präsentiert eindrucksvolle Exponate

Heimatmuseen gibt es wie Sand am Meer. Fast jedes Dorf hat eines. Und stolz sind die Verantwortlichen, wenn sie in ihrem Haus 500 oder gar 1000 Jahre alte Exponate präsentieren können. In Balve ist das ein wenig anders. Im ehemaligen Wocklumer Stabhammer neben der Luisenhütte lädt das 2006 eröffnete Museum für Vor- und Frühgeschichte nämlich zu einer Zeitreise durch sage und schreibe 400 Millionen Jahre Balver Geschichte ein. Unter dem Motto »Erdschätze – Menschenspuren« gibt das Museum Einblick in die spannende und abwechslungsreiche Natur- und Menschheitsgeschichte des Hönnetals.

Themeninseln stellen die einzelnen Epochen vor – vom Devonzeitalter, als Balve noch im tropischen Flachmeer lag, bis zur Eisenerzeugung im Mittelalter. Ebenso schildert das Museum eindrucksvoll, wie der Mensch bis heute von den Balver »Erdschätzen« profitiert. Die ausgestellten Objekte verweisen auf die Bedeutung Balves als bedeutsamer Fundplatz der Vor- und Frühgeschichte. Dinosaurierreste und andere Fossilien des Massenkalkes, eiszeitliche Tierknochen sowie steinzeitliche Werkzeuge und Waffen aus den Höhlen des Hönnetals liefern immer wieder neue Erkenntnisse über frühere Lebenswelten.

Zu den Besonderheiten des Hönnetals gehören die mächtigen Massenkalkvorkommen, die vor fast 400 Millionen Jahren entstanden sind. Der Massenkalk war die Voraussetzung für die spätere Höhlenbildung. In einer Karstspalte stießen Wissenschaftler vor einigen Jahren auf einen fossilen »Dinosaurierfriedhof« aus der Unterkreidezeit vor etwa 130 Millionen Jahren.

Der Ausstellungsbereich Natur – Mensch – Technik präsentiert den Menschen als »Nutznießer erdgeschichtlicher Rohstoffe«. Im »Zeittunnel« werden die erdgeschichtlichen Epochen und die Geologie des Hönnetales« präsentiert. »Als Balve im Meer lag« zeigt »Südseeleben vor 400 Millionen Jahren«. In das Leben in der Kreidezeit entführt das »Saurierland im Sauerland«. Dann wird es mit »Altsteinzeit und Eiszeitalter« endlich »Mensch«. Ins »Dunkel wundersamer Höhlen« entführt das Museum, wenn es die Geschichte vom Neandertaler zum Bauern, Viehzüchter und Handwerker erzählt. Wie das Leben und Wirtschaften in der römischen Kaiserzeit war, wird im Germanenhof Balve-Garbeck nachvollziehbar. In der Abteilung »Von Rennfeuern und Schlackegruben« begibt sich der Besucher schließlich auf die Spuren mittelalterlichen Metallgewerbes.

Dinosaurier in Balve

Das Museum für Vor- und Frühgeschichte in Balve wurde 2006 eröffnet.

Balve

Der »Felsendom« ist die größte Kulturhöhle Europas

Balver Höhle: Location für Neandertaler und die »Phantastischen Vier«

Die ältesten Spuren menschlichen Lebens im märkischen Raum sind rund 100 000 Jahre alt und stammen aus der Balver Höhle. Die Höhle entstand einst durch die Massenkalkausspülung der Hönne. Das Wasser strömte in eine Urhöhle, zerrieb das Gestein und spülte es dabei entweder in den Flusslauf oder lagerte es vor der Höhle ab. Die Balver Höhle ist die Fundstätte eiszeitlicher Tierfossilien wie einem Mammutstoßzahn, dem Höhlenbär, der Höhlenhyäne oder dem Wollnashorn.

Die Höhle in Balve ist unbestritten die größte offene Hallenhöhle Europas. Den gut erforschten archäologischen Funden zufolge ist sie einer der wichtigsten Fundplätze der Kulturen der Mittleren Altsteinzeit. Daher rührt auch die Bezeichnung »Kulturhöhle«. Heute gibt es dort Kultur ganz anderer Art: Bei Veranstaltungen finden in der Höhle rund 2000 Menschen Platz.

Die Höhle besteht aus einer großen tunnelförmigen Halle mit zwei davon abzweigenden Nebenarmen. Einer der Nebenarme hat zwei

Irish Folk-Festival in der Balver Höhle:
Die Akustik in dem Gemäuer ist einmalig.

Weltbekannte Größen der klassischen Musik wie Justus Frantz gastierten bereits in der Balver Höhle.

Seitengänge, die zur Oberfläche führen. Die Höhle reicht 70 Meter in den Felsen hinein. An der höchsten Stelle in der Nähe des Eingangs ist sie zwölf Meter hoch und an der breitesten im Inneren 18 Meter breit.

In der Balver Höhle wurden vorgeschichtliche Werkzeuge gefunden. 1870 untersuchte der Arzt Dr. Rudolf Virchow und der Oberberghauptmann Heinrich Dechen die Balver Höhle. Nach ihnen wurden auch die beiden Höhlenarme benannt.

Nachdem die Balver zu Beginn des 19. Jahrhunderts auf dem Höhlenvorplatz und im Lehmberg »alte Knochen und Steinsachen« gefunden hatten, begann sich auch die Fachwelt für die Höhle zu interessieren. 1815 wurde sie zum ersten Mal untersucht, das heißt: die Höhle wurde grob vermessen. 1843 führten die Bergämter Bonn und Siegen erste Schürfungen durch. 1844 begann Bergwerksdirektor Noeggerath mit ersten Grabungen. Aber erst mit der Entdeckung des Neandertalers 1856 wurde die Besonderheit der

Hönnetaler Höhlen zu einem festen Begriff für die Experten. Mehr als ein Dutzend Geologen, Archäologen, Prähistoriker, Biologen und Hobbyforscher schürften oder gruben.

Aber sie alle waren keine Experten nach heutigen Maßstäben. Die Graber suchten, sammelten und registrierten nur das, was für ihr eigenes Fachgebiet von Bedeutung war. Was ihr Wissensgebiet oder ihren Interessenbereich nicht unmittelbar betraf, blieb meist unbeachtet. Ihre Berichte in Fachzeitschriften und Zeitungen weckten aber natürlich die Neugier jener, die »alte Steine und Knochen« für ihre Privatsammlungen suchten oder sie sogar vermarkten wollten. Der Schaden, den die »Wühlarbeit« der Raubgräber anrichtete, ist nicht abzuschätzen.

Eine interdisziplinäre Forschertätigkeit unter paläonthologischen Aspekten begann erst mit den Grabungen von Julius Andree 1925 und Bernhard Bahnschulte 1938. Anfang der 1930er Jahre entdeckten Balver Bauern den »Lehmberg« hinter dem Höhleneingang als ergiebige Düngemittelquelle. Die Wirkung des Naturdüngers beim Aufwuchs ihrer Erzeugnisse sprach sich schnell herum. Bald beluden Landwirte aus nah und fern ihre Karren mit der wertvollen, kostenlosen Höhlenerde, nachdem man den Lehm von Steinen und sonstigem gereinigt hatte. Das wachsende Interesse der Landwirtschaft wussten die Balver Stadtväter schnell zu nutzen. Bereits Mitte der 1940er Jahre richteten sie zur Stärkung der Gemeindefinanzen eine »Höhlenkasse« ein. Der Preis für eine Fuhre Lehm kletterte in den folgenden Jahren auf 1,50 Mark – damals ein stolzer Betrag. In wenigen Jahren war der Lehmberg abgetragen, die Sperre zum Höhleninneren aufgehoben.

Der Zweite Weltkrieg ist auch an der Balver Höhle nicht spurlos vorübergegangen. Vor der Höhle waren vorübergehend Flakgeschütze postiert. Hinter dem mit Tannengrün getarnten Eingang wurde ein Militärdepot angelegt. Der Einzug der Uerdinger Waggonfabrik als Rüstungsbetrieb für Motoren in die Höhle führte zu Bauaktivitäten, die die bis dahin im Wesentlichen naturbelassene Höhle geradezu entstellte – und auch darüber hinaus ihre düsterste Zeit mit sich brachte. Der Eingang wurde zugemauert, der Höhlenboden egalisiert und zur Aufnahme von Maschinen befestigt. Die »Kapelle« im Dechenarm erhielt aus Sicherheitsgründen eine hohe Beton-Steinmauer.

Nach dem Krieg veranlasste die britische Militärregierung, die Sprengung der Höhle zu verfügen. Dagegen lehnten sich beherzte Balver mit den ihnen damals zur Verfügung stehenden Mitteln energisch auf. »Rettet die Höhle« war der Titel eines Aufrufs, der das Unheil abwenden sollte. Entscheidend war jedoch eine Denkschrift unter Federführung der Balver Heimwacht, in der die kulturhistorische Bedeutung der Höhle belegt wurde. Sie rüttelte sowohl die westfälische Öffentlichkeit als auch die Besatzungsmacht auf. Die Briten verzichteten letzten Endes auf die Sprengung.

Jeder Ortsteil der Stadt Balve ist stolz auf seine Schützenhalle. Nur der Stadtkern hat es nie zu einem Bürgerhaus oder Festsaal gebracht. Die Erklärung ist einfach. Seit mehr als 150 Jahren feiert die Balver Schützenbruderschaft St. Sebastian ihr Fest im »Felsendom«. An den drei Festtagen beleben tausende Gäste die Höhle und ihren Vorplatz. Diese Tradition beflügelte zu kulturellen Taten. Bereits 1922 verstand Theodor Pröpper das »steinerne Wunder« zu nutzen. Unterstützt von der Balver Heimwacht führte er Mysterienspiele auf. Auch nach dem Zweiten Weltkrieg sollten die Möglichkeiten der Höhle wieder genutzt werden. 1949 riefen Pröpper und Hermann Wedekind die Balver Höhlenspiele ins Leben, die einige Jahre erfolgreich agierten. Diesen Gedanken belebte Wedekind 1984 neu. Der ein Jahr später gegründete Verein »Festspiele Balver Höhle« veranstaltet seitdem Konzerte, Theater und Bühnenspiele auf hohem Niveau.

Für die Besucherinnen und Besucher einer Techno-Party in der Balver Höhle ist dies auch optisch ein einmaliges Erlebnis.

Heute hat die Stadt Balve die Höhle an die Schützenbruderschaft St. Sebastian verpachtet. Diese verfügt über das Nutzungsrecht und organisiert die Vermietung. In den vergangenen Jahrzehnten wurde die Balver Höhle zu einem Magneten für Veranstalter und Freunde kultureller Ereignisse. Vereine und Unternehmen nutzten Halle und Nebenarme für festliche oder repräsentative Vorhaben. Sinfoniekonzerte und Jazzfestivals wurden ins Leben gerufen. Unter Werner Trauds Regie entwickelte sich die »Märchenwoche« zu einem Kassenschlager. Die außergewöhnlich feintönige Akustik und die vielfarbigen Lichtreflexe im Kalkgestein des Gewölbes vermitteln eine Stimmung, die Besucher vergessen lässt, dass die Raumtemperatur wärmende Kleidung empfiehlt und dass hin und wieder Sickerwasser von der Höhlendecke tropft.

Im Jahr 2000 nahmen »Die Fantastischen Vier« ein MTV-Unplugged-Album in der Höhle auf. Seit 2006 wird die Balver Höhle zum Public Viewing genutzt und 2011 führte sogar der Radio-MK-Lauf mitten durch die Höhle ...

Quelle: Hans-Hermann Hochkeppel (www.balver-hoehle.de)

Balve

Luisenhütte – Wasser, Dampf und heißes Eisen
In Wocklum steht der älteste vollständig erhaltene Holzkohlenhochofen Deutschlands

Sie ist die Letzte ihrer Art. Mit Wasserkraft und Holzkohle in Gang gebracht – und nach wie vor betriebsfähig. Die Luisenhütte in Wocklum ist die älteste vollständig erhaltene und voll funktionsfähige Holzkohlen-Hochofenanlage Deutschlands, die komplette Original-Inneneinrichtung inklusive. Die Luisenhütte bietet heute noch ein lückenloses Hüttenensemble mit Eisengießerei und Umfeld. 2004 wurde der Gebäudekomplex zum Denkmal von nationaler Bedeutung erklärt und 2006 als einer der 365 Orte im »Land der Ideen« ausgewählt. Live können die Besucherinnen und Besucher in dieser vom Märkischen Kreis verwalteten Anlage heute erleben, wie früher Eisen hergestellt und zu Gussprodukten weiterverarbeitet wurde. 2004 bis 2006 wurde die Luisenhütte für zwei Millionen Euro saniert.

Die Luisenhütte in ihrer heutigen Gestalt entstand in der ersten Hälfte des 19. Jahrhunderts.

Möglicherweise geht die Geschichte der Luisenhütte bis ins Jahr 1732 zurück. Der Bau einer Eisenhütte durch die Familie von Landsberg ist jedoch erst für das Jahr 1748 belegbar. Die Luisenhütte wurde vom Landdrosten Freiherr Franz Kaspar Ferdinand von Landsberg in diesem Jahr als Eisenhütte an der Stätte mittelalterlicher Eisenverhüttung errichtet. Nach der Übernahme der Anlage durch Clemens August von Landsberg

Der historische Gebäudekomplex der Luisenhütte in Balve-Wocklum

Balve

Maschinen und Inneneinrichtung der Luisenhütte sind nicht nur vollständig erhalten, sondern auch noch komplett funktionsfähig.

wurden von 1758 an die in der Umgebung abgebauten Eisenerze verhüttet.

Ignaz von Landsberg-Velen und Gemen, der 1812 die Besitzungen übernommen hatte, widmete sich intensiv dem Ausbau der Hüttenanlage. In seine Zeit fällt auch die 1835 erfolgte Namensgebung: Ludowika (Luise) von Westerholt-Gysenberg war seine Gattin. Diese erste ursprüngliche Anlage wurde jedoch 1834 abgerissen. An derselben Stelle baute die Unternehmerfamilie von Landsberg eine neue Hochofenanlage. 1854 wurde die Hütte aufgrund wachsender Konkurrenz aus dem benachbarten Ruhrgebiet, England und Belgien aus- und umgebaut. Der bis heute gut erhaltene »neue« Hochofen aus dem Jahr 1854 wurde mit Holzkohle befeuert.

Eine Dampfmaschine versorgte den Hochofen mit Sauerstoff, wenn der Borkebach eingefroren oder ausgetrocknet war. So konnte der Zeitraum der Verhüttung auf acht bis neun Monate im Jahr ausgedehnt werden. Trotz dieser Möglichkeiten und der hohen Qualität des Eisens musste die Luisenhütte bereits 1865 aus wirtschaftlichen Gründen stillgelegt werden. Die Konkurrenz der mit Steinkohlenkoks betriebenen Hochöfen im Ruhrgebiet war mittlerweile zu groß geworden. Die Eröffnung der ersten Eisenbahnverbindungen des Ruhrgebiets mit den Hüttenwerken trug ebenfalls ihren Teil zur Schließung bei. Anderen Hütten des Sauerlandes wie denen in Sundwig, Amecke, Endorf und im Raum Olpe erging es nicht besser.

Seit 1950 ist die Luisenhütte als technisches Kulturdenkmal für die Öffentlichkeit zugänglich. Neben Röhrenwinderhitzer und mit Wasserkraft betriebenen Zylindergebläsen ist auch eine Gebläsedampfmaschine zu besichtigen. Diese macht neben dem eindrucksvollen Hochofen selbst und der daran anschließenden Gießerei den Reiz der Anlage aus. Zu bewundern sind darüber hinaus auch die Köhlerhütte und das Meilermodell, das Wasserzuleitungssystem (Obergraben, Stauteich und Untergraben) und der Stollen.

Für den Erhalt der Hütte als technisches Denkmal engagierte man sich erstmals 1939. Zu diesem Zweck wurde von der Gräflich Landsbergschen Verwaltung ein Überlassungsvertrag mit dem damals zuständigen Kreis Arnsberg geschlossen. Seit 1975 ist hierfür der Märkische Kreis zuständig. Die Luisenhütte ist nach wie vor Eigentum derer von Landsberg-Velen.

Die Luisenhütte ist Ankerpunkt auf der Tälerroute der Europäischen Route der Industriekultur und Highlight von WasserEisenLand. Nicht ohne Grund: Der Rundgang folgt dem Weg der Rohstoffe durch die Anlage. Im Schreiberhäuschen kontrollierte und protokollierte der Hüttenschreiber die Anlieferung der Materialien. Auf dem Möllerboden heben die Besucher Schubkarren, die mit Eisenerz, Holzkohle und Kalkstein beladen sind, selbst an. Über der Gichtöffnung des Hochofens erzeugen Hitzestrahler Wärme. Ein historischer Tonfilm zeigt, wie die Hüttenknechte den Ofen von oben befüllten. Zehn Meter tiefer, an der offenen Ofenbrust, wird der Abstich des Roheisens effektvoll mit einer Lichtinszenierung und weiteren Hitzestrahlern und Filmausschnitten simuliert: Das glühende Eisen fließt ins Masselbett. Direkt neben dem Hochofen befanden sich in der Abstichhalle sogar schon Pausenräume für die Hüttenarbeiter. Im Gebläsehaus lassen sich das Wasserrad mit den Kolbengebläsen und die Gebläse-Dampfmaschine geräuschvoll in Betrieb nehmen. Weitere Lichtinstallationen sorgen in der Eisengießerei dafür, dass der Eindruck produzierender Schmelzöfen und eines gerade erfolgten Gusses von Zahnrädern und weiteren Gussteilen entsteht.

Beeindruckende Lichtinszenierungen in der alten Hochofenanlage

Balve

Von Lassie und Flipper zum High Tech Druckdienstleister

**Zimmermann Druck,
Südwestfalens größte Druckerei aus Balve –
der Partner im Märkischen Kreis**

Qualität und kundenorientierte Fertigung sind oberste Prinzipien bei Zimmermann Druck. Hier eine Druckabnahme durch Hans Zimmermann.

Südwestfalens größte Druckerei (Quelle: »Südwestfalen Manager«) macht mehr als Druck. Von der umfassenden Beratung über das Design, die Druckvorstufe, Offset- und Digitaldruck bis hin zur Buchbinderei sowie der entsprechenden Logistik, bieten Hans Zimmermann und sein Team alles Relevante unter einem Dach. Mit einer hoch motivierten Fach-Belegschaft, der stets rund zehn Prozent Auszubildende angehören, werden bis zu fünf Millionen Druckseiten pro Tag produziert. Ein Schwerpunkt ist der Komplettservice für die Produktion und Distribution von Zeitschriften. Das Haus Zimmermann verfügt über sämtliche zur Qualitätssicherung wichtigen Zertifizierungen der Druckbranche. Neben der Qualität wird vor allem der Umweltgedanke bei Zimmermann großgeschrieben. »Wir sind uns unserer Verantwortung zum Schutz der Umwelt sehr bewusst. Wir produzieren bereits seit vielen Jahren klimaneutral und setzen uns auch für eine Nachhaltigkeit in der Rohstoffbeschaffung ein«, erläutert Hans Zimmermann.

Bis zu den heute 65 Mitarbeiterinnen und Mitarbeitern und dem modernst ausgestatteten Maschinenpark war es jedoch ein weiter Weg. Hans und Heinz Zimmermann, zwei junge Buchdrucker, gründeten 1930 zusammen mit ihrem Vater Heinrich die Firma Gebrüder Zimmermann, Druckerei und Zeitungsverlag. Pünktlich zum 500-jährigen Bestehen der Stadt wurde die Hönne-Zeitung aufgelegt, die erste Zeitung in Balve. Was dann kam, entwickelte sich rasant: Denn Zimmermanns erhielten den Druckauftrag für ein neues Orgelbuch der Erzdiozöse Paderborn. Nicht viel später wurden die Balver größter Leihbuchproduzent des Landes (unter anderem mit den ersten Perry Rhodan Büchern).

Vom Erfolg angespornt, erweiterten die Brüder die Verlagspalette um einen Jugendbuch-Verlag und kauften den Engelbert-Verlag, der mit Büchern nach Jugend-Fernsehreihen enorme Erfolge verbuchte. Der Gattungsbegriff »Fernsehbücher« stammt aus der Hönnestadt. Auf dem Rücken des TV-Pferdes Fury galoppierten die Zimmermanns weiter auf der Erfolgsspur. Band 1 wurde im deutschen Buchhandel Bestseller des Jahres. Weitere Bücher um die Fernsehhunde Lassie und Rin-Tin-Tin, Corky, Flipper, Bonanza und viele mehr verkauften sich zu Hunderttausenden.

Anfang der 1980er Jahre wurden Verlagsgeschäft und Druckerei getrennt. Während der Engelbert-Jugendbuchverlag ab sofort seine Bücher auf dem Markt einkaufen konnte, gründete Hans Zimmermann die Firma Zimmermann Druck + Verlag GmbH. Die neue Druckerei entwickelte sich zur Verlagsdruckerei mit den Schwerpunkten Bücher, Loseblatt-Werke, Zeitschriften und zählt bis heute viele große und kleine Verlage bundesweit, aber auch zunehmend mehr Betriebe unterschiedlichster Branchen aus dem Märkischen Kreis, zu ihren Kunden.

Der Blick in die Zukunft ist optimistisch: »Neue Zeitströmungen, die branchenübergreifend gelten, erfordern neues Denken und Handeln auch für die Druckindustrie. Weltweit macht der Digitaldruck bereits zehn Prozent des gesamten Druckvolumens aus. Und hier haben wir frühzeitig die richtigen Weichen gestellt«, betont Hans Zimmermann. Neben klimaneutralem Drucken und zum Beispiel neuen Veredelungsmöglichkeiten werden durch die rasante Digitalisierung medienkonvergente oder auch so genannte »cross-mediale« Lösungen gefragt.

Bis zu zehn Prozent Auszubildende gehören zur motivierten Mannschaft von Zimmermann Druck.

Auch Veranstaltungen außerhalb der Arbeitszeit, wie zum Beispiel eine gemeinsame Skifreizeit, gehören zur Firmenphilosophie »Mehr als nur eine Firma«.

Zimmermann Druck bietet mit dem digitalen Print-on-Demand-Service bytes2books flexible und schnelle Web-to-Print-Lösungen, in denen zum Beispiel komplette Bücher an einem einzigen Tag im Digitaldruck hergestellt werden und die auch sonst keinen Wunsch übrig lassen.

»Die Zukunft wird nicht mehr allein von der Technik und Geschwindigkeit der Abläufe, sondern vielmehr von guter Beratung, dem Verstehen, was die Kunden wollen, geprägt«, ergänzt der älteste Sohn Julian Zimmermann, der an der Hochschule der Medien in Stuttgart Print-Medien-Management studiert und der den Familienbetrieb heute schon tatkräftig unterstützt und später übernehmen wird.

Beitrag von:
Zimmermann Druck + Verlag GmbH
Widukindplatz 2
58802 Balve
Tel. (0 23 75) 89 90
Fax (0 23 75) 8 99 33
info@zimmermann-druck.de · www.zimmermann-druck.de

Zimmermann
Druck Daten Logistik

Die Perle im Orletal

Schloss Wocklum seit 1648 im Besitz derer von Landsberg-Velen

Von der sächsischen Wallburg zum herrschaftlichen Wasserschloss derer von Landsberg. Das ist im Stenogrammstil die Geschichte des Gutes Wocklum im Balver Orletal. Doch hinter der Historie des herrschaftlichen Anwesens verbirgt sich mehr. In der ersten Hälfte des 14. Jahrhunderts saß auf Schloss Wocklum das Adelsgeschlecht von Wockelheim (Wocklum). Das Schloss gehörte später unter anderem auch dem Droste Hermann von Hatzfeld, der sich im Truchsessischen Krieg als Widersacher der Reformation hervortat ...

Das Wasserschloss liegt nordöstlich der Stadt Balve am Fuß des Burgberges »Olle Borg«. Von der alten sächsischen Wallburg sind nur noch Reste vorhanden. Zum Gut Wocklum gehören neben dem zweiflügeligen Herrenhaus eine Gruppe teils älterer Wirtschaftsgebäude, eine Traverse als Zufahrt und nicht zuletzt die populäre Reitanlage. Seit dem Erwerb durch den Landdrosten Dietrich von Landsberg-Velen 1646 ist das Schloss im Besitz dieser Familie. Zum Schutz des Schlosses und seiner Besitzungen gründete Dietrich von Landsberg 1681 einen Familienfideikommiss. Ein weiterer berühmter Sohn der Familie war Johann Ignaz von Landsberg-Velen, der die Luisenhütte ausbauen ließ.

Die gewaltige Anlage des Gutes Wocklum mit Wasserschloss und Reitanlage aus der Vogelperspektive

Die letzten Vertreter des namengebenden Rittergeschlechts von Wockelhem (Wocklum) tauchen in der ersten Hälfte des 14. Jahrhunderts urkundlich auf. Das Areal wurde in dieser Zeit geteilt und hatte für die folgenden Jahrhunderte gleich zwei Besitzer. Die zum Eigentum der Familie Hase gehörenden Gebäudeteile wurden nach einigen Besitzwechseln 1646 von Dietrich Freiherr von Landsberg-Velen gekauft, der sich durch die Heirat mit Anna Katharina von Plettenberg, der Nachfahrin der anderen Eigentümerfamilie, das gesamte Schloss sicherte.

Johann Ignatz von Landsberg-Velen war Nachfolger des Freiherren vom Stein als Landtagsmarschall von Westfalen. Jahrhundertelang war mit dem Hause Wocklum das kurfürstliche Drostenamt in Balve verbunden. Bereits von 1392 an stellte die Familie mit kurzen Unterbrechungen die Amtsdrosten und 1685 gelangte die Drosterei an die von Landsberg und blieb dort bis zum Ende des Herzogtums Westfalen 1802.

Die zum Gut gehörende Reitturnieranlage mit Reithalle, Stallungen, Gastronomie, Reit- und Turnierplatz bietet mit dem Balve Optimum einen internationalen Höhepunkt der jährlichen Reitersaison. Der 2012 verstorbene Dieter Graf Landsberg-Velen war Vizepräsident des Nationalen Olympischen Komitees, Mitglied des Internationalen Olympischen Komitees sowie Ehrenpräsident der Deutschen Reiterlichen Vereinigung und des Malteser Hilfsdienstes.

In den Schlosskomplex gelangen die Besucher durch das »Torhaus«, den ältesten Teil des Gebäudes. Das Wasserschloss verfügt über erhaltene Gräften, Schlossgarten und dahinter liegende Grabstätten der Schlossherren. Viele Räume des Schlosses sind mit hohem künstlerischem Anspruch ausgestattet. Aus dem reichen Gemälde-Bestand bleibt den Besuchern vor allem das J. Ch. Rincklake zugeschriebene Knabenbildnis des Johann Ignatz von Landsberg-Velen mit einer Dogge im Gedächtnis. Besonders hervorzuheben sind zwei Schränke in der Art chinesischer Lackmalerei, Beispiele der im 17. und 18. Jahrhundert beliebten Chinoiserie.

Schloss Wocklum im Balver Orletal

Halver

Lebenswerter Ort an der Grenze zum Rheinland

Halver hat trotz Industrialisierung seinen Charme als »schönstes Dorf Westfalens« bewahrt

Halver – die Grenzstadt im Südwesten des Märkischen Kreises. Dort stoßen Rheinland und Westfalen schonungslos zusammen. Regionen, Baustile und natürlich Mentalitäten. Während im benachbarten Wipperfürther Ortsteil Kreuzberg der Karnevalsumzug am Rosenmontag dreimal hin und her fährt, reiben sich die Halveraner diesbezüglich nur ein wenig die Augen. Das heißt nicht, dass die Halveraner keine Feierbiester sein können. Auch das geht. Das, was sich zwischen Volme und Lenne abspielt, ist aber doch ein wenig anders als auf der anderen Seite des Anschlags.

Halver selbst befindet sich auf einer Bergkuppe mit einer Höhenlage von 370 Metern im Bolsenbachtal bis hinauf auf 430 Meter rund um die Karlshöhe. Der tiefste Punkt liegt mit 275 Metern unten im Volmetal in Oberbrügge. Fluss- und bachreich ist es in Halver obendrein. Im Norden entspringen die Glör, der Hauptzufluss der gleichnamigen Talsperre, und der Löhbach, südlich der Bolsenbach – beides sind Nebenflüsse der Ennepe. Auch die Ennepe selbst entspringt auf Halveraner Gebiet, gute anderthalb Kilometer südöstlich der Stadt. Aber damit nicht genug: Im Nordosten tritt die nach Osten abfließende Hälver zutage, ein Nebenfluss der Volme, und im Südwesten die Neye, die Hönnige und die Bever, allesamt Nebenflüsse der Wupper.

Aber Halver hat mehr zu bieten als »nur« Berge, Täler und Flüsse. Das stellte auch bereits der bekannte Oberpräsident der ehemaligen preußischen Provinz Westfalen, Freiherr von Vincke, fest. Für ihn war Halver »das schönste Dorf Westfalens«. Halver ist auch heute noch ein attraktiver und durchaus lebenswerter Ort. Mehr als ein Drittel der Stadtfläche ist Wald. Dass Wandern und Joggen neben Radfahren in dieser hügeligen Region die Sportarten Nummer eins sind, versteht sich von selbst. 150 Kilometer gekennzeichnete Wanderwege lassen die vielfältige Tier- und Pflanzenwelt zu Fuß erkunden. Aushängeschild in Sachen Sport und Freizeit ist darüber hinaus das herrlich gelegene Wald- und Naturfreibad Herpine.

In Halver ist das ganze Jahr über viel los. Insbesondere in den Sommermonaten reiht sich eine Veranstaltung an die andere. Die Palette reicht dabei vom Sportereignis über die Kirmes und buntes Marktgeschehen bis hin zu Kleinkunst und Kunstausstellungen. Die kalte Jahreszeit prägt der Weihnachtsmarkt. Verantwortlich für die Abwechslung sind neben dem Stadtmarketing-, Heimat- und Kunstverein auch diverse private Initiativen,

Wirtschaftspromienz ans Rednerpult und in die Diskussionsrunden holt das alle anderthalb Jahre in Halver stattfindende Schmalenbach Unternehmerforum zu Ehren des großen Sohnes der Stadt. Emil Schmalenbach, der Begründer der modernen Betriebswirtschaftslehre, war in Halver aufgewachsen. Und aufgrund der Reputation und des hohen Popularitätsgrades der Referenten ist auch der Teilnehmerkreis des Forums breit gestreut. Veranstaltet wird das Schmalenbach Unternehmerforum vom Stadtmarketingverein.

Die 1994 fertig gestellte »Ortsumgehung im Zuge der B229/L528« schaffte die notwendigen Voraussetzungen für die Neugestaltung der Innenstadt. Neben der Unterstützung des

Die beiden Marktfrauen im Zentrum stehen auch bei Sonnenschein im Regen.

Eine Allee mitten in der Kleinstadt: die Bahnhofstraße in Halver

Der Halveraner Herbst von seiner schönsten Seite

Halver

örtlichen Handels bemüht sich auch der Stadtmarketingverein kontinuierlich, Halver als Wirtschaftsstandort zu stärken. Ein Pluspunkt für die Aktiven: Halver hat bei aller Industrialisierung den großen Vorteil, dass es wegen seiner landschaftlich reizvollen Lage nie den Eindruck einer Industriestadt erweckte.

Ungeachtet dessen bestimmt auch heute noch die Industrie das Leben des größten Teils der Einwohnerinnen und Einwohner. Die gewerbliche Struktur Halvers war früher überwiegend durch unzählige Gesenkschmieden geprägt. Aus der »Stadt der Schmieden« ist aber im Laufe der Jahrzehnte eine Stadt mit einer Vielfalt von Betriebsarten und Branchen geworden.

Ein Stadtgarten lädt in Halver zum Entspannen ein.

Reptilien in der Halveraner City

Heute sind in Halver neben Gesenkschmieden vorwiegend Betriebe aus den Bereichen Metallwaren, Kunststoffverarbeitung, Elektrotechnik und Elektronik vertreten.

Das Angebot, in Halver arbeiten zu können, ist sicher von Bedeutung für die Entscheidung, dort auch wohnen und leben zu wollen. Es ist aber nicht allein entscheidend. Auch für Freizeitgestaltung, Sport und Erholung ist gesorgt. Halver bietet eine breite Palette an öffentlichen Einrichtungen auf kulturellem und sportlichem Gebiet. Konzerte und Theateraufführungen, Volkshochschule, Musikschule, Stadtbücherei, Jugendzentren, Kulturbahnhof, Bürgerhaus, Altentagesstätten sowie ein Heimatmuseum laden ebenso ein wie die herrlichen Wanderwege rund um Halver, das erwähnte Waldfreibad Herpine, Tennisplätze und Reitanlage.

Halver ist trotz lediglich knapp 17 000 Einwohnerinnen und Einwohnern Schulstadt. Bemerkenswert ist das Angebot, das neben drei Grundschulen (davon zwei als »offene Ganztagsschulen«), einer Hauptschule und einer Schule für Lernbehinderte, eine Realschule sowie bei der Größe der Stadt auch ein Gymnasium vorweisen kann. Zudem sind in Halver-Ostendorf mit dem Eugen-Schmalenbach-Berufskolleg die Beruflichen Schulen des Märkischen Kreises als Bildungszentrum für kaufmännische Berufsanfänger vertreten.

Die aktive Wirtschaftsförderung, insbesondere seit dem Jahr 1975 nach Verabschiedung des neuen Flächennutzungsplans, hat Anreiz für beträchtliche Investitionen der Wirtschaft gegeben. In den Gewerbe- und Industriegebieten Langenscheid, Löhbach und Oeckinghausen haben sich etliche Betriebe neu angesiedelt oder erweitert.

Seit 1963 ist Halver mit der schwedischen Stadt Katrineholm verschwistert. Eine Städtepartnerschaft, die sich aus Kontakten der Musikantengilde aus Halver mit einer Volkstanzgruppe aus Katrineholm entwickelt hatte. 1975 begründeten die Verantwortlichen zudem eine Städtepartnerschaft mit dem französischen Hautmont. Seit 1989 existieren freundschaftliche Verbindungen mit Pardess-Hanna in Israel.

Jeweils freitags laden die Händler in Halver zu buntem Marktgeschehen ein.

Nicolai-Kirche als Perle und Wahrzeichen

Gotteshaus in heutiger Form entstand im 18. Jahrhundert – Populäre Ibach-Orgel

Kein Halver ohne Nicolai-Kirche. Auch wenn kaum einer spontan weiß, wie man das eigentlich schreibt. Mit ei oder ey, ai oder ay? Mit oder ohne Bindestrich ... Blicken die Besucher der Innenstadt von Süden, von der Frankfurter Straße her, auf das Gotteshaus, so steht dort groß an der Seitenwand die Zahl 1783. Zwei Jahrhunderte sind für eine Kirche nicht sonderlich viel. Doch der Standort auf dem »Sternberg« hat eine lange Tradition. Schon die Bezeichnung weist auf eine vorchristliche, religiöse Bedeutung hin. Forscher nehmen an, dass eben an dieser Stelle bereits um 800 ein christliches Gotteshaus errichtet wurde.

1127 wurde Halver dann selbstständige Pfarrkirche »St. Nikolaus auf dem Sternberg im Dorfe« und führte bis in die zweite Hälfte des 17. Jahrhunderts ein Siegel, das den stehenden Bischof St. Nikolaus mit Mitra, Stab und Buch zeigte. Dieser Name verschwand in reformatorischer Zeit. Die romanische Pfeilerbasilika aus dem 12./13. Jahrhundert ist im 15. Jahrhundert im gotischen Stil erweitert und umgebaut worden. Sie bestand bis 1783. Der Kirchhof um den Friedhof war gleichzeitig Friedhof der Gemeindeglieder und noch bis 1823 fanden dort Beerdigungen statt.

Nach der Reformation wurde Halver 1583 lutherisch und Ende des 17. Jahrhunderts zum Teil auch reformiert. Am 17. August 1847 verbanden sich die zuvor selbstständigen lutherischen und reformierten Gemeinden per Vertrag zur evangelischen Kirchengemeinde.

Denkmal vor der Nicolai-Kirche

In strahlendem Weiß ist die Nicolai-Kirche, die in ihrer heutigen Form aus dem späten 18. Jahrhundert stammt, wirklich ein absoluter Blickfang.

Bis 1776 durchlief der Kirchenbau – bedingt durch Kriegseinwirkungen und Feuersbrünste – die verschiedenen Stilrichtungen wie Vorromanik, Romanik, Gotik und Barock. Die Nicolai-Kirche in der heutigen Form entstand in zwei Etappen. 1776 wurde der Turm errichtet und 1784 der dreischiffige Kirchraum mit den beiden Emporen. Der Turm beherbergt insgesamt sieben Glocken, von denen zwei noch aus den Jahren 1334 und 1520 stammen und schon vor 1776 auf dem Sternberg ihren Dienst versahen. Drei Glocken wurden nach wechselvoller Geschichte 1951 neu gegossen und im gleichen Jahr durch die »St. Nikolaus« ergänzt. Als Letzte ließen die Verantwortlichen 1960 dann noch die Sterbe- und Ein-Stund-Schlag-Glocke gießen. Bekannt ist auch die große Ibach-Orgel in der Nicolai-Kirche, die im Jahr 1856 in Betrieb genommen wurde.

Bei aller Entwicklung durch die Jahrhunderte bis hin zur heutigen Stadt Halver ist der Standort der Nicolai-Kirche die geografische und verkehrsmäßige Mitte des Ortes geblieben. Acht Straßen, Hauptverkehrsstränge wie auch Nebenstraßen, laufen sternförmig auf das Kirchengebäude zu. Das strahlende Weiß der Kirche verstärkt ihre Wirkung als absoluter Mittelpunkt und als Wahrzeichen der Stadt Halver. Diesen schönen Anblick haben Einwohner wie Durchreisende jedoch erst seit dem Abbruch der Häuser am »Runden Eck«.

Halver: eine Stadt im Wandel

Brunnen erinnert an Femegericht 1430 – bis 1969 mit Schalksmühle verbunden

Das stillgelegte Bahnhofsgebäude wurde 1995 nach dreijähriger Sanierungszeit zum »Kulturbahnhof« mit Stadtbücherei, Café-Bistro und Veranstaltungssaal als Begegnungsstätte umfunktioniert.

Halver, wahrscheinlich zunächst von den Sugambrern, später von den Sachsen besiedelt, wurde um 950 erstmals im Werdener Probsteiregister als Oberhof »Halvara« erwähnt. Mehr als 500 Jahre lang, bis 1753, besaß Halver ein eigenes Gericht. Die Gerichtslinde, die sogenannte Femlinde, und der steinerne Richtertisch zieren das Halveraner Wappen und erinnern an die seit 1243 nachweisbare Gerichtsbarkeit. Der Freistuhl wurde insbesondere durch die Schlichtung des Streits zwischen dem Herzog Heinrich von Bayern-Landshut und dem Ritter von Toerring durch den Kaiser 1430 bekannt. An die 555. Wiederkehr des Tages, an dem sich das Frei- und Femegericht zu Halver mit dem Verfahren befasste – das war am 2. Mai 1430 – ist 1985 mit einem umfangreichen Programm erinnert worden. Dieses historische Ereignis wird in dem durch den Bildhauer Werner Klenk geschaffenen und im November 1994 eingeweihten »Geschichtsbrunnen« im Stadtzentrum lebendig. Der weiterhin im Wappen vorhandene märkische Schachbalken lässt die Zugehörigkeit Halvers zur ehemaligen Grafschaft Mark erkennen.

Die Industrialisierung begann in Halver 1780. In diesem Jahr gab es dort drei Osemund- und ein Rohstahlfeuer mit zwölf Arbeitern. 1792 bestand das Kirchspiel Halver aus neun Bauernschaften mit 495 Häusern und etwa 600 Familien, das waren zusammen rund 3600 Einwohner. Es gab Apotheke, Postwärteramt, eine Schule und zwei Kirchen, eine neue lutherische und eine reformierte. Die Zahl der an Eisen, Stahl und anderem Metall beschäftigten Arbeiter war auf 250 gestiegen. Am 1. Juli 1844 nahm die Gemeindesparkasse Halver als erste ihrer Art im Regierungsbezirk Arnsberg ihren Betrieb auf.

Die Lage am Kreuzungspunkt der alten Heer- und Handelsstraßen von Köln nach Soest und von Hagen nach Siegen hat die verkehrstechnische Erschließung und Entwicklung Halvers entscheidend beeinflusst. In Halver kreuzen sich auch heute noch zwei bedeutende Straßen: Die Bundesstraße 229 verläuft in Ost-West-Richtung und wurde 1836 fertig gestellt. Die Landesstraße 528 führt in Nord-Süd-Richtung – seit 1794 gibt es diese Strecke.

Wichtig war der Bau der Eisenbahn im Volmetal 1877. Die Schmalspurbahn Halver-Schalksmühle verband Halver 1888 mit dem Eisenbahnnetz im Volmetal. Noch besser wurde die Erreichbarkeit durch die 1910 in Betrieb genommene Strecke Oberbrügge-Halver-Radevormwald, die nun eine unmittelbare Anbindung schaffte.

In den 1960er Jahren begann die Stilllegung einzelner Teilstücke. Seit Mitte der 1990er Jahre gibt es überhaupt keinen Schienenverkehr mehr in Halver. Das stillgelegte Bahnhofsgebäude wurde 1995 nach dreijähriger Sanierungszeit zum

»Kulturbahnhof« mit Stadtbücherei, Café-Bistro und Veranstaltungssaal als Begegnungsstätte umfunktioniert.

Am 1. Oktober 1912 erfolgte die Teilung der politischen Gemeinde Halver in die selbstständigen Gemeinden Halver und Schalksmühle. Beide zusammen bildeten das Amt Halver. Im Zuge der Neugliederung des Landkreises Altena und der kreisfreien Stadt Lüdenscheid kam es 1969 zur Auflösung des Amtes Halver. Beide bis dahin zugehörigen Gemeinden wurden selbstständig und Halver erhielt durch Gesetz die Bezeichnung »Stadt« verliehen. Damit war aus dem »schönsten Dorf Westfalens« eine junge Stadt geworden, umgeben von Bauernhöfen und doch stark industrialisiert.

In den 1950er und 1960er Jahren galt es, den akuten Wohnraummangel zu beheben. Später musste verstärkt den Wünschen nach geeigneten Grundstücken für Ein- und Zweifamilienhäuser entsprochen werden. Die Voraussetzungen wurden durch die Ausweisung von Wohngebieten geschaffen.

Die Industrie bestimmt das Leben vieler Einwohner bis heute. Aus Werkstätten und Kleinfabriken entwickelten sich die heutigen Betriebe im Be-

Am »Runden Eck« in Halver

Das Halveraner Rathaus

Der durch den Bildhauer Werner Klenk geschaffene und 1994 eingeweihte »Geschichtsbrunnen« im Stadtzentrum

reich der Stahlverformung, der Gesenkschmiedeindustrie, der Eisen-, Blech- und Metallwarenherstellung, der Kunststoffverarbeitung sowie der Elektronik und Elektrobranche. Die Flächennutzungsplanung der Stadt Halver setzte besonders für die Ausweisung von Gewerbe- und Industriegrundstücken nachhaltige Akzente. In den Industriegebieten »Langenscheid« und »Löhbach« ist die Erschließung bereits abgeschlossen. Im Gewerbegebiet »Oeckinghausen« haben sich inzwischen 16 neue Betriebe niedergelassen. Da die Grundstücke weitestgehend vermarktet sind, plant die Stadt eine Erweiterung dieses Gebietes.

Am 6. September 1994 wurde das »Jahrhundert-Bauwerk Ortsumgehungsstraße« für den Verkehr freigegeben. Ein seit den 1930er Jahren immer wieder diskutiertes Vorhaben wurde endlich verwirklicht. Es hat Halver schon auf den ersten Blick verändert und schaffte die notwendigen Voraussetzungen für ein neues Konzept zur Ortsgestaltung. In enger Zusammenarbeit zwischen dem Diakonischen Werk Bethanien e.V. und der Stadt entstand 1995 das Seniorenzentrum Halver. Es verbindet die Vorzüge eines Alten- und Pflegeheimes mit den besonderen Möglichkeiten des heimverbundenen Wohnens bei weitestgehender Selbstständigkeit der Bewohnerinnen und Bewohner. Insgesamt hat sich die Stadt bis heute in vielen Bereichen seniorengerecht positioniert.

Städtebauliche Überlegungen wie eine weitere Attraktivitätssteigerung der Innenstadt und die Vitalisierung des ehemaligen Bahnhofsgeländes sollen die planerischen und kreativen Grundlagen für die Zukunft schaffen.

81

Halver

Freizeit- und Naturerlebnis Heesfelder Mühle

Geschichte der alten Kornmühle reicht bis ins 13. Jahrhundert zurück

Hinter dem Namen Heesfelder Mühle verbirgt sich weitaus mehr als »nur« eine alte Wassermühle. Die Mühle ist vielmehr Teil eines Zentrums für Naturschutz und Kulturlandschaftspflege und dient heute auch als Begegnungsstätte. Kaum jemand hätte noch in den 1980er Jahren etwas für die alte, halb verfallene Kornmühle unten im Heesfelder Tal gegeben. Nur einige Naturschützer des Vereins Heesfelder Mühle bemühten sich um den Wiederaufbau des alten Gemäuers. 1991 bis 1993 restaurierten sie mit sehr viel Eigenleistung eine Mühle, deren Geschichte bis ins 13. Jahrhundert zurückreicht.

Das denkmalgeschützte Ensemble besteht aus der Wassermühle, einer alten Schule und einem Kornspeicher. Die historischen Gebäude baute der Verein zu einem Zentrum für Naturschutz und Kulturlandschaftspflege aus. Über den alten Mühlenteich und einen Mühlengraben fließt das Wasser der Hälver auf das etwa 3,5 Meter

Kunst an der Heesfelder Mühle

Die ehemalige Dorfschule wird heute unter anderem als Außenstelle des Halveraner Standesamtes genutzt.

Das im Hälvertal gelegene Ensemble der Heesfelder Mühle

große oberschlächtige Wasserrad, das mit etwa zehn Umdrehungen in der Minute rotiert. Seine Welle treibt wahlweise ein historisches Mahlwerk oder einen Elf-Kilowatt-Generator zur Erzeugung umweltfreundlichen Stroms an. Interessierte finden im Erdgeschoss einen Bioladen, in dem Produkte wie Milch, Fleisch, Getreide und Gemüse direkt vom Bauern an die Kundschaft gebracht werden.

Zeitsprung ins 19. Jahrhundert: Heesfelder Bauern verlangten nach einer kleinen Dorfschule – und sie bauten für ihre Kinder eine. 20 x 22 Fuß misst ist das Gebäude an der Heesfelder Mühle, das zwischen 1782 und 1840 den Bauernkindern den weiten Weg in die Halveraner Dorfschule ersparte. Ein Klassenraum mit Ziegenstall, eine Wohnküche im ersten Obergeschoss und eine Schlafkammer unterm Dach dienten dem Lehrer als Wirkungsstätte. Das dokumentiert die gewissenhaft erstellte Chronik der Schule. Auch die Schule wurde vom Verein liebevoll restauriert.

Rund um die Schule ranken sich viele Erzählungen und historische Ereignisse: Nach einer wechselvollen Geschichte am Ende des 19. Jahrhunderts – Teile des Gebäudes wurden zur Kleinschmiede – wird die Schule heute als Teil des Naturschutzzentrums genutzt. Der ehemalige Klassenraum dient als Außenstelle des Halveraner Standesamtes. Eine Sammlung historischer Arbeitsgeräte aus Landwirtschaft und Handwerk bildet den musealen Rahmen.

Dank der Unterstützung der NRW-Stiftung können die Naturschützer auch das angrenzende Grünland und einen Teil des Waldes nutzen und allmählich stellt sich die frühere Artenvielfalt wieder ein. Besondere Freude machen den Heesfeldern die 1000 alten und zum Teil von ihnen nachgepflanzten Apfel- und Birnbäume, die Jahr für Jahr etwa 50 Tonnen Obst für Fruchtsaft liefern.

Um die Heesfelder Mühle als Ziel für Ausflügler noch attraktiver zu machen, hat der Verein das Projekt »Naturerlebnis Halver« realisiert. Die Mühle ist dabei Ausgangs- und Zielpunkt für themenorientierte Wanderrouten. Gemeinsam mit dem BUND und dem Heimatverein Halver hat der Verein Informationstafeln erarbeitet, mit denen interessierte Wanderer und Radfahrer auf Rundwanderwegen durch das Gebiet geleitet werden. Dafür wurden Wege befestigt und Rastmöglichkeiten geschaffen. Ein Radrundwanderweg verbindet die Naturschönheiten und Kulturdenkmäler rund um Halver miteinander.

Engagement für den Aussichtsturm

Wahrzeichen auf der Karlshöhe mit wechselvoller Geschichte

Er ist exakt 23,5 Meter hoch und mittlerweile mehr als 120 Jahre alt. Der Aussichtsturm auf der Halveraner Karlshöhe ist eines der Wahrzeichen Halvers. 1891 beschloss die Halveraner Ortsgruppe des SGV, einen solchen Aussichtsturm zu bauen. Das Amt Halver willigte sofort ein und gab die Bauerlaubnis. Der Standort »auf der Küsterei« (heute Karlshöhe) war mit einer Höhe von 438,5 Metern sehr gut gewählt. In der Sitzung am 15. Mai 1892 hatte der Plan des Architekten Gustav Mucke aus Hagen die Zustimmung zur Errichtung des Turmes durch den SGV gefunden. Die Baukosten wurden mit 5600 Reichsmark veranschlagt. Für damalige Verhältnisse sicher eine beträchtliche Summe.

Rund 200 Kubikmeter Ziegel wurden aneinander und aufeinander gefügt. Fensteröffnungen, Friese, Gesimse und Balkone standen dem Turm gut zu Gesicht. Noch heute erinnert die Konstruktion an eine Burgbefestigung und lebt von ihrem prägenden Charakter und von seinem malerischen Ausblick, der bei klarer Sicht bis ins Siebengebirge reichen soll.

Am 10. Juli 1893 wurde der Turm mit einem großen Fest eingeweiht. »Zur Feier gehörten mehrere Gelage wie Frühschoppen und Festessen. Zum Schluss begab man sich in die Anlagen der Herpine, wo die Musik konzertierte, hübsche Lieder gesungen wurden und Bürgermeister Selbach aus Lüdenscheid unter deutschen Eichen dem deutschen Vaterland ein Hoch brachte. Abends wurde der Turm bengalisch beleuchtet und sonstiges Feuerwerk abgebrannt. Den Schluss der Feier bildete ein Festball. Das ganze Fest hat bei sämtlichen Teilnehmern vollste Befriedigung erweckt.«

Die Besitzverhältnisse änderten sich 1911, als der Turm auf Wunsch des SGV und nach Beschluss der Gemeindevertretung in das Eigentum der Gemeinde Halver überging. Der SGV beruft sich heute auf finanzielle Gründe, die den Schritt erforderlich machten. Das war vorausschauendes Handeln, denn der Turm musste bereits häufig saniert werden. Zu Beginn der 1980er Jahre waren wieder umfangreiche Schäden am Außenmauerwerk festzustellen. Auswärtige Firmen stellten in Gutachten fest, dass er sich in einem desolaten Zustand befand. 1983 wurde der Turm unter Denkmalschutz gestellt. Aufgrund Geldmangels konnte erst 1990 mit der Sanierung begonnen werden.

Die Sanierung des Bauwerks dauerte bis zum Sommer 1991. Damit nicht wieder so schnell Feuchtigkeit in das Bauwerk eindringen kann, wurden auf der Plattform Betonplatten angebracht. Die obere Brüstung und die vorspringenden Gesimse bekamen eine Kupferabdeckung. Die offizielle Turmeröffnung erfolgte am 19. Juni 1992.

Für das Publikum ist der Aussichtsturm heute geschlossen. Es ist wieder kein Geld für die dringende Sanierung vorhanden. Für Besucher ist der Aufstieg auf den Turm zu gefährlich. Der Heimatverein bemüht sich, aus Spendengeldern Mittel für die Renovierung zusammenzubekommen. Nach wie vor ist nicht absehbar, wann das Schutzgitter um den Turm entfernt werden kann.

Noch heute erinnert die Konstruktion des Aussichtsturms auf 438,5 Metern Höhe an eine Burgbefestigung.

Der Turm in der Bauphase

Am 10. Juli 1893 wurde der Aussichtsturm mit einem großen Fest eingeweiht.

Dauerbrenner Halveraner Herbst

Handel, Handwerk, Bauernmarkt und Unterhaltung für die ganze Familie

Mehr als 100 beteiligte Einzelhändler, Handwerker, Vereine und Institutionen, der große Bauernmarkt rund um den Kulturbahnhof, eine Autoschau, dazu ein buntes Spiel- und Unterhaltungsprogramm für Groß und Klein: Der Halveraner Herbst macht die Stadt Ende September/Anfang Oktober für einen Sonntag zu einem besonderen Anziehungspunkt für Besucherinnen und Besucher aus dem gesamten Märkischen Kreis und darüber hinaus. Der Halveraner Stadtmarketingverein lädt traditionell dazu ein und stellt das dazugehörige abwechslungsreiche Programm zusammen.

Halveraner Herbst »live«

Die Halveraner verstehen eine Traditionsveranstaltung wie »ihren Herbst« als Chance. Der Einzelhandel öffnet seine Türen und lädt zum ausgiebigen Shopping in der City ein. An Verkaufsständen vor den Ladenlokalen locken die Händler bereits mit attraktiven Angeboten und einigen Überraschungen. Die Halveraner Autohändler stellen die aktuellen Modelle vor. Handwerker präsentieren sich und auch das Kunsthandwerk ist mit zahlreichen Live-Vorführungen in der Innenstadt vertreten.

Rund um den Kulturbahnhof findet anlässlich des »Herbstes« jedes Jahr an diesem Sonntag ein großer Bauernmarkt mit Landmaschinen-Ausstellung, »echten Tieren« und einer großen Stroh-Hüpfburg statt. Spaß für Publikum jeder Generation ist dort garantiert. Ein Kinder-Spieleparadies auf dem Parkplatz vor dem Supermarkt sorgt obendrein bei den jüngsten Besucherinnen und Besuchern für Stimmung. Bei diversen Gewinnspielen können die Gäste interessante Preise »abräumen«. Die ausstellenden Firmen und Vereine warten mit zahlreichen Vorführungen, Spielen und Außergewöhnlichem auf.

Kletterspaß ist im Spieleparadies angesagt.

Auch für musikalische Unterhaltung ist gesorgt.

Für den Einzelhandel ist der »Herbst« ein großer Tag.

Eventstadt Halver

Halver ist eine Event-Stadt. Die Palette der Großereignisse in den vergangenen Jahrzehnten liest sich wie ein Buch. Der Halveraner Herbst als Leistungsschau von Handel, Handwerk und Bauernschaft mit einem riesigen Rahmenprogramm ist ein Dauerbrenner und lockt jedes Jahr die Besucherinnen und Besucher – selbst aus dem Ruhrgebiet – in die Stadt im Grünen, wie Halver sich gerne nennt. Die viele 100 Jahre alte Halveraner Kirmes zählt unbestritten zum Attraktivsten, was Straßenkirmes in Südwestfalen zu bieten hat, und braucht keinerlei Vergleiche zu fürchten.

Daneben gab und gibt es in der warmen Jahreszeit Highlights wie Blumenkorsos, den Kunst- und Kulturtag »Art Halver«, Europafest oder zum Beispiel die regelmäßig stattfindenden innenstädtischen Kartveranstaltungen, deren Streckenverlauf zwischenzeitlich rund ums Halveraner Rathaus führt. Sportliche Angebote wie der Stadtlauf oder der Nordic Walking Day runden das umfangreiche Angebot ab.

Im Winter lädt der Heimatverein zum Halveraner Weihnachtsmarkt rund um den Kulturbahnhof ein. Für besondere Erlebnisse sorgten in der Vergangenheit die Schlittenhunderennen, bei denen Musher und Huskies so richtig Gas gaben.

Ein Spaß für Mensch und Tier: Schlittenhunderennen in Halver

Die Halveraner Straßenkirmes braucht keine Vergleiche zu scheuen.

Der Halveraner Blumenkorso, erdacht und organisiert vom Stadtmarketingverein, begeisterte.

Kartrennen rund ums Rathaus

Wenn in Halver etwas los ist, dann richtig!

Halver

Eugen Schmalenbachs Werk bis heute aktuell

Begründer der modernen Betriebswirtschaftslehre ein Halveraner

Er ist der Begründer der Betriebswirtschaftslehre als akademisches Lehrfach und er ist der große Sohn der Stadt Halver. Eugen Schmalenbach (1873 bis 1955) war ein Wirtschaftswissenschaftler, der in dem gleichnamigen, zu Halver gehörenden Flecken an der Bundesstraße 229 Richtung Radevormwald zur Welt kam. 1919 erschien Eugen Schmalenbachs Werk von der dynamischen Bilanz(lehre), die internationale Bedeutung erlangte. Besonderes Verdienst erwarb sich Eugen Schmalenbach auch mit der Übertragung des volkswirtschaftlichen Grenznutzengedankens auf die Selbstkostenrechnung

Eugen Schmalenbach kam als Sohn des Kleineisenwarenfabrikanten Friedrich Schmalenbach und dessen Frau Emma zur Welt. Kurz nach der Geburt zog die Familie nach Breckerfeld. Aber bereits 1882 erfolgte der nächste Umzug, diesmal nach Elberfeld, wo der Vater »Strafanstalts-Unternehmer« wurde, also Strafgefangene beschäftigte. Aufgrund finanzieller Schwierigkeiten musste Schmalenbach bereits 1890 den Besuch des dortigen Gymnasiums abbrechen.

Vor einer kurzen Volontärzeit in einem Maschinenbauunternehmen besuchte er die königliche Fachschule für Kleineisenindustrie in Remscheid. 1891 begann er eine kaufmännische Lehre in Velbert und trat 1894 in das Geschäft seines Vaters ein. Bereits drei Jahre später übernahm er die Leitung des Unternehmens.

1898 kam er zum Studium der Handelstechnik an die Handelshochschule Leipzig. Ein Jahr später legte der Student eine Arbeit über die damals völlig neuartige Deckungsbeitragsrechnung vor.

Schmalenbachs Geburtshaus in dem gleichnamigen Halveraner Ortsteil

1900 graduierte er mit der Note 1,0 und schloss direkt ein Studium der Nationalökonomie an.

Schmalenbach heiratete 1901 Marianne Sachs. Aus der Ehe gingen zwei Kinder hervor. 1906 wurde er Professor an der Handelshochschule Köln, 1919 durch die Angliederung an die Universität Köln ordentlicher Professor und Ordinarius der Wirtschafts- und Sozialwissenschaftlichen Fakultät.

Da er mit einer Jüdin verheiratet war, wurden Eugen Schmalenbach und seine Frau Opfer der nationalsozialistischen Repressionsspirale. Eine Zeit lang bewahrte sie der Status einer »privilegierten Mischehe« vor der Deportation.

Eugen Schmalenbach sah die Betriebswirtschaftslehre als eine auf betriebliche Praxis ausgerichtete Kunstlehre und stand damit im Gegensatz zu der Ansicht, die Betriebswirtschaftslehre als reine Wissenschaft zu betrachten. Diese Auseinandersetzung ist als Methodenstreit der Nationalökonomie bekannt. 1906 gründete Schmalenbach die Zeitschrift für handelswissenschaftliche Forschung.

1928 hielt er in Wien einen Vortrag mit der These, dass deutsche Unternehmen wegen steigender Fixkosten besondere Probleme hätten, die letztlich eine staatliche Intervention erforderlich machen würden. Er löste mit diesem Vortrag »Die Betriebswirtschaftslehre an der Schwelle der neuen Wirtschaftsverfassung« die »Schmalenbachkontroverse« aus.

1951 entstand die »Schmalenbach-Gesellschaft zur Förderung der betriebswirtschaftlichen Forschung und Praxis e.V.« aus der Schmalenbach-Vereinigung, die bereits 1936 aus dem VDDK gegründet wurde. Die Gesellschaft wurde 1998 in »Schmalenbach-Gesellschaft für Betriebswirtschaft e.V.« umbenannt.

Ihm zu Ehren wurden die Berufskollegs in Halver und Altena Eugen-Schmalenbach-Berufskolleg genannt. Eines der beiden Gebäude der Wiesbaden Business School heißt Eugen-Schmalenbach-Haus, und ein Hörsaal in der Universität zu Köln sowie in der heutigen Fachhochschule Köln (Campus Südstadt), im Gebäude seiner ehemaligen Wirkungsstätte, wurden nach ihm benannt. Der Halveraner Stadtmarketingverein organisiert in regelmäßigen Abständen das viel beachtete Schmalenbach Unternehmerforum in Halver, das mit hochkarätigen Referenten aufwartet.

Eugen Schmalenbach, der Erfinder der modernen Betriebswirtschaft, stammt aus Halver.

Begriffe wie »Unwirtschaftlichkeit«, »Kostendruck« oder »Controlling« gehen auf den Ökonomen Eugen Schmalenbach zurück.

Herpines Zukunft durch Privatinitiative gesichert

Das schönste Waldfreibad im Sauerland lockt tausende Besucher aus der Region

Wasserspielerei vom Feinsten in der Herpine

Erholung pur

An und in der Herpine ist es schön. Das klingt profan. Wie ein Spruch aus schlichtem Kindermund. Sachlich korrekt dagegen ist die Bezeichnung »einzigartig«. Und das liegt in erster Linie an der fantastischen Lage mitten in der sauerländerischen Waldlandschaft. Das fanden auch schon die Halveraner vor mehr als 75 Jahren. Nur leider ist ein solcher Umstand keine Garantie dafür, dass das Schöne auf ewig Bestand hat. Im Gegensatz zu diversen anderen »Etablissements« ähnlicher Art hat die Herpine, die vor einem dreiviertel Jahrhundert »in Halveraner Eigenarbeit mit viel Muskelkraft« entstand und nach einem nahe gelegenen Bachlauf benannt wurde, Glück. Nach – finanziell – schwierigen Jahren ist ihr Bestand zwischenzeitlich nicht mehr gefährdet.

Die Herpine wird heute nach wie vor vom kleinen, namensgebenden Flüsschen Herpine mit Brunnenwasser aus 70 Metern Tiefe gespeist. 6000 Quadratmeter erfrischende Wasserfläche lädt zum Schwimmen, Toben und Erholen ein. Neben einer 40 Meter langen Wasserrutsche bietet das Waldfreibad Liegewiesen und einen Beachvolleyballplatz für sportliche Wettkämpfe. Die Sprösslinge können sich im Kleinkinder-Planschbecken vergnügen und verschiedene Spielmöglichkeiten wie Stehkarrussel, Schaukel, Sandkasten und Kletteranlage ausprobieren. Ein weiterer Anziehungspunkt ist der Wasserspielgarten. Es gibt viele Räder zum Drehen und immer wieder spritzt woanders eine Wasserfontäne heraus. Eine Krabbelröhre sorgt für großes Vergnügen.

Die Herpine GmbH kümmert sich seit wenigen Jahren um die Belange des Waldfreibades. Sie ist hervorgegangen aus dem Engagement einiger engagierter Halveraner, die sich allen Haushaltslöchern zum Trotz für das Fortbestehen das traditionsreichen Schwimmbades einsetzen. Die Herpine hat nämlich nicht nur viele Fans, sie hat auch echte Freunde. Zu den größten gehören Bürgermeister Dr. Bernd Eicker und der Unternehmer Dietrich Turck. Letzterer ist Vorsitzender des gemeinnützigen Vereins »Freundeskreis Waldfreibad Herpine«, der für die Interessen der Herpine einsteht. Ehrenamtlich, versteht sich.

Der Wunsch, die Herpine durch Veranstaltungen im wahrsten Wortsinne mit Leben zu füllen, ist bis heute vortrefflich gelungen. Auf dem Programm stehen Kindernachmittage genauso wie Musikfestivals, Schulwettkämpfe, Tango-Nachmittage oder Schnupperpaddeln. Für den Halveraner ES-CHA Nordicday ist die Herpine ebenso Station wie für Crossläufe in Halver.

Urlaubsatmosphäre bietet das Halveraner Waldfreibad Herpine.

Die 40 Meter lange Wasserrutsche führt direkt rein ins Vergnügen.

Hemer

Hemer mit positiver Bevölkerungsprognose

Industriestadt im Grünen mit einzigartigen Naturlandschaften und Höhlenbär

Das Hemeraner Rathaus

Hemer ist die einzige Stadt im Märkischen Kreis mit einer positiven Bevölkerungsprognose. Nach Angaben des Landesamtes Information und Technik NRW wird Hemer bis zum Jahr 2030 um sage und schreibe 9,3 Prozent auf mehr als 41 000 Einwohnerinnen und Einwohner anwachsen. Das hat Gründe ...

Als Hademare wurde Hemer 1072 erstmals urkundlich erwähnt. Und so heißt auch der Platz, an dem sich heute das Rathaus befindet. Mit der Einrichtung des Amtes Hemer wurde Hemer mit den Ortschaften aus dem Umland 1841 politisch vereint. Die Gemeinde Hemer entstand am 1. April 1910 aus den Ortsteilen Ober- und Niederhemer und erhielt 1936 die Stadtrechte. In den 1970er Jahren gab es Diskussionen um eine Eingemeindung Hemers nach Iserlohn. NRW-Innenminister Weyer aus Hagen und einige Hemeraner Kommunal- und Landespolitiker setzten schließlich Hemers Unabhängigkeit durch. Am 1. Januar 1975 entstand aus der Zusammenlegung der Stadt Hemer mit den noch verbliebenen amtsangehörigen Gemeinden (Hemer, Becke, Deilinghofen, Frönsberg und Ihmert) die neue Stadt Hemer in ihren heutigen Grenzen. Die Wirtschaft der Stadt ist nach wie vor industriell geprägt. Vor allem das Metall verarbeitende Gewerbe und die Papierherstellung sind historisch gewachsen.

Hemer zählt knapp 38 000 Einwohner. Mehr als die Hälfte des 67,5 Quadratkilometer umfassenden Stadtgebietes besteht aus Wald. Die höchste Erhebung der Stadt ist der Balver Wald mit 546 Metern, der tiefste Punkt liegt in der Bachniederung der Oese im Stadtteil Becke bei 160 Meter. Hemer hat insbesondere im Bereich der Massenkalkzone östlich des Stadtzentrums sehenswerte Naturschönheiten zu bieten. Da ist in erster Linie die Heinrichshöhle, eine Schauhöhle mit fantastischen Tropfsteingebilden, einem vollständigen Höhlenbärenskelett und lebensgroßen Modellen von Höhlenbär und Höhlenhyäne. Das benachbarte Felsenmeer ist eine in Deutschland einmalige, bizarre Felsenlandschaft. Das romantische Hönnetal mit seinen bis zu 60 Meter hohen, wild zerklüfteten Steilhängen und Klippen ist ebenfalls einzigartig. Das Felsenmeer übrigens machte Hemer überregional bekannt. Deshalb führt die Stadt den Beinamen Felsenmeerstadt.

Ungeachtet aller Naturschönheiten ist Hemer jedoch vor allem eine Industriestadt. Drahtverarbeitungsmaschinen aus Hemer sind weltweit ebenso gefragt wie Armaturen, Baddesign, Messingerzeugnisse und Kunststoffteile. Hemer ist das Zentrum für Sicherheits- und Katastrophenschutztechnik (ZSK). Das ZSK Hemer bietet Unternehmen und Forschungseinrichtungen, die den unterschiedlichsten Sparten der Themenbereiche Innere Sicherheit und Katastrophenschutz angehören, die Möglichkeit, sich an einem zentralen Standort anzusiedeln, um im Verbund forschend tätig zu sein.

Willkommen in Hemer

Am Hademare-Platz in der Hemeraner City

Wer hat an der Uhr gedreht?

Hemer

Die Historie des Hauses Hemer reicht bis in das 11. Jahrhundert. Das heutige Herrenhaus stammt im Wesentlichen aus dem 17. Jahrhundert. Erstmals erwähnt wurde der Besitz 1072 als einer der Oberhöfe der Erzbischöfe von Köln im Raum Hemer. Anno II. übertrug damals in einer Urkunde den Oberhof Hademare an das neu gegründete Kloster Grafschaft. 1957 verkaufte die damalige Besitzerfamilie das Herrenhaus und den zugehörigen Park an die Katholische Kirchengemeinde St. Peter und Paul, die es bis 1980 als Kinderheim nutzte. Heute dient Haus Hemer der Kirchengemeinde als Gemeindezentrum und Kindergarten.

Architektonische Sehenswürdigkeiten sind vor allem die ehemaligen Adelssitze Haus Hemer und die Edelburg, beide wurden in ihrer heutigen Form in den Jahren 1610 bis 1614 erbaut, die Burg Klusenstein (1353), die Deilinghofer Stephanus-Kirche aus dem 14. Jahrhundert, die katholische Pfarrkirche St. Peter & Paul (1700), die Ebbergkirche (1820), das alte Amtshaus (1908, heute Musikschule), die Sundwiger Mühle (1810) und das Fabrikantenhaus von der Becke (1796).

Das Felsenmeermuseum an der Hönnetalstraße informiert über die Geschichte Hemers als Draht- und Papierstadt. Die sehenswerte Sammlung zeigt Exponate zur Erd- und Frühgeschichte, Industrie- und Stadtgeschichte sowie eine überregional bedeutende Sammlung der Banater Schwaben. Unmittelbar neben dem Museum arbeitet die Sundwiger Mühle, die letzte Wassermühle im Märkischen Kreis. Noch heute wird dort Mehl gemahlen.

Die Hemeraner Herbsttage sind das Veranstaltungshighlight in der Stadt. Am letzten Septemberwochenende schlendern jedes Jahr mehr als 100 000 Besucherinnen und Besucher aus der gesamten Region durch das Stadtzentrum. Weitere beliebte Veranstaltungen sind das Entenrennen auf dem Hemer-Bach, der Weihnachtsmarkt und nicht zuletzt die Schützenfeste.

Es ist durchaus Raum vorhanden für die »neuen Hemeraner«, die in den kommenden Jahrzehnten in der Stadt erwartet werden. Hemer bietet attraktives Bauland – zum einen in unmittelbarer Nähe zum Sauerlandpark an den Stadtterrassen, aber beispielsweise auch im Stadtteil Sundwig im Baugebiet »Am Iserbach«. Dieses Neubaugebiet ist insbesondere für junge Familien und für Bauherren, die energieeffizientes Bauen anstreben, interessant. Denn die Grundstücks- und Wirtschaftsförderungsgesellschaft für die Stadt Hemer (GWG) bietet Familien einen Kinderbonus in Höhe von bis zu 15 000 Euro beziehungsweise alternativ einen lukrativen finanziellen Klimabonus für energieeffizientes Bauen in gleicher Höhe an.

Mit Steenwerck (Frankreich, seit 1967), Beuvry (Frankreich, seit 1968), Bretten (Deutschland, seit 1979), Obervellach (Österreich, seit 1985), Schelkowo (Russland, seit 1992) und Doberlug-Kirchain (Deutschland, seit 1991) verbindet Hemer Städtepartnerschaften.

Die ganz grüne Lunge der Innenstadt

Die dreiteilige Bronzeplastik Christophorus-Brunnen am Rathaus zeigt den Heiligen Christophorus mit dem Christuskind auf dem Arm durchs Wasser wartend. Der Wiener Künstler Ernst Fuchs schuf die Plastik 1977.

Handwerkliches Können garantiert

Tischlerei Horst-Hermann Meyer bietet Innenausbau, Türen und Fenster aus Meisterhand

Das Betriebsgelände in Hemer-Becke

Das Team der Tischlerei Horst-Hermann Meyer steht den Kunden mit Rat und Tat zur Verfügung.

Essgruppe aus Massivholz

»Tür ist gleich Tür.« Mitnichten! »Dieser alte Schrank ist nicht mehr zu retten.« Keinesfalls! »Die Innenausstattung, wie ich sie mir wünsche, bekomme ich sowieso nirgendwo.« Falsch! Denn erstens kümmert sich die Tischlerei Horst-Hermann Meyer genau um solche individuellen Wünsche und Lösungen und zweitens wird die dazu nötige Kompetenz durch insgesamt drei Tischlermeister gewährleistet, die den Kunden mit Rat und Tat zur Seite stehen.

Horst-Hermann Meyer ist Chef des Unternehmens und übernahm den Betrieb 1975 von seinem Vater Hermann Meyer, der das Unternehmen 1946 gegründet hat. 1980 siedelte er an den heutigen Standort, die Oesestraße, um. 2002 wurde am Tag des Tischlerhandwerks das neue Ausstellungs-Studio am Standort Hemer-Becke eröffnet.

Erfahrung, permanente Weiterbildung und kontinuierliche Betriebsmodernisierungen garantieren den Kundinnen und Kunden Kompetenz vom ersten Gespräch bis zur Fertigstellung. Das Meyer-Leistungsspektrum ist vielfältig und umfasst neben den im Sanierungsbereich wichtigen Leistungen rund um energiesparende Fenster und Haustüranlagen die gesamte Bandbreite vom Innenausbau über komplette Büro- und Chefzimmereinrichtungen. Fachkundige Restaurierung von Möbeln, Spezialanfertigungen, Objekteinrichtungen, Einzelmöbel und Einbauküchen nach Maß, Heizkörperverkleidungen, den Dachgeschossausbau, selbstverständlich Treppenbau und Parkett, Markisen und Rollladen, Solararchitektur und Wintergärten, Verglasungen aller Art bis hin zur Sicherheitstechnik rund um das Haus sowie Sicherheitsschränke und Tresore.

Seit 2008 ist das Unternehmen vom Fachverband des Tischlerhandwerks autorisiert, das besondere Label »Komfort erleben« zu führen. Dahinter verbirgt sich eine besondere Qualifikation, die das Unternehmen befähigt, die barrierefreie und altersgerechte Umgestaltung von Wohnbereichen – von der Haustür bis zum Schlafzimmer – bedarfsorientiert umzusetzen. Auch bei der Kundenberatung wurde der Fortschritt nicht außen vor gelassen: Anhand von Computersimulationen können die Kunden sehen, wie zum Beispiel die ausgewählte Haustüranlage an beziehungsweise in ihrem Haus wirkt.

Meyer hat die Ideen und das Know-how und Ideen und Know-how stecken auch in den mit Meisterhand hergestellten Produkten. Das Meyer-Team fertigt hochwertige Tischlerprodukte und der Innenausbau wird inklusive aller Sonderwünsche umgesetzt.

Umweltverträglichkeit und Nachhaltigkeit sind ebenfalls Themen, die für die Unternehmensleitung eine wichtige Rolle spielen. Mit Produktdatenblättern können die Handwerker über die ökologische Verträglichkeit ihrer eingesetzten Produkte Auskunft geben. Im Rahmen der Kampagne »Umweltgemeinschaft im Tischlerhandwerk« werden die verantwortlichen Mitarbeiter motiviert, ihre Kenntnis über die globalen Umweltauswirkungen zu nutzen und durch einen systematischen Einkauf nachwachsende Rohstoffe zu fördern.

Beitrag von:
Tischlerei Horst-Hermann Meyer
Oesestraße 63 · 58675 Hemer-Becke
Tel. (0 23 72) 9 29 10 · Fax (0 23 72) 1 62 28
kontakt@tischler-meyer.de · www.tischler-meyer.de

Hemer

Über Hademare und Hedemer zur Stadt von heute

Um 1800 zählte Hemer zu den Zentren der Papierindustrie Preußens

Nein, urzeitliche Relikte, wie sie rund um die Balver Höhle entdeckt wurden, lassen sich auf Hemeraner Gebiet nicht finden. Doch menschliche Spuren aus der Bronzezeit sind auch im Raum Hemer nachzuweisen. Aus der mittleren Bronzezeit stammt zum Beispiel ein 1980 im Zuge einer Notgrabung an der A46 untersuchter Fund. Grabhügel im heutigen Niederhemer beweisen, dass um 1250 v.Chr. Hirten und Bauern das Gebiet bewohnten. Etwa aus dem Jahr 650 stammt ein Grab, das 1951 in der heutigen Stadtmitte gefunden wurde. Schon damals trug die Siedlung vermutlich den Namen Hademare, aus dem sich später Hemer entwickelte. Ab 777 wurde das Hemeraner Gebiet von den Franken unter Karl I. erobert. Mit den fränkischen Reichsteilungen, vor allem dem Vertrag von Verdun 843, ging das Gebiet zunächst an das Ostfrankenreich.

Die erste urkundliche Erwähnung Hemers datiert 1072, als in einer Urkunde des Erzbischofs von Köln für das Kloster Grafschaft drei Haupthöfe erwähnt wurden, die im heutigen Hemeraner Stadtgebiet lagen. Im 14. Jahrhundert hieß die Siedlung Hedemer, woraus 1538 erstmals nachweisbar Hemer wurde. Seit 1350 gehörte Hemer zur Grafschaft Mark und diente vor allem zum Schutz der befestigten Stadt Iserlohn. Rittersitze im Stadtgebiet – wie Burg Klusenstein – sollten die Grenze der Grafschaft zum Herzogtum Westfalen absichern. Der Ortskern Hemers entstand erst in den 1970er Jahren, als die historisch gewachsenen Zentren von Nieder- und Oberhemer miteinander verbunden wurden.

Im 15. Jahrhundert war der Hemeraner Raum relativ dicht besiedelt, aber weiterhin vor allem bäuerlich geprägt. Funde aus dem Felsenmeer zeigen jedoch, dass schon um 950 Bergbau betrieben wurde. Das Eisenerz wurde ab dem 13. Jahrhundert zur Eisenproduktion in Hochöfen genutzt. Die Metall verarbeitende Industrie, vor allem die Drahtindustrie, entstand im 16. Jahrhundert und nutzte erstmals die Wasserkraft. 1567 wurde die erste Papiermühle Westfalens in Hemer in Betrieb genommen.

1698 begann die Industrieansiedlung im Dieken mit der Ansiedlung einer Papiermühle. 1796 baute die Familie von der Becke ein Wohnhaus aus Bruchsteinen, das heute als Reidemeisterhaus bekannt ist und noch als Bürogebäude genutzt wird. Zur Vorderfront und an beiden Seiten ist es mit einem Wassergraben umgeben. Das Reidemeisterhaus gilt als Wahrzeichen des Ortsteils.

1447 gehörte Hemer zu den Schauplätzen der Soester Fehde. In der Reformation wechselte nahezu die gesamte Kirchengemeinde 1567 zur protestantischen Konfession. 1614 fiel die Ortschaft durch Erbschaft an die Hohenzollern und damit an Preußen. Kurz vor dem Dreißigjährigen Krieg brach 1616 die Pest aus, erneut 1620, 1623 und 1626. 1623 und 1624 war der Hemeraner Raum Standort spanischer Truppen. Die Kriegshandlungen unterbrachen zwar einige Jahre den weiterentwickelten und produktiven Bergbau, doch insgesamt litt die Region weniger als andere Teile des Reiches.

In der zweiten Hälfte des 17. Jahrhunderts gehörte Hemer zu den Schauplätzen des Holländischen Krieges. Bei einem großen Feuer 1668 brannte Niederhemer ab. Ab 1701 gehörte Hemer zum Königreich Preußen. Der wachsende Einfluss der Regierung schwächte die Bedeutung des Gerichts Hemer, da der Staat vermehrt Zuständigkeiten übernahm. Wirtschaftlich war Hemer um 1800 mit 14 Papiermühlen eines der Zentren der Papierindustrie in Preußen.

Unter der Herrschaft Napoleons wurde Hemer 1806 Teil des Großherzogtums Berg. Hemer bildete eine eigenständige Mairie im Kanton Iserlohn, die selbst Teil des Départements Ruhr wurde. Die Stimmung in der Bevölkerung war bei weiterhin schlechter wirtschaftlicher Lage kämpferisch, da sich viele Hemeraner noch mit

Die ehemalige Fabrikantenvilla Prinz (»Türmchenvilla«) in der Innenstadt entstand 1899 und steht seit 1982 unter Denkmalschutz.

Die Kirche St. Bonifatius in Sundwig ist mit etwa 70 Metern das höchste Gebäude Hemers und steht seit 2001 unter Denkmalschutz.

dem preußischen Königshaus verbunden fühlten. Mit dem Wiener Kongress 1815 endete die französische Herrschaft über Hemer.

Die Industrie profitierte 1882 von der Anbindung an den Eisenbahn-Fernverkehr der Strecke Menden-Unna, die drei Jahre später über Iserlohn bis nach Letmathe erweitert wurde. Am 1. April 1910 wurden Niederhemer und Oberhemer zur Gemeinde Hemer zusammengefasst. Oberhemer wies mehr Fabriken vor als die Nachbargemeinde, so dass mit den damit verbundenen Steuereinnahmen mehr Geld in die Infrastruktur investiert werden konnte. Mit der Vereinigung profitierte auch Niederhemer von der lokalen Industrie.

Nach Ausbruch des Ersten Weltkriegs herrschte auch in weiten Teilen Hemers Euphorie, so dass sich bereits in der ersten Kriegswoche rund 150 Hemeraner freiwillig zum Kriegsdienst meldeten. Bis Ende 1915 waren etwa 200 der 2877 eingezogenen Hemeraner umgekommen. Die lokale Industrie stellte ihre Produktion auf Rüstungsprodukte um. Die Zivilbevölkerung litt unter der schlechten Versorgung und Epidemien.

Während der Ruhrbesetzung wurde Hemer Zielort von Flüchtlingen. Zahlreiche Streiks prägten das Arbeitsleben gegen 1920. In den darauf folgenden Jahren der Inflation druckte neben der Amtssparkasse auch ein Sundwiger Wirt – aus Werbezwecken – Notgeld, das wenig später verboten wurde.

Zum 1. August 1929 wurde aus Hemer, Sundwig, Westig und Landhausen sowie den nicht nach Iserlohn eingemeindeten Teilen der Gemeinde Calle im Rahmen der gesamtpreußischen Gebietsreformen eine gemeinsame Großgemeinde. Schon vor Beginn des Ersten Weltkriegs hatten die Gemeinden eine wirtschaftliche und teilweise auch städtebauliche Einheit gebildet. Die übrigen Teile von Calle wurden Ortsteil von Iserlohn, das auch Interesse an einer Eingemeindung Westigs geäußert hatte. Im gleichen Jahr wurde Brockhausen mit Deilinghofen zusammengeführt, weil sich eine eigenständige Verwaltung für die 588 Einwohner große Landgemeinde Brockhausen nicht mehr lohnte.

Die Industrie spürte etwa seit 1927 die Auswirkungen der Weltwirtschaftskrise, als einige Unternehmen ihre Produktion einschränkten oder ganz beendeten. 1929 wurden besonders viele Facharbeiter in der Metall verarbeitenden Industrie entlassen. Der Höhepunkt der Krise war schließlich 1931/1932 erreicht, als viele Industriebetriebe schließen mussten. Ende 1931 arbeiteten so nur noch 2 800 Arbeiter in der Hemeraner Industrie, drei Jahre zuvor waren es noch 4200. Gleichzeitig stieg die Arbeitslosigkeit auf 2100 Personen im Amt Hemer, wobei die Großgemeinde am stärksten betroffen war.

Die Jahre nach der Eingemeindung von Landhausen, Sundwig und Westig waren durch viele Bauprojekte geprägt. Mehrere hundert Wohnungen wurden dabei ebenso errichtet wie katholische Kirchenbauten in Becke, Bredenbruch und Westig sowie ein evangelisches Gemeindehaus in Westig. Die Bauarbeiten förderten die Stadtwerdung.

Am 19. April 1935 und nach der neuen Deutschen Gemeindeordnung erneut am 6. September beantragte die Gemeinde Hemer, zur Stadt erhoben zu werden. Am 30. Januar 1936 wurde der Großgemeinde das Stadtrecht verliehen. Regierungspräsident Ludwig Runte überreichte die Urkunde am 25. April 1936. Parallel erhielten Amt und Stadt Hemer ihre Wappen.

Die Sundwiger Mühle (auch Alberts' Mühle) ist die letzte noch in Betrieb befindliche Wassermühle im Märkischen Kreis. Das Wasser des Sundwiger Baches treibt die Mühle seit 1958 über eine Wasserturbine an. Wohn- und Wirtschaftsgebäude, die Mühle und der Mühlenbremsfahrstuhl stehen seit 1995 unter Denkmalschutz. Jährlich werden noch 270 Tonnen Mehl produziert. Erbaut wurde die Wassermühle 1865 bis 1868 von Johannes Peter Alberts.

Die Edelburg an der Stadtgrenze zu Menden wurde 1375 erstmals als Erleborgh erwähnt. Vom 16. Jahrhundert an übernahmen die Besitzer des Geländes auch die um 1600 abgetragene Burg Brelen in einem Waldgebiet östlich der Edelburg. Mit diesen Steinen wurde das Hauptgebäude des Hauses Edelburg neu errichtet. In dieser Zeit wurde das Gut zu einer Wasserburg erweitert, die es bis ins 19. Jahrhundert hinein blieb. 1902 erwarb Baron de Becker-Remy das Gut. Seine Nachfahren besitzen die Anlage bis heute. 1957 wurde ein Großteil der Gebäude unter Denkmalschutz gestellt. Seit 1986 gibt es den Reiterverein Edelburg, der alljährlich ein Reitfest veranstaltet. Die Reitanlage liegt in direkter Nachbarschaft zum Gutshof.

Hemer

Es war einmal eine Kaserne ...

Sauerlandpark mit Komplettangebot von Themengärten bis zu einzigartigen Kinderspielplätzen

Party auf dem ehemaligen Kasernengelände

Mehr als eine Million Besucherinnen und Besucher erlebten während der NRW-Landesgartenschau 2010 in Hemer den »Zauber der Verwandlung«. Seit April 2011 nun lädt der Sauerlandpark an gleicher Stelle Menschen aus der Region und darüber hinaus in das ehemalige Gelände der Blücher-Kaserne ein. Große Open-Air-Events mit bekannten Top-Acts, Veranstaltungen im modernen Grohe-Forum sowie die beliebten Themengärten und die einzigartigen Kinderspielplätze sind Gründe dafür, dass der Sauerlandpark längst kein Geheimtipp mehr ist!

Die Landesgartenschau in Hemer war die erste im Sauerland und sie bot keinesfalls nur Natur pur. Vielmehr lud sie zum Wandel ein. Ein altes Militärareal bezauberte durch einen atemberaubenden Mix. Vorgegeben war und ist die Topographie, die sich auf 30 Hektar Parkgelände als Miniatur des Sauerlandes präsentiert. Was also lag nach Abschluss der Landesgartenschau näher, als in Hemer den Sauerlandpark zu etablieren – eine Landschaft mit lieblichem und herbem Charme, mit Berg und Tal, mit Licht und Schatten im steten Wandel der Jahreszeiten.

Der Sauerlandpark Hemer bietet seinen Besucherinnen und Besuchern eine 2010 durch die Landesgartenschau geschaffene erstklassige Infrastruktur. Darunter verstehen die Betreiber nicht nur die Attraktionen, die im Nachfolgejahr längst zu mehr als einem temporären Aushängeschild geworden sind. Der Spannungsbogen reicht vielmehr vom Blick in die 15 liebevoll gestalteten und durch einen Förderverein gepflegten Themengärten, über einmalige Spielplätze, einen Skate-Park, den Fitness-Parcours für ältere Semester und den Park der Sinne mit dem größten Irrgarten in NRW, bis hin zum neuen Wahrzeichen der Stadt Hemer, dem Jübergturm. 23 Meter hoch und 315 Meter über dem Meer lässt sich ein weiter Rundblick auf das werfen, was

Lasst Blumen sprechen!

Der 23 Meter hohe Jübergturm avancierte schnell zum neuen Wahrzeichen nicht nur der Landesgartenschau und des Sauerlandparks, sondern der ganzen Stadt Hemer.

die Stadt Hemer zum Tor ins Sauerland macht. Im Westen das Ballungszentrum Ruhrgebiet, im Norden die platte Soester Börde, im Süden und Osten die grünen Berghänge und tiefe Täler.

Wie aktiver Naturschutz funktioniert, führt die gleichnamige NRW-Stiftung vor: Heckrinder, Dülmener Wildpferde und eine Ziegenherde gehören nicht zur Abteilung Streichelzoo. Vielmehr pflegen sie den 220 Hektar großen Landstrich, der über Jahrzehnte als Übungsgelände für die in Hemer stationierten Panzerverbände der Bundeswehr diente.

Zu Beginn der 1990er Jahre kamen erste Gerüchte über eine Standort-Aufgabe der Bundeswehr auf. Die Truppen in der Blücher-Kaserne wurden allerdings nur umstrukturiert. Das Soldatenheim ließen die Verantwortlichen 1993 schließen. Bereits im März 1992 hatten die britischen Einheiten, die seit 1970 in Deilinghofen stationiert waren, die Stadt verlassen. Auch diese

Der Graf zu Gast in Hemer

Hemer

Der Besuch des Sauerland-Parks kann manchmal auch schweißtreibend sein.

Es war einmal eine Kaserne

Einheiten mit insgesamt 1600 Soldaten erhielten das »Freedom of the City« und wurden feierlich verabschiedet. Am 23. Januar 2007 zogen dann auch die letzten deutschen Soldaten aus Hemer ab. Die Konversion des Geländes geschah durch die Landesgartenschau 2010. In diesem Zusammenhang wurden neue Kultur- und Sporteinrichtungen gebaut und das Straßenbild der Innenstadt positiv verändert. Das ehemalige Kasernengelände in Deilinghofen wurde zu einem Gewerbepark umfunktioniert.

Mit der Landesgartenschau gab die Stadt Hemer die Antwort auf die Frage nach der zukunftsweisenden Umwandlung des Kasernengeländes. Die Landesgartenschau ebnete den Weg für mehr Lebensqualität in Hemer und schuf eine Plattform, auf der die Region Südwestfalen ihre Stärken präsentieren kann.

Der Sauerlandpark ist auch für die Jüngsten ein Erlebnis.

Der neue Wohlfühl-Faktor
Stadtwerke wollen Komplettversorger für Hemer werden

Die Stadtwerke Hemer

»Für mehr Wohlgefühl.« Dieser Unternehmens-Leitspruch der Stadtwerke Hemer gibt unmissverständlich die Richtung vor. Die Stadtwerke wollen mehr sein als ein Dienstleister, der die Hemeraner zuverlässig mit Gas und bestem Trinkwasser versorgt. Mehr sein als ein starker Partner der Stadt, der mit seinen Gewinnen einen wichtigen Beitrag zur Konsolidierung des kommunalen Haushalts leistet. Und mehr sein als ein unbürokratischer Unterstützer von Hemeraner Vereinen und der heimischen Industrie. Die Stadtwerke wollen den Service-Gedanken immer weiter in den Fokus rücken und mittelfristig zum Komplettversorger für ganz Hemer werden.

Deswegen steht hinter allen Aktivitäten des Versorgers stets die eine zentrale Frage: Wie lässt sich der Nutzen für die Hemeraner Bürger noch weiter erhöhen? Und aus diesem Grund bewerben sich die Stadtwerke auch um die Stromkonzession für Hemer, die 2015 neu vergeben wird. Der Energieversorger sieht dies als den nächsten logischen Schritt der Unternehmensentwicklung an. Schließlich verfügen die Stadtwerke bereits über das erforderliche Know-how, da die Tochtergesellschaft EVI das Stromnetz in Ihmert betreibt.

Das Engagement der Stadtwerke endet jedoch keinesfalls an der Stadtgrenze. Angesichts des Klimawandels sieht sich der Versorger in einer globalen Verantwortung. Daher wollen die Stadtwerke gemeinsam mit der Mark-E Aktiengesellschaft eigenen Öko-Strom produzieren. Moderne Windkraftanlagen sollen den Weg in ein neues Energiezeitalter weisen. Damit machen sich die Stadtwerke unabhängiger von großen Energieerzeugern und steigenden Energiepreisen. Auch dies kommt den Bürgern in Hemer zugute.

Wasser aus der Natur – Wassergewinnungsanlage Ulmke

STADTWERKE HEMER
für mehr Wohlgefühl

Beitrag von:
Stadtwerke Hemer GmbH
Wasserwerkstraße 4 · 58675 Hemer
Tel. (0 23 72) 50 08-0 · Fax (0 23 72) 50 08-48
info@stadtwerke-hemer.de
www.stadtwerke-hemer.de

Hemer

Global Player in der Sanitärbranche

Fantastische Veränderungen durch die Landesgartenschau 2010

Die Stadt Hemer hat in den vergangenen Jahren gewaltige Veränderungen erlebt. Auslöser war der Zuschlag, die NRW-Landesgartenschau 2010 auszurichten. Die ehemalige Blücher-Kaserne verwandelte sich in ein Blütenmeer. Die Hemeraner entwickelten eine nie dagewesene Identifikation mit ihrer Stadt, die eine völlig neue Optik erhielt. Nicht zuletzt die vielen Aktivitäten zur Stärkung der Infrastruktur haben den Wirtschaftsstandort gestärkt. Mit mehr als 20 Millionen Euro haben die Verantwortlichen einen Stadtentwicklungsprozess in Gang gesetzt, der unter normalen Umständen mindestens 15 Jahre benötigt hätte.

Hemer liegt verkehrszentral. Bekannt ist die Stadt nicht zuletzt aufgrund der beeindruckenden Kompetenzen im Bereich der Sanitärbranche. Firmen wie Grohe oder Keuco sind weltweit bekannt und stehen für das Qualitätssiegel »Made in Hemer«. Wirtschaftlich ist die Stadt inzwischen industriell geprägt. Größere Gewerbegebiete gibt es in der Becke, in Westig, Deilinghofen und Sundwig. Die Drahtindustrie ist ein wichtiger Wirtschaftsfaktor im Ihmerter und Stephanopeler Tal.

Auch Arbeiten im Sauerlandpark Hemer ist möglich. Das Erholungs- und Freizeitareal ist durchaus als Wirtschaftsstandort interessant, denn die Stadt Hemer bietet dort Gewerbe- und Büroflä-

Die Papierfabrik Gustav Reinhard im Jahr 1900

Die Lungenklinik in Hemer

Die Sundwiger Eisenhütte 1742

chen in einem einzigartigen Umfeld an. Insgesamt sind rund 10 000 Quadratmeter, aufgeteilt in drei Gebäude, in der Vermarktung.

Die erheblichen Investitionen im Innenstadtbereich zahlen sich aus. Ein modernes Erscheinungsbild und Flächen mit hoher Aufenthaltsqualität haben für eine merkliche Belebung des Einzelhandels in der City gesorgt. Seit April 2011 verfügt Hemer über das Medio Center, in dem sieben Filialisten beheimatet sind. Auch an das Felsenmeercenter wurde Hand angelegt.

Durch den früh einsetzenden Bergbau im Raum Hemer wurde die Entwicklung der Metall verarbeitenden Industrie in Gang gesetzt. Die Wasserkraft der Bäche trieb einige Schmieden an. Die Drahtindustrie geht auf das 15. Jahrhundert zurück, als die ersten Drahtrollen im Ihmerter Tal errichtet wurden. Mit der Papierindustrie entstand im 16. Jahrhundert ein weiterer Wirtschaftszweig, der über viele Jahre Bedeutung besaß. Die letzte Papierfabrik ging 1988 im neu gegründeten Handelsunternehmen Papier Union auf.

Im 17. Jahrhundert war Hemer einer der innovativsten Industriestandorte Preußens. Neben der ersten Messingschmelze der Region entstand die erste Fingerhutmühle Westfalens. 1736 wurde in Sundwig der erste Hochofen Westfalens in Betrieb genommen.

Das Sundwiger Messingwerk und weitere Messingproduzenten bildeten im 18. und 19. Jahrhundert die Basis für die Armaturenherstellung, für die sich dieser Werkstoff besonders eignete. Im 20. Jahrhundert entwickelten sich die beiden Hemeraner Armaturenhersteller Grohe und Keuco zu internationalen Marktführern auf ihrem Gebiet. Besonders Grohe gilt heute als Global Player mit weltweit 5200 Mitarbeitern und einem Jahresumsatz von mehr als einer Milliarde Euro.

Vor dem Ersten Weltkrieg war der Besteckhersteller Clarfeld & Springmeyer das renommierteste Hemeraner Unternehmen mit bis zu 500 Mitarbeitern im Jahr 1914. Aufgrund zunehmend preisgünstigerer Konkurrenz aus dem Ausland musste das Fabrikgelände in den 1970er Jahren verkauft werden. Der Maschinenbau in Hemer entstand unter anderem mit der Andritz Sundwig GmbH|Sundwiger Eisenhütte, die Walz- und Dampfmaschinen für das benachbarte Messingwerk herstellte.

Auch der Raum Hemer profitierte außerordentlich vom Wirtschaftswunder in den Anfangsjahren der Bundesrepublik. 1954 kamen die ersten Gastarbeiter aus Südeuropa nach Hemer. In den 1970er und 1980er Jahren setzte eine Umzugswelle der Hemeraner Unternehmen ein. Die Entwicklung von Wohnraum und Industrie war in der Felsenmeerstadt zuvor meist parallel verlaufen. Nach der kommunalen Neuordnung begannen die Unternehmen aus der Innenstadt, in Gewerbegebiete zu ziehen. In der zweiten Hälfte des 20. Jahrhunderts trat eine Diversifizierung der Industriestruktur ein, die weiterhin anhält. So siedelten sich einige Betriebe an, deren Geschäftsgebiet in Hemer nicht historisch gewachsen ist.

Hemer 1903: Blick von Oberhemer nach Hemerhardt

Weltweit be- und anerkannt ist Hemer in der Sanitärbranche.

Der Anteil der Beschäftigten im Dienstleistungsbereich ist unterdurchschnittlich. Sie arbeiten unter anderem in den drei Krankenhäusern, in Altenheimen oder Kindergärten. Die übrigen sind vor allem in der Stadtverwaltung beschäftigt, in Banken und Versicherungen sowie in der Gastronomie. Als Unternehmensverbund im Bereich der Forschung und Entwicklung schafft das Zentrum für Sicherheits- und Katastrophenschutztechnik einige neue Arbeitsplätze im Dienstleistungssektor.

Die Hans-Prinzhorn-Klinik ist eine Klinik für Psychiatrie, Psychotherapie und Psychosomatik. Sie ist eine Einrichtung des Landschaftsverbands Westfalen-Lippe (LWL) und befindet sich im Ortsteil Frönsberg. Die Klinik gehört zum Psychiatrieverbund Westfalen. Sie ist benannt nach dem Psychiater und Kunsthistoriker Hans Prinzhorn. Die Lungenklinik Hemer ist ein Fachkrankenhaus der Lungenheilkunde mit den Abteilungen Pneumologie, Thoraxchirurgie, Radiologie/Strahlentherapie und Anästhesie. Seit 1996 gehört auch ein Forschungsinstitut mit Schwerpunkt Tumorbiologie zur Lungenklinik.

Das Logistik-Center der Papier Union in Hemer

Hemer

Klein Bäder und Wärme – vielseitig und professionell

Kleinbäder – dieser Name steht für professionelle Badplanung und Ausführung komplett aus einer Hand. In dem mit vier Sternen ausgezeichneten Badstudio in Hemer wird der Wunschgedanke des Kunden von einem Traumbad Wirklichkeit. Das unverwechselbare Ambiente der Ausstellung, die edlen Materialien und die kreativen Planungsideen des zertifizierten Badplaners Martin Klein geben den Kunden Inspiration für ihr neues Bad.

Besonders stolz sind Martin Klein und seine Frau Cornelia auf die verschiedenen Auszeichnungen des Unternehmens. Bereits mehrfach erhielten sie die Auszeichnung zum Fachhandwerker des Jahres sowie den Marketingpreis des SHK-Handwerks.

Kleinwärme – dieser Name steht seit 1968 für die Lieferung von hochwertigem Markenheizöl. Ein hohes Maß an Flexibilität und Zuverlässigkeit spiegelt die Philosophie des Unternehmens wider. Der Name Kleinwärme steht auch seit 25 Jahren für qualifizierte Energieberatung, wenn es um die Modernisierung von Heizungsanlagen geht. Ganz gleich, ob Öl, Gas, Solar-, Holz- oder Naturwärme: Der Kunde wird in dem Meisterbetrieb bestens beraten.

Kleinhome & spa – dieser Name steht für Gesundheit und Wohlbefinden in den eigenen vier Wänden. In den angebotenen Niedertemperatur-Infrarotkabinen kann der Kunde nicht nur ideal für seine Gesundheit vorsorgen, sondern auch die Seele bei Farblicht, leiser Musik und angenehmem Duft baumeln lassen.

Klein Bäder und Wärme bietet seinen Kundinnen und Kunden ein atemberaubendes Ambiente.

Die Firma Klein Bäder und Wärme in Hemer

Beitrag von:
Klein Bäder und Wärme GmbH
Hauptstraße 327 · 58675 Hemer
Tel. (0 23 72) 1 20 51 · Fax (0 23 72) 7 44 99
info@klein-baeder.de · www.klein-baeder.de

kleinhome&spa
kleinbäder
kleinwärme

Gemeinnützige Wohnungsbaugenossenschaft Hemer eG
Wohnungsbaugesellschaft Hemer mbH

Wohnraum schaffen von Mensch zu Mensch

Sicheres, beständiges Wohnen und die Berücksichtigung der Belange und Bedürfnisse der Mitglieder – dieses Ziel betreibt die Gemeinnützige Wohnungsbaugenossenschaft Hemer eG (GeWoGe) bereits seit ihrer Gründung im Jahr 1927. Mit der Einrichtung der 100-prozentigen Tochtergesellschaft, der Wohnungsbaugesellschaft Hemer mbH (WBG), im Jahr 1989 betrat man neue Wege, um die Versorgung breiter Bevölkerungsschichten mit familiengerechten Mietwohnungen, aber auch mit Eigentumswohnungen und Eigenheimen in Hemer zu fördern.

So bietet die Unternehmensgruppe den Komplett-Service unter einem Dach: Vermietung und den Erwerb von Wohnungen, gewerblich genutzten Immobilien, Garagen und ähnlichen Objekte. Sie erweitert den ursprünglich rein genossenschaftlichen Grundgedanken durch professionelle und gewerbliche Leistungen, die allein von ihr ausgeführt werden, etwa die Verwaltung von Eigentumswohnungen, Häusern, Grundbesitz und Betreuung eigener und fremder Mietwohnungen.

Die genossenschaftliche Grundüberzeugung, die für ein lebendiges Miteinander und Vertrauen steht, konnte die Unternehmensgruppe bewahren und so spielt das Wir-Gefühl im alltäglichen Umgang mit Mietern und Eigentümern weiterhin eine große Rolle. Die Verflechtung zwischen Genossenschaft und Gesellschaft erstreckt sich aber auch auf viele weitere Bereiche. Beispielsweise wird jeder, der bei der Gesellschaft Wohnraum anmietet, zugleich Mitglied der Genossenschaft und profitiert von dieser Zugehörigkeit – etwa durch die gute Verzinsung seiner Anteile.

Erste Adresse für gutes Wohnen in Hemer – die WBG baut, betreut und verwaltet Mietwohnungen, Eigentumswohnungen und Eigenheime.

Welche Aufgabe zu bewältigen ist oder wie ein Problem rund um die Wohnungssuche oder das harmonische Miteinander von Mieter und Eigentümer sich auch gestalten mag: Mit Teamgeist, Einsatzfreude, Fachwissen und Diplomatie erreichen die Geschäftsleitung und die Mitarbeiter der WBG Hemer nahezu immer eine Lösung.

Die Unternehmensgruppe um die GeWoGe Hemer ist übrigens die einzige ihrer Art, die in der sauerländischen Stadt zu finden ist. Ihrem Einsatz haben viele Einwohner modernen, attraktiven und dennoch erschwinglichen Wohnraum zu verdanken – sei es als Wohnungsmieter oder Eigentümer.

...seit 1927
Wohnungsbau Genossenschaft Hemer
Wohnungsbau Gesellschaft Hemer

Beitrag von:
Gemeinnützige
Wohnungsbaugenossenschaft Hemer eG
Wohnungsbaugesellschaft Hemer mbH
Poststraße 27 · 58675 Hemer
Tel. (0 23 72) 9 28 20 · Fax (0 23 72) 9 28 22
info@wbg-hemer.de · www.wbg-hemer.de

Schmiede-Idyll Höppe im Stephanopeler Tal in Hemer

Die neue Multifunktionshalle (Konstruktion einer Reithalle) dient als Fertigwarenlager.

Höppe verhilft jedem Seil zu einem guten Ende

Traditions-Schmiede im Stephanopeler Tal produziert Kauschen und Schäkel für den Schwerlast-Einsatz

Führungen durch seinen Betrieb kann Hans Höppe eigentlich nur starten, wenn keiner arbeitet – zumindest keine seiner Maschinen. Das ist für die Interessierten zwar weniger spannend und um ein Vielfaches effektärmer, aber die Besucher seiner Firma sind dann wenigstens in der Lage, nicht nur ihm, sondern auch seinen Worten zu folgen. Ansonsten wäre das kaum möglich. Bei der Firma Höppe im Stephanopeler Tal geht es um Tonnenkraft, um Hitze und es ist laut, außerordentlich laut. Es wird mit viel Muskelkraft gearbeitet. Und wenn in einer Schmiede – und davon gibt es heute nicht mehr wirklich viele – gearbeitet wird, fliegen die Funken. Und es sind ganze Kerle gefragt, die dort alle nur denkbaren Dimensionen von Seilbeschlägen produzieren. Die eigentliche Fertigung wirkt – wie sollte es im Zeitalter von i-Pad und Smartphone anders sein – ein wenig antiquiert. Nein, nicht die Maschinen selbst oder die Menschen, die bei Höppe arbeiten, die Arbeitsprozesse selbst sind es, die die Menschen staunen und bisweilen schaudern lassen. Die Produktion passt dafür aber bestens zu den Produkten, die bereits seit 1898 in dem Hemeraner Stadtteil entstehen. Kauschen und Schäkel. Kauschen und Schäkel? Jedermann kennt die Teile, wohl nur den Wenigsten ist ihr Name geläufig. Kauschen und Schäkel, die auf so eindrucksvolle Weise entstehen, sind echte Brecher und kommen überall dort zum Einsatz, wo Seil- und Kettenzubehör oder Vergleichbares schweres Gerät halten müssen. Kauschen sind die Verstärkungen eines Drahtseil- oder Tauwerk-Auges, die zum Beispiel häufig auf Schiffen zu finden sind. Es geht aber auch eine oder viele Nummern kleiner: Auch Karabinerhaken gibt es in allen Ausführungen. Die von Höppe werden jedoch nur im Industriebereich und nicht im Alpinismus eigesetzt.

Und neben die historisch anmutende Produktionshalle hat Höppe eine nigelnagelneue Multifunktionshalle (Konstruktion einer Reithalle) gesetzt, die als Fertigwarenlager dient. Daneben im gleichen Stil ein Holz-Glas Haus, das wohl mal die neue Verwaltung wird und den kleinen See »Lake Louise« (ein LFS = Lösch-, Fisch- und Schwimmteich), der angelegt werden musste und in dem sich die Forellen und Störe über ein Leckerchen vom Firmenchef freuen. Hans Höppes Unternehmen ist ein bisschen anders als die anderen, wieso sollten dann seine Ideen konventioneller sein?

»Mit Höppe findet jedes Seil ein gutes Ende«, sagt das Unternehmensmotto. »Wappentier« und eingetragenes Warenzeichen ist der Gorilla »King Kong Kauschen«, denn der hat Kraft, wie die Kauschen und Schäkel von Höppe. Die Firma Friedrich Höppe GmbH ist seit mehr als 110 Jahren, mittlerweile in der vierten Generation, Spezialist für Kauschen, Drahtseilklemmen, Schäkel, Spannschlösser, Karabinerhaken und Turngerätebeschläge, aber auch für das komplette Seil- und Kettenzubehör-Programm. Die hergestellten Artikel finden Abnehmer in der ganzen Welt und in allen Bereichen der Industrie (Luftfahrt, Automobil-, Fahrzeug- und Schiffbau), im Handel (Bau- und Heimwerkermärkte), zudem im Bergbau, im Handwerk, der Landwirtschaft, der Fischerei sowie im Offshore-Bereich beziehungsweise der Erdölgewinnung auf See. Sprich: überall.

Dementsprechend ist Hans Höppe und seiner ein Dutzend Mann zählenden Mannschaft auch vor der Zukunft nicht Bange. Getreu dem anderen Unternehmensmotto »Nicht zufriedene, sondern begeisterte Kunden sind unser Anspruch«, setzt Hans Höppe auf höchste Qualität. Denn erstklassige und geprüfte Waren setzen die Höppe-Kunden seit Generationen voraus. Und da Höppe ein visionärer Mensch ist, endet seine Firmenchronik auf der Homepage vielsagend: 2023 – »Geplante« Übergabe zum 125-jährigen Jubiläum an die fünfte Generation.

Auch in der Akustik eindrucksvoll ...

Die Produktion in der Firma Höppe ist im wahrsten Wortsinne eine schweißtreibende Angelegenheit.

Schweißtechnisch wird »letzte Hand« angelegt.

Beitrag von:
Friedrich Höppe GmbH
Stephanopel 87–91 · 58675 Hemer
Tel. (0 23 72) 8 00 34 · Fax (0 23 72) 8 01 36
info@friedrich-hoeppe.de · www.friedrich-hoeppe.de

Hemer

Von Bären und Hyänen in atemberaubendem Ambiente

Heinrichshöhle eine der eindrucksvollsten Tropfsteinhöhlen überhaupt

Die Heinrichshöhle in Sundwig, am Fuße des rund 300 Meter hohen Perick-Berges gelegen, ist eine auf 320 Meter Länge bequem begehbare Tropfsteinhöhle mit ausgeprägten Flusshöhlenprofilen und mehr als 20 Meter hohen Klüften und Spalten. Sie ist bereits in einer historischen Flurkarte von 1771 verzeichnet und wurde 1812 von Heinrich von der Becke erstmals genauer untersucht und anschließend nach ihm benannt. Berühmt ist die Höhle insbesondere wegen der reichhaltigen Knochenfunde eiszeitlicher Tiere. Eine Besonderheit ist ein komplett montiertes 2,35 Meter langes Höhlenbärenskelett.

Die Heinrichshöhle wurde 1903 bis 1905 von dem Gastwirt Heinrich Meise aus Sundwig als Schauhöhle ausgebaut und elektrisch beleuchtet. Meise ließ sperrige Felsen sprengen und Höhlenlehm aus niedrigen Gängen räumen. Geländer wurden angebracht und man schuf einen neuen Höhlenzugang. Im ausgeräumten Lehm fand man mehrere tausend Knochen und Zähne der eiszeitlichen Tierwelt, darunter auch eine Vielzahl von Skelettteilen verschiedener Säugetiere.

Es waren Knochen von Höhlenbären, Steppenlöwen, Höhlenhyänen und auch von deren Großbeutetieren wie Wollnashorn, Wildpferd, Rothirsch, Rentier und Steppenbison – womit die Heinrichshöhle eine der knochenreichsten oberpleistozänen Fundstellen Europas ist. Mehrere Backenzähne vom Mammut und zahlreiche Knochen der Höhlenhyäne wurden ebenfalls entdeckt. Die Gesamtzahl der Knochen, die seit

Höhlenhyäne

Höhlenansichten

Groß war die Zahl der Knochenfunde in der Heinrichshöhle.

Hemer

Der schiefe Turm von Pisa

Stalagmitengruppe

mer e.V. entdeckten in der Folge neue Seitengänge mit schönen Tropfsteinformationen. 1977 gelang es ihnen, Verbindungen zwischen den einzelnen Höhlen des Perick-Berges zu finden. So entdeckten sie auch einen Verbindungsgang, der teilweise durch tieferliegende, zeitweilig unter Wasser stehende Etagen führt. Weitere Gänge führen durch sehr enge Spalten in höher gelegenen Höhlenbereichen. 1990 wurden Fortsetzungen entdeckt, so dass sich das Perick-Höhlensystem weiter vergrößerte. Das System war teilweise schon seit dem 15. Jahrhundert bekannt. Inzwischen ist eine Gesamtganglänge von etwa 3500 Metern freigelegt. Damit gehört das Höhlensystem zu den 30 längsten Höhlen in Deutschland.

Die größte Höhle des Perick-Systems ist die Alte Höhle, auch Von-der-Becke-Höhle oder Große Sundwicher Höhle genannt. Sie ist mit einer Länge von etwa 2200 Metern der bedeutendste Teilbereich des Höhlensystems. In ihr befindet sich 35 Meter über dem Eingangsbereich der höchste Punkt des gesamten Komplexes. Die Heinrichshöhle wird auch Kleine Sundwicher Höhle genannt. Die dritte und kleinste ist die Prinzenhöhle. Sie wurde um das Jahr 1812 bei Steinbrucharbeiten entdeckt und erhielt ihren Namen 1817, als die damaligen Prinzen Friedrich Wilhelm und Wilhelm von Preußen sie besichtigten.

Betrieben wird die Schauhöhle von der Arbeitsgemeinschaft (ArGe) Höhle und Karst Sauerland/Hemer e.V., die sie 1998 übernahm. Die Arbeitsgemeinschaft gründete das Höhlenkundliche Informationszentrum Hemer/Westfalen (HIZ), das neben den Höhlenführungen Exkursionen und pädagogische Programme für Gruppen anbietet. Im Jahr 2000 installierte die Arbeitsgemeinschaft eine neue Beleuchtung und ersetzte bis auf wenige Reste die frühere Anlage. Angeboten werden heute neben Schauhöhlenführungen pädagogische Programme für verschiedene Altersklassen, die Gestaltung von Kindergeburtstagen, Sonderveranstaltungen in den Schulferien, karstkundliche und naturkundliche Wanderungen sowie Tagungen, Seminare und Diavorträge.

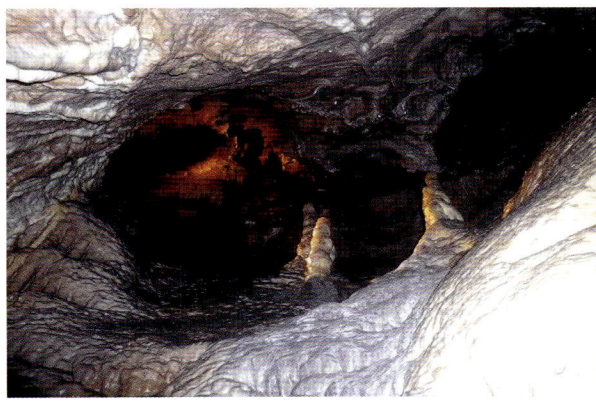

Beginn des 19. Jahrhunderts im Perick-Höhlensystem gefunden wurde, liegt bei mehr als 2500. Die meisten davon kamen um 1905 in verschiedene Museen in Berlin, Paris, London, Dresden, Münster und Bonn. Nur ein kleinerer Teil ist in der Höhle selbst ausgestellt.

Bei den Erschließungsarbeiten entstand ein 320 Meter langes Netz von Gängen. Am 22. Mai 1904 wurde die Höhle als Schauhöhle eröffnet und 1905 eine elektrische Beleuchtung eingebaut. Damit war die Heinrichshöhle eine der ersten Schauhöhlen in Westfalen mit elektrischem Licht. Der Strom kam von einem eigenen Stromerzeuger, da es in Sundwig seinerzeit noch keine Stromversorgung gab. Meise stellte am 8. Mai 1905 im Saal des Hotels unterhalb der Höhle an der Straßenkreuzung erstmals ein zusammengesetztes Bärenskelett aus, das aus der Höhle stammte. Danach wurde es in der Höhle als Schauobjekt aufgestellt.

1940 erhielt die Höhle mit Otto Lehnert einen neuen Besitzer und wurde während des Zweiten Weltkriegs geschlossen. Wie viele andere Höhlen im Sauerland diente sie als Luftschutzbunker. Für kurze Zeit war in der Bärenhalle auch ein Lazarett eingerichtet.

1976 pachtete die Stadt Hemer die Höhle und setzte sie für den Besucherverkehr wieder instand. Im gleichen Jahr wurde die Höhle wieder als Schauhöhle eröffnet. Mitglieder der Arbeitsgemeinschaft Höhle und Karst Sauerland/He-

In der Hemeraner Heinrichshöhle

Hemer

Der Höhlenbär von Hemer

Das Skelett des Höhlenbären

Streng wacht der Höhlenbär vor dem Eingang der Hemeraner Heinrichshöhle.

2002 untersuchten Forscher in der Hemeraner Heinrichshöhle das Skelett eines Höhlenbären, dessen Knochen bereits Anfang des 20. Jahrhunderts entdeckt worden waren. Im Westfälischen Museum für Naturkunde in Münster begannen die Experten anschließend, die Gebeine des imposanten Tieres zu restaurieren.

Zuvor war das Skelett von Mitarbeitern des Hemeraner Museums in der Höhle in etwa 300 Einzelteile zerlegt und in Kisten nach Münster transportiert worden, wo die einzelnen Knochen in mehrwöchiger Arbeit gereinigt und mit einer Lösung aus Kunstharz und Alkohol getränkt wurden.

Durch diese Präparation wurden die Knochen wasserabweisend, bruchfest und widerstandsfähig. Fehlende Stücke ersetzten die Restauratoren durch gegossene Gipsteile. Sie setzten die Knochen an einem Gestell aus Edelstahl an, um so eine natürliche Haltung zu erreichen. Für das Skelett wurde in der Höhle eine neue Vitrine mit Isolierverglasung aufgestellt, mit Halogenbeleuchtung ausgestattet und zur Reduzierung der Luftfeuchtigkeit beheizt. So konnten die Verantwortlichen das Skelett trocken halten, vor Pilzbefall schützen und die Korrosion der Metallteile der Vitrine vermeiden. Nach dreieinhalbmonatiger Restaurierung mit finanzieller Unterstützung der Nordrhein-Westfalen-Stiftung wurde das Skelett in der Vitrine aufgestellt.

Fokus auf Erd- und Stadtgeschichte gleichermaßen

Das Felsenmeermuseum ist weit mehr als »nur« ein Heimatmuseum

Eigentlich ist das 1989 eröffnete Felsenmeermuseum »nur« ein Heimatmuseum. Es ist in der 1902 erbauten, unter Denkmalschutz stehenden Villa Grah in Sundwig untergebracht. Auf drei Etagen bietet das Museum einen Überblick über die Industriegeschichte des heimischen Raumes vom Erzabbau im Felsenmeer bis zur modernen Eisenverarbeitung sowie über die Erd- und Stadtgeschichte. Neben der Dauerausstellung werden in unregelmäßigen Abständen Sonderausstellungen zu unterschiedlichen Themen präsentiert. Träger des Museums ist der Bürger- und Heimatverein Hemer.

Das Felsenmeermuseum konzentriert sich im Bereich der Industriegeschichte Hemers auf den Bergbau im Felsenmeer sowie die Metallverarbeitung. Neben Modellen und Tafeln ist ein erhaltener Rennfeuerofen ausgestellt. Eine Drahtrolle und ein Messingwerk sind als Modelle zu sehen. Die Papierindustrie thematisieren die Museumsbetreiber ebenfalls. Produkte bekannter Hemeraner Firmen zeigen die derzeitige Industriestruktur der Stadt. Auf dem Gebiet der Erdgeschichte stehen die Entstehung der Hemeraner Höhlen und des Felsenmeers im Mittelpunkt. Zusätzlich finden sich Exponate wie Knochenfunde aus der Früh- und Vorzeit.

Das Hemeraner Felsenmeermuseum für Früh- und Stadtgeschichte in der Villa Grah in Sundwig

Der Themenschwerpunkt Stadtgeschichte reicht von der Rekonstruktion eines Frankengrabes aus dem 7. Jahrhundert bis zu Exponaten über den Nationalsozialismus in Hemer. Wesentliche Teile eines Münzfundes mit mehr als 3500 Einzelstücken von 1949 sind ausgestellt. Einige Ausstellungsstücke widmen sich der Herkunft der Vertriebenen. Über die Lebensgeschichten der Hemeraner Friedrich Leopold Woeste, Willibrord Benzler und Hans Prinzhorn wird ebenfalls informiert, unter anderem in Form eines Prinzhorn-Archivs, das weitgehend aus Kopien besteht.

1902 ließ der Fabrikant Peter Grah die stattliche Villa von dem Architekten August Deucker errichten. Diesem gelang es, den im heimischen Raum vorherrschenden Landhausstil mit Elementen des Jugendstils harmonisch zu vereinigen. Das Innere des Hauses zieren zahlreiche Details mit Jugendstilornamenten.

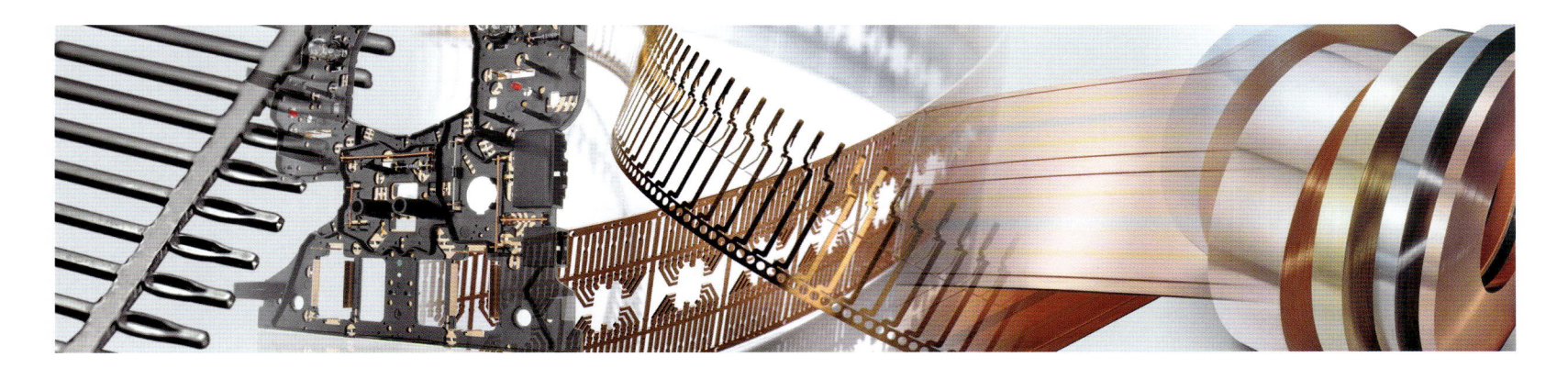

Qualität aus Tradition seit 1698

Diehl Metall Applications Sundwiger Messingwerk GmbH & Co. KG

Das Sundwiger Messingwerk gehört seit 1958 zur Nürnberger Diehl-Gruppe. Diehl, das fränkische Familienunternehmen ist heute entsprechend seiner Produktgruppen in die fünf Teilkonzerne Metall, Controls, Defence, Aerosystems und Metering gegliedert. Die Keimzelle des Unternehmens Diehl, das vor mehr als 100 Jahren als Kunstschmiede in Nürnberg gegründet wurde, liegt im heutigen Teilkonzern Diehl Metall, in dem die Entwicklung und Herstellung von Halbzeugen aus Kupfer und Kupferlegierungen zusammengefasst ist.

Das Geschäftsfeld Walzfabrikate von Diehl Metall ist mit seinen Unternehmenseinheiten Sundwiger Messingwerk (Hemer), The Miller Company (USA) und Diehl Metall Shenzhen (China) Weltmarktführer bei der Herstellung von Bändern aus Bronze für die internationale Connectorindustrie. Aber auch Kupferlegierungen für die Halbleiterindustrie, Leadframes und Stufenbänder befinden sich im Produktprogramm. Münzlegierungen aus Nordic Gold, verwendet zur Herstellung der 10-, 20- und 50-Eurocent-Münzen sowie Neusilberlegierungen für Münzen und zur Fertigung von Schlüsselrohlingen und elektromagnetischen Abschirmungen in Handys runden das Portfolio ab.

Am Standort Hemer stellen rund 300 Mitarbeiter außer Bändern und Folien auch Drähte für Steckverbinder und Fahrleitungen von Hochgeschwindigkeitszügen her. Zum Einsatz kommen sie auch bei der Fertigung von hochgenauen Drehteilen – wie Minen in Kugelschreibern und in der Optikindustrie für Brillengestelle. Neu im Programm sind hochfeste Signalleitungsdrähte auf Basis von Kupfer-Magnesium und Kupfer-Zinn für die Bordnetze in Kraftfahrzeugen.

Den Anforderungen des Marktes folgend wurde die Unternehmenseinheit Diehl Metal Applications (DMA) gegründet. Neben dem Sundwiger Messingwerk gehören zu diesem Zusammenschluss die Unternehmen Diehl Augé Découpage (Besançon), Diehl Power Electronic (Siaugues), OTB Oberflächentechnik sowie Schempp & Decker in Berlin, Diehl Metall Shenzhen und die ZIMK (Zehdenick).

Organisiert als One-Stop-Shop-Konzept bietet die DMA den Kunden ein umfassendes Technologie-Portfolio direkt aus einer Hand. Beginnend mit dem Gießen und Walzen von NE-Metallen über Stanz- und Galvanisiertechnik bis hin zum Umspritzen und Montieren von Baugruppen, fertigt und entwickelt die DMA sowohl innovative Halbzeuge und Einzelprodukte als auch individuell maßgeschneiderte Metall-Kunststoff-Verbund-Systeme und montierte Komponenten für OEMs in den Bereichen Automotive, Elektrotechnik und Elektronik.

Die ständige Optimierung der Fertigungstechnik sowie Investitionen in einen modernen Anlagenpark und innovative – ökologisch und ökonomisch nachhaltige – Produkte, zeichnen das Unternehmen in besonderer Weise aus.

Am Standort Hemer stellen rund 300 Mitarbeiter außer Bändern und Folien auch Drähte für Steckverbinder und Fahrleitungen von Hochgeschwindigkeitszügen her.

Bandproduktion in Hemer

Beitrag von:
Diehl Metal Applications
Sundwiger Messingwerk GmbH & Co. KG
Hönnetalstraße 110 · 58675 Hemer
Tel. (0 23 72) 661-0 · Fax (0 23 72) 661-259
info-smw@diehl.com · www.diehl.com

Hemer

An kleinem Felsenmeer und Paradies

Geotop und Touristenattraktion

700 Meter langes Felsenmeer ist ein Naturschutzgebiet aus Kalkstein

Nur wenige hundert Meter von der Heinrichshöhle entfernt öffnet sich auf der Deilinghofer Hochfläche plötzlich eine tiefe Schlucht mit einer wild zerklüfteten bizarren Felsenlandschaft. Sie liegt in einem 12,9 Hektar großen Naturschutzgebiet: dem Felsenmeer zwischen Sundwig und Deilinghofen. Es ist mehr als 700 Meter lang, 100 bis 200 Meter breit und ganzjährig auf befestigten Wegen zu erkunden.

Im Meer der Felsen

Das Felsenmeer ist durch das Zusammenwirken natürlicher Verkarstung mit einem jahrhundertelangen Bergbau entstanden. Die Entstehung steckt auch heute noch voller Rätsel. Das Felsenmeer gehört zu einem besonders intensiv verkarsteten Teil des am Südrand des Ruhrgebiets verlaufenden Kalkzuges, der auf ein Korallenriff aus dem oberen Mitteldevon (vor etwa 360 bis 380 Millionen Jahren) zurückzuführen ist. Die intensive geologische Beanspruchung dieses Massenkalkzuges bei der Gebirgsbildung im Zeitalter des Karbons führte zu einer riesigen Störungszone. Diese wurde im feucht-warmen Klima des Tertiär vor 20 bis 30 Millionen Jahren durch Auflösung des Kalksteins zu einer Kegelkarstlandschaft geformt. Im Untergrund bildeten sich ausgedehnte Höhlensysteme. Während der Eiszeit wurde diese Landschaft von eingewehtem Lösslehm vollkommen überdeckt.

Seit dem frühen Mittelalter wurde im Felsenmeer zunächst im Tagebau, dann unter Tage Bergbau betrieben. Der Speläo-Gruppe Sauerland sind aktuelle wissenschaftliche Erkenntnisse zu verdanken, so auch, dass der Eisenerztiefbergbau nördlich der Mailinie im Felsenmeer im Mittelalter (950 bis 1150) nachgewiesen werden

Das Felsenmeer ist mehr als 700 Meter lang und zwischen 100 und 200 Meter breit.

konnte. Aktuelle C14-Analysen bestätigten die Erkenntnisse. Die Speläo-Gruppe-Sauerland wurde 1978 mit dem Ziel gegründet, die wissenschaftliche Erforschung der sauerländischen Höhlen und historischen Bergwerke zu fördern.

Nach der Einstellung des Bergbaues 1871 entwickelte sich in dem Klippengebiet des Felsenmeers ein Buchenwald mit artenreicher Bodenfauna. Die Entstehung des Taleinschnittes, in dem das alte Relief der Kegelkarstlandschaft aus dem Tertiär zutage tritt und die bizarre Kalksteinlandschaft des eigentlichen Felsenmeeres bildet, ist bis heute nicht völlig geklärt. Es ist ein kompliziertes Gemisch aus Geotop, Biotop und bergbaulichem Bodendenkmal.

1962 machten die Verantwortlichen das Felsenmeer aufgrund seiner herausragenden naturhistorischen, erdgeschichtlichen und kulturhistorischen Bedeutung zum Naturschutzgebiet. 2004 wurde die Schutzfläche auf insgesamt 35 Hektar erweitert und 2006 wurde das Felsenmeer aufgrund seiner Einmaligkeit in Deutschland von der Akademie für Geowissenschaften zu Hannover als »Nationales Geotop« ausgezeichnet. Es gehört damit zu den 77 bedeutendsten Geotopen in Deutschland.

Aufgrund seiner Erscheinungsform wird das Gebiet in drei Bereiche eingeteilt: das »Große Felsenmeer«, das »Kleine Felsenmeer« und das »Paradies«. Der gesamte Bereich ist von einem sehr alten Buchenwald gesäumt. Zum Teil liegen die Bäume umgestürzt kreuz und quer über den Felsen. Viele seltene Tier- und Pflanzenarten besiedeln den Wald, das Totholz und die kühlen und feuchten Felsspalten. Über das gesamte Areal verteilt befinden sich viele tiefe Klüfte und Spalten – nur leicht abgedeckt mit losem Zweigwerk und nassem, rutschigen Laub.

Auch eine Sage beschäftigt sich intensiv mit der Entstehung des Felsenmeeres. Im heutigen Gebiet um den Sundwiger Wald hatten sich in grauer Vorzeit Zwerge niedergelassen. Unter den Felsen suchten sie nach Gold, Silber, Edelsteinen und anderem Edelmetall. Der berühmte Zwergenkönig Alberich war Herr über all die Schätze. Nun hörten die benachbarten Riesen von dem Reichtum und machten sich auf, die Felsenburg der Zwerge zu plündern. Die Kleinen konnten sich in den hintersten unterirdischen Gängen vor den Riesen verstecken, während diese nur bis in die große Felsenhalle kamen. Plötzlich sprach Alberich einen Zauberspruch und die Decke der Felsenhalle stürzte auf die Riesen. Seit diesem Ereignis befindet sich an dieser Stelle das Felsenmeer. Einen Grabstein eines Riesen kann man heute noch sehen: Eine Felsplatte mit einem Bildnis des Riesen wurde im Paradies aufgestellt.

Eine Aussichtsplattform bietet einen atemberaubenden Blick über das Hemeraner Felsenmeer.

Rückzugsmöglichkeiten für die Zwerge

Hemer

Tradition und Präzision aus Leidenschaft

LANG+MENKE: Stanzteile aus Hemer für die ganze Welt

Im Frühjahr 1948, keine drei Jahre nach Kriegsende, begannen die Firmengründer Rudolf Lang und Karl Menke mit dem Aufbau ihres gemeinsamen Unternehmens in Hemer-Westig. Heute beschäftigt LANG+MENKE 200 Mitarbeiter und stellt Präzisionsstanzteile für den Automotive-Bereich und die Hausgeräte-Industrie her. An zwei Standorten in Hemer – in Westig und in Deilinghofen – werden Präzisionsstanzteile und seit 2005 auch Kunststoff-Metall-Hybridteile für Kunden rund um den Globus hergestellt.

Zu den Hauptprodukten im Bereich der Elektromotorenindustrie gehören Kohlebürstenhalter, Klemmbrillen, Federscheiben, Sperrelemente und Blatt-, Flach- und Formfedern. Verarbeitet werden alle Eisen- und Nichteisen-Bandmaterialien bis zu einer Dicke von 3 Millimetern.

Zu finden sind die Bauelemente in Geräten des alltäglichen Gebrauchs wie zum Beispiel elektrischen Zahnbürsten, Rasierapparaten, elektrischen Fensterhebern und Waschmaschinen.

Aus Motivation handelnde Mitarbeiter und Fertigungsanlagen höchsten technischen Standards sind der Garant für Kundenbindung und Kundenzufriedenheit. So ist das Unternehmen beispielsweise nach den einschlägigen Standards DIN EN ISO 14001 und ISO/TS 16949 zertifiziert. Dies sichert nicht nur die Qualität der Produkte, sondern gleichermaßen auch die Zukunft des Standorts Hemer.

Um auch zukünftig mit exzellenten Mitarbeitern Produkte zu entwickeln und zu fertigen, legt das Unternehmen besonderen Wert auf die Ausbildung. Die betriebseigene Lehrwerkstatt bildet etwa 15 Werkzeugmechaniker aus, die sicher

Der Firmensitz der Firma LANG+MENKE in Hemer

sein können, nach erfolgreichem Abschluss übernommen zu werden. Auch die Ausbildung von Industriekaufleuten wird angeboten.

Von der Idee bis zur Serienreife bietet LANG+MENKE dem Kunden durchgängige Lösungen an. So verfügt das Unternehmen über eine eigene Konstruktions- und Entwicklungsabteilung sowie über einen mit modernsten Geräten eingerichteten eigenen Werkzeugbau. In der Fertigung bestimmen Hochleistungsstanzautomaten sowie Hochleistungsstanzbiegeautomaten das Bild. Als nachgeschaltete Prozesse werden die Entgrattechnologie und das bainitische und martensitische Härten angeboten.

Seit 2005 werden auch Kunststoff-Metall-Hybridbauteile entwickelt und hergestellt. Hierbei besteht die Möglichkeit, die zuvor hergestellten Stanzartikel mit allen üblichen technischen Thermoplasten zu umspritzen. Für eines dieser Produkte, das in vielen Rasierapparaten eine zentrale Funktion übernimmt, erhielt LANG+MENKE 2007 den Hemeraner Innovations- und Technikpreis.

Ein 2008 neu errichtetes Logistikgebäude ermöglicht es, den hohen Anforderungen der Kunden bezüglich weltweiter Just-in-time-Anlieferungen gerecht zu werden.

Auch zukünftig bleibt LANG+MENKE dem Standort Hemer treu, den Mitarbeitern verpflichtet und zuversichtlich, seine Kunden mit Beständigkeit und Innovationen zu unterstützen.

Klemmbrille

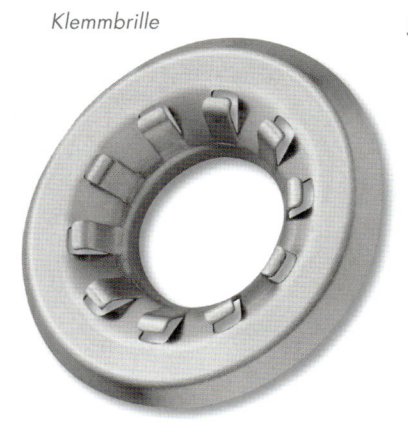

Sperrelement

Kohlebürstenhalter

LANG+MENKE
PRÄZISIONS-STANZTEILE
L+M

Beitrag von:
Ing. LANG+MENKE GmbH
Altenaer Straße 1–13 · 58675 Hemer
Tel. (0 23 72) 5 00 70 · Fax (0 23 72) 1 78 66
marketing@langmenke.de · www.langmenke.de

Immergrün – Garten- und Landschaftsbau für die Umwelt

Zahlreiche Auszeichnungen für traditionsreiches Hemeraner Unternehmen

Garten- und Landschaftsbau der Marke Immergrün aus Hemer, das ist vielseitiger als es kaum sein könnte. Es bedeutet Dach- und Fassadenbegrünung, Schwimmteiche, Biotope, Bachläufe, Springbrunnen, Regenwassernutzung, ökologische Pflasterungen, Tiefbau, Gartenpflege, Licht im Garten, Innenraumbegrünung, Renaturierung, Rigolen, Wildwiesen, Natursteinmauern, Spezialaufgaben – eben das gesamte Spektrum. Inhaber Klaus Hölcke kümmert sich um alles, vom kleinen Garten bis zur großen Anlage, von der ökologischen Pflasterung bis zur Renaturierung und Wildwiesen. Selbstverständlich werden auch spezielle Aufträge jederzeit und gern in Angriff genommen.

1970 begann der Hemeraner Klaus Hölcke mit dem chemiefreien Anbau von Rot- und Blaufichten, den ökologischen Weihnachtsbäumen. Zwei Jahre später baute er auf dem eigenen Betriebsgelände ein 300 Quadratmeter großes Biotop, das den einheimischen Amphibien als Schutzzone dient. Seit 1972 betreibt Hölcke aktiv Regenwassernutzung – im Betrieb, wie auch privat. Bei Immergrün werden rund 240 000 Liter Regenwasser in verschiedenen Systemen für Bewässerung, Toiletten und Waschmaschine gespeichert. 1973 installierte er im Betrieb eine Wärmepumpe. In drei bis fünf Metern Tiefe wurden auf dem 5000 Quadratmeter großen Gelände zehn Kilometer Kälteschlangen verlegt.

1989 baute Hölcke die erste Windkraftanlage Südwestfalens, die auch heute noch mehr Strom liefert, als sein Unternehmen braucht. Der Rest wird eingespeist. Ein Jahr später folgte bereits die nächste technische Neuerung: Die Gasheizungen für die Immergrün-Gewächshäuser gewährleisteten fortan eine Wärmeausnutzung von 100 Prozent, da die Abgase (CO_2) zur Düngung dienen.

Bereits vor 15 Jahren wurde ein Teil des Immergrün-Fuhrparks auf Biodiesel umgerüstet. Heute laufen diese Fahrzeuge mit heimischem Rapsöl. In den nächsten Jahren folgten etliche weitere Projekte, darunter ein Mischwald aus 45 000 eigenhändig gepflanzten Bäumen.

Klaus Hölcke widmet sich gern dem Besonderen. So startete er zum Beispiel 2009 ein Projekt für das Luxus-Öko-Hotel »The Scarlet« in North Cornwall. Dort baute er mit seinem Team innerhalb von fünf Monaten einen 280 Quadratmeter großen Naturpool. Der hat so beeindruckt, dass ihn das Online-Magazin der britischen »TIMES« auf Platz 14 der weltbesten Hotelpools wählte.

Klaus Hölcke und Immergrün können sich bereits mit etlichen Auszeichnungen schmücken, unter anderem mit der Klimaschutzurkunde für vorbildliche Leistungen im Bereich Corporate Social Responsibility und Klimaschutz 2007 oder im gleichen Jahr mit den Klimaschutzpreisen durch die Stadt Herne und RWE Westfalen-Weser-Ems. Mit zahlreichen Preisen und Auszeichnungen bedachten die Stadt Hemer und Städte und Organisationen in der Region Hölcke. Im Juni 2009 gründete der Garten- und Landschaftsbauer den Umweltschutzverein Hemer.

Naturidylle

Für das Luxus-Öko-Hotel »The Scarlet« in North Cornwall baute Klaus Hölcke mit seinem Team innerhalb von fünf Monaten einen 280 Quadratmeter großen Naturpool.

Eine Anlage der Marke Immergrün

Beitrag von:
Immergrün · Klaus Hölcke
Unter dem Kehlberg 19
58675 Hemer
Tel. (0 23 72) 1 40 42
Fax (0 23 72) 46 16
info@immergruen.de
www.immergruen.de

Herscheid

Die Naturparkgemeinde im Ebbegebirge

Herscheid als Wohngemeinde, Erholungs- und Wintersportstandort von Bedeutung

Herscheid präsentiert sich heute mehr denn je als Naturparkgemeinde mit hohem Erholungs- und Wohnwert. Herscheid hat bereits seit Jahren den Spagat zwischen Fremdenverkehrs- und Industriegemeinde zu meistern – und bereits bewiesen, dass die Förderung der heimischen Industrie und die Ansiedlung neuer Betriebe im Einklang mit Natur und Landschaft gleichzeitig möglich sind.

Herscheid liegt in seiner gesamten Ausdehnung von rund 59 Quadratkilometern mitten im »Naturpark Ebbegebirge« und besteht aus einer abwechslungsreich und vielförmig gestalteten Mittelgebirgslandschaft, die zu fast 60 Prozent bewaldet ist. Herscheid bietet sich aufgrund der zahlreichen Sport- und Freizeitmöglichkeiten für den Wochenend- oder kurzen Ferienaufenthalt sowie für den Tagesausflug an. Durch die im Westen verlaufende Sauerlandlinie ist die Ebbegemeinde aus den benachbarten Zentren Hagen, Dortmund, Siegen, Köln, Düsseldorf und auch Münster leicht zu erreichen.

Im Süden reicht die Herscheider Gemeindefläche bis zum Kamm des Ebbegebirges mit der Nordhelle auf 663 Metern Höhe als höchster Erhebung Herscheids und des Märkischen Kreises – sowie des gesamten nordwestlichen Sauerlandes. Ähnlich hohe Berge wie im Herscheider Hochland gibt es nirgendwo zwischen der Nordhelle und der Nordseeküste.

Der Lebensraum für die rund 7400 Einwohnerinnen und Einwohner umfasst nicht einmal fünf Prozent der gemeindlichen Flächen. Mit 124 Einwohnern je Quadratkilometer ist Herscheid die Gemeinde mit der geringsten Siedlungsdichte im gesamten Märkischen Kreis.

Aufgrund der guten Schneelagen spielt das Herscheider Bergland zudem eine zentrale Rolle als Wintersport- und Erholungslandschaft. Es bietet heilklimatische Elemente. In den kälteren Jahreszeiten führt die Lage über dem Dunst- und Nebelmeer der benachbarten tieferen Landschaften zu günstigeren Sonnenscheinverhältnissen und der Schnee-Regen-Wechsel zu einer häufigen und meist intensiven Reinigung der bodennahen Luftmassen. Im Sommer reizt die Frische zahlreiche Menschen aus den zeitweise schwülen Nachbarräumen an Rhein, Wupper und Ruhr zu einem Besuch der Ober- und Hochlandregionen in Herscheid und Umgebung.

Die reizvolle Landschaft, die Weitläufigkeit der Wälder, Wiesen und Felder sowie das gut markierte und weit mehr als 200 Kilometer lange Wanderwegenetz des SGV in Verbindung mit

Die Gemeinde Herscheid mit dem Flugplatz in Hüinghausen ist auch für Luftsport bekannt.

In Herscheid

Der Flugplatz in Hüinghausen

Herscheid

der vom Naturpark veranlassten Infrastruktur haben die Ebbegemeinde Herscheid zu einer weit über die Kreisgrenzen bekannten und beliebten Wanderregion gemacht.

Freunde des Wintersports finden kleinere Ski- und Rodelhänge vor. Für Skilangläufer rundet insbesondere eine weitläufig maschinell gespurte Loipe von etwa 20 Kilometern Länge das Wintersportangebot ab.

Der Ebbehang ist im Sommer mittlerweile zu einem gern besuchten Übungsgelände für Drachen- und Gleitschirmflieger geworden. Darüber hinaus sind Wassersport und Camping an der Oestertalsperre, Minigolf, Tennis sowie Segelflug und Reiten möglich. Auch das idyllisch im Bruchbachtal gelegene Warmwasserfreibad zählt ohne Zweifel zu den Attraktionen Herscheids.

Herscheid avancierte längst zur außerordentlich beliebten Wohngemeinde. Die landschaftlichen Vorzüge und die geschaffenen Freizeiteinrichtungen haben zu einem kontinuierlichen Bevölkerungszuwachs geführt, der die Schaffung neuer Wohngebiete erforderlich machte. Allein in den vergangenen zehn Jahren ist die Einwohnerzahl um fast zehn Prozent gestiegen. Die Entwicklung

Brunnen vor dem Rathaus

Das Herscheider Rathaus

Im Winter

Im Dorf

Pferde in Wellin

der Gemeinde ist darauf ausgerichtet, ihre Qualität als Wohngemeinde zu erhalten und zu verbessern. Auf Familien- und Seniorenfreundlichkeit wird dabei besonderer Wert gelegt.

Aufgabe der Industriegemeinde ist es schließlich, den ansässigen Betrieben Expansionsmöglichkeiten zu bieten und neue Unternehmen am verkehrsgünstig gelegenen Standort anzusiedeln. Dies galt und gilt insbesondere für das Industriegebiet Friedlin-Sängerweg und das Mischgebiet Müggenbruch.

»Hertsceido« 1072 erstmals urkundlich erwähnt

Landwirtschaft, Jagd und Fischfang bildeten jahrhundertelang die Lebensgrundlage der Einwohner

Herscheid wurde 1072 in einer Stiftungsurkunde des Bischofs Anno von Köln unter dem Namen »Hertsceido« zum ersten Mal urkundlich erwähnt. Doch gehen die Experten davon aus, dass Siedlungen auf Herscheider Gebiet bereits im 4. Jahrhundert entstanden sind.

1072 übertrug Erzbischof Anno II. von Köln die Kirche zu Herscheid dem Benediktinerkloster Grafschaft »zur Kleidung und Nahrung der Mönche«. Vom 12. Jahrhundert bis zur Gerichtsreform 1753 bildete das Kirchspiel Herscheid einen eigenen Gerichtsbezirk. Die Verwaltung des Kirchspiels erfolgte vom 15. Jahrhundert bis 1753 durch den örtlichen Richter und fünf Bauernschaftsvorsteher.

An die Stelle des Richters trat bis zur Besetzung durch französische Soldaten 1809 ein Ortsvorsteher. Unabhängige und freie Bauern wählten auf den Erbentagen die Vorsteher. Von 1806 bis 1814 bestand die Mairie Ebbe, zu der auch Valbert gehörte. Landwirtschaft, Jagd und Fischfang bildeten jahrhundertelang die Lebensgrundlage der Einwohner. Der schwere Existenzkampf der Herscheider Bauern wurde fühlbar erleichtert, als um 1200 an das Kirchspiel die so genannte Herscheider Mark, eine Fläche von 4470 Morgen Wald, zur allgemeinen Nutzung auf genossenschaftlicher Basis übertragen wurde.

1862 äscherte ein verheerender Brand bei großer Dürre im Dorf 34 strohgedeckte Häuser ein. Kriege und Kriegslasten führten vom 17. bis Anfang des 19. Jahrhunderts zu einer Verarmung der Bauern. Der karge Boden und die ungünstigen klimatischen Verhältnisse zwangen die Bewohner bereits im 15. Jahrhundert zu gewerblicher Tätigkeit. Die Bergbautätigkeit, die bereits im 13. Jahrhundert startete, erreichte mit dem Abbau von Erz in den heimischen Bergen im 16. Jahrhundert ihren Höhepunkt. Später entwickelten sich an den Bachläufen, deren Wasserkraft ausgenutzt wurde, Hammerwerke, die mit dem Osemund ein leicht formbares Schmiedeeisen erzeugten. Besitzer der Osemundhämmer waren die Reidemeister, gut betuchte Grundbesitzer.

Ein Blickfang aus dem Jahr 1687 – mitten in Herscheid

Anfang des 19. Jahrhunderts gelang es im Ruhrgebiet, durch ein wesentlich billigeres Verfahren Schmiedeeisen herzustellen. Dadurch musste die Herscheider Industrie auf die Fertigung von Kleineisenwaren aller Art umstellen; eine Produktion, die zwischenzeitlich selbstverständlich durch Kunststofferzeugnisse ergänzt wird. Durch die im Kriegsjahr 1915 fertig gestellte Stichbahn von Plettenberg nach Herscheid – die nie bis Lüdenscheid weitergebaut wurde – erhielt Herscheid Anschluss an das Bahnnetz, was sich sehr förderlich auf die wirtschaftliche Entwicklung auswirkte.

In der Zeit nach dem Zweiten Weltkrieg wuchsen vor allem Herscheid und Hüinghausen stark. Größere Einfamilienhausgebiete entstanden und durch einen verbesserten Straßenausbau wurde Herscheid auch für in Lüdenscheid oder Plettenberg tätige Berufspendler als Wohnort interessant.

Als Wohngemeinde genießt Herscheid im Umland einen außerordentlich guten Ruf.

Apostelkirche erhielt erst 1971 ihren Namen

Die Anfänge der heutigen Apostelkirche reichen bis ins 11. Jahrhundert zurück. Eine Kirche an der Stelle, wo sie heute steht, wurde bereits 1072 erwähnt, als Erzbischof Anno II. von Köln sie dem neu gegründeten Kloster Grafschaft schenkte. Es handelt sich um eine romanische dreischiffige Hallenkirche mit einem angedeuteten Querschiff, einem spätgotischen Chor und einem Westturm. Der ehemalige spätgotische Altar vom Ende des 15. beziehungsweise Beginn des 16. Jahrhunderts befindet sich seit 1881 nicht mehr in der Kirche. Er steht jetzt im Burgmuseum Altena.

Erst seit 1971 trägt das Gotteshaus den Namen Apostelkirche. Anlass für die Benennung waren die das Innere der Kirche schmückenden Kunstwerke. Dies sind zum einen das die Apostel der Kirche darstellende Fresko an der nördlichen Chorraumwand. Ebenfalls relevant für den neuen Namen waren die Figuren in den Nischen rechts und links des Chorraums sowie an der Turmwand. Auch die heute die Wände der Kirche verzierenden Apostelbilder aus der Barockzeit trugen ihren Teil dazu bei. Ohne Zweifel das wertvollste Stück in der Apostelkirche ist das Chorgestühl aus dem Jahre 1548.

Die Herscheider Apostelkirche

In Dunkelheit bietet die Apostelkirche ein besonders eindrucksvolles Bild.

Attraktion Kürbismarkt Rärin

Sie kommen zu Tausenden aus dem gesamten Umland und alle wollen ihn haben. Um ihn zu essen. Oder sie brauchen ihn als Halloweenfigur. Oder als imposante Deko. Jedes Jahr geht es Anfang Oktober rund im Herscheider Ortsteil Rärin. Alles dreht sich dann um unzählige verschiedene Kürbissorten. Der traditionelle Kürbismarkt steht an.

Markt-Verantwortliche, Marktteilnehmer und die Räriner selbst rollen dann tonnenweise Kürbisse in allen Farben, Größen und Formen an. Rund 80 – meist private – Anbieter präsentieren jede Menge Artikel rund um das begehrte Herbstgemüse. Das Angebot reicht vom Kürbiskuchen über Kürbiswein bis hin zur schmackhaften Kürbismarmelade. Darüber hinaus können sich die Besucherinnen und Besucher auf landwirtschaftliche Produkte vom Metzger, Imker oder aus Käsereien freuen.

Der Kürbismarktmarkt in Rärin hat sich längst als Traditionsveranstaltung etabliert.

An Bedeutung gewonnen hat das Kunsthandwerk auf dem Räriner Kürbismarkt. Bastel- und Holzarbeiten, Dekorationsmaterial, Töpferwaren, Stickereien, Patchworkarbeiten oder auch Backzubehör werden zwischenzeitlich reichlich angeboten.

Tonnenweise Kürbisse der unterschiedlichsten Sorten für die unterschiedlichsten Zwecke sind Anfang Oktober in Rärin zu entdecken.

Herscheid

Der Ahe-Hammer

Der Ahe-Hammer kann auch heute noch betrieben werden.

Der Ahe-Hammer, eines der schönsten technischen Kulturdenkmale weit und breit, wurde bereits 1562 erstmals urkundlich erwähnt. Bis 1945 betrieb die Familie Brünninghaus das im Tal der schwarzen Ahe gelegene Hammerwerk. In dem Schmiedehammer wurde das Osemundeisen hergestellt, aus dem später Draht gezogen wurde. Die beiden zur Anlage gehörenden Hämmer (90 und 160 Kilogramm) wurden direkt über ein eigenes Wasserrad und das Wasser der Ahe, das in einem Hammerteich gestaut wurde, angetrieben. Ein Wasserrad diente zudem der Winderzeugung an den beiden Schmiedefeuern. Die gesamte Anlage ist bereits 1950 als museales Schaustück eingerichtet worden und kann heute noch betrieben werden.

Das Bruchsteingebäude unter dem flach herabgezogenen Satteldach taucht unter anderem in einem Verzeichnis von 1767 auf. Die Schmiede erhielt 1883/1884 durch einen Umbau ihre jetzige Form. Bis 1941 wurde das Roheisen in Herdfeuern erhitzt und an zwei so genannten Schwanzhämmern bearbeitet.

Der Herscheider Spieker

Der Herscheider Spieker

Der alte Spieker in der Dorfmitte ist ein Wahrzeichen der Ebbegemeinde. Das Fachwerkgebäude nahe der Apostelkirche diente einst dazu, die Naturalien aufzunehmen, die an die Kirche abgeführt werden mussten. Der Spieker ist eines der ältesten Bauwerke Herscheids. Das eigentliche Hauptgebäude entstand um 1800 in seiner jetzigen Form. 1984 wurde der Spieker unter Denkmalschutz gestellt und 2005 ging er in den Besitz der Gemeinde über. Seit 2006 befinden sich die Bücherei und das Trauzimmer, seit 2009 auch die Heimatstube im Spieker. In den liebevoll eingerichteten Räumen laden zahlreiche Ausstellungsstücke zu einer Zeitreise ein: Haushaltsgeräte, Einrichtungsgegenstände, Werkzeuge, Bilder und vieles mehr.

Der Spieker-Komplex besteht aus einem Bruchsteinhaus aus dem 15. oder 16. Jahrhundert und einem wesentlich jüngeren Fachwerkhaus mit angebautem Pferdestall. 1686 brannte der Spieker bei einem Dorfbrand bis auf die Bruchsteinmauer nieder. Von 1759 an war der Spieker Kirchhofsgut im Besitz von Peter Pollmann. 1794 erwarb die Familie Alberts das halbe Spiekergut. Sie ließ 1820 auf dem alten Fundament das heutige Fachwerkgebäude mit Pferdestall errichten. 1822 kaufte Joh. Died. Alberts auch den zweiten Teil des Spiekergutes. Der Spieker diente bis 1884 als Gastwirtschaft, der Landwirtschaft und einem Fuhrgeschäft. Vor dem Zweiten Weltkrieg befand sich dort ein Woll- und Wäschegeschäft.

Die Dampflokomotive Nr. 60 »Bieberlies«

Und die Bieberlies dampft weiter

Verein Märkische Museums-Eisenbahn hält Erinnerungen an alte Zeiten wach

Die »Schätzchen« hatten weit weg vom Märkischen Kreis auf den Nordseeinseln Juist und Spiekeroog ihre Runden gedreht. Als die Schmalspurbahnen stillgelegt wurden, war die letzte Chance gekommen, die Schmalspurfahrzeuge von Kleinbahnen des Sauerlandes »nach Hause« zu holen. Engagierte und ambitionierte Fans packten die Möglichkeit beim Schopfe, die Originalfahrzeuge zu restaurieren und auf einer Museumsbahnstrecke auf geeignetem Gelände in Betrieb zu zeigen. Sie gründeten am 14. Juli 1982 in Plettenberg den Verein Märkische Museums-Eisenbahn e.V. (MME). Sie kauften die Wagen und so kamen die Waggons der Kreis Altenaer Eisenbahn und der Plettenberger Kleinbahn zurück. Die Firma Graeka in Plettenberg-Eiringhausen,

auf deren Betriebsgelände noch ein Gleisrest aus der Kleinbahnzeit vorhanden war, bot dem Verein eine vorläufige Abstellgelegenheit und ermöglichte in einem alten Kesselhaus, in dem eine provisorische Werkstatt eingerichtet wurde, den Beginn der Restaurierungsarbeiten. Das war der Anfang einer Geschichte, die heute mehr denn je mit dem Namen »Bieberlies« verbunden ist.

Die Märkische Museums-Eisenbahn hält die Erinnerung an eine wichtige, aber längst vergangene Epoche der Verkehrsgeschichte wach. Die Aktiven zeigen heute die Besonderheiten einer Schmalspurbahn im Sauerland auf, indem auch originalgetreue Fahrzeuge eingesetzt und typische Betriebsformen auf 1000 Millimeter-Spur vorgeführt werden. Zwi-

Am 27. Mai 1992 wurde die Lok feierlich auf den Namen »Bieberlies« getauft.

114

Herscheid

Zwischen Mai und Oktober rollen die Züge der »Sauerländer Kleinbahn« gemütlich durch die Landschaft des Elsetals und vermitteln den Besuchern das Reisegefühl vergangener Jahrzehnte.

Am Heimatbahnhof in Hüinghausen

schen Mai und Oktober rollen die Züge der »Sauerländer Kleinbahn« gemütlich durch die Landschaft des Elsetals und vermitteln den Besuchern das Reisegefühl vergangener Jahrzehnte.

Die Kleinbahnen leisteten seinerzeit einen wichtigen Beitrag zur Entwicklung der Industrie im märkischen Sauerland. Sie erschlossen die engen Seitentäler, die von den Hauptstrecken im Lenne-, Volme- und Ruhrtal nicht erreicht wurden. Da der Staat an solchen Bahnen nicht interessiert war, wurden sie privat betrieben. Sie brachten den zahllosen Metall verarbeitenden Betrieben den Anschluss an die weite Welt.

»Bieberlies« das Aushängeschild

Eng verknüpft ist die Kleinbahngeschichte mit der Dampflokomotive Nr. 60 »Bieberlies«, ursprünglich Nr. 2 der Kleinbahn Gießen – Bieber. In den 1920er Jahren beschaffte sich die meterspurige Kleinbahn Gießen – Bieber insgesamt drei baugleiche Lokomotiven von der Firma Henschel & Sohn. Bei der Kleinbahn wurde die Lok zuerst als Nr. 2 und später aus unbekannten Gründen als Nr. 60 bezeichnet.

Nach der Einstellung der Bahn 1964 blieb sie als einzige Maschine erhalten. Von zwei jungen Männern wurde sie mit Unterstützung des Werkmeisters der Bahn äußerlich restauriert und als Denkmal vor einem Hotel aufgestellt. 1985 konnte die Märkische Museums-Eisenbahn die Lok als Dauerleihgabe übernehmen und überführte sie von ihrem Denkmalsockel nach Hüinghausen. Jedoch erst Ende der 1980er Jahre bot sich die Möglichkeit, bei zwei Siegerländer Firmen den Kessel instand zu setzen. Am 27. Mai 1992 wurde die Lok feierlich auf den Namen »Bieberlies« getauft.

Die Plettenberger Kleinbahn (PKB)

Ein historisches Vorbild der Museums-Eisenbahn zwischen Hüinghausen und Plettenberg ist die Plettenberger Kleinbahn (PKB). 1896 wurde die Plettenberger Straßenbahn, später die Plettenberger Kleinbahn AG gegründet. Zunächst gab es die Stammbahn zwischen Eiringhausen und dem Maiplatz in der Stadtmitte. Dort gabelte sich die Strecke zur Herscheider Straße und zur Uhlandstraße. 1902 wurde in der Herscheider Straße die Elsetalbahn weitergeführt, 1903 von der Uhlandstraße die Oestertalbahn. 1962 wurde die Plettenberger Kleinbahn stillgelegt und abgebaut.

Durch die zahlreichen Fabrikanschlüsse im Stadtgebiet fuhr die PKB mit ihren Kastenloks wie eine Straßenbahn auf den Straßen. Auf Rollwagen brachte sie unermüdlich regelspurige Güterwagen zu den Firmen im Stadtgebiet und zurück nach Eiringhausen, wo der Anschluss zur Ruhr-Sieg-Strecke bestand. Ab 1915 war Oberstadt der offizielle Übergabebahnhof. Personenverkehr fand im bescheidenen Rahmen statt und musste sich dem Güterverkehr unterordnen. Beliebt waren die sonntäglichen Bahnausflüge zur Oestertalsperre in Himmelmert.

Viel ist nicht von der Plettenberger Kleinbahn übrig geblieben. Eine einzige Kastenlok, die Lok3 (II.) fährt beim Deutschen Eisenbahn-Verein in Bruchhausen-Vilsen und die Märkische Museums-Eisenbahn e.V. besitzt seit 2008 einen frisch restaurierten offen Güterwagen Nr. 31.

1985 konnte die Märkische Museums-Eisenbahn die Lok als Dauerleihgabe übernehmen.

Iserlohn

Wirtschaftskraft + Wohnwert = Iserlohn

Waldstadt mit knapp 100 000 Einwohnern auch die größte Stadt im Märkischen Kreis

Mit knapp 100 000 Einwohnern ist Iserlohn die mit Abstand größte Stadt des Märkischen Kreises. Iserlohn genießt nicht umsonst den Namen Waldstadt. Denn eben dieser Umstand – von unendlich viel Grün umgeben zu sein – ist ein Gutteil für den ausgezeichneten Wohn- und Freizeitwert Iserlohns verantwortlich. Iserlohn ist aber nicht nur Natur. Neben viel Industrie gibt es auch Etliches zu sehen: die Oberste Stadtkirche mit ihrem gotischen Flügelaltar und die benachbarte Pankratiuskirche aus dem 9. Jahrhundert, die mittelalterliche Stadtmauer, der barocke Bürgerpalast des Stadtmuseums, Fachwerkhäuser aus dem Spätmittelalter ... Besondere historische Bauwerke existieren zahlreich in der Stadt.

Dank seiner Gesamtfläche von mehr als 12 500 Hektar hat Iserlohn seinen Waldstadt-Charme bis heute bewahren können. Mehr als 9000 Hektar entfallen nämlich auf Wald und landwirtschaftlich genutzte Flächen. Dennoch ist die industrielle Produktion nach wie vor gegenwärtig und von immenser Bedeutung. Nicht umsonst leitet sich der Name Iserlohn von »Eisenwald« ab.

Ganz in der Nähe des Iserlohner Zentrums liegen auf der Alexanderhöhe mit dem Parktheater, den Parkhallenbetrieben, Rupenteich und der Stadtwaldzone bedeutende Freizeit- und Kultureinrichtungen. Ein zweiter Schwerpunkt ist im Seilerseegebiet mit Eissporthalle, Tennisplätzen, Schwimmbädern, Minigolfanlage, Reithalle, Cafés, Gasthöfen und Hotels zu finden.

Die Stadt Iserlohn will die Alexanderhöhe verkehrstechnisch neu erschließen und gestalten. Das ruhige Wohnen dort stand und steht im starken Widerspruch zum Veranstaltungsbetrieb in der Parkhalle, der für viel Lärm sorgt. Ein städtebaulicher Wettbewerb brachte 32 Pläne für eine neue Halle. Die Probleme der Straßenführung auf der Alexanderhöhe wurden jedoch nicht gelöst.

Einem gemütlichen Einkaufsbummel durch die Waldstadt steht nichts im Wege.

Iserlohn ist heute längst nicht nur die Kernstadt. Ein zweites Zentrum findet sich im Stadtteil Letmathe rund um den »Kiliansdom«, die Katholische Pfarrkirche St. Kilian. In Letmathe liegt mit der Dechenhöhle auch eine der größten und schönsten Tropfsteinhöhlen Deutschlands. Mehr als nur einen Besuch wert ist darüber hinaus das benachbarte Oestrich mit seinem reizvollen historischen Ortskern. Landschaft pur bietet der südliche Stadtwald mit herrlicher Aussicht vom Danzturm.

Das Iserlohner Rathaus

Iserlohn

Zu einem mittlerweile überregionalen Anziehungspunkt hat sich die historische Fabrikanlage Maste-Barendorf entwickelt. Das alte Fabrikdorf aus dem frühen 19. Jahrhundert zählt zu den bedeutendsten technischen Denkmälern Südwestfalens, ist Ankerpunkt der vor- und frühindustriellen Technikroute »Wasser EisenLand« sowie Bestandteil der Europäischen Route der Industriekultur. Neben mehreren Künstlerateliers und einem Café befinden sich dort auch das Nadelmuseum, eine Haarnadelfabrik sowie eine Gelbgießerei, in der sich bei regelmäßig stattfindenden Vorführungen hautnah der Guss von Messingteilen miterleben lässt. Eine Vielzahl weiterer Kulturveranstaltungen lädt über das Jahr hinweg ins Museumsdorf ein.

Die mehr als 200 Kilometer langen Wanderwege verbinden attraktive Ausflugsziele wie die Hochfläche Kesberns, die Ebenen und Hänge von Sümmern, Hennen, Kalthof, Lössel und Dröschede. Auch Sport wird in Iserlohn großgeschrieben: In mehr als 180 Turn- und Sportvereinen mit fast 80 Sportarten von Badminton über Handball, Segelfliegen bis zu Taekwondo und Reiten ist für jeden etwas dabei. Neben der Förderung der Hochleistungssportler wird vor allem Wert auf die Jugendarbeit und den Ausbau des Breitensports gelegt. Populärstes sportliches Aushängeschild der Stadt sind sicherlich die Iserlohn Roosters, die Eishockeyfans regelmäßig längst nicht nur aus dem Märkischen Kreis, sondern weit darüber hinaus in die Eissporthalle locken.

Die Iserlohner Parkhalle auf der Alexanderhöhe

Nicht nur die reizvolle Lage und das Kultur- und Freizeitangebot haben Iserlohn zum Anziehungspunkt gemacht. Die Waldstadt bietet auch ein interessantes Einkaufserlebnis. Der gesamte City-Bereich ist für Fußgänger ausgebaut. Die großen Kaufhäuser, die Neue Marktpassage, gut sortierte Einzelhändler und kleine Boutiquen halten für jeden Geschmack und Geldbeutel ein abwechslungsreiches Angebot bereit. Nicht zuletzt die hervorragenden Parkmöglichkeiten sorgen dafür, dass aus den umliegenden Regionen zahlreiche Besucherinnen und Besucher zum Einkaufsbummel nach Iserlohn kommen.

Die Iserlohner Einkaufsmeile in der Innenstadt ist als Fußgängerzone ausgewiesen.

Kunst in der Stadt

Als wirtschaftliche Basis Iserlohns gilt neben der Metall verarbeitenden Industrie mit den Schwerpunkten Zieherei-Stahlverformung, Stahl- und Leichtmetall- sowie Maschinenbau vor allem der Dienstleistungsbereich. Daneben sind führende Betriebe der pharmazeutischen Industrie, der Kunststoffherstellung sowie der Entsorgungs- und Recyclingbranche in der Waldstadt beheimatet.

Iserlohn als Standort der Fachhochschule Südwestfalen mit den Instituten für »Instandhaltung« und »Entsorgung und Umwelttechnik«, die BiTS – Business and Information Technology School mit den Schwerpunkten Betriebswirtschaftslehre, Wirtschaftsinformatik und Medienmanagement, das Zentrum für Gerontotechnik, die Iserlohner Gewerbezentren und das Berufsbildungszentrum der Kreishandwerkerschaft sind nur einige Indize dafür, wie zukunftsweisend sich die Iserlohner Wirtschaft, vor allem im Hinblick auf die Ausbildung qualifizierter Fachkräfte, bereits aufgestellt hat. Zudem hat die Umnutzung der vier ehemaligen Kasernenstandorte in Iserlohn vor allem zu Wohn- und Gewerbezwecken zahlreiche Möglichkeiten für die weitere Stadtentwicklung eröffnet. Die dort realisierten Konzepte gelten als vorbildlich.

Naherholung pur am Seilersee

Callerbachtalsperre 1914 zur Frischwasserzufuhr einer Kläranlage erbaut

Wer eine Iserlohnerin oder einen Iserlohner nach der Callerbachtalsperre fragt, kann schon mal Pech haben und nur Achselzucken ernten. Wer sich stattdessen nach dem Seilersee erkundigt, wird definitiv aufgeklärt werden. Die Callerbachtalsperre, oder besser: der Seilersee, wurde in den Jahren 1913/1914 gebaut und sicherte in wasserarmen Zeiten die Frischwasserzufuhr für die Kläranlage Iserlohn-Ost.

Nach der Stilllegung der Kläranlage gewann der ganze Seilersee-Bereich an Bedeutung als Naherholungsgebiet. Heute bietet er ein breit gefächertes Sport- und Freizeitangebot und er ist ein attraktiver Treffpunkt für Spaziergänger, Wanderer und Jogger. Wanderer erreichen auf gekennzeichneten Wanderwegen vom Seilersee aus den Bismarckturm, der 1915 als nationale Gedenkstätte gebaut wurde. Bei schönem Wetter stehen Ruderboote und eine Minigolfanlage zur Verfügung. Um den Seilersee führen bequeme Wege. Zudem ist das Seegebiet ein beliebter Treffpunkt von Schiffs-Modellbauern.

1913 wurde mit dem Bau der Callerbachtalsperre begonnen. Neben der Frischwasserzufuhr für die Kläranlage diente sie auch dem Zweck, den Wasserstand des Baarbaches als Hauptvorfluter der städtischen Kanalisation zu regulieren. Schon damals war die Gegend um die Callerbachtalsperre ein beliebtes Ausflugsziel. Die Brauerei Iserlohn errichtete 1924 am See ein Ausflugslokal. 1919 entstand auch bereits das städtische »Seilersee-Stadion«, das für Fußball, Handball und Hockey genutzt wurde und 1913 ursprünglich als Bestandteil der »Kaiser-Wilhelm-Anlagen« angelegt war.

Gegen die A46-Trasse über den Seilersee, die 1976 fertig gestellt wurde, gab es von seiten der Umweltschützer heftige Proteste.

1937 wurde am Ufer das »Haus Seilersee« erbaut, welches heute noch als Restaurant genutzt wird. In strengen Wintern diente der See als Eislauffläche. 1963 wurde vom Rat der Stadt Iserlohn der Weiterbau der Autobahn 46 gebilligt. Es gab zuvor heftige Proteste von Umweltschützern, da die Trasse über den See führte. Mehrere Brückenbetonpfeiler wurden im See verankert. 1976 war die Trasse fertig gestellt.

Im See, nahe der Vogelinsel, wurde 2005 eine etwa zwölf Meter hohe und 2,4 Tonnen schwere Stahlskulptur aufgestellt. Sie zeigt eine Orchidee mit pink- und weißfarbenen Blütenblättern und stammt von dem Londoner Künstler Mark Quinn. Zuvor konnte man die Skulptur auf der 50. Biennale in Venedig und im Louisiana Museum für Moderne Kunst in Humlebæk, Dänemark, begutachten. Sie ist eine Leihgabe des Iserlohner Unternehmers Andreas Dornbracht.

Die Iserloner Brauerei errichtete 1937 ein Ausflugslokal.

Erfolg braucht Verantwortung

Innovationen aus Iserlohn: Durable Hunke und Jochheim

1920 wurde die Firma Durable von Karl Hunke und Wilhelm Jochheim in Iserlohn zur Herstellung von Kartenreitern gegründet. Seitdem entwickelt Durable intelligente Alltagslösungen für hochwertige Produkte aus den Bereichen Klemmen und Binden, Ordnen und Sortieren sowie Informieren und Präsentieren. Durch die Verbindung modernster Produktion und hoher Funktionalität zählt Durable zu den renommiertesten deutschen Marken und wurde bereits mehrfach zur »Marke des Jahrhunderts« gewählt.

Bis heute ist der Firmenstandort in Iserlohn die Ideenschmiede für innovative (Büro-)Produkte im außergewöhnlichen Design. Die Verbindung aus ökologischem Erfolg und gesellschaftlicher Verantwortung vergisst das Iserlohner Unternehmen auch bei seinem wirtschaftlichen Erfolg nicht. Neben der Verwendung qualitativ hochwertiger, recyclingfähiger Materialien wird das soziale Engagement bei dem Hersteller der PBS (Papier, Büro, Schreibwaren) Branche großgeschrieben. Dies spiegelt sich in dem Einsatz für SOS-Kinderdörfer oder auch für diverse Projekte im heimischen Sauerland wider. Durable hat es sich außerdem zur Aufgabe gemacht, den Nachwuchs zu fördern, so dass aktuell 30 junge Menschen in 13 unterschiedlichen Berufen ausgebildet werden.

Die Durable-Hauptverwaltung in Iserlohn

Gelebt wird diese Verantwortung von allen Mitarbeitern, Lieferanten und Partnern und bildet somit das Fundament für diese erfolgreiche Unternehmenskultur.

Die Klemm-Mappe »Duraclip« machte den Iserlohner Büroorganisationsmittel-Hersteller mit einem Schlag berühmt.

Beitrag von:
DURABLE Hunke & Jochheim GmbH & Co. KG
Westfalenstraße 77–79 · 58636 Iserlohn
Postfach 1753 · 58634 Iserlohn
Tel. (0 23 71) 66 20 · Fax (0 23 71) 66 22 21
durable@durable.de · www.durable.de

Iserlohn

Barendorf gibt Blick auf ursprüngliche Industrieansiedlung frei

Museums- und Künstlerdorf avancierte zu weithin bekanntem Besuchermagneten

Barendorf ist ein feststehender Begriff. Es ist eine kleine Welt für sich, die von früher erzählt. Es ist ein Dokument frühindustrieller Zeit. Besonders bekannt ist es zudem als Künstlerdorf. Und Barendorf ist ein Veranstaltungsort, der seinesgleichen sucht. Eigentlich ist Barendorf in erster Linie die Historische Fabrikenanlage Maste-Barendorf, ein Kulturdenkmal. Die Industrieansiedlung aus dem 19. Jahrhundert besteht aus insgesamt zehn Gebäuden.

Johannes Duncker und Franz Maste, ihres Zeichens Iserlohner Fabrikanten, ließen Anfang des 19. Jahrhunderts am Baarbach ein Messingwalzwerk bauen. Die Wasserkraft wurde für den Betrieb der Maschinen genutzt. Als erstes entstanden neben dem Wasserrad ein Walzen- und ein Glühofengebäude. Schon bald wurden etliche weitere Gebäude errichtet: ein Gießhaus, ein Stampfhaus, eine Lötschmiede, ein Schleifgebäude, eine Drahtzieherei und eine Eisengießerei. Ebenso entstanden eine Ahlenschmiede, ein Sandhaus, eine Pocherei und eine Feilenhauerschmiede.

Die Fabrikanlage avancierte zum Global Player: Neben Nadeln produzierten die Arbeiter Möbel- und Türbeschläge, Türklinken, Schlittengeläute, Tischglocken und Kerzenleuchter, die weltweit exportiert wurden.

1850 schied Johannes Duncker aus. Das Unternehmen gehörte nun Franz Maste allein.
Nach dem Ersten Weltkrieg wurden Teile des Fabrikgeländes verkauft oder verpachtet und die Produktion wurde eingestellt.

Barendorf erscheint auch aus der Vogelperspektive imposant.

Im Nadelmuseum

In den 1960er Jahren kam die Idee auf, die erhaltenen Gebäude als Industriemuseum für die Öffentlichkeit zugänglich zu machen. Das Areal stand unter Denkmalschutz und wurde 1981 von der Stadt Iserlohn gekauft. Daraufhin begannen die Protagonisten 1985 mit dem Aufbau eines Museums- und Künstlerdorfes.

1987 wurde ein Nadelmuseum eingerichtet, in dem ein Einblick in die für Iserlohn früher bedeutsame industrielle Herstellung von Nadeln gegeben wird. Neben Gegenständen aus dem Nadlergewerbe ist der Maschinenpark einer Haarnadelfabrik ausgestellt. In der Gelbgießerei wird der Guss von Messingteilen vorgeführt. Es finden jährlich mehrere Vorführungen statt. Museumspädagogische Angebote gibt es für Schulklassen, Jugendgruppen oder zum Beispiel Kindergeburtstage.

Einige Räume werden als Künsterlerateliers genutzt. Der jeweilige Preisträger der Märkischen Kulturkonferenz e.V. kann die Räume nutzen. Das Standesamt Iserlohn hat ein Trauzimmer eingerichtet und bietet einmal im Monat Ambientetrauungen an.

Gelbguss live in Iserlohn

Finden Großveranstaltungen in Barendorf statt, tobt – wie bei dieser Rockveranstaltung – im wahrsten Wortsinne der Bär.

Museum für Handwerk und Postgeschichte

Arbeitstechniken und Exponate zu dem, wie Iserlohn mit der Welt verbunden wurde, unter einem Dach

Das Iserlohner Museum für Handwerk und Postgeschichte ist ein im Juli 1999 eröffnetes und im ehemaligen Maste'schen Fabrikhaus am Fritz-Kühn-Platz untergebrachtes Technik- und Postmuseum. Das Handwerksmuseum befasst sich mit der Geschichte des märkischen Handwerks. Ausgestellt sind Arbeitstechniken und Produkte. Die Postausstellung stellt die Geschichte der Post der Stadt Iserlohn und der Grafschaft Mark in den Mittelpunkt. Es wird herausgestellt, dass erst durch die Post die Metallverarbeitung in Iserlohn im 18. und 19. Jahrhundert aufblühen konnte.

Das Handwerksmuseum

Das Handwerksmuseum macht die traditionsreiche Vergangenheit des märkischen Handwerks anschaulich. Auf zwei Etagen werden in 13 Räumen Handwerkszeuge, Arbeitstechniken und Produkte aus 20 Handwerksberufen vorgestellt. Heute gibt es im Märkischen Kreis etwa 3300 Handwerksbetriebe mit rund 30 000 Beschäftigten. Es ist eine Wirtschaftsgruppe mit hoher Innovation und bemerkenswerter Geschichte. Neben den für jedes Handwerk typischen Werkzeugen und Arbeitsstätten können die Museumsbesucher die Tradition vieler Iserlohner Handwerksbetriebe kennen lernen. Zahlreiche Urkunden, Meisterbriefe und Fotos wecken manche Erinnerungen.

Die Abteilung Postgeschichte

Unter dem Leitwort »250 Jahre Postdienst in Iserlohn« eröffnete Heinz Halank 1982 im »Gasthof zur Post« in der Grüne ein Postmuseum. Was seinerzeit notgedrungen ein Provisorium war, wurde im Maste'schen Fabrikhaus vollendet. Der Förderkreis Iserlohner Museen fand in seinen Reihen Menschen, denen die Verwirklichung eines Postmuseums zum Herzensanliegen geworden ist.

Im Mittelpunkt der Ausstellung steht die Post der Stadt Iserlohn und der Grafschaft Mark, die Iserlohn mit der großen Welt verbunden hat. Die Metallverarbeitung hat in der Stadt Iserlohn im 18. Und 19. Jahrhundert zu einer bedeutenden Industrie geführt. Für die weitreichenden Handelsverbindungen wurde es immer wichtiger, Iserlohn an die großen Postwege anzubinden. Der Postdienst überwand topographische und politische Hindernisse und förderte Handel und Wandel. Das Postmuseum führt den Besuchern die Geschichte des Postwesens und seiner kulturhistorischen Begleiterscheinungen vor Augen. An ausgesuchten Beispielen zeigt es, wie die Entwicklung der Post ihren Gang nahm und heute durch Automation und Telekommunikation verändert wird.

Mit Hilfe von zahlreichen Exponaten und interessanten Dokumenten und Landkarten erfährt der Besucher etwas aus dieser traditionsreichen Geschichte, so zum Beispiel über Heinrich von Stephan, dessen Bemühen dazu beigetragen hatte, dass der Weltpostverein am 1. Juni 1878 gegründet werden konnte. An verschiedenen Originalgeräten zeigen die Verantwortlichen ihren Besucherinnen und Besuchern im Museum, wie die technische Entwicklung der Kommunikation ihren Gang nahm. Das Museum für Handwerk und Postgeschichte präsentiert Geräte im Einsatz, damit die Interessierten die Funktionsweise der Kommunikationstechniken erleben können. Anhand von Exponaten dokumentiert werden auch die neueren Automatisierungen, die letzten Endes den Menschen mehr und mehr ersetzen.

Das Museum für Handwerk und Postgeschichte im ehemaligen Maste'schen Fabrikhaus am Fritz-Kühn-Platz

Iserlohn

medica mente – Iserlohner heilen mit Verstand

MEDICE gehört zu den bedeutenden mittelständischen Pharmaunternehmen Deutschlands

Die »geschäftsführende Eigentümerfamilie« besteht aus Medizinern. Das ist von Vorteil. Seniorchef Dr. Sigurd Pütter hat seine Devise eindeutig formuliert – und er beherzigt sie: Die Entwicklungen am Markt erkennen – Stärken stärken und flexibel reagieren. Und damit hat er eines der erfolgreichsten mittelständischen Pharma-Unternehmen in Deutschland aufgebaut: MEDICE. Und das – im medizinischen Bereich – mit einem weiteren Prinzip: »Medica mente – Heile mit Verstand«. Seit 2008 schafft MEDICE sogar Strukturen für eine erfolgreiche Internationalisierung. Verbunden sind in der kränkelnden Öffentlichkeit mit MEDICE in erster Linie Namen wie MEDITONSIN®, SOVENTOL®, DORITHRICIN®, MEDIVITAN® oder ABSEAMED®.

Der Name MEDITONSIN® geht bis ins Jahr 1953 zurück. Die Historie der Firma MEDICE noch einige Jahre weiter. Am Anfang stand die Selbstmedikation. Und »am Anfang« war nach dem Zweiten Weltkrieg. Der Vater des jungen Sigurd Pütter (Jahrgang 1942) war erkrankt und die herkömmlichen Mittel halfen nicht immer und vor allen Dingen nicht wirklich. Vater Gustav, seines Zeichens Heilpraktiker und Landwirt, probierte aus – im Selbstversuch. Einiges half nicht, aber anderes selbst Zusammengestellte zeigte durchaus spürbare, heilsame Wirkung. Das sprach sich herum rund um die Waldstadt und schon bald kamen Menschen mit der Bitte auf Gustav Pütter zu, auch ihnen medizinisch zu hel-

Dr. med. Sigurd Pütter, Dr. med. Katja Pütter-Ammer und Dr. med. Dr. oec. Richard Ammer: MEDICE war und ist ein Familienunternehmen.

fen. Er half und – viel wichtiger noch – es half. So verging eine Weile. Bis eines Tages Sigurds Mutter ihren Gatten mit der Aufforderung, seine Heilmethoden noch kommerzieller zu nutzen, zum Geschäftsmann machte. Das einfache Fachwerkhaus der Pütters avancierte zur ersten Produktionsstätte. Das war 1949.

Die Firma MEDICE war geboren. Und Dr. Sigurd Pütter blickt heute mit einem Augenzwinkern auf die Anfänge zurück. Und er beobachtet eine pharmazeutische Branche, in der sein Unternehmen schon lange nicht mehr zu den Kleinen zählt. MEDICE beschäftigt heute mehr als 450 Mitarbeiter, entwickelt und produziert nach wie vor am Kuhloweg hochwertige Arzneimittel und Medizinprodukte und vertreibt diese in Deutschland und der Welt.

Dr. med. Sigurd Pütter, der 1970 nach ärztlicher Ausbildung in das Unternehmen eintrat und ihm seit 1977 als geschäftsführender Inhaber vorsteht, engagiert sich in vielfältigen Ehrenämtern. So ist er zum Beispiel Ehrensenator der Universität Tübingen, Vizepräsident der Südwestfälischen Industrie- und Handelskammer (SIHK). Zwei Jahrzehnte war er zudem Vorstandsmitglied im Bundesverband der Pharmazeutischen Industrie e.V. Tochter Dr. med. Katja Pütter-Ammer ist Geschäftsführerin für die Bereiche Marketing, Vertrieb, Finanzen und Personalwesen – und Humanmedizinerin mit zusätzlicher Ausbildung zum Master of Science in Pharmaceutical Medicine. Ihr Ehemann, Dr. med. Dr. oec. Richard Ammer, ist Humanmediziner und Betriebswirt und seit 2003 Geschäftsführer für die Bereiche Medizin, Zulassung, Produktion, Technik, Neugeschäft und Internationale Entwicklung.

MEDICE hat sich in den vergangenen Jahrzehnten spezialisiert. Grundlage hierfür war und ist nach wie vor die eigene forschungsorientierte Entwick-

Am Kuhloweg begann das Unternehmen 1949 mit der Produktion selbst entwickelter Präparate.

MEDITONSIN®, das bekannteste Arzneimittel aus Iserlohner Herstellung

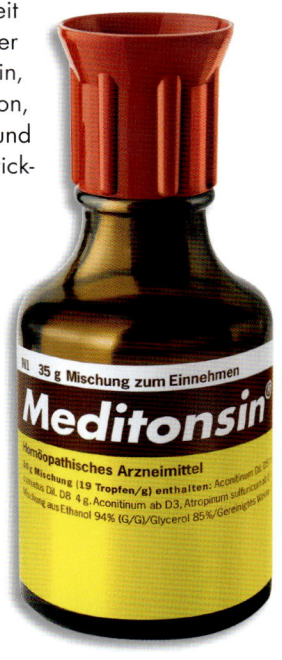

Iserlohn

Inzwischen ist MEDICE weltweit vertreten. Produziert wird aber weiterhin am Stammsitz in Iserlohn.

Die Firma MEDICE am Iserlohner Kuhloweg

lung. In dem viel umkämpften Pharma-Markt ging die Zahl der beteiligten Unternehmen in den vergangenen drei Jahren von 1024 auf 854 zurück. Neues kommt vielfach aus dem Ausland. 2011 war MEDICE die einzige deutsche Gesellschaft, die ein neues Arzneimittel zugelassen bekam und in den Markt einführen konnte. Insgesamt werden in der Waldstadt zurzeit rund 50 Mittel hergestellt.

OTC-Arzneimittel (»over the counter«, also über die Ladentheke verkauft) ist die Bezeichnung für apotheken-, aber nicht verschreibungspflichtige Medikamente. Mit etlichen, längst populären Medikamenten hat sich MEDICE unter den Top 15 der OTC-Anbieter etabliert: Das homöopathische MEDITONSIN® ist beispielsweise ganz weit vorn, wenn es darum geht, Erkältungen zu bekämpfen.

Ein wichtiger Schritt in Sachen Expansion war die Übernahme der Rentschler Arzneimittel GmbH, die 2011 abgeschlossen war: SOVENTOL® (Behandlung von Hautproblemen), TANNACOMP® (Durchfall) oder DORITHRICIN® sind Namen, die inzwischen eng mit MEDICE verbunden sind.

MEDICE bietet in der Nierenheilkunde ein umfangreiches Angebot zur Behandlung von Dialyse-Patienten an. Beispielsweise hat das Unternehmen zur Therapie bei Anämie (Blutarmut) als einer der Ersten in Europa ein biosimilar Epoetin eingeführt und ist mit mehr als 30 Prozent der Verordnungen marktführend. Die Nephrologie ist ein Kompetenzfeld, in dem MEDICE sich seit mehr als 20 Jahren erfolgreich im Wettbewerb mit internationalen Konzernen behauptet.

Häufig verordnen Ärzte nicht verschreibungspflichtige Arzneimittel, die der Patient in der Apotheke selbst bezahlen muss. Den so genannten OTX-Trend hat MEDICE früh erkannt. In diesem Feld entwickelt MEDICE seit mehr als zehn Jahren gezielt Selbstzahler-Angebote für Patienten unter ärztlicher Obhut. Mit MEDIVITAN® ist das Unternehmen Marktführer bei Aufbaukuren.

Bekannt und anerkannt ist MEDICE in der Kinder- und Jugendmedizin. Die Iserlohner präsentieren unterstützende Materialien für umfassende Diagnostik und eine breite Palette zur multi-modalen Behandlung von ADHS, seit 2011 auch als erster in Deutschland mit der Zulassung für Erwachsene.

Die Aufmerksamkeitsdefizit-Hyperaktivitätsstörung, kurz ADHS, ist die am häufigsten vorkommende psychiatrische Störung bei Kindern und Jugendlichen und eine Erkrankung, die das Leben der Betroffenen meist bis ins Erwachsenenalter deutlich beeinflusst. MEDICE ist im Bereich ADHS Marktführer in Deutschland. Das von MEDICE entwickelte MEDIKINET® retard wird seit Jahren erfolgreich eingesetzt – und das nicht nur national, sondern zunehmend auch in wichtigen internationalen Märkten. MEDIKINET® zur Therapie von Kindern und Jugendlichen mit ADHS ist in vielen wichtigen europäischen und Übersee-Märkten erfolgreich.

Um die Internationalisierung des Unternehmens auf breite Füße zu stellen, hat MEDICE in zukunftsträchtigen Märkten Tochtergesellschaften und Representative Offices gegründet und ist Kooperationen mit Partnergesellschaften vor Ort eingegangen, so dass das Unternehmen heute in mehr als 50 Ländern weltweit vertreten ist. Mittelfristig wollen die Verantwortlichen mit Produkten aus den Bereichen ADHS und Nephrologie in 90 Ländern aktiv sein. Hierfür werden zurzeit die Weichen gestellt.

MEDICE entwickelt, produziert und vertreibt qualitativ hochwertige Arzneimittel.

Beitrag von:
MEDICE Arzneimittel · Pütter GmbH & Co. KG
Kuhloweg 37 · 58638 Iserlohn
Tel. (0 23 71) 93 70 · Fax (0 23 71) 93 71 06
info@medice.de · www.medice.de

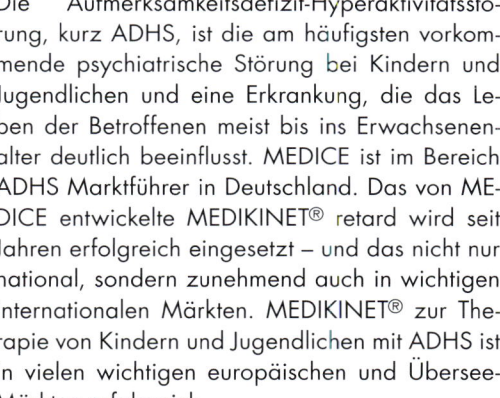

Iserlohn

»Eisenwalds« beeindruckende Geschichte

Iserlohn entwickelte sich von der mittelalterlichen Kleinstadt zum zeitweise größten Industriestandort Westfalens

Die ersten Iserlohnerinnen und Iserlohner gab es bereits vor mehr als 40 000 Jahren. Die Funde auf dem Oestricher Burgberg, in der Martinshöhle, auf der Grürmannsheide und in der Grürmannshöhle, darunter Werkzeuge und menschliche Knochen, deuten auf vorübergehende Aufenthalte nomadisierender Stämme hin. Die zahlreichen Iserlohner Höhlen boten über Jahrtausende Schutz für Menschen und Tiere. Ab 4500 v.Chr. war der Iserlohner Raum dauerhaft besiedelt. Aus der Bronzezeit stammen ein Silexdolch, bronzene Waffen und Becher. Aus dem 5. bis 7. Jahrhundert existieren einige Schmuckfunde.

Siedlungsspuren im Lägertal lassen auf eine dauerhafte Besiedlung des Innenstadtbereichs ab dem 6. Jahrhundert schließen. Das älteste Gebäude der Stadt, die Pankratiuskirche, wurde im späten 10. Jahrhundert erbaut und wahrscheinlich 985 geweiht. 1059 wurde in einer Urkunde des Klosters Liesborn eine Siedlung erwähnt, womit möglicherweise das heutige Iserlohn gemeint war. 1124 wird eine Siedlung namens Yslo in einem päpstlichen Besitzstandsbuch genannt. Die erste zweifelsfreie urkundliche Erwähnung Iserlohns datiert auf das Jahr 1150 als Lon. Der Name Lon stammt vom Westgermanischen Begriff Lôh, was Wald bedeutet. Schon bald tauchte die Kombination mit dem Begriff Isen = Eisen auf, was auf die frühe Kenntnis der großen Eisenerzvorkommen in der Gegend hindeutet. Der Stadtname lässt sich also mit Eisenwald übersetzen.

Die Iserlohner Gegend lag um das Jahr 1000 im Einflussbereich des Erzbistums Köln, das im Sauerland viele Lehen hatte, um das Volk zu christianisieren. 1160/1161 spalteten sich die Grafen von Altena von den Herzögen von Berg ab und teilten sich Anfang des 13. Jahrhunderts in die Grafschaften Mark und Limburg. Die Siedlung Lon lag seitdem im märkischen Gebiet. Von 1180 an besaßen die Kölner Erzbischöfe das Herzogtum Westfalen, das bis Menden reichte.

Iserlohn lag somit nahe den Grenzen der Grafschaft Mark zur Grafschaft Limburg bei Letmathe

Iserlohner Ansicht

Die älteste Ansicht der Stadt Iserlohn ist ein Kupferstich von Johann Henrich Giese von 1749. Darauf heißt es: »Geliebte Vaterstadt Gott hat dich recht beglückt, Weil er die Kaufmanschaft bey dir gesegnet hat. Wirst du durch Gottesfurcht und fleiß auch stets geschmücket, So heissest du mit recht die höchst beglückte Stadt.«

und dem kurkölnischen Herzogtum Westfalen bei Menden. Da das Herzogtum Westfalen Menden zur Festung ausbaute, waren die märkischen Grafen bestrebt, ebenfalls eine starke Grenzbefestigung in diesem Bereich zu errichten, die sich auch gegen die Grafschaften Arnsberg und Limburg behaupten konnte. Obwohl die Herzöge von Westfalen sich dagegen wehrten, versuchten die märkischen Grafen, die kein Recht zur Befestigung einer Stadt besaßen, immer wieder auf dem Bilstein, einem kahlen Massenkalkfelsen oberhalb der alten Siedlung Iserlohn, eine Festung zu bauen und mit Stadtmauer und Graben zu umgeben. Die erste Stadtmauer wurde im 13. Jahrhundert als Holz-/Erdwall errichtet.

Am Schillerplatz

Iserlohn

1237 Verleihung der Stadtrechte

Von 1214 an war Iserlohn Sitz des gleichnamigen Dekanats. Die Stadtrechte wurden wahrscheinlich unter Adolf I. 1237 verliehen. Die Bestätigung der Stadtrechte durch Engelbert I. ist für 1278 belegt. Der Holz-/Erdwall aus dem 13. Jahrhundert umgab nur einen kleinen Teil der heutigen Innenstadt. Um 1300 wurde der nördliche und östliche Teil des Walls inklusive Nordtor aufgegeben und eine teilweise doppelte Steinmauer nach Norden und Osten ausgebaut. Dadurch vervierfachte sich die befestigte Stadtfläche. Reste der Mauer sind noch heute im Bereich der Marienkirche zu sehen. Neben Mühlen- und Kirchtor bestanden nun das Westertor, das Unnaer und das Wermingser Tor.

Die Grafen bauten die Stadt ab dem 13. Jahrhundert verwaltungstechnisch weiter aus. In Urkunden von 1309 ist die Rede von einer befestigten Stadt mit eigenem Richter und Bürgermeister, 1326 wurde erstmals ein Stadtrat erwähnt. Iserlohn war eine der sechs wichtigen Städte der Grafschaft Mark neben der Haupt- und Residenzstadt Hamm sowie Kamen, Lünen, Unna und Schwerte. Die Grafen von der Mark blieben Landesherren bis 1609, ab 1392 in Personalunion mit den Grafen von Kleve. 1447 wurde Kleve ein Herzogtum (Kleve-Mark), und ab 1521 gehörte die Stadt zu den Vereinigten Herzogtümern Jülich-Kleve-Berg, zu denen auch die Grafschaft Mark gehörte.

Die Entwicklung der mittelalterlichen Kleinstadt Iserlohn hängt eng mit der industriellen Entwicklung zusammen. In der Anfangszeit der Metallverarbeitung im Spätmittelalter wurde an den Berghängen Eisenerz abgebaut und über Holzfeuern und später in Öfen geschmolzen. Brennholz lieferten die umliegenden Wälder. Ab dem 14. Jahrhundert entstanden die ersten von Wasserkraft betriebenen Eisenhämmer im Grüner Tal und am Baarbach. Osemundeisen von hoher Qualität wurde hergestellt. Im Innenstadtbereich wurde vom 15. bis zum 19. Jahrhundert zudem das Zinkmineral Galmei gefördert.

Im historischen Iserlohner Zentrum

Wie in den meisten Städten im Mittelalter und der frühen Neuzeit wüteten auch in Iserlohn Brände, von denen sich die Stadt jeweils nur langsam wieder erholte. Mindestens neun große Brände sind überliefert: 1448, 1510, 1530, 1616, 1635, 1665, 1677, 1685 und 1712. Ursachen waren neben der dichten Bebauung von Fachwerkhäusern auch die Metall verarbeitenden Betriebe in der Stadt, die mit Feuer arbeiteten. Die Betriebe zogen nach und nach in das Umland, und in der Innenstadt siedelten vermehrt Kaufleute, Handwerker und Kleingewerbe.

Wichtigste Industriestadt Preußens

Ab dem 18. Jahrhundert stieg Iserlohn zu einer der wichtigsten Industriestädte Preußens auf. 1690 wurden erstmals Nadeln produziert. Im Lauf der folgenden Jahrzehnte entwickelten sich die Nadel- und die Drahtherstellung zu den bedeutendsten Industriezweigen. Auch Produkte der Bronze- und Messingindustrie zählten zu den Gütern der Stadt. Die großen Metallverarbeitungsbetriebe wurden vermehrt am Stadtrand angesiedelt, während in der Innenstadt viele Kaufmannshäuser entstanden. Die Iserlohner Kaufleute trieben Handel mit Städten in ganz Europa und teilweise darüber hinaus.

Um 1800 bildete der Raum Iserlohn mit seiner Draht-, Nadel-, Messing-, Bronze- und Seidenindustrie zusammen mit der südlich angrenzenden Region um Altena und Lüdenscheid eines der weltweit größten Industriegebiete. Bis weit ins 19. Jahrhundert hinein war Iserlohn die größte Industriestadt Westfalens und eine der reichsten Handelsstädte Preußens. Dabei war auch die Produktion von Rüstungen von großer Bedeutung, wie ein in Iserlohn hergestelltes Panzerhemd im Londoner Tower belegt. Die Iserlohner Nadeln waren ein weltweiter Exportschlager.

Die Wirtschaft wurde durch die zahlreichen Kriege Preußens negativ beeinflusst, was zu vo-

Iserlohner Ansicht von 1867

Kunst in der Stadt

Iserlohn

rübergehenden Exporteinbußen führte. Auch die französische Besetzung Anfang des 19. Jahrhunderts und die damit einhergehende Kontinentalsperre hemmten das wirtschaftliche und städtische Wachstum. Von 1808 bis 1813 gehörte Iserlohn zum Ruhrdepartement im Großherzogtum Berg. Danach fiel es wieder an Preußen und kam nun zur Provinz Westfalen. Iserlohn wurde 1817 Sitz des damaligen Kreises Iserlohn. Es folgte noch einmal eine wirtschaftliche Blütezeit von etwa 20 Jahren.

Einer der ersten Streiks in der Metallindustrie

Der wirtschaftliche Aufschwung brachte soziale Probleme mit sich. Iserlohn als früh industrialisierte Gemeinde war einer der Kernorte der frühen Arbeiterbewegung. In der Stadt ereignete sich 1840 einer der ersten Streiks in der Metallindustrie. Nach dem Scheitern der Revolution von 1848/1849 kam es zu vermehrten Protesten der Bevölkerung und so sollten im Mai 1849 die Aufständischen mit Hilfe der Landwehr im Zaum gehalten werden. Diese Pläne der preußischen Regierung brachten die Bevölkerung in Rage und es kam mit der Besetzung des Zeughauses zum Iserlohner Aufstand.

Ab Mitte des 19. Jahrhunderts stagnierte die Metallindustrie aus mehreren Gründen. Die Iserlohner Metallbetriebe waren stark auf Wasserkraft angewiesen, die die Bäche im Stadtgebiet wegen der Vielzahl der Betriebe aber kaum mehr aufbringen konnten, so dass in der Folge einige Betriebe zur Lenne oder Ruhr abwanderten. Im Ruhrgebiet konnte zudem mit modernen Methoden besserer Stahl und bessere Produkte hergestellt werden. Außerdem wurden die Eisenbahn-Hauptstrecken nicht direkt durch Iserlohn geführt, sondern es wurden lediglich zwei Nebenstrecken gebaut. Trotz der wirtschaftlichen Probleme blieben viele mittelständische Betriebe der Metallindustrie in Iserlohn erhalten. Noch heute erinnern einige Straßennamen in der Innenstadt an die große Zeit des Metallbergbaus und -weiterverarbeitung.

In den 1830er Jahren wurde die optische Telegrafenlinie Berlin-Koblenz gebaut, die auch das Sauerland berührte. 1833 wurde eine Station der Telegrafenlinie auf dem Iserlohner Fröndenberg errichtet. Wegen der neuen elektrischen Telegrafie wurde der Betrieb knapp 20 Jahre später wieder eingestellt. 1909 wurde an das Gebäude der Station der Danzturm gebaut.

Der Bevölkerungszuwachs als Folge der Industrialisierung schlug sich in der rasanten Vergrößerung des bebauten Stadtgebietes nieder. Rund um die Stadt entstanden neue Wohngebiete, beispielsweise in den Bereichen Bömberg und Läger. In den 1930er Jahren kamen Erweiterungen in Wermingsen und im Westen der Stadt hinzu.

Von Bombenzerstörungen weitgehend verschont

Im Zweiten Weltkrieg blieb die Stadt weitgehend vor Zerstörungen verschont. Im April 1945 zogen sich verbleibende Wehrmachttruppen aus dem Ruhrkessel nach Iserlohn zurück. Am Abend des

An der Lehmkuhle (heutiger Schillerplatz) mit der katholischen Kirche im Jahr 1867. Wegen Baufälligkeit wurde sie kurze Zeit später abgerissen.

13. April begann die Bombardierung durch amerikanische Truppen, die fast drei Tage dauerte, aber nur geringe Schäden verursachte.

Bereits in den 1950er Jahren wuchs die Stadt wieder schnell. Die Iserlohner Heide wurde 1956 von Oestrich eingemeindet. Es wurden dort Industriegebiete ausgewiesen. Neue Wohngebiete entstanden beziehungsweise wurden in Gerlingsen, am Nußberg und am Brandkopf ausgebaut.

1969 wurde Iserlohn Garnisonsstadt. Nach 1990 wurden die Truppen jedoch reduziert und alle Iserlohner Kasernen geschlossen. Heute werden die Gebäude und Anlagen des Militärhospitals von der Business and Information Technology School und der Internatsschule am Seilersee genutzt. In der Corunna-Kaserne wurde ein Gewerbezentrum, in der Bernhard-Hülsmann-Kaserne unter anderem das Zentrum für Gerontotechnik und in der Winkelmann-Kaserne der »Wohnpark Buchenwäldchen« eingerichtet.

Im Zuge der kommunalen Neugliederung in Nordrhein-Westfalen verlor Iserlohn 1975 seine Kreisfreiheit und wurde große kreisangehörige Stadt im Märkischen Kreis. Iserlohn behielt lediglich einige Außenstellen von Einrichtungen des Kreises (unter anderem das Straßenverkehrsamt und Gesundheitsamt). Außerdem wurde es zum Sitz der Kreispolizeibehörde für den Märkischen Kreis bestimmt.

Ab 1967 wurde die komplette Innenstadt bis in die 1980er Jahre hinein saniert und umstrukturiert. Neben der Einrichtung der Fußgängerzone wurde 1974 als markantes Gebäude das neue Rathaus am Schillerplatz eingeweiht. Verbleibende mittelalterliche Strukturen außerhalb der Kernstadt wurden entfernt und mussten zum großen Teil Verkehrsflächen weichen. Anfang diesen Jahrhunderts ist man dazu übergegangen, einige dieser »Bausünden« zu überarbeiten. Unter anderem wurde die Fußgängerzone neu gestaltet.

Das Alte Rathaus wurde 1874 als viertes Iserlohner Rathaus erbaut.

Komplette Lösungen für Unternehmen, Kommunen und Bürger

Lobbe ist bundesweit eines der leistungsfähigsten mittelständischen Unternehmen auf dem Umweltsektor

Lobbe kommt vor jede Haustür. Rund 700 000 Bürger schätzen diesen Service.

Leistungsfähiger Verbund mehrerer Unternehmen, attraktiver Ausbildungsbetrieb, inhabergeführter Mittelständler. Der Name »Lobbe« steht seit Jahrzehnten für viele positive Merkmale, insbesondere aber für diese drei genannten. Ein echter Dienstleistungs-Klassiker, zudem einer mit großer öffentlicher Wahrnehmung, ist die Abfallentsorgung im Auftrag von Kommunen und Zweckverbänden. Rund 700 000 Bürger in der Region schätzen diesen Service.

Abfallentsorgung hat sich jedoch im Hintergrund mehr und mehr zu einem hochkomplexen Management von so genannten »Stoffströmen« entwickelt. Möglichst wenige Abfälle sollen verloren gehen, möglichst viele als Rohstoffe wieder Wege zurück in die Wirtschaftskreisläufe unterschiedlichster Branchen finden. Diese Kreislaufwirtschaft lässt sich nicht aus dem Handgelenk bewerkstelligen, sondern erfordert kontinuierliche Forschungs- und Entwicklungsarbeit, erfordert umfangreiche Investitionen in moderne Fahrzeug- und Anlagentechnik. Die private deutsche Entsorgungsindustrie insgesamt ist sich hier ihrer gegenwärtigen und zukünftigen Verantwortung bewusst mit der Vision, dass es in absehbarer Zukunft Abfälle im eigentlichen Sinne nicht mehr gibt.

Wie aus dem Regal ordern lässt sich keine der Lobbe-Dienstleistungen. Die Summe aus Kreislaufwirtschaft, Industrieservice, Altlastensanierung, Kanalservice, Havariemanagement und Schadstoffsanierung ist zudem mehr als jede Leistung einzeln für sich betrachtet. Diese Vielseitigkeit ist eine Stärke, die gerade im Wettbewerb schnelle, wirtschaftliche und effiziente Lösungen aus einer Hand ermöglicht und zwar gleichermaßen komplett für Unternehmen, Kommunen und die Bürger. Ohne Zweifel bedeutet das für Mitarbeiter und Management, sich ständig neuen, ungewohnten Situationen stellen zu müssen. Aber ohne solche Herausforderungen gäbe es keinen Ansporn zur Weiterentwicklung, verlöre man das Ziel, sich immer verbessern zu wollen, aus den Augen.

Mit rund 1600 Beschäftigten an 40 Standorten in Deutschland gehört Lobbe zu den leistungsfähigsten mittelständischen Unternehmen, die Umweltdienstleistungen anbieten. Bereits in der dritten Generation leitet die Familie Edelhoff zusammen mit ihren Führungskräften von Iserlohn aus ihre unternehmerischen Aktivitäten. Sie standen von Beginn an unter dem Leitsatz, etwas für die Umwelt zu leisten. Die Historie des Umweltschutzes steht deshalb in sehr engem Zusammenhang mit den Ideen, Entwicklungen und Investitionen der Privatwirtschaft, eingebettet in das System der sozialen Marktwirtschaft.

Traditionell einen hohen Stellenwert hat bei Lobbe die Ausbildung. Sie ist ausgesprochen attraktiv, wird geprägt durch den Charakter des Familienunternehmens. Inzwischen geht es schon längst nicht mehr um den Abfall an sich, sondern um komplexe interessante Themenfelder, die junge Menschen sich erschließen können. Leistung wird gefordert, Talent gefördert. Das gilt unter anderem für Kaufleute ebenso wie für Chemielaboranten, Berufskraftfahrer, Fachwerker im Industrieservice und die Kanalspezialisten. Wer sich dazu berufen fühlt, kann seine Qualifikation über die verschiedensten Wege erweitern, mit finanzieller Unterstützung durchs Unternehmen sogar bis hin zu einem Hochschulstudium. Davon profitieren nicht nur Fach- und Nachwuchskräfte. Das Engagement von Lobbe stärkt auch den Wirtschaftsstandort Märkischer Kreis.

Attraktive praxisorientierte Ausbildung – aber nicht nur für Berufskraftfahrer und Kfz-Mechatroniker

Gefragter Partner in der Großindustrie

Beitrag von:
Lobbe Holding GmbH & Co KG
Bernhard-Hülsmann-Weg 2
58644 Iserlohn
Tel. (0 23 71) 88 80
Fax (0 23 71) 88 81 08
info@lobbe-holding.de
www.lobbe.de

Iserlohn

Atemberaubende unterirdische Wunderwelt

Dechenhöhle eine der meist besuchten Schauhöhlen Deutschlands – 900 Meter beeindruckende Welt unter Tage

Sie ist eine der meist besuchten Schauhöhlen in ganz Deutschland. Für die Besucherinnen und Besucher ausgebaut sind 400 der insgesamt 900 Höhlenmeter. Mehr als 140 Jahre nach ihrer Entdeckung zieht die Dechenhöhle nach wie vor zigtausende Höhlenfans aus nah und fern an. Insgesamt haben bis heute mehr als 14 Millionen Menschen die unterirdische Wunderwelt im Kalkgestein des Grüner Tals zwischen Letmathe und Iserlohn besichtigt. Höhlenforscher entdecken in dem Areal immer wieder neue Höhlen und Höhlengänge. Die Experten wissen inzwischen, dass die Dechenhöhle inmitten eines mehr als 20 Kilometer langen, geologisch zusammengehörenden Höhlensystems liegt.

Zwei Eisenbahnarbeiter entdeckten die Dechenhöhle im Juni 1868 bei Felssicherungsarbeiten an der Bahnstrecke, als sie einen Hammer in einem Felsspalt verloren hatten. Sie ließen sich an einem Seil den Spalt hinab und standen plötzlich in der ersten Halle einer wunderschönen Tropfsteinhöhle, die sich weit in den Berg hinein fortsetzte.

Unter den Naturforschern, die die Höhle bald unter die Lupe nahmen, war auch der Bonner Geologe und Oberberghauptmann Heinrich von Dechen (1800 bis 1889). Zu dessen Ehren tauften die Verantwortlichen die Höhle später »Dechenhöhle«.

Die Bergisch-Märkische Eisenbahngesellschaft ließ die Höhle sofort zur Schauhöhle ausbauen. Der Eingang wurde mit einer Tür gesichert, Wege und Treppen angelegt, so dass die Höhle auf etwa 280 Meter Länge bis zur Kaiserhalle besichtigt werden konnte. Südlich der Kanzelgrotte und der Kaiserhalle wurden weitere Zugänge geschaffen, wobei einer bis 1921 als Ausgang diente.

Um 1910 entdeckten Forscher in der Wolfsschlucht eine Fortsetzung der Dechenhöhle. Der Ausbau dieser Gänge für den Publikumsverkehr und die Anlage eines neuen Ausgangs kurz vor dem westlichen Ende sollte bis 1921 dauern. Seitdem beträgt die Länge des Führungsweges mehr als 400 Meter.

Sightseeing mit Kerzenlicht

Die ersten Besucher wurden von Eisenbahnarbeitern bei Kerzenbeleuchtung durch die Höhle geführt. Von 1871 an beleuchtete man die Höhle mit Fettgas, das in einer eigenen Gasanstalt vor dem Höhleneingang produziert wurde. Um die weitere Verrußung der Tropfsteine zu vermeiden,

Der Nixenteich

ersetzte von 1890 an elektrisches Licht die Gasbeleuchtung. Damit gehörte die Dechenhöhle weltweit zu den modernsten Besucherhöhlen mit einer der ersten elektrischen Beleuchtungsanlagen überhaupt.

Schon 1869 besichtigten mehr als 30 000 Menschen die Höhle. Zur Jahrhundertwende waren es 45 000. 1951 und 1952 wurde mit mehr als 320 000 Besuchern der Höchststand erreicht. Im Zweiten Weltkrieg diente die Dechenhöhle zeitweise als Luftschutzraum.

Mehr als 100 Jahre lang war die Dechenhöhle Eigentum der Eisenbahngesellschaften. Als Höhlen-

Abenteuer Dechenhöhle

Die Kaiserhalle

Iserlohn

führer wurden meist nicht betriebsdiensttaugliche Eisenbahner eingesetzt. Ende 1983 übernahm die im Eigentum des Märkischen Kreises und der Stadt Iserlohn stehende Mark Sauerland Touristik GmbH die Höhle. Das 1979 privat an der Dechenhöhle eingerichtete Höhlenmuseum wurde ebenfalls angegliedert. 2006 wurde das Museum als »Deutsches Höhlenmuseum Iserlohn« erweitert und in den Räumen der ehemaligen Gastwirtschaft »Haus Dechenhöhle« neu eingerichtet.

Die Dechenhöhle befindet sich in einer nur wenige hundert Meter breiten Massenkalksenke, die sich von Hagen ostwärts bis ins Hönnetal bei Balve erstreckt. Diese sehr reinen Kalksteine wurden und werden in großen Steinbrüchen abgebaut. Sie entstanden vor etwa 380 Millionen Jahren im oberen Mitteldevon, als der nördliche Teil des Sauerlands von einem flachen, lichtdurchfluteten tropischen Schelfmeer bedeckt war. Je nach Wassertiefe lagerten sich Stromatoporen (Kalkschwämme) und Korallen, Schnecken und Brachiopoden (Armfüßer) oder einzellige Kleinstlebewesen mit ihren Kalkgehäusen im seichten Wasser zu ausgedehnten flachen Riffkrusten, so genannten Biostromen, an.

Die Orgelgrotte

Erlebnisführungen sind für große und kleine Besucher das absolute Highlight.

Die Kanzelgrotte

Dechenhöhle mehr als 800 000 Jahre alt

Die Dechenhöhle diente lange Zeit als unterirdischer Entwässerungskanal und als Flusslauf. Vermutlich bildete sie sich in ihrer heutigen Gestalt vor mehr als 800 000 Jahren. Heute fließt das Wasser in der 25 Meter tiefer gelegenen Knitterhöhle. Alle Höhlen des Grünerbach- und Lennetals erstrecken sich weitgehend auf verschiedenen horizontalen Niveaus.

In den trockengefallenen Gängen der Dechenhöhle begann die Tropfsteinbildung. Das in den Untergrund eindringende Regenwasser löst entlang von Rissen und Klüften Kalk auf. Dieses mit Kalk gesättigte Sickerwasser gibt beim Eintritt in die lufterfüllte Höhle Kohlendioxid ab. Als Folge scheidet sich ein Teil des gelösten Calciumkarbonats als Tropfstein (Höhlensinter) aus. An der Höhlendecke bilden sich herab wachsende Stalaktiten, auf dem Boden entstehen durch das auftreffende Wasser nach oben wachsende Stalagmiten. An manchen Stellen vereinigen sich Stalaktiten und Stalagmiten zu Säulen. An den Wänden abrinnendes Wasser erschafft hauchzarte Sintergardinen.

In den mehrere Meter tief hinabreichenden Bodenschichten wurden tausende Knochen und Zähne der Tierwelt des Eiszeitalters entdeckt. Vorherrschend sind Überreste des Höhlenbären, vertreten sind auch Höhlenlöwe, Höhlenhyäne, Rentier, Riesenhirsch, Mammut und wollhaariges Nashorn. 1993 entdeckten Höhlenforscher in einer Nebenhöhle einen vollständig erhaltenen Oberschädel des seltenen Wald- oder Merck'schen Nashorns. Dieses Nashorn lebte im Gegensatz zu seinen behaarten Verwandten in den Warmzeiten und ist vor etwa 80 000 Jahren ausgestorben. Der Schädel ist im Höhlenkundemuseum ausgestellt. Im Januar 2000 wurde bei einer wissenschaftlichen Grabung das Skelett eines Höhlenbären-Babys entdeckt. Die zahlreichen Knochen des Höhlenbären zeigen, dass dieser Großbär die Dechenhöhle zum Winterschlaf und als Sterbeort aufgesucht hat.

Spuren der Anwesenheit des Menschen wurden bislang nicht gefunden. Allerdings gibt es Zeugnisse einer Besiedlung des Grüner Tals durch Neandertaler, wie Funde von Steinwerkzeugen in benachbarten Höhlen belegen. Darüber hinaus fanden Höhlenforscher 1992 in der talaufwärts gelegenen Bunkerhöhle vom Urmenschen bearbeitete Skelettteile einer 45 000 Jahre alten Rentierkuh. Auch diese Knochenfunde sind im Museum zu besichtigen.

Die Dechenhöhle und das Deutsche Höhlenmuseum Iserlohn sind ein Zentrum der wissenschaftlichen Höhlenforschung in Deutschland.

Beitrag von:
Dechenhöhle und
Deutsches Höhlenmuseum Iserlohn
Dechenhöhle 5 · 58644 Iserlohn
Tel. (0 23 74) 7 14 21 · Fax (0 23 74) 75 01 00
dechenhoehle@t-online.de
www.dechenhoehle.de

Iserlohn

Als Pater und Nonne den Bischof in die Lenne warfen

Beeindruckende Felsformation aus Kalkstein erinnert an eine alte Sage

Die beiden in Oestrich zu finden ist leicht. Sie sind direkt an der Straße Richtung Iserlohn. Sie sind groß, wirken imposant. Und sie sind aus Massenkalk. Sie sind schlicht ein Traumpärchen: Pater und Nonne. Eine Felsformation, ein Naturdenkmal aus zwei etwa 60 Meter hohen Felstürmen. Ganz nah bei ihnen liegt die etwa fünf Meter lange Grürmannshöhle. Der Sage nach lebten an dieser Stelle einst ein Mönch und eine Nonne zusammen, ohne ihre weißen klösterlichen Gewänder abzulegen. Als sie einen Bischof, der ihnen Böses wollte, in die Lenne warfen, wurden sie vom Blitz getroffen und in Stein verwandelt …

Die beiden senkrecht aufsteigenden Kalkfelsen liegen ganz dicht nebeneinander. Die Felsformation erinnert unabhängig von der Sage an Menschengestalten. Über Pater und Nonne liegt auf der Höhe des Burgbergs eine alte, ringförmige Umwallung. Am Fuß des Berges finden sich neben der Grürmannshöhle noch andere, in denen jede Menge Knochen von Riesen und riesenhaften Tieren gefunden worden sein sollen.

Aber noch einmal zur viel interessanteren Geschichte: Denn schlaue Leute erzählen sich, dass vor vielen Jahren ein Mönch in einem Kloster lebte, der streitgewaltig gewesen sei und von der strengen Mönchsordnung nichts habe wissen wollen. Er pfiff auf alle Regeln, ignorierte die Drohungen seiner Freunde und baute sich mit seinen Kumpels ein stattliches Ritterschloss auf dem Burgberg, in dem er sein Leben ausgelassen lebte. Zu allem Überfluss verliebte er sich dann auch noch in eine Nonne, die von ihren Verwandten in einem Kloster eingesperrt lebte. Eines Tages sei ihm die Nonne in seine Burg gefolgt. Sie hätten der Sitte zum Trotz in der Öffentlichkeit ihre klösterliche Tracht beibehalten, die aus langen, weißen Gewändern bestand. Lange Jahre lebten sie so lustig vor sich hin. Doch eines Tages ging ein Bischof mit ihnen hart ins Gericht. Die beiden hätten für den heiligen Mann jedoch nur Hohn übrig gehabt und ihn am Ende sogar in die Lenne geworfen. Als der Bischof im Sterben lag, prophezeite er den Untergang der beiden Frevler. Während sie noch am Ufer standen und über die Worte des Sterbenden lachten, zog ein Unwetter auf. Pater und Nonne wurden vom Blitz getroffen und verwandelten sich in Stein …

Die imposante Felsformation Pater und Nonne in Oestrich

Ich versteh' nur Stadtbahnhof

Neue »Station« im Iserlohner Zentrum

Die Iserlohner sind froh über ihren neuen Bahnhof. Das alte Gebäude aus den 1960er Jahren ließen sie 2007 abreißen. Ein privater Investor baute daraufhin einen so genannten Stadtbahnhof. Neben bahnhofstypischen Mietern (DB-Schalter, Gastronomie) sind dort längst auch die Stadtinformation und die Volkshochschule eingezogen. Neben dem neu errichteten Gebäude wurden 2008 auch die Bahnsteige erneuert, ein neuer Busbahnhof, Bahnhofsvorplatz und ein Kreisverkehr gebaut. Außerdem steht ein Parkhaus mit 189 Stellplätzen zur Verfügung – das »Ensemble« ist komplett. Am 18. September 2010 wurde der Bahnhof wegen seiner Anbindung zur Wander-Infrastruktur zum ersten Wanderbahnhof Nordrhein-Westfalens ernannt. Der neue Iserlohner Stadtbahnhof liegt am Ende der Ardeybahn aus Schwerte und der Strecke aus Letmathe.

Der erste Bahnhof in der Waldstadt wurde 1864 zusammen mit der der Bahnstrecke Letmathe – Iserlohn eröffnet. Die Bahn ließ die Strecke 1885 bis nach Hemer und weiter nach Fröndenberg verlängern. 1910 kam schließlich die Ardeybahn nach Schwerte hinzu. 1966 wurde das alte Bahnhofsgebäude durch den für den jetzigen Stadtbahnhof abgerissenen Bau ersetzt.

Der Iserlohner Stadtbahnhof und sein Umfeld im Zentrum der Waldstadt

Ein Marktplatz am Hellweg

Regionales Netzwerk aus Handwerk, Handel und Dienstleistung

Gelegen am Hellweg, einem historischen Handelsweg, der beispielhaft für die gewachsene Entwicklung des Warenhandels und der Entstehung von Siedlungen und Städten ist. An Kreuzungspunkten und entlang dieser Handelsrouten entstanden zunächst kleine Marktplätze für den Warenhandel. Sie waren aber auch vertraute Orte der Zusammenkunft für den Nachrichten- und Informationsaustausch. Das Dröscheder Feld in Iserlohn versteht sich heute als Marktplatz mit einem engen Verbund von Unternehmen und Institutionen sowie städtischen Einrichtungen wie Schulen und Sportstätten.

Eng verknüpft mit der Stadtentwicklung ist selbstverständlich auch die Frage der Abfallentsorgung. Die Sammlung aus Städtereinigung und Entsorgung (SASE) steht weltweit einmalig für die Aufbereitung der geschichtlichen Entwicklung des urbanen Umweltschutzes. Eine Sammlung von historischen Müllfahrzeugen sowie ein umfangreiches Archiv aus Zeitdokumenten aus den vergangenen Jahrhunderten werden hier in didaktischer Weise aufbereitet und nicht nur interessierten Fachbesuchern, sondern auch beispielsweise Schulklassen präsentiert. Darüber hinaus ist das Forum der Städtereiniger eine Begegnungsstätte für Wirtschaft, Kultur und Politik sowie ein Ort für vielfältige Veranstaltungen, Tagungen und Seminare.

In unmittelbarer Nachbarschaft zur Kreishandwerkerschaft und dem Berufsbildungszentrum befinden sich das Institut für Umwelttechnik und Entsorgung (IFEU) sowie das Institut für Instandhaltung und Korrosionsschutztechnik (IFINKOR) als vom Land NRW anerkannte An-Institute der Fachhochschule Südwestfalen. Das IFEU entwickelt Systeme für die Entsorgungswirtschaft und betreibt ein eigenes Technikum mit einer Galvanik-Versuchsanlage als Schulungszentrum für die Aus- und Weiterbildung im Bereich der Galvanotechnik und der Wassergütewirtschaft.

IFINKOR am Kalkofen 4 in Nachbarschaft zum IFEU

IFEU und KMI am Kalkofen 6

GGT an der Max-Planck-Straße 5

SASE – Das Haus der Städtereiniger an der Max-Planck-Straße 11

Am gleichen Standort bietet das Unternehmen Koordinaten-Messtechnik Iserlohn (KMI) seinen Kunden aus der Automotive- und Zuliefererindustrie umfangreiche Dienstleistungen im Bereich optischer und taktiler 3D-Messtechnik an. Das IFINKOR erforscht und entwickelt Instandhaltungs- und Korrosionsschutzkonzepte für regionale und überregionale industrielle Kooperationspartner.

Unweit gelegen, hat die GGT Deutsche Gesellschaft für Gerontotechnik® ihren Sitz. Als anerkannter Kompetenzträger rund um die mit dem demografischen Wandel verbundenen Wachstumsmärkte präsentiert die GGT hier in einer großen Ausstellung sowie in einem speziell eingerichteten Musterhaus durchdachte und funktionale Produkt- und Einrichtungslösungen. Dem Leitgedanken eines universellen Designs folgend, sind diese Produkte nicht ausschließlich auf die Generation 50-plus oder auf Menschen mit Behinderungen zugeschnitten, sondern sie sind Generationen übergreifend.

Der »Marktplatz am Hellweg« ist ein Beispiel für ein operatives und aktives Zusammenarbeiten im Sinne des Netzwerkgedankens.

Iserlohn

Komfort und Qualität für alle Generationen

Kompetenzzentrum GGT Deutsche Gesellschaft für Gerontotechnik®

Seit 1993 gilt die GGT in Iserlohn als erste Adresse für Industrie, Handel und Handwerk in allen Fragen rund um den Wachstumsmarkt der Zielgruppe Generation 50-plus.

Als kompetenter Partner für Konsumenten sowie Industrie, Handel und Handwerk im Wachstumsmarkt der Generation 50-plus ist die GGT bereits seit 1993 eine erstklassige Adresse. Neben dem vielschichtigen Produkt- und Dienstleistungsspektrum im Pflegebereich stehen vor allem Angebote im Mittelpunkt des Interesses, die sich durch Komfort, Nutzerfreundlichkeit, Sicherheit, Funktionalität und nicht zuletzt durch ansprechendes Design für jede Generation auszeichnen.

Als anerkannter Dienstleister arbeitet die GGT an der Schnittstelle zwischen Wirtschaft und Verbraucher und stellt damit ein einmaliges Bindeglied zum Wohle der Generation 50-plus dar. Mehr als 950 Verbraucher der Generation 50-plus sowie ein entsprechendes Referenzpanel jüngerer Konsumenten stehen dabei bundesweit mit ihren Erfahrungen als langjährige und anspruchsvolle Kunden in den verschiedenen GGT-Panels für Marktforschung und -beobachtung zur Verfügung. Ein wesentliches Postulat der GGT liegt dabei in der konsequenten Nutzerbeteiligung im Entwicklungs- und Vermarktungsprozess von Produkten und Dienstleistungen.

Ihren Wirtschaftspartnern bietet die GGT ein attraktives Angebot zur erfolgreichen Erschließung dieses Marktsegmentes. Das Dienstleistungsspektrum reicht von der Marktforschung über begleitende Produktentwicklung und Öffentlichkeitsarbeit bis hin zu fachgerechten Schulungs- und Qualifizierungsmaßnahmen.

»Wohnen ohne Grenzen«

In der mehr als 1200 Quadratmeter großen ständigen Ausstellung »Forum für Generationen« werden mehr als 1000 Produkte aus allen Bereichen des täglichen Wohnens und Lebens präsentiert.

Seit Mitte 2011 wird die Dauerausstellung komplettiert durch das »Musterhaus für alle Lebensphasen«. Die Immobilie verfügt über 130 Quadratmeter Nutzfläche. Das Gebäude wurde von den GGT-Experten so geplant und gebaut, dass Räume problemlos (also ohne Schmutz und hohe Kosten) auch im Nachhinein verschiedene Nutzungsanforderungen erfüllen können. Nur so bleibt die Immobilie – wie es die Musterimmobilie der GGT zeigt – generationenübergreifend nutzbar.

Der Katalog »Komfort & Qualität« sowie das dazugehörige Internetangebot www.komfort-und-qualitaet.de sind die ideale Ergänzung zum kostenfreien Ausstellungsbesuch.

Interessierte erfahren, welch originelle Lösungen sich Ingenieure und Industrie für die Bewältigung des täglichen Lebens haben einfallen lassen. Aufgrund der regen Nachfrage ist eine rechtzeitige Anmeldung empfehlenswert.

Forum für Generationen: Die ständige Dauerausstellung der GGT zeigt auf mehr als 1200 Quadratmetern mehr als 1000 Produkte aus allen Lebensbereichen.

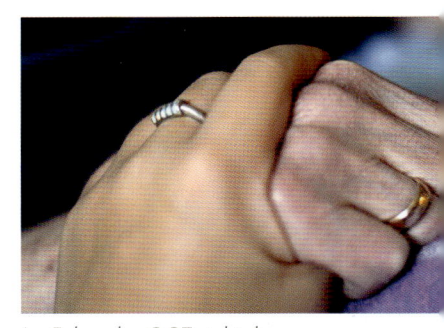

Im Fokus der GGT steht die Gerneration 50-plus.

Ein generationengerechtes »Musterbad«

Flexibel, sicher, komfortabel – die Musterimmobilie der GGT

Beitrag von:
GGT Deutsche Gesellschaft
für Gerontotechnik® mbH
Max-Planck-Straße 5 · 58638 Iserlohn
Tel. (0 23 71) 95 95 0 · Fax (0 23 71) 95 95 20
info@gerontotechnik.de · www.gerontotechnik.de

History-Marketing der Entsorgungswirtschaft

SASE verknüpft Erfahrungen von gestern mit den Zielen von morgen

Forum der Städtereiniger

Als Gedächtnis und Bühne der Deutschen Entsorgungswirtschaft versteht sich die gemeinnützige SASE als Studiensammlung aus Städtereinigung und Entsorgung. In dieser Funktion trägt sie seit ihrer Gründung im Jahr 1997 Literatur, Dokumente, Technik und Fahrzeuge der Städtereinigungs- und Entsorgungswirtschaft zusammen, sichert und präsentiert sie als Lehr- und Lernobjekte in Form einer Dauerausstellung, die für Öffentlichkeit und Fachpublikum zugänglich ist. SASE ist damit nach Art und Umfang weltweit einmalig.

Vielfältige Zusammenhänge prägen die SASE-Leitorientierung, die unter den Fragen steht: Wo kommen wir her? Wo stehen wir heute? Wo müssen wir hin?

»Die Erkenntnisse der Vergangenheit für die aktive Gestaltung der Zukunft zu nutzen«, ist das wissenschaftliche Arbeitsmotto. Als Werkzeuge dazu dienen die Ausstellung »Meine Stadt soll sauber sein« zu 100 Jahren Stadtentwicklung und Städtereinigung, die Deutsche Abfallwirtschaftsbibliothek mit 10 000 Fachbüchern (Wissen ist Rohstoff), die SASE-Bücher zum urbanen Umweltschutz (»Asche, Kehricht, Saubermänner« und »Wiederaufbau, Wirtschaftswunder, Konsumgesellschaft«) sowie das Unterrichtsprojekt »Meine Stadt soll sauber sein«, in dem sich SASE als außerschulischer Lernort für Grundschulen präsentiert.

Konferenz-, Schulungs-, Veranstaltungsräume sowie ein Freigelände für unterschiedliche Veranstaltungen und Ausstellungen bilden die fachbezogene Atmosphäre.

Konferenzen und Schulungen

Veranstaltung im Forum

Beitrag von:
SASE gGmbH
Sammlung aus Städtereinigung und Entsorgung
Max-Planck-Straße 11 · 58638 Iserlohn
Tel. (0 23 71) 95 39 90 · Fax (0 23 71) 9 53 99 19
info@sase-iserlohn.de · www.sase-iserlohn.de

IFEU Institut für Entsorgung und Umwelttechnik

Forschung · Entwicklung · Erprobung · Beratung · Qualifizierung

Das Schulungszentrum für Galvanotechnik

Logistiksysteme für die Entsorgungswirtschaft

Das IFEU Institut für Entsorgung und Umwelttechnik wurde 1989 mit Unterstützung des Landes Nordrhein-Westfalen als An-Institut zur Fachhochschule Südwestfalen in Iserlohn gegründet.

Die Gesellschafter sind heute namhafte Unternehmen aus der Entsorgungs- und Umweltbranche, die eine direkte Vernetzung mit der Praxis gewährleisten.

Aus der Zusammenarbeit von Theoretikern und Praktikern, von Alt und Jung, Historikern und Ingenieuren hat sich das IFEU zu einem fachbezogenen Kompetenzzentrum entwickelt.

Im Mittelpunkt stehen Projekte aus der Entsorgungslogistik und Städtereinigung, die Entwicklung und Integration EDV-gestützter Systeme zur Informationsverarbeitung in der Entsorgungslogistik sowie Projekte der Abfall- und Abwasserbehandlung.

Ob bei Genehmigungsverfahren, Managementsystemen, Beauftragtenwesen oder der Energie- und Materialeffizienz: Das IFEU bietet seine Mitarbeit an.

Beitrag von:
IFEU GmbH
Institut für Entsorgung und Umwelttechnik
Kalkofen 6 · 58638 Iserlohn
Tel. (0 23 71) 95 93 0 · Fax (0 23 71) 95 93 33
info@ifeu-iserlohn.de · www.ifeu-iserlohn.de

Iserlohn

Koordinaten-Messtechnik Iserlohn GmbH

Taktile und optische 3D-Messtechnik

Die Koordinaten-Messtechnik Iserlohn GmbH (KMI), mit dem Sitz am Dröscheder Feld, ist ein kompetenter und flexibler Partner im Bereich der Erstmusterprüfung und Lohnmesstechnik.

Ausgestattet mit einem über 200 Quadratmeter großen vollklimatisierten Messlabor und hochwertigen 3D-Koordinatenmessgeräten stellt das KMI der verarbeitenden und produzierenden Industrie Ingenieurdienstleistungen rund um den weiten Bereich der 3D-Koordinaten-Messtechnik zur Verfügung.

Das Unternehmen ist akkreditiert nach DIN EN ISO/IEC 17025:2005. Diese Akkreditierung ist eine grundlegende Voraussetzung für alle Firmen aus der Automobil- und Zulieferindustrie, die Dienstleistungen der Lohnmesstechnik in Anspruch nehmen und die Regelwerke der ISO TS 16949 erfüllen müssen.

Das Team aus Ingenieuren und Technikern erstellt entsprechend der Kundenwünsche verlässliche und nachvollziehbare Messergebnisse. Aussagefähige Dokumentationen der ermittelten Messergebnisse sind ebenso selbstverständlich wie kurze Reaktionszeiten. Ergänzend werden vom KMI Fachworkshops rund um den Bereich der dimensionellen Messtechnik durchgeführt.

Das Team aus Ingenieuren und Technikern erstellt verlässliche und nachvollziehbare Messergebnisse.

Das KMI ist mit einem mehr als 200 Quadratmeter großen vollklimatisierten Messlabor und hochwertigen 3D-Koordinatenmessgeräten ausgestattet.

Beitrag von:
Koordinaten-Messtechnik Iserlohn GmbH
Kalkofen 6 · 58638 Iserlohn
Tel. (0 23 71) 43 59 47
Fax (0 23 71) 43 59 49
info@kmi-web.com · www.kmi-web.com

IFINKOR – Institut für Instandhaltung und Korrosionsschutztechnik

100 Milliarden Euro gehen der deutschen Volkswirtschaft jährlich durch Korrosion und Verschleiß verloren. Die Schäden verursachen Produktionsausfälle, Qualitätsverluste bei Produkten und Versagen der Infrastruktur (Straßen, Brücken, Gebäude, Transportmittel).

Das IFINKOR erforscht und entwickelt Instandhaltungs- und Korrosionsschutzkonzepte für industrielle und öffentliche Auftraggeber. Es analysiert Schäden und berät bei Abhilfemaßnahmen. Als Kooperationspartner der Fachhochschule Südwestfalen ist das IFINKOR eine Brücke zwischen Hochschule und Industrie. So können neue wissenschaftlich-technische Erkenntnisse zur Sicherung der Anlagenverfügbarkeit nutzbringend in die industrielle Anwendung getragen werden.

Über ein Netzwerk von nationalen und internationalen Spezialisten aus allen Bereichen der Instandhaltung, Werkstoff- und Korrosionswissenschaften, Oberflächentechnik, Material- und Verschleißschutz sowie Sensorik können in einem breiten Spektrum von Instandhaltungs- und Korrosionsschutzfragen industrielle Problemlösungen geliefert werden.

Das IFINKOR beziehungsweise seine Geschäftsführer sind Mitglied in den führenden nationalen und internationalen einschlägigen technisch-wissenschaftlichen Gesellschaften und Normungsinstitutionen.

Das IFINKOR erforscht und entwickelt Instandhaltungs- und Korrosionsschutzkonzepte.

Beitrag von:
IFINKOR – Institut für Instandhaltung und Korrosionsschutztechnik gGmbH
Prof. Dr.-Ing. Ralf Feser · Prof. Dr. habil. Günter Schmitt
Kalkofen 4 · 58638 Iserlohn
Tel. (0 23 71) 95 97 10 · Fax (0 23 71) 5 31 33
office@ifinkor.de · www.ifinkor.de

St. Pankratiuskirche ältestes Bauwerk der Stadt

Die Bauernkirche war für die Christianisierung der ganzen Region von Bedeutung

Die Iserlohner St. Pankratiuskirche ist weit besser als Bauernkirche benannt. Populär ist sie, weil sie das älteste erhaltene Bauwerk der gesamten Stadt ist. Die Bauernkirche stammt aus der Zeit um 985. Experten wiesen nach, dass sie keinesfalls, wie teilweise behauptet, ihren Ursprung in karolingischer Zeit hat. Zu Beginn war sie eine Tochterkirche der Pfarrkirche St. Vincenz in Menden.

Die Bauernkirche bildete die Basis der Siedlung Iserlohn und war von großer Bedeutung für die Christianisierung der gesamten Region. Sie war im 13. Jahrhundert Sitz eines eigenen Dekanats und blieb bis zur Reformation Pfarrkirche. Die um 1330 entstandene Oberste Stadtkirche blieb ihr untergeordnet. Nach der Reformation wurde die Oberste Stadtkirche eine weitere Pfarrkirche. Nach dem Zweiten Weltkrieg war die Bauernkirche bis 1957 Garnisonskirche der britischen Besatzungsstreitkräfte. Seit 2006 ist sie Eigentum eines Fördervereins, der den früheren Zustand wieder herstellen will.

Die ältesten Teile der Bauernkirche stammen aus einer kreuzförmigen Pfeilerbasilika aus Bruchstein, etwa aus dem 11. Jahrhundert. Der Turm der Kirche war als Wehrturm angelegt. Er ist etwa 60 Meter hoch. Die romanische Kirche selbst wurde im Laufe der Jahrhunderte immer wieder verändert. Es handelt sich um eine zweischiffige Basilika mit Querschiff und Westturm. An der Südseite des Kirchenschiffs befindet sich ein späterer Anbau. An der Nordseite wurde eine Kapelle hinzugefügt. Die Sakristei befindet sich an der Südseite des Chores. In den 1960er Jahren wurde das alte hölzerne Tonnengewölbe abgerissen und durch eine Flachdecke ersetzt. Auch die Emporen wurden beseitigt. Im Inneren befindet sich unter anderem ein gotisches Sakramenthäuschen, ein spätgotischer Altaraufsatz und eine Barockkanzel aus dem 18. Jahrhundert.

Die Iserlohner St. Pankratiuskirche ist besser als Bauernkirche bekannt.

Die Bauernkirche (Pankratiuskirche) und die Oberste Stadtkirche (Marienkirche) aus der Vogwelperspektive

Die Kirche mit den beiden Namen

Oberste Stadtkirche trägt wohl erst seit dem 15. Jahrhundert den Namen Marienkirche

Die Iserlohner Marienkirche ist besser bekannt als Oberste Stadtkirche. Sie entstand wohl mit der Stadterweiterung zu Beginn des 14. Jahrhunderts. Ursprünglich befand sich an der Stelle eine von der nahe gelegenen St. Pankratiuskirche abhängige Kapelle. Möglicherweise befand sich dort auch eine Burgkapelle. Dieser Bau soll um 1330 errichtet worden sein. Die heutige Kirchengestalt stammt wahrscheinlich aus dem 15. Jahrhundert. Seither wird die Oberste Stadtkirche auch als Marienkirche bezeichnet. Bei einem Stadtbrand im Jahr 1500 brannten die beiden Türme ab, wurden danach aber wieder aufgebaut. Nach der Reformation war die Kirche evangelische Hauptpfarrkirche.

Die Oberste Stadtkirche ist eine zweischiffige Hallenkirche mit Querschiff. Der Stil ist gotisch mit der Einbeziehung älterer romanischer Bauteile. Über der Kirche erhebt sich ein Doppelturm. An der Südseite des Schiffes ist ein kapellenartiger Anbau hinzugefügt worden. An der Südseite des Chores befindet sich die Sakristei.

Unterhalb des Chores befindet sich eine unregelmäßig geformte Krypta. An der Nordseite und am Chor existieren Strebepfeiler. Der Innenraum ist mit einem Kreuzgewölbe mit Rippen und Schlusssteinen überspannt. In der nördlichen Turmhalle, in der Sakristei und in der Krypta gibt es Kreuzgewölbe mit Graten.

An der Südseite des Chores befinden sich steinerne gotische Sedilien, dreiteilig mit Maßwerk. Daneben ist auch ein hölzernes gotisches Chorgestühl vorhanden. Auch das Sakramentshäuschen und der Altartisch sind gotisch. In der Kirche befindet sich neben religiösen Figuren auch ein Standbild des Grafen Engelbert III. von der Mark. Bemerkenswert ist der spätgotische Klappaltaraufsatz sowie das ehemals dazu gehörende Tafelgemälde.

Die vom Meister von Iserlohn um 1455 geschaffene Marienretabel als Teil des Hochaltars besteht aus acht Tafeln mit Szenen aus dem Marienleben.

Die Oberste Stadtkirche in Iserlohn wird auch Marienkirche genannt.

135

Iserlohn

ADVISA – die Wirtschaftsexperten für Heilberufler

Wirtschaftliche und steuerliche Beratung für Heilberufler – diesen Service bieten die Wirtschaftsexperten der ADVISA-Gruppe bundesweit an rund 150 Standorten. Schwerpunkte liegen dabei in der Rundumbetreuung von Ärzten, Zahnärzten, Pflegediensten, Apotheken und Heilmittelerbringern, darunter Physiotherapeuten und Heilpraktiker.

Seit 2008 gehört auch ein ADVISA-Standort in Iserlohn zu diesem Verbund. Damals verlegte Rechtsanwalt und Steuerberater Christian Funke den Sitz seiner Steuerberatungsgsellschaft von Dortmund nach Iserlohn auf das Campusgelände am Seilersee.

Ein Standortwechsel, der vielfältige Synergieffekte mit der privaten Hochschule BiTS zur Folge hat.

Die Nutzung von bereits vorhandener Infrastruktur, der Erfahrungsaustausch in der Vortragsreihe des BiTS-Forum und die Teilnahme an den Kamingesprächen führten zu einer intensiven Zusammenarbeit mit der BitS. »Wir entwickeln zur Zeit einen modularen Studiengang für Heilberufe – das Curriculum (Lehrplan) steht schon«, so Christian Funke. Er gibt einen Ausblick in die zukünftige Beteiligung am Hochschulbetrieb der Iserlohner Managerschmiede: »Im Rahmen der Ausbildung werden ADVISA-Experten Vorträge zu aktuellen, praxisrelevanten Themen halten«.

Vom Wissensaustausch mit den großen Playern im Gesundheitswesen profitieren die ADVISA-Mandanten seit Jahrzehnten. Zusammen mit der Beratung, Konzeptentwicklung und Schaffung von Kooperationen vervollständigen die hochkarätigen Vorträge die Netzwerkphilosophie der ADVISA-Partner.

Das ADVISA-Team in Iserlohn

»Unsere Aufgabe ist es, die Mandanten für die Veränderungen im Gesundheitswesen fit und überlebensfähig zu machen, denn ein Trend zeichnet sich schon seit Jahren ab: Für den Einzelnen wird es nicht besser werden«, berichtet Christian Funke und sieht seine Mandanten mit dem aktiven Networking der ADVISA-Gruppe angesichts dieser Entwicklung bestens gewappnet. Die ADVISA-Gruppe ist übrigens Teil des European Tax & Law (ETL) Verbundes.

Beitrag von:
ADVISA
Steuerberatungsgesellschaft mbH
Reiterweg 26a · 58636 Iserlohn
Tel. (0 23 71) 9 74 58 69
Fax (0 23 71) 9 74 58 58
info@advisa-iserlohn.de
www.advisa-iserlohn.de

Eine heiße Angelegenheit

Winnen-Metall: Know-how im Umgang mit flüssigem Metall

Beim familiengeführten Metall-Schmelzwerk aus Iserlohn profitiert man vom langen Know-how im Umgang mit flüssigem Metall.

Wenn es um »Metall-Recycling« geht, fällt in der Branche zuerst der Name »Winnen-Metall«. Bereits Firmengründer Alex Jost beschäftigte sich mit der Rückgewinnung von Metallen aus kupferhaltigen Krätzen und Spänen, die aus der Nichteisen-Metall-Gießereiindustrie stammen.

Nachdem Jost zusammen mit seinen Brüdern in Barendorf, dem heutigen Museumsdorf, gearbeitet hatte, begann er 1933 mit dem eigenen Betrieb in der Calle. Nach dem Krieg bewies Jost mit der Wahl eines neuen Standorts im heutigen Industriegebiet »Sümmern-Rombrock« Weitblick. Das Unternehmen war damals der erste neu erbaute Betrieb auf der »grünen Wiese«. Der Standort hat sich für das Schmelzwerk mit angeschlossenem Metallhandel bis heute bewährt.

1977 trat der Ingenieur und Metallurge Michael Winnen in den Betrieb ein. 1996 kaufte er das Familienunternehmen der Familie Jost-Winnen ab. Seitdem erlebte die Firma, die fortan als Winnen-Metall geführt wurde, einen wirtschaftlichen Aufschwung. Aufgrund modernster Analysetechnik, den neuesten technischen Einrichtungen und dem jahrelangen Know-how im Umgang mit Metallabfällen war man für die aufkommende Globalisierung gerüstet.

Heute wird das Gros der Blockmetalllegierungen in Barrenformen nicht nur an namhafte Gießereibetriebe in Deutschland, sondern nach ganz Europa geliefert. Michael Winnen begründet den Erfolg mit einer klaren Firmenphilosophie. Im Vordergrund steht eine persönliche und fachliche Beratung des Kunden, beispielsweise, um die richtige Legierung – entsprechend dem Anwendungsfall – zu finden. Die Beratung des Kunden ist bis heute »Chefsache«.

Die Vielzahl der verschmolzenen Legierungen reicht von Kupfer-Legierungen wie Messing, Sondermessing über CuNiZn (Neusilber), Rotguss und Bronzen, Aluminium und Zink bis hin zu Speziallegierungen fast jeglicher Art. Interessierte, die flüssiges Metall bei 1100 Grad Celsius fließen sehen möchten, können sich für einen Besuch anmelden. Das gilt auch für jene, die Metallabfälle zu Tagespreisen an Winnen-Metall verkaufen möchten.

Beitrag von:
Winnen-Metall GmbH & Co. KG
Postfach 5020 · 58605 Iserlohn
Tel. (0 23 71) 49 14 15 · Fax (0 23 71) 4 25 09
info@winnen-metall.de · www.winnen-metall.de

Iserlohn

Konditorei und Café Spetsmann in Iserlohn – Pralinés bereits mehrfach ausgezeichnet

»Der einzige Weg, eine Versuchung loszuwerden, ist ihr nachzugehen« Oscar Wilde

Die Fertigung von Pralinés gilt als die Krönung der Chocolatier-Kunst und mit Bernd Bücker kommt einer der besten Zeremonienmeister dieser Zunft aus Iserlohn. Seine Pralinés aus dem Hause Spetsmann wurden schon mehrfach ausgezeichnet. Darunter Auszeichnungen für die Praline des Jahres und im Jahr 2007 verlieh der Pralinenclub Deutschland das höchste Qualitätssiegel der handwerklichen Frischeherstellung für das »Knusper Nougat«. Es setzte sich gegen 179 andere Köstlichkeiten durch und wurde zum Praliné des Jahres gekürt. Kurz darauf zeichnete die Wirtschaftsinitiative Iserlohn (WIS) den Konditormeister als »Botschafter der heimischen Wirtschaft« aus.

Es folgten viele Auszeichnungen zur Praline des Monats. Zuletzt aber sorgte der Triple-Sieg 2011 für Aufsehen in der Deutschen Pralinenwelt. Die Kreationen von Meisterchocolatier Bernd Bücker wurden auf allen drei Plätzen an die Confiserie Spetsmann vergeben. Praline des Jahres in Gold für die Kreation ›Sultan‹, Silber für ›Samson‹ und Bronze für ›Pinot‹. »Das ist ein süßer Traum, der wahr wurde und der uns dazu motiviert noch besser zu werden«, so Bernd Bücker.

Mit genauso viel Leidenschaft hat bei Spetsmann in den 1930er Jahren übrigens auch die traditionsreiche Unternehmensgeschichte begonnen. 1939 kamen die Gründer des Unternehmens »Der süßen Köstlichkeiten«, Karl-Heinz und Änne Spetsmann, nach Iserlohn, um die Waldstadt mit ihrer unvergleichlichen Qualität und ihrem süßen Erfindungsreichtum zu begeistern. Ein Höchstmaß an Individualität für ihre Kunden und unaufhörlicher süßer Ideenreichtum waren jahrzehntelang die Wertmaßstäbe im Hause Spetsmann. Diese Grundsätze und das Unternehmen übernahmen 1969 Joseph und Ursula Bücker, geborene Spetsmann. Die zweite Generation erprobte und verfeinerte und bewies dabei viel handwerkliches Geschick. Qualität und Frische waren und sind ihre wichtigsten Aufgaben, denen sie jeden Tag neu gerecht werden.

Das Haus Spetsmann erweiterte das Unternehmen 1974 mit einem neuen Kaffeehaus am Schillerplatz in Iserlohn. Im Stammhaus befinden sich aber die modernen Produktionsräume, in denen Familie Bücker gemeinsam mit ihren 50 Mitarbeiterinnen und Mitarbeitern täglich die hohe Kunst des süßen Naschwerks zelebriert. 1998 übernahm die dritte Generation, Bernd und Ute Bücker, das Unternehmen Spetsmann mit Stammhaus und Brückencafé. Sie verwirklicht ein zeitgemäßes, flexibles Konzept, bei dem einerseits eine moderne Unternehmensführung und andererseits die Repräsentation der langjährigen Familientradition möglich ist, deren Lebensader das Erreichen der Perfektion der feinen Confiserie ist. Entdecken kann man die kleinen und wohlschmeckenden Gaumenfreuden im Spetsmann-Stammhaus, Konditorei und Café und im Brücken-Café am Schillerplatz.

Das Spetsmann-Team mit Ute und Bernd Bücker

Beitrag von:
Spetsmann Konditorei und Café
Poth 6 · 58638 Iserlohn
Tel. (0 23 71) 21 09 90 · Fax (0 23 71) 1 27 08
info@spetsmann.de · www.spetsmann.de

Für das Knusper Nougat verlieh der Pralinenclub Deutschland Spetsmann 2007 das höchste Qualitätssiegel der handwerklichen Frischeherstellung.

Iserlohn

Ins Fernsehen und den Weltraum

Jochen Busse und Prof. Dr. Ulrich Walter prominente Söhne der Waldstadt

Der Physiker Prof. Dr. Ulrich Walter

Prof. Dr. Ulrich Walter, einer der populärsten deutschen Raumfahrer, kam 1954 in Iserlohn zur Welt. Walter ist Physiker, ehemaliger Wissenschaftsastronaut und Inhaber des Lehrstuhls für Raumfahrttechnik an der Technischen Universität München.

Walter wuchs in der Waldstadt auf und besuchte das Märkische Gymnasium. 1974 begann er, an der Universität Köln Physik zu studieren. 1980 beendete er sein Studium im Fach Experimentalphysik. Während er danach als wissenschaftlicher Mitarbeiter an der Uni Köln tätig war, arbeitete er an seiner Doktorarbeit (»Neutronenstreuung an zwischenvalenten Systemen«). Walter promovierte 1985.

Unterstützt durch Stipendien absolvierte Walter einen zweijährigen Forschungsaufenthalt in den USA, um sein festkörperphysikalisches Wissen zu vertiefen. Im August 1986 hatte die damalige Deutsche Forschungs- und Versuchsanstalt für Luft- und Raumfahrt (DFVLR) in allen großen Tageszeitungen nach Wissenschaftsastronauten für den zweiten deutschen Spacelab-Flug (D-2) gesucht. Auf den Aufruf meldeten sich 1799 nationale Interessenten. 312 Bewerber kamen in die engere Wahl, von denen nach medizinischen Befragungen, Wissens- und psychologischen Prüfungen sowie Gesundheitstests noch 13 Personen übrig blieben. Eine Jury siebte schließlich die fünf Anwärter aus, die 1988 mit intensivem Training begannen. 1990 kamen vier davon als Nutzlastspezialisten für den zweiten deutschen Spacelab-Flug in die engere Wahl. Danach trainierten sie abwechselnd in Köln, Huntsville und Houston. Ein Jahr vor dem Flug fiel die endgültige Wahl auf Walter und den Physiker Hans Schlegel.

Die zwei deutschen Physiker brachen zusammen mit fünf US-amerikanischen Astronauten Ende April 1993 an Bord des Space Shuttles Columbia in Richtung Erdumlaufbahn auf. Rund 90 Experimente betreuten Schlegel und Walter während des zehntägigen Fluges.

Nach seinem Flug schied Walter aus dem deutschen Raumfahrerkader aus und leitete vier Jahre lang das Satellitenbildarchiv des DLR im bayerischen Oberpfaffenhofen. Walter ist Träger des Bundesverdienstkreuzes Erster Klasse und der Wernher-von-Braun-Medaille. Er lebt heute mit Frau und zwei Töchtern bei München.

Der Schauspieler Jochen Busse

Jochen Busse kam 1941 in Iserlohn zur Welt. Noch vor dem Abitur verließ der Sohn eines Fabrikanten die Schule, um sich ganz der Schauspielerei zu widmen. Sein Debüt als Theaterschauspieler gab er mit 19 Jahren an den Münchner Kammerspielen. Erste Erfahrungen als Kabarettist sammelte er im Studentenkabarett. Drei Jahre war er im Düsseldorfer Kom(m)ödchen aktiv. Von 1976 bis 1991 gehörte Jochen Busse zum Ensemble und Autorenteam der Münchner Lach- und Schießgesellschaft.

Der Iserlohner Physiker und Astronaut Ulrich Walter (hinten rechts stehend) mit Astronautenkollegen startete 1993 im Rahmen der Spacelab D-2-Mission mit dem Space Shuttle Columbia zu seinen Erdumrundungen.

Vom Ende der 1960er Jahre an übernahm Busse auch Rollen in Filmen und Fernsehproduktionen. Dort wurde er, wie in dem Dreiteiler »11 Uhr 20« zunächst meist als eiskalter Bösewicht eingesetzt. 1972 erhielt er die Rolle des Kriminalassistenten Siebenlist in der Krimiserie »Mordkommission«, wo er erstmals sein komödiantisches Talent zeigen konnte. 1978 startete er mit der Serie »Medienklinik« seine erste eigene Sendung, später war er Dreh- und Angelpunkt der Sketchreihe »Nur für Busse«. In diesen Folgen zeigte das Multitalent Busse sich vor allem als Comedian.

Von 1996 bis 2005 moderierte er die von Rudi Carrell produzierte Freitagabendshow »7 Tage, 7 Köpfe«. Außerdem feierte er ab Februar 1997 als Amtsleiter Hagen Krause in der Serie »Das Amt« einen Erfolg. 2000 inszenierte Jochen Busse am Schillertheater in Wuppertal Heinrich von Kleists »Der zerbrochne Krug«. Im April 2006 wurde er Moderator der Comedy-Talkshow »Der heiße Brei«, in der Schauspieler die Rollen von Politikern und Prominenten spielten. Neben seiner schauspielerischen Tätigkeit arbeitete er auch als Drehbuchautor. Seit Ende 2007 tourte er mit Henning Venske und dem Programm »Legende trifft Urgestein« durch den deutschsprachigen Raum.

Der Iserlohner Schauspieler und Kabarettist Jochen Busse erlangte insbesondere durch die von Rudi Carell produzierte Freitagabend-Fernsehshow »7 Tage, 7 Köpfe« große Popularität.

Seit 1844 Qualität aus Iserlohn

SUDHAUS: Schlösser und Schließsysteme sowie Komponenten für die Automotive-Industrie

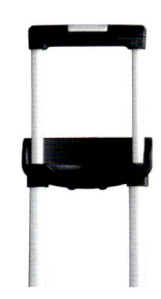

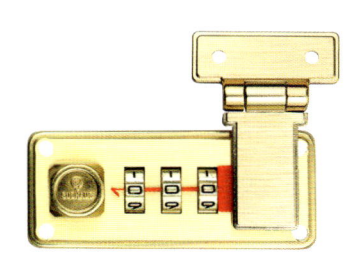

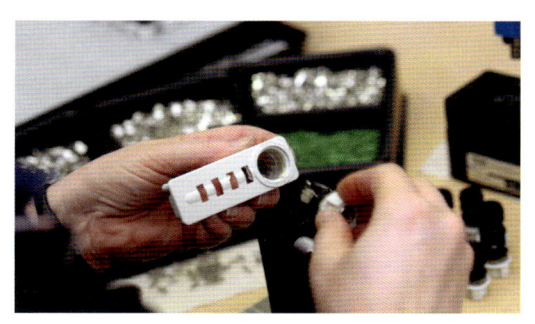

Die Manufaktur dient unter anderem als Ideenschmiede und Trenderkennung.

SUDHAUS ist ein mittelständisches Unternehmen, das sich durch die Entwicklung, die Produktion und den Vertrieb von Schlössern und Schließsystemen, von Komponenten für die Automotive-Industrie sowie der zugehörigen Systeme für die verschiedensten Märkte, Branchen und Anwendungsfälle eine sehr gute Marktposition gesichert hat. »Zukunft braucht Herkunft«, lautet dabei eine Grundüberzeugung des 1844 in Iserlohn gegründeten Familienunternehmens. Ein Blick in die Geschichte zeigt: SUDHAUS entwickelte sich vom Handwerksbetrieb des 19. Jahrhunderts, der Reitgeschirr fertigte, zum anerkannten Anbieter von hochwertigen Produkten.

Die technologischen Stärken von SUDHAUS sind in Iserlohn konzentriert und liegen in den Bereichen Werkzeugbau, Kunststoffspritzguss, Zinkdruckguss, Lackieren und Montieren. Der Einsatz modernster Technologien ermöglicht es, die Kundenanforderungen wettbewerbsfähig umzusetzen. Ein wesentlicher Baustein für das Leistungsspektrum ist der eigene Werkzeugbau, in dem technologische Excellenz geboten wird. Ein fertiges Produkt von SUDHAUS ist das Ergebnis einer langen handwerklichen Tradition, gepaart mit zeitgenössischem Know-how wie zum Beispiel computergestütztem Design. Der eigene Werkzeugbau und die Musterwerkstatt stellen sicher, dass die Prozesse und Technologien optimal auf die Produkteigenschaften abgestimmt sind.

Kein anderes europäisches Unternehmen, das sich mit Schlössern und Schließsystemen beschäftigt, bündelt die Kompetenzen von Forschung, Entwicklung und Produktion wie die SUDHAUS GmbH & Co. KG. Bewusst hat man sich als Technologieführer auf Nischen konzentriert. SUDHAUS bietet sowohl die fertige Lösung aus dem Katalog als auch Problemlösungen auf Kundenwunsch an. Innovationskraft und überzeugende Qualität machen SUDHAUS zu einem zuverlässigen Partner für kundenorientierte Aufgabenstellungen. Zahlreiche Patente zeugen davon ebenso wie Auszeichnungen: Zwei Modelle wurden mit dem renommierten IF Design Award ausgezeichnet. SUDHAUS erhielt in 2012 das Gütesiegel »TOP 100« für innovative mittelständische Unternehmen.

SUDHAUS legt großen Wert auf eine intensive Ausbildung und qualifizierte Mitarbeiter.

Mit der Etablierung der SUDHAUS-Manufaktur im Jahr 2008 spricht SUDHAUS Premium-Kunden an, die eine passende Lösung zu ihren Produkten suchen und einen hohen Anspruch an Exklusivität haben.

SUDHAUS ist im Segment der Automotive-Teile ein weltweit operierender Partner. Anwendung finden die SUDHAUS-Bauteile als technische Funktionsbauteile sowie als oberflächenveredelte Baugruppen und Designbauteile im Interieur-Bereich. Durch das umfassende Technologie-Portfolio können innovative und effiziente Lösungen angeboten werden.

Bei SUDHAUS setzt man auf die eigenen Stärken, bindet seine Mitarbeiter und legt großen Wert auf eine intensive Ausbildung. Die Ausbildungsquote liegt bei rund zehn Prozent. So entstehen Teams, die handwerkliche Traditionen erhalten und dabei ständig Verbesserungen suchen. Dies ist insbesondere vor dem Hintergrund von neuen Märkten und neuen Produkten ein wesentlicher Schwerpunkt.

Der Kunde profitiert von innovativen Lösungen und Prozessen.

SUDHAUS hat kontinuierlich seinen Personalbestand aufgebaut und kann nun mit qualifizierten Mitarbeitern seine internationale Position als Automobilzulieferer und Produzent von hochwertigen Schließsystemen für die Konsumgüterindustrie weiter ausbauen.

SUDHAUS

Beitrag von:
SUDHAUS GmbH & Co. KG
Teichstraße 5 · 58644 Iserlohn
Tel. (0 23 71) 90 60 · Fax (0 23 71) 65 09
info@sudhaus.de · www.sudhaus.de

Iserlohn

Wahrzeichen Danzturm

Bauwerk 1908/1909 erbaut und nach dem Ehrenbürger Ernst Danz benannt

Wie viele Iserlohnerinnen und Iserlohner den Professor und Ehrenbürger ihrer Stadt Ernst Danz (1822 bis 1905) kennen und wissen, was der Mann geleistet hat, ist nicht geläufig. Belegt ist jedoch, dass der 1908 und 1909 gebaute und nach ihm benannte Turm zum Wahrzeichen der Stadt avancierte und beide Weltkriege unbeschadet überstanden hat.

Professor Ernst Danz hatte sich unter anderem auf dem Gebiet des höheren Schulwesens verdient gemacht und sich intensiv für die Aufforstung des Iserlohner Stadtwaldes eingesetzt. Um den Bau des Turmes zu finanzieren, sammelten die Protagonisten Geld in der Iserlohner Kaufmannschaft und in der Bevölkerung.

Zur Finanzierung des Turmbaus wurde zudem am 10. und 11. Oktober 1908 ein großer Danzturm-Basar in der Alten Halle auf der Alexanderhöhe gestartet. Der Basar wurde als großes Volksfest mit dem Charakter einer sauerländischen Dorffestlichkeit gestaltet. Im Aufruf zum Basar hieß es: »... der ein Wahrzeichen des Iserlohner Stadtwaldes und ein Denkmal für unseren verstorbenen Ehrenbürger Professor Danz, dem unsere Waldungen so unendlich viel verdanken, sein soll.« Mit einem großen Festakt und der Ansprache des damaligen ersten Bürgermeisters Hölzerkopf erfolgte am 22. Mai 1909 auf dem Telegraphenberg die Turmeinweihung. Der Danzturm ist 28 Meter hoch und bietet einen herrlichen Rundblick über das Sauerland und den Hellweg. Der Sauerländische Gebirgsverein (SGV) brachte für sein Gründungsmitglied Prof. Ernst Danz eine Gedenktafel am Turm an.

Ihren Danzturm bauten die Iserlohner 1908 und 1909 im Gedenken an ihren Ehrenbürger Prof. Ernst Danz.

Der Danzturm in einer Ansicht aus dem Jahr 1932

Der Danzturm steht in unmittelbarem baulichen Anschluss an die Erweiterungsgebäude der ehemaligen optischen Telegrafenstation Nr. 43, die Teil der 1833 eingerichteten Telegrafenlinie Berlin – Koblenz war.

Der Danzturm ist frei zugänglich, sofern das Restaurant im Nachbargebäude geöffnet hat. Von der Aussichtsplattform aus überblickt man Iserlohn und sieht bei gutem Wetter bis nach Hamm. Vom Sauerländischen Gebirgsverein erschien von 1957 bis 1975 die heimatkundliche Zeitschrift »Der Danzturm«.

Bis in die 1970er Jahre wurde der Turm mit dem Stadtwald von der Brauerei Iserlohn als Motiv auf Bierflaschen, -gläsern und -deckeln sowie auf Werbeartikeln abgebildet. Heute ist der Turm noch im Firmenlogo der Iserlohner Brauerei zu sehen. Der Danzturm dient nicht nur als Treffpunkt für Wandergruppen, sondern ist auch Veranstaltungsort für Kulturereignisse.

Zukunft. Gemeinsam. Gestalten.

Märkischer Arbeitgeberverband: Nachwuchswerbung weit oben auf der Agenda

Nachwuchswerbung: Berufsorientierung und Nachwuchswerbung werden beim MAV großgeschrieben. Dazu gehört auch das Erkunden von Betrieben.

Der Märkische Arbeitgeberverband (MAV) mit Sitz in Iserlohn ist einer der größten regionalen Arbeitgeberverbände in Nordrhein-Westfalen. Die Mitgliedschaft ist freiwillig und steht jedem Unternehmen – unabhängig von Branche und Betriebsgröße – offen. Sie ist auch für Betriebe der Metall- und Elektroindustrie ohne Tarifbindung möglich. Das Verbandsgebiet umfasst große Teile des Märkischen Kreises (mit den Kommunen Iserlohn, Menden, Hemer, Balve, Nachrodt-Wiblingwerde, Altena Neuenrade, Werdohl und Plettenberg), den Ennepe-Ruhr-Kreis sowie die Städte Hagen und Schwerte. Der wirtschaftlichen Struktur der Region entsprechend stammen die überwiegend mittelständischen und inhabergeführten Betriebe aus der Metall- und Elektroindustrie.

Für die tarifgebundenen Mitgliedsunternehmen der M + E-Industrie ist der MAV Tarifträger. Das bedeutet: Er beteiligt sich aktiv an den Tarifverhandlungen mit der IG Metall und nimmt so die tarifpolitischen Interessen der heimischen Betriebe auf Landesebene wahr. Außerdem wirkt er an firmenbezogenen Verbandstarifverträgen sowie Haus- und Sondertarifverträgen für einzelne Mitgliedsunternehmen mit.

Ebenso ist es ein vorrangiges Ziel des Verbandes, die gemeinsamen sozialpolitischen Interessen der angeschlossenen Unternehmen gegenüber Politik, Behörden, Gewerkschaften und anderen Organisationen vor Ort zu vertreten. So sitzt der MAV mit am »Runden Tisch«, wenn auf Kreis- oder Stadtebene regionale wirtschafts- oder bildungspolitische Probleme wie Langzeitarbeitslosigkeit, Qualifizierungsprogramme oder Ausbildungsoffensiven im Konsens angegangen werden.

Um seine Mitglieder zielgerichtet bei ihrer täglichen Arbeit zu unterstützen, bietet der MAV ein umfangreiches Leistungsangebot an. Die Mitarbeiter stehen den Betrieben als kompetente Ansprechpartner für Tarifpolitik, Arbeits- und Sozialrecht, Arbeitswirtschaft und Öffentlichkeitsarbeit zur Verfügung. Um passgenaue firmenspezifische Lösungen zu entwickeln, arbeiten alle Abteilungen Hand in Hand. Gerade diese Verzahnung von arbeitsrechtlicher, arbeitswirtschaftlicher und kommunikativer Beratung ist eine Kernkompetenz des Verbandes.

Eine wichtige Zukunftsaufgabe sieht der MAV in der Nachwuchswerbung für die heimische Metall- und Elektro-Industrie. Ganz oben auf der Agenda stehen dabei das Engagement in der Berufsorientierung und die MINT-Förderung mit dem Ziel, Kinder und Jugendliche frühzeitig an die Bereiche Mathematik, Ingenieurwesen, Naturwissenschaft und Technik heranzuführen.

Facharbeiter: Die M + E-Industrie im Märkischen Kreis bietet anspruchsvolle Jobs mit Zukunft.

Was nicht jeder weiß: High-Tech in Fahrzeugen und Maschinen kommt häufig aus dem Märkischen Kreis.

Zukunft. Gemeinsam. Gestalten.

Beitrag von:
Märkischer Arbeitgeberverband e.V.

Geschäftsstelle Iserlohn
Postfach 2554 · 58595 Iserlohn
Erich-Nörrenberg-Straße 1
58363 Iserlohn
Tel. (0 23 71) 8 29 15
Fax (0 23 71) 82 91 91

Geschäftsstelle Hagen
Postfach 124 · 58001 Hagen
Körnerstraße 25 · 58095 Hagen
Tel. (0 23 31) 9 22 10 · Fax (0 23 31) 2 54 99
info@mav-net.de · www.mav-net.de

MAV – Märkischer Arbeitgeberverband

Iserlohn

Floriansdorf: Zündeln ausdrücklich erlaubt
Zentrum für Sicherheitserziehung und Aufklärung der Feuerwehr Iserlohn weltweit beachtet

Das Floriansdorf Iserlohn ist an das Gelände der Berufsfeuerwehr an der A46-Autobahnabfahrt angegliedert.

Brandschutzerziehung läuft in Iserlohn anders. Sympathisch. Modern. Zielorientiert. Die Idee des Floriansdorfes als Kinder-Übungsdorf für Brand-, Unfallschutz und Sicherheitserziehung baut auf die kindliche Neugier und den Entdeckungsdrang der Sprösslinge. Alles, was sonst verboten ist oder nur mit äußerster Vorsicht und in Begleitung der Eltern ausprobiert werden darf, ist im Floriansdorf unter fachmännischer Anleitung und Aufsicht ausdrücklich erlaubt. So zünden die Dreikäsehochs zum Beispiel Kerzen an oder richten offene Feuerstellen ein. Aber sie lernen dabei, achtsam mit Feuer umzugehen und bei Gefahr richtig zu reagieren. Die Kinder machen eifrig mit und spielen das komplette Szenario durch: Kleine Feuerwehrautos rücken zum Einsatz aus, die Radiostation sendet live, das Krankenhaus schickt Helfer ...

Das Floriansdorf Iserlohn ist das erste deutsche Kinderbrandschutzzentrum. Das in Jahr 2000 auf einem 5000 Quadratmeter großen Gelände der Berufsfeuerwehr eröffnete Übungsdorf besteht aus mittlerweile 17 Häusern in kindgerechter Größe. Kindern und Jugendlichen, aber auch Erwachsenen, wird im Floriansdorf demonstriert, wie man sich in Gefahrensituationen zu verhalten hat. Zur Brandschutzerziehung selbst werden zahlreiche weitere wichtige Themen vermittelt, darunter Erste Hilfe, Sinneswahrnehmung und der Schutz vor häuslichen Gefahren. Großes Ziel der Verantwortlichen ist, den Kindern Selbstständigkeit und Verantwortungsbewusstsein nahezubringen. Dazu arbeiten Pädagogen, Sozialarbeiter und Eltern eng mit den Fachleuten der Feuerwehr, der Polizei und den anderen Hilfsorganisationen zusammen.

Die Mitglieder des Iserlohner Fördervereins Kinderbrandschutz sowie viele ehrenamtliche Helfer realisierten den Bau und Ausbau der Gebäude, der Straßen und des Außengeländes in Eigenleistung. Mit großer Hartnäckigkeit und durch unzählige Gespräche ließen sich zahlreiche Sponsoren von der Idee Floriansdorf im wahrsten Sinne des Wortes anstecken. Wären mit der Errichtung der Häuser und der Gestaltung der Anlage Firmen regulär beauftragt worden, hätte die nötige Investitionssumme bei geschätzten zwei Millionen Euro gelegen. Allein durch das Engagement der ehrenamtlichen Helfer wurden mehr als die Hälfte der Kosten eingespart. Ungeachtet dessen hätte die Idee des Floriansdorfes ohne Sponsoren nie realisiert werden können.

Um das Floriansdorf mit Leben zu füllen, brauchte es pädagogische Konzepte, Arbeitsmaterialien und eine ansprechende Ausstattung. All dies wurde und wird natürlich ständig überarbeitet, verbessert und ergänzt. Und es liegen noch Pläne für weitere An- und Umbauten in der Schublade. Die Schulungen im Bereich Brandschutzerziehung für Kindergärten und Schulen sind sehr stark frequentiert. Es gibt aber immer noch die Möglichkeit, einen Termin zu vereinbaren. Was als mitunter belächeltes Projekt begann, avancierte zu einer anerkannten und weltweit beachteten Einrichtung der Kinderbrandschutzerziehung. In Aachen hat das zweite Floriansdorf seinen Betrieb bereits aufgenommen, weitere werden folgen.

Wie verhalte ich mich in einer Notlage? Im Floriansdorf lernen es die Kinder.

In der »Feuerwehr-Leitstelle« des Floriansdorfes

Junge Florians-Feuerwehrleute im Einsatz

Iserlohn

IBSV bietet das größte Volksfest Südwestfalens

Mehr als 300 Jahre Bürgerschützentradition in Iserlohn

Da sind schon einige Superlative, mit denen der Verein aufwarten kann. Die Tatsache, dass ihn quasi König Friedrich Wilhelm der I. ins Leben rief, indem er 1705 die Aufstellung der ersten privilegierten Bürger Schützen Companie in Iserlohn anordnete, und die Ausrichtung des heute größten Volksfestes in Südwestfalen sind nur zwei davon. Die Rede ist vom IBSV, dem Iserlohner Bürgerschützenverein.

Iserlohn ist eine Schützenstadt und der IBSV ist längst nicht der einzige Schützenverein, hat aber maßgeblichen Anteil daran. Mit dem IBSV-Schützenfest jedes Jahr traditionell am ersten Juliwochenende auf der Alexanderhöhe setzt er Zeichen. Der Schützenfestablauf ist Tradition pur. Das Programm reicht vom Startschuss aus der Kanone »Paulinchen« über die Kapellenpräsentation in der Parkhalle, Vogelschießen ... Das Fest dauert ein verlängertes Wochenende, begleitet von drei spektakulären Umzügen am Samstag und Sonntag durch die Innenstadt. Beim Hauptumzug säumen regelmäßig bis zu 40 000 Menschen die Straßen der Waldstadt. Ein Highlight ist sicherlich die seit 1970 stattfindende Musikparade im Hebergstadion, das mit internationalen Top-Formationen weit über die Kreisgrenzen hinaus nicht nur bekannt ist, sondern auch einen außerordentlich guten Ruf genießt.

Viele »Gastmusiker« sorgen bei den Umzügen für beste Unterhaltung.

Die große Musikparade am Hemberg genießt einen außerordentlich guten Ruf.

Bürgerschützen hoch zu Ross

Das Iserlohner Bürgerschützenfest am ersten Juliwochenende ist das größte Volksfest in Südwestfalen.

Beim Hauptfestzug am Sonntag säumen bis zu 40 000 Menschen die Straßen der Waldstadt.

Iserlohn

Das »Wir« zählt

Bürgernah, fair und nachhaltig: die Stadtwerke Iserlohn

Die Stadtwerke Iserlohn haben ihren Ursprung in der Iserlohner Gasanstalt zur Stadtbeleuchtung, die im Jahr 1856 gegründet wurde. Die einstige »Gasanstalt« versorgte die Iserlohner ab 1874 auch mit Trinkwasser und ab 1908 zusätzlich mit Strom. Heute sind die Stadtwerke einer der größten Energie- und Trinkwasserlieferanten der ganzen Region und haben längst die nächste Entwicklungsstufe auf dem Weg zum kundennahen Rundum-Dienstleister modernster Prägung im Blick.

Als Vorreiter im Bereich der regenerativen Energien garantieren die Stadtwerke Iserlohn einen Ökostrom-Anteil, der weit über dem bundesweiten Durchschnitt liegt. Als eines der ersten Stadtwerke überhaupt konzipierten die Iserlohner eine Gratis-App für Smartphones. Möglich wurde die Evolution des Versorgers durch die Fokussierung auf zentrale Stärken wie konsequente Kundenorientierung, konstante Versorgungsqualität und stetige Innovationsbereitschaft. Als charakteristische Unternehmenseigenschaften sollen diese auch in Zukunft die Entwicklung der Stadtwerke maßgeblich mitprägen.

Für das Leben in und um Iserlohn sind die Stadtwerke als zuverlässiger Energiespender unverzichtbar. Privathaushalte, Gewerbe-Unternehmen, Industrie – sie alle vertrauen auf die seit jeher hohe Versorgungssicherheit. Um diese langfristig zu garantieren, unterhalten die Stadtwerke ein Stromnetz mit einer Gesamtlänge von 480 Kilometern und ein Gasnetz, das 320 Kilometer Leitung umfasst. Überwacht wird der reibungslose Betrieb dieser Netzinfrastruktur von der zentralen Leitwarte in der Stefanstraße – und zwar rund um die Uhr, das ganze Jahr. Ähnlich hoch ist der Aufwand, den die Stadtwerke betreiben, um den Menschen im Versorgungsgebiet jeden Tag bis zu 20 Millionen Liter Trinkwasser in bester Qualität bereitzustellen. 2006 wurden die Aufbereitungsanlagen des zentralen Wasserwerks »Krug von Nidda« umfassend modernisiert und bilden nun den neuesten Stand der Technik ab.

Nachhaltiger Umgang mit natürlichen Ressourcen

Neben den klassischen Aufgabenfeldern ist den Stadtwerken vor allem der nachhaltige Umgang mit natürlichen Ressourcen eine Herzensangelegenheit. Das Thema Energiewende stand schon lange bevor die tragische Atom-Katastrophe in Japan die gesamte Energiebranche aufrüttelte, ganz oben auf der Agenda. Gemeinsam mit anderen Stadtwerke-Partnern realisiert der Iserlohner Energieversorger große Windkraftprojekte, die bereits viele tausend Haushalte mit reinem Ökostrom versorgen. Mit Unterstützung der Stadtwerke konnten etliche Iserlohner Dächer mit klimaschonenden Photovoltaik-Anlagen bestückt werden. Und auch diejenigen, die keine geeignete Dachfläche besitzen, hatten die Möglichkeit, sich über die genossenschaftlich konzipierten »KlimaSparBriefe« an der Energiewende zu beteiligen.

Angesichts dieser Fülle an grünen Aktivitäten, ist es kaum verwunderlich, dass auch die erste Elektro-Tankstelle im Kreisgebiet von den Stadtwerken Iserlohn installiert wurde. Zahlreiche Aktionen dienen ferner dazu, den Menschen die emissionsfreie Elektromobilität näherzubringen. Unverzichtbar für ein tragfähiges Energiekonzept sind zudem innovative Ansätze im Bereich der fossilen Energien. Der hocheffizienten Kraft-Wärme-Kopplung messen die Stadtwerke eine wichtige Rolle bei der Ausgestaltung der künftigen Energie-Landschaft bei. Aus diesem Grund stößt der Energieversorger erfolgversprechende Projekte mit Blockheizkraftwerken an.

Effizienter Umgang mit Energie

Da nicht nur die klimaschonende Erzeugung, sondern auch der effiziente Umgang mit Energie ein wichtiges Thema ist, haben die Stadtwerke eigene Energieberater geschult, die ihr Know-how direkt an die Kunden weitergeben. Wie können Familien ihren Energieverbrauch drosseln? Was müssen energiebewusste Hausbesitzer beachten? Wie kann ein Unternehmen seine Energiekosten senken? Auf diese und andere Fragen haben die Energieberater die passende Antwort. Damit sind sie eine ideale Ergänzung zu den Kundenberatern, die jährlich rund 50 000 Telefonanrufe entgegennehmen und etwa 25 000 Kundengespräche führen. Um den persönlichen Dialog mit den Kunden zu intensivieren, eröffneten die Stadtwerke

Heimatverbunden: Seit 1856 versorgen die Stadtwerke Iserlohn ihre Region mit Energie und Wasser.

Immer unterwegs für die Kunden: die Stadtwerke-Mitarbeiter auf ihren elektrischen Segways.

Projekt Windkraft: Die Stadtwerke Iserlohn setzen auf diese zukunftsträchtige Energieform.

Im Herzen der Waldstadt: An zwei Standorten stehen Mitarbeiter mit Rat und Tat zur Seite ...

Iserlohn

Energiegeladen: Die Stadtwerke Iserlohn sind ein wichtiger Förderer des Heimatsports.

2010 direkt in der Iserlohner City ihr zweites Service-Center. Parallel dazu wurde der Online-Service, der über die Stadtwerke-Homepage erreichbar ist, immer weiter ausgebaut. Längst können Abschlagsänderungen oder Umzugsbenachrichtigungen per Mausklick bequem von zu Hause aus vorgenommen werden.

Diese Anstrengungen unternehmen die Stadtwerke, damit die Kunden mehr Zeit für die wichtigen Dinge haben, wie etwa einen Besuch in den Iserlohner Schwimmbädern, die wie die Stadtwerke auch zum kommunalen Konzern der Stadt gehören. Das Seilerseebad beispielsweise bietet Ruhe und Entspannung im gediegenen Sauna-Ambiente, pure Erholung im Solebad und viel Bewegungsmöglichkeiten im Sportbad.

Gerade beim Sport wird die tiefe Verwurzelung der Stadtwerke in der Waldstadt Iserlohn und der umliegenden Region immer wieder deutlich. Seit Jahren unterstützt der Versorger die heimischen Vereine insbesondere bei der Jugendarbeit und begleitet die lokalen Top-Sportevents aktiv mit. Auch auf den Volksfesten ist der lokale Versorger stets präsent und unterstreicht so seine enge Bindung zu den Menschen vor Ort.

Kraft aus der Sonne: Immer mehr Photovoltaik-Anlagen sorgen für einen cleveren Energiemix.

Ökologisch: Das Naturstromprodukt Sauerland-StromGRÜN nutzt die Kraft des Wassers.

... im Kundenzentrum an der Stefanstraße und im Service-Center am Iserlohner Schillerplatz.

Energiedienstleistungen für unterwegs: mit der praktischen App für Apple und Android.

Elektrisch mobil: Schon früh stellten die Stadtwerke Iserlohn E-Tankstellen für die Region bereit.

Offen für Fragen: Das Service-Team und die Energieberater freuen sich auf jeden Anruf.

Stadtwerke Iserlohn

Einfach nah. Einfach fair.

Beitrag von:
Stadtwerke Iserlohn GmbH
Stefanstraße 4–8
58638 Iserlohn
Tel. (0 23 71) 807 13 80
Fax (0 23 71) 807 13 20
info@stadtwerke-iserlohn.de
www.stadtwerke-iserlohn.de

Iserlohn

Roosters: Eishockey-Kult im Hexenkessel am Seilersee

Traditionsreicher Club mit wechselvoller Geschichte

EC Deilinghofen (1959 bis 1979) – ECD Iserlohn (1979 bis 1987) – ECD Sauerland (1988 bis 1994) – ECD Sauerland Iserlohn Penguins (1994) – Iserlohner EC (1994 bis 2000) – Iserlohn Roosters GmbH (seit 2000) ... Iserlohn ohne Eishockey geht nicht. Und Iserlohner Eishockey hat Tradition, wenn's auch die Roosters dem Namen nach erst seit rund einem Dutzend Jahren gibt und der Verein seine Ursprünge im benachbarten Deilinghofen hat ...

Den Fans von heute soll es egal sein – und ist es egal, wie sie allwöchentlich beweisen. Halli-Galli in der Eissporthalle Iserlohn, dem Hexenkessel am Seilersee, Jubel-Trubel in Sonderzügen bei Auswärtsspielen. Die Vereinsfarben Blau und Weiß sind allgegenwärtig. Das hatten Ende der 1950er Jahre die in der Nachbarstadt Hemer stationierten kanadischen Soldaten, die ihren Teil zum Eishockey-Fieber im Sauerland beitrugen, kaum ahnen können. Sie waren es, die die Jungs von ihrem Sport begeisterten und es ihnen später ermöglichten, selbst dem Puck nachzujagen.

Die Zeit, bis aus dem EC Deilinghofen von damals im Jahr der Tausendwende die Roosters wurden, ist spannend und häufig eine Erfolgsgeschichte, wenn der Verein auch durchaus seine dunklen Tage erleben musste. Damals zum Beispiel, als die Kanadier aus der Hönnestadt abzogen und plötzlich keine Halle mehr zur Verfügung stand. Im Ergebnis kam es 1971 zum Bau der neuen Iserlohner Eissporthalle am Seilersee. In der Saison 1977/1978 spielten die Iserlohner dort erstmals Bundesliga-Eishockey.

Die 1980er Jahre gehören nicht zu den ruhmreichen des Vereins, der in dieser Zeit ECD Iserlohn hieß. Steuerschulden, Gaddafi-Grünbuch-Werbung ... Der ECD musste die Saison 1987/1988 schließlich abbrechen. Ein weiteres finanzielles Fiasko folgte Mitte der 1990er Jahre mit dem Konkurs des Vereins, der sich beim Neustart und finanziell geläutert fortan EC Iserlohn nannte. Im Jahr 2000 war der Club schließlich wieder in der DEL angekommen. Die Profimannschaft wurde in eine Kapitalgesellschaft ausgelagert und bekam einen neuen Namen. Heute haben die Iserlohn Roosters mehr als 20 offizielle Fanclubs. Und diese konnten sich ganz besonders über die Saison 2007/2008 freuen, in der die Roosters am Ende der Hauptrunde auf Rang 5 lagen und die Saison erst im Viertelfinale der Playoffs zu Ende war.

Bemerkenswert ist auch, dass die Sauerländer deutschlandweit die längste Tradition haben, Sonderzüge zu veranstalten. Der erste Zug dieser Art startete bereits 1977 anlässlich der Bundesliga-Aufstiegsspiele gegen den AEV Richtung Augsburg. Mittlerweile sind fast 50 Sonderzüge aus Iserlohn zu allen möglichen Eisstadien der Republik aufgebrochen. Seit der Saison 2004/2005 wird das Team von einer Cheerleader-Gruppe, den N'ICE RooStars, unterstützt.

Freude gegen Berlin im Januar 2012

Seit der Saison 2004/2005 werden die Roosters von der Cheerleader-Gruppe N'ICE RooStars unterstützt.

Knapp war's häufig im Spiel gegen Ingolstadt.

Gegen Augsburg ging es im September 2011 zur Sache.

Der Hexenkessel am Seilersee ist Kult.

2011 feierte Letmathe 975-Jähriges

Iserlohner Stadtteil blickt auf eine spannende eigenständige Historie zurück

Altes Rathaus

Obwohl längst Stadtteil Iserlohns, ist das ehemalige »Stadtsein« für die Letmather noch häufig genug gegenwärtig. Letmathe besitzt nicht nur eine großzügig angelegte Innenstadt, die zum Einkaufen und Bummeln einlädt, es besitzt auch eine Menge an kulturellen und historischen Einrichtungen und Erholungsgebieten. Letmathe liegt im Südwesten Iserlohns am Nordufer der Lenne. Rund 27 000 Letmather leben dort und in den dazugehörigen Ortsteilen Dröschede, Genna, (Unter-)Grüne, Grürmannsheide, Lasbeck, Lössel, Oestrich, Pillingsen, Roden, Stenglingsen und Stübbeken.

Zu den Sehenswürdigkeiten zählt das denkmalgeschützte Haus Letmathe mit dem Städtischen Museum und der Zweigstelle der Stadtbücherei. Sehenswert ist die Sammlung von Kulturgütern in den Ostdeutschen Heimatstuben und dem Heimatmuseum Ohlau. Die katholische Pfarrkirche St. Kilian ist das berühmteste Wahrzeichen Letmathes. Weitere Kirchen sind die evangelische Friedenskirche, die evangelische Kreuzkapelle, die katholische Kirche St. Josef und die neuapostolische Kirche.

Die katholische Pfarrkirche St. Mariae Himmelfahrt in Oestrich, die 1917 fertig gestellt wurde, brannte 1942 während eines Luftangriffes aus. Nach der provisorischen Wiederherstellung 1943 wurde die Kirche 1963 um ein Querhaus und eine Apsis erweitert und außerdem der Turm aufgestockt. Der Vorgängerbau der heutigen reformierten Kirche in Oestrich stammt vermutlich aus dem 15. oder 16. Jahrhundert und erinnerte lange Zeit an die protestantische Tradition des Ortes. Nach der Niederlegung der alten Kirche blieb nur der Turm erhalten. Durch einen Umbau Anfang des vergangenen Jahrhunderts verfügt die Kirche heute über eine faszinierende Außenwirkung.

Neben den Baudenkmälern sind in Letmathe eine Reihe von technischen Kulturdenkmälern aus dem 19. Jahrhundert erhalten, so der Letmather Bahnhof, die Brücke über die Lenne in Stenglingsen und die Kettenschmieden Teves in Oestrich und Treude/Römer. Die Kunstwerke »Der Steinbrecher«, »Die Brückenzöllner« und die »Marktfrauen« in der Innenstadt sind sehenswert.

Die erste urkundliche Dokumentation Letmathes in einem Güterverzeichnis des Klosters Werden stammt von 1036. Deshalb feierte Letmathe 2011 sein 975-jähriges Bestehen. Genna findet sogar bereits 980 Erwähnung. Im frühen 13. Jahrhundert bildete die (Wall-)Burg auf dem Burgberg Oestrich als »Cometia Osteric« die Keimzelle der Grafschaft Limburg. 1220 wurde Grüne erstmals genannt. Der Hof auf dem Honsel wurde 1395 erwähnt. 1573 ist der Ort Letmathe im Atlas von Christian s'Grooten eingezeichnet.

Die Brückenzöllner von Letmathe

Brückenfest in Letmathe

Iserlohn

Bis ins späte 14. Jahrhundert regierten die Herren von Letmathe von Haus Letmathe aus. Danach folgten verschiedene Herren, unter anderem im späten 16. Jahrhundert die Familie von Brabeck aus Kirchhellen (Bottrop). 1812 wurde der Unternehmer Wilhelm Ebbinghaus Herr von Haus Letmathe. Er errichtete 1818 an der Lenne eine Papiermühle, die zu den größten Papiermühlen im Deutschland des 19. Jahrhunderts gehörte.

Die Wirtschaft nahm im 19. Jahrhundert einen enormen Aufschwung. Neben der Eröffnung der ersten befestigten Chaussee nach Iserlohn 1813 trug die Errichtung der Bahnstrecke Hagen-Siegen dazu bei. Letmathe erhielt 1859 seinen Bahnhof am südlichen Lenneufer. 1816 kam Letmathe mit Oestrich, (Hohen-)Limburg, Elsey und Reh zum neuen Amt Limburg. 1903 schieden im Zusammenhang mit der Eingemeindung von Elsey nach Hohenlimburg die Gemeinden Letmathe und Oestrich aus dem Amtsverband aus und bildeten das Amt Letmathe-Oestrich. 1921 bildete die Gemeinde Oestrich zusammen mit der Gemeinde Lössel das Amt Oestrich und Letmathe wurde eigenständig. 1936 erhielt Letmathe die Stadtrechte.

Anfang der 1930er Jahre wurde die 14 Morgen große »Klusenwiese« in einen Park umgestaltet und 1934 eröffnet. Anfangs »Schlageterpark« genannt, heißt der Park seit 1945 »Volksgarten«. Das erste Letmather Altenheim entstand 1946 in der Villa des Unternehmers Wilhelm Ebbinghaus an der Oeger Straße.

1954 beschlossen die Gemeinden Oestrich und Lössel, mit der Stadt Letmathe die neue Stadt Letmathe zu bilden. Doch erst 1956 konnte man Vollzug melden. Allerdings musste die Gemeinde Oestrich große Teile an Iserlohn abtreten. 1975 wurde Letmathe ein Stadtteil Iserlohns. Im Rahmen der Neugliederung der Gemeinden und Kreise schlossen sich Iserlohn, Letmathe, Hennen, Kesbern und Sümmern zur neuen Stadt Iserlohn zusammen.

Blick auf Letmathe

Haus Letmathe

Kiliansdom prägt das Gesicht Letmathes

Katholische Kirche St. Kilian größte neugotische Hallenkirche im Märkischen Kreis

Die Kirche St. Kilian wurde 1917 eingeweiht.

Die Pfarrkirche St. Kilian in Letmathe ist eine aus Westhofener Bruchstein errichtete neugotische Hallenkirche. Sie ist die größte ihrer Art im Märkischen Kreis. Wegen ihres monumentalen Baustils, ihres mächtigen 73 Meter hohen Turms mit dem 19 Meter hohen Helm und ihrer dominanten Lage im Letmather Stadtbild ist sie zum Wahrzeichen Letmathes geworden. Die Pfarrkirche wird im Volksmund »Kiliansdom« oder »Lennedom« genannt. Es wird vermutet, dass Teile der 1914 abgebrochenen Vorgängerkirche, die an der Stelle der heutigen stand, vor dem 14. Jahrhundert errichtet wurden. Das jetzige Kirchengebäude wurde 1917 fertig gestellt und am 11. November durch den Paderborner Weihbischof Heinrich Hähling von Lanzenauer geweiht.

Auf der Konsole des Mittelpfeilers des Turmportals befindet sich eine Kunststeinfigur des Kirchenpatrons, des heiligen Killian. In dessen linker Hand ruht auf einem Schwert, dem Zeichen seines Martyriums, das Letmather Kirchenmodell, während er die rechte Hand segnend erhebt. Das Kircheninnere erlebt der Besucher als eine weiträumige, dreischiffige Halle.

Der rechte Seitenaltar ist dem Kirchenpatron gewidmet. Seit 1978 birgt der Altar eine Reliquie des heiligen Kilian. Sieben große Chorfenster bilden den Hintergrund für den Altarraum. Über dem Altar schwebt das kunsthistorisch bedeutsamste Kunstwerk der Kirche, der sogenannte Letmather Kruzifixus. Es gilt als stilistisch einzigartig in Westfalen und steht in seiner Art den rheinischen Astkreuzen näher als den westfälischen. Während der Kreuzbalken wohl eher aus dem Barock stammt, wird der Korpus in die zweite Hälfte des 14. Jahrhunderts datiert.

Über den Windfangtüren im Turmraum hängt das älteste Kunstwerk der Kirche, ein romanisches Kruzifix aus dem 12. Jahrhundert. Es stellt im Gegensatz zum gotischen Kruzifix im Chor Christus als Priester und König dar.

Der Kiliansdom prägt das Bild Letmathes.

NAUST HUNECKE und Partner

Kompetente Berater für den Mittelstand mit langer Historie in Iserlohn

Karl Naust gründete Ende der 1920er Jahre sein Steuerbüro in Iserlohn. Anfang der 1950er Jahre trat sein Sohn, Dr. Werner Naust, als Wirtschaftsprüfer in die Firma ein. Diverse Partner wurden in der Folge ebenso aufgenommen wie Ende der 1990er Jahre die Bereiche Unternehmens- und Rechtsberatung. Im Jahr 2000 erwarben die Verantwortlichen das Gebäude der Landeszentralbank und bezogen nach den nötigen Umbaumaßnahmen ihre neuen Büros. 2008 fusionierte Naust und Partner mit der Hagener Kanzlei Hunecke und Partner und wurde damit zu NAUST HUNECKE und Partner.

Die Mandanten der Kanzlei sind insbesondere mittelständische Unternehmen aus den Bereichen Industrie, Handel und Dienstleistung unterschiedlichster Größenordnung, aus öffentlich-rechtlichen Bereichen sowie Privatpersonen. Diese werden von den mehr als 100 qualifizierten Mitarbeitern in den Bereichen Betriebswirtschaft, Steuern, Recht und Wirtschaftsprüfung umfassend und individuell betreut.

Know-how und eine fundierte Ausbildung sind für die anspruchsvollen Tätigkeiten unverzichtbar. So sahen es schon die Unternehmensgründer und auch die heutigen zehn Partner von NAUST HUNECKE und Partner legen darauf großen Wert. Und so investiert die Kanzlei Zeit und finanzielle Mittel, um die Mitarbeiter in ihren Tätigkeitsfeldern optimal zu unterstützen. Neben der internen und externen Weiterbildung wird die Ausbildung von NAUST HUNECKE und Partner stark gefördert. Jedes Jahr beginnen mehrere junge Menschen ihr Berufsleben in den Kanzlei-Niederlassungen. Ausgebildet werden sie zu Steuerfachangestellten und zu Rechtsanwalts- und Notar-Fachangestellten. Im Vorfeld dazu engagiert sich NAUST HUNECKE und Partner bei der Ausbildung von Schülern und Praktikanten im engen Zusammenwirken mit den örtlichen Schulen, der BiTS und der SIHK. Weitere Förderung wird durch ausgewähltes Engagement und Sponsoring im regionalen Umfeld gewährleistet. Mehr über die Kanzlei finden Interessierte im MK-Teil dieses Buches.

Mentoren für die »Unternehmensgründer des Jahres«

Im September 2011 erhielten die beiden Siegener Mathematiker Dr. Alexander Hoffmann und Christian Friedrich als Gesellschafter und Geschäftsführer der Stratmath GmbH den begehrten Award »Gründer des Jahres«, initiiert vom Unternehmermagazin Südwestfalen-Manager. Ihren Anteil am weiteren Erfolg des Unternehmens hatte auch die Kanzlei NAUST & HUNECKE, die die Gründer als Mentoren im Bereich der Steuer- und Rechtsberatung ein Jahr lang begleiteten. Insbesondere in der Anfangs- und damit auch Wachstumsphase war es wichtig, mit den vorhandenen personellen und finanziellen Ressourcen zu wirtschaften. Sämtliche betriebswirtschaftlichen, steuerlichen und rechtlichen Aspekte wurden sehr früh und konkret in die strategischen Überlegungen einbezogen.

Management

Förderung von Schülern im wirtschaftlichen Bereich

Die Kanzlei beteiligt sich seit mehreren Jahren aktiv an dem Projekt »Management AG« der Südwestfälischen Industrie- und Handelskammer zu Hagen (SIHK). Dabei handelt es sich um ein Berufsorientierungsprojekt für elfte und 12. Schulklassen. Um Schülern frühzeitig einen Einblick in verschiedene Unternehmensbereiche zu ermöglichen und damit auch dem stets präsenten Fachkräftemangel im regionalen Umfeld zu begegnen, öffnen Unternehmen unterschiedlichster Branchen ihre Türen, um den jungen Leuten ihre Aufgaben und ihre Arbeit vorzustellen. Unter Einbindung von Mitarbeitern und Auszubildenden aus den verschiedenen Fachbereichen werden den Schülerinnen und Schülern zum einen die enge, bereichsübergreifende Zusammenarbeit von Wirtschaftsprüfern, Steuerberatern, Rechtsanwälten und Betriebswirtschaftlern bei NAUST & HUNECKE, zum anderen die beruflichen Möglichkeiten in diesen Fachbereichen dargestellt.

Spende

Fußballturnier mit sozialem Engagement

Bereits zwei Mal lud die Kanzlei zu einem Event der ganz anderen Art ein. Für Unternehmen, Organisationen und Geschäftspartner veranstaltete NAUST & HUNECKE ein Fußball-Kleinfeldturnier für einen guten Zweck. Waren es bei der Premiere noch acht, wuchs die Teilnehmerzahl bei der zweiten Auflage in der PratoBelli Cantuccini-Arena in Sümmern bereits auf stolze 14 Mannschaften. Und diese spielten nicht nur attraktiven Fußball. 3000 Euro gingen als Turnier-Ergebnis zugunsten sozialer Einrichtungen. Denn mit jedem erzielten Tor erhöhte sich die Summe, die NAUST & HUNECKE für soziale Einrichtungen in Iserlohn zur Verfügung stellte.

Beiträge von:
NAUST HUNECKE und Partner · Lange Straße 19 · 58636 Iserlohn · Tel. (0 23 71) 77 46 0 · Fax (0 23 71) 77 46 30 · info@nausthunecke.de · www.nausthunecke.de

Iserlohn

Bandbreite von der Kettenherstellung bis »50-plus«

Iserlohner Wirtschaft seit dem Mittelalter von der Metallverarbeitung geprägt

Die Iserlohner Wirtschaft ist seit dem Mittelalter von der Metallverarbeitung geprägt. In der Stadt wurden Rüstungen und später Draht produziert. Die Nadelherstellung entwickelte sich zum wichtigsten Gewerbe mit weltweitem Export. Zu Beginn des 19. Jahrhunderts war Iserlohn zusammen mit Altena und Lüdenscheid eines der wichtigsten Metall verarbeitenden Gewerbezentren in Deutschland. Auch heute noch ist die Wirtschaft von der Eisen- und Metallerzeugung, Metallverarbeitung sowie einer überwiegend mittelständischen Betriebsstruktur gekennzeichnet.

Mehr als 5000 Industrie-, Handels- und Dienstleistungsunternehmen sowie 900 Handwerksbetriebe geben in Iserlohn rund 30 000 Menschen Arbeit. Das produzierende Gewerbe hatte 2010 mit rund 600 Betrieben einen Anteil von etwa zwölf Prozent, stellte aber mit mehr als 10 000 sozialversicherungspflichtig Beschäftigten immer noch über ein Drittel der Arbeitsplätze. Die führende Rolle, was die Zahl der Betriebe angeht, nimmt der Bereich Handel, Instandhaltung und Reparatur von Kfz mit rund 1700 Betrieben (ein Drittel) ein.

Das über die Jahrhunderte in der Metallerzeugung und Bearbeitung gewonnene Know-how nutzen die überwiegend mittelständischen Unternehmen sehr kreativ, egal, ob es um Verformung, Metall-, Maschinen- oder Werkzeugbau geht. Dabei umfasst die Produktpalette nahezu alles, was sich aus Metall herstellen lässt, von der Spezialnadel für medizinische Anwendungen bis hin zu Rohbaustrukturen für die Automobilindustrie. Große Unternehmen im Automotive-Bereich behaupten sich ebenso wie kleine Spezialisten in der Medizintechnik.

Weltweit bekannt geworden ist Iserlohn durch die Produktion von Ketten aller Art und auch heute hat dieses Produkt noch große Bedeutung. Besonders profiliert hat sich Iserlohn zudem als Herstellungsort hochwertiger Armaturen und Beschläge, die sich durch Design-Qualität auszeichnen.

Aber auch in anderen Branchen haben sich in Iserlohn führende Unternehmen entwickelt oder angesiedelt. So gibt es diverse Beispiele für die Herstellung, Verarbeitung und Forschung in der Kunststoffindustrie. Kompetenz aus Iserlohn ist weltweit in der Entsorgung und Umwelttechnik gefragt. Iserlohn steht für den Bau von Spezialfahrzeugen.

Dank der verkehrstechnisch günstigen Lage und der Nähe zu zahlreichen produzierenden Unternehmen hat das Transportgewerbe in Iserlohn einen günstigen Standort gefunden. Große Speditionen stellen sich den Herausforderungen.

Das weltweit agierende Pharma-Unternehmen MEDICE am Iserlohner Kuhloweg

Eine besondere Geschichte weist die heutige Privatbrauerei Iserlohn auf. Das 1899 gegründete Unternehmen stand, mittlerweile zum Bestandteil eines Konzerns geworden, 2003 vor der »von oben« verordneten Schließung, wurde aber in einer beispiellosen Solidaraktion und von drei Iserlohner Geschäftsleuten gerettet. 2010 wurde das Unternehmen samt der Tochter »Privatbrauerei Gießen« verkauft.

Zu den Kernkompetenzen des Wirtschaftsstandortes Iserlohn zählt nicht zuletzt die Entwicklung seniorenfreundlicher und behindertengerechter Produkte. Die in Iserlohn angesiedelte Deutsche Gesellschaft für Gerontotechnik (GGT) berät und begleitet Unternehmen bei der Erschließung des Wachstumsmarktes »50-plus«. Der Iserlohner Pharma-Hersteller MEDICE beschäftigt mehr als 450 Mitarbeiter, entwickelt und produziert am Kuhloweg hochwertige Arzneimittel und Medizinprodukte und vertreibt diese in Deutschland und der Welt.

Iserlohn ist Sitz verschiedener Interessenverbände und Initiativen der Wirtschaft. Die Stadt ist Sitz des Arbeitgeberverbandes Ruhr-Lenne sowie der Kreishandwerkerschaft Märkischer Kreis. In Iserlohn besteht eine Gesellschaft für Wirtschaftsförderung, die Wirtschaftsinitiative Iserlohn, das Iserlohn City-Management e.V., der Kreis Junger Unternehmer Iserlohn e.V. sowie die Wirtschaftsinitiative Nord e.V. Außerdem hat die Südwestfälische Industrie- und Handelskammer zu Hagen eine Geschäftsstelle in Iserlohn.

Die Fachhochschule Südwestfalen steht mit ihrem Standort am Iserlohner Frauenstuhlweg und ihren beiden Fachbereichen Maschinenbau sowie Informatik und Naturwissenschaften für ein breites Angebot an zukunftsweisenden Präsenz- und Verbundstudiengängen. Der Fachbereich Maschinenbau bietet allein bei den Bachelor-Studiengängen fünf Studienrichtungen. Bei Informatik und Naturwissenschaften besticht dagegen der Studiengang Bio- und Nanotechnologien durch seine innovative Interdisziplinarität.

Iserlohn

Adolf BOOS GmbH & Co. KG

Galvanische Oberflächen so individuell wie die Produkte der Kunden

Die Firma BOOS ist ein leistungsstarkes Lohnbeschichtungsunternehmen im Märkischen Kreis. Derzeit bildet der galvanische Korrosionsschutz von Stahlteilen mit Hilfe von elektrolytisch applizierten Zink- und Zinklegierungsschichten einen der Schwerpunkte des Hauses. Das Artikelspektrum umfasst unter anderem Schrauben, Muttern, Unterlegscheiben und weitere Befestigungselemente sowie klassische Artikel von Umform- und Schmiedebetrieben, beispielsweise aus der Automobilindustrie. Dabei können für die Galvanotechnik ungewöhnliche Größen von 4 Metern Durchmesser sowie Stückgewichte von bis zu 2,5 Tonnen bearbeitet werden. Bis heute ist es Firmenphilosophie, den Kunden nach umfangreicher Beratung optimierte Verfahren für klassisches Schüttgut (Trommelveredlung) und Hängeware (Gestellveredlung) anzubieten. Somit können nahezu alle mengen- und geometriebedingten Herausforderungen mit dem vielfältigen und modernen Anlagenpark gemeistert werden.

Zu den weiteren verfahrenstechnischen Möglichkeiten gehören zum Beispiel die Edelstahl- oder Aluminiumveredlung wie Färben, Polieren, Beizen und Eloxieren. Chemische Verfahren wie Zink- und Mangan-Phosphatieren, stromlos Vernickeln, Chromatieren, Passivieren oder diverse andere Standardbeschichtungen mit Gleitmittel, Ölen, Wachsen und Versiegelungen gehören selbstverständlich ebenso zum Portfolio. Gelebter Umweltschutz ist für das Unternehmen selbstverständlich. Besonders hervorzuheben ist in diesem Zusammenhang die hochmoderne Wasseraufbereitungsanlage – einzigartig im Märkischen Kreis und darüber hinaus. Dort können alle hausintern anfallenden Abwässer komplett regeneriert und den Stoffkreisläufen erneut zugeführt werden. Anfallende Metallhydroxide können sortenrein dem Recycling zugeführt werden. BOOS verfügt über einen modernen und umweltfreundlichen hauseigenen Fuhrpark, der vom Sattelzug mit mehreren Wechselaufliegern bis zum klassischen Dreiachser reicht und die Versorgung der Kunden »Just-in-time« sicherstellt.

Werkseinfahrt

Wasseraufbereitung

Flexibilität, Termintreue und kundenindividuelle Zusatzdienstleistungen gehören im Hause BOOS zur obersten Maxime.

Die Geschichte der heutigen Firma BOOS begann kurz vor dem Ersten Weltkrieg. Damals wurde am ersten Standort »An der Isenburg« mit dem Feuerverzinnen begonnen. 1920 wurde Adolf Boos alleiniger Inhaber und begann mit ersten galvanischen Beschichtungen. Seit diesen Zeiten – bis heute in der vierten Generation – ist der Betrieb ein reines Familienunternehmen. In den 1950er Jahren kamen weitere Produktionsräume bei der damaligen Schokokussfabrik Dickmann an der Westfalenstraße hinzu. Stetige Kapazitätserweiterungen und die Aufgabe der Produktionsstätte »An der Isenburg« machten den Standort »Westfalenstraße« zum neuen Stammsitz. 2010 erwarb BOOS eine Gewerbeimmobilie in Sümmern, die derzeit hauptsächlich für logistische Zwecke genutzt wird. Heute kommen beide Standorte auf eine Gesamtfläche von rund 30 000 Quadratmetern und bieten auch zukünftigen Investitionen genügend Raum. Waren früher hauptsächlich die optisch eindrucksvollen verchromten Oberflächen von Bürostühlen, Fahrradfelgen und Gurtzungen der Umsatzrenner, so wandelte sich dies im Laufe der Jahrzehnte durch die grundlegenden Umstrukturierungen der Industrie im Märkischen Kreis. Aufgrund der stark zunehmenden Bedeutung der Automobilindustrie im Kundenkreis erlangte das dafür notwendige Verfahrensspektrum auch im Hause BOOS eine hohe Bedeutung. Nach wie vor gilt aber noch immer, dass BOOS den Umsatz seiner Kunden mit höchsten Ansprüchen an Optik, Funktionalität und Qualität veredelt.

Beitrag von:
Adolf BOOS GmbH & Co. KG
Westfalenstraße 108 · 58636 Iserlohn
Tel. (0 23 71) 9 08 70 · Fax (0 23 71) 6 70 30
info@boos-metallveredlung.de · www.boos-metallveredlung.de

BOOS METALLVEREDLUNG

Kierspe

Dorf und Bahnhof fügen sich zusammen

Erstes deutsches Bakelitmuseum – ein Aushängeschild der Stadt Kierspe

Kierspe liegt im äußersten Südwesten des Märkischen Kreises im Naturpark Ebbegebirge an der Grenze von Sauerland und Bergischem Land. Die Stadt ist umgeben von etlichen Talsperren. Durch den Sauerländischen Gebirgsverein (SGV) ist ein Wandernetz von nicht weniger als 163 Kilometern gekennzeichnet. Der 2006 eröffnete Raukweg von fast 25 Kilometer Länge führt einmal rund um Kierspe.

Kierspe ist eine noch junge Stadt. Erst 1969 entstand sie in ihrer jetzigen Form und in den heutigen Grenzen. Ungeachtet dessen kann Kierspe auf eine 1000-jährige Tradition zurückblicken. Viele Denkmäler – zahlreiche davon liebevoll restauriert – sprechen sowohl für die geschichtliche Verwurzelung, als auch für die Bedeutung, welche die Verantwortlichen den historisch bedeutsamen Bauten beimessen.

Der Ortskern besteht aus zwei Stadtteilen, mehreren Außenorten und einer Anzahl von Höfen. Durch die auseinandergezogene Lage entlang der B54, B237 und der L528 sowie aufgrund der Topografie ergibt sich für das Ortszentrum eine städtebaulich durchaus problematische Situati-

Die Stadt Kierspe aus der Vogelperspektive – Stadtbild, Industrie und herrliche Landschaft fügen sich harmonisch zusammen.

Der von Waldemar Wien geschaffene Spatenbrunnen vor dem Rathaus

An der Gesamtschule

on. Neben einigen gestalterischen Maßnahmen wurde und wird unter anderem durch aktives Stadtmarketing gegengesteuert. Das Kiersper Stadtgebiet ist räumlich unterteilt in den alten Ortskern um die Margarethenkirche, das »Dorf«, und den im Volmetal gelegenen Ortsteil »Bahnhof«. Dieser jüngere Ortsteil entstand seinerzeit mit Anschluss an die Bahnstrecke.

Zu den Attraktionen der Stadt zählen der Wienhagener Turm als Aussichtspunkt, das ehemalige Rittergut Haus Rhade, das Reidemeisterhaus Vos-

Kierspe

winkel, die Ölmühle in Rönsahl mit den Teichanlagen sowie die Jubachstaumauer. Die Margarethenkirche mit ihrem markanten Zwiebelturm geht auf das 12. Jahrhundert zurück. Seit dieser Zeit bildet sie den Mittelpunkt des Dorfes. Die Innenausstattung wird durch den evangelischen Kanzelaltar und eine von dem Berliner Baumeister Karl-Friedrich Schinkel entworfene klassizistische Orgel geprägt.

Das Werk Schleiper Hammer stammt aus der Mitte des 19. Jahrhunderts. Die Außenanlagen mit den beiden Betriebsteichen und die Form des Gebäudes blieben bis heute im Original erhalten. Das erste deutsche Bakelit-Museum im alten Kiersper Amtshaus ist entsprechend populär. Bakelit als erster Kunststoff löste seinerzeit eine Revolution in der Produktion von technischen Artikeln aus.

Kierspes wirtschaftliche Basis ist neben einer landwirtschaftlichen Ausprägung die verarbeitende Industrie mit ihren Mittel- und Kleinbetrieben. Die Kiersper Wirtschaftstruktur wird durch Kunststoffverarbeitung, Elektroindustrie, Metallverarbeitung und chemische Industrie geprägt.

Die Christuskirche

1969 wurde die Städtische Gesamtschule Kierspe (GSKI) als eine der ersten ihrer Art in Nordrhein-Westfalen gegründet. Sie hat als integrierte Gesamtschule mit angeschlossener gymnasialer Oberstufe der Stadt Kierspe den schulischen Anschluss an die moderne Entwicklung gebracht. Die Schule ist zugleich auch ein kulturelles Zentrum mit angegliederter Stadtbibliothek und dem Hallenbad »Räukepütt«. Die Gesamtschule galt damals als wichtigstes kommunales Projekt der Nachkriegszeit, weil dadurch auch das Kultur-Angebot vor Ort immens vergrößert werden konnte.

Kierspe ist stolz auf sein vielfältiges Vereinsleben. Kaum anderswo im Märkischen Kreis sind so viele Menschen in Vereinen organisiert. Entsprechend wird auch gefeiert. Ob Schützenfest oder Kirmes – in Kierspe ist das ganze Jahr über etwas los.

Seit 1988 besteht eine Städtepartnerschaft mit dem französischen Ort Montigny-le-Bretonneux in der Nähe von Paris. Die Partnerschaft ist aus einem langjährigen Schüleraustausch der Gesamtschule mit dem College in Montigny-le-Bretonneux entstanden.

Kierspes Entwicklung zu einer modernen Stadt lässt sich besonders gut daran ablesen, dass die Verwaltung in der »Mitte« zwischen den beiden Ortsteilen »Dorf« und »Bahnhof«, nicht weit von der Gesamtschule, »zentralisiert« wurde. In diesem Zusammenhang entstand auch ein kleines Geschäftszentrum mit dem Montigny-Platz, der nach der Partnerstadt im unmittelbaren Einzugsbereich von Paris benannt wurde.

Der Ortsteil Beckinghausen wurde zwei Mal, Rönsahl sogar mehrfach beim Wettbewerb »Unser Dorf soll schöner werden – Unser Dorf hat Zukunft« zum Golddorf gekürt.

Im Dorf

Das Rathaus in Kierspe

»Adjüs Welt, iek go no Keispe«

Aus der mehr als 1000-jährigen Geschichte Kierspes

»Adjüs Welt, iek go no Keispe«. Was soll ich auch anderswo ... Eine Schrift des Klosters Werden an der Ruhr, die aus der Zeit zwischen 900 und 1130 stammt, erwähnt den Namen Kierspe erstmals urkundlich. Haus Rhade tauchte bereits 991 zum ersten Mal auf. Der Kölner Erzbischof Heribert schenkte den Herrenhof Rhade später, 1003, dem Benediktinerstift Deutz.

Ihre ehemalige Holzkirche ersetzten die Kiersper 1330 durch ein steinernes Gotteshaus, das nach der heiligen »Margarethe« benannt wurde. An deren Platz steht heute die zwischen 1816 und 1817 erbaute evangelische Margarethenkirche. Die Grundrissstruktur des Ortes Kierspe zeigt auch jetzt noch die typischen Merkmale einer historischen Kirchenringbebauung. Die alte Wegeführung, die sich kreisförmig um die Kirche erschließt, ist noch vorhanden.

Der Stadtteil Rönsahl erlebte seinen bedeutendsten wirtschaftlichen Aufschwung durch die Pulverfabrikation. Davon zeugen einige herrschaftliche Villen im Ort. Bekannt wurde das Rönsahler Jagdpulver Diana.

1846 wurden Kierspe und Rönsahl zu einem Amt erhoben. 1908 ließen die Protagonisten das Amts- und spätere Rathaus Kierspe, das 1986 von der ehemaligen Zentrale der Schraubenfabrik Knipping abgelöst wurde, fertig stellen. Nach vierjähriger Bauzeit wurde 1913 die Kerspetalsperre mit 16 Millionen Kubikmeter Stauraum in Betrieb genommen.

Durch das Gesetz zur Neugliederung des Landkreises Altena und der kreisfreien Stadt Lüdenscheid 1968 wurde das Amt Kierspe, das aus den Gemeinden Kierspe und Rönsahl bestand, aufgelöst. Im gleichen Jahr entstand die Gesamtschule. Ein Jahr später schließlich wurden der Gemeinde Kierspe die Stadtrechte verliehen. Die bis dahin selbstständigen Gemeinden Kierspe und Rönsahl gingen also in der Stadt Kierspe auf.

1974 musste Kierspe durch eine weitere kommunale Neugliederung Teile des Stadtgebietes an Marienheide abgeben, Gebiete aus dem Rheinisch-Bergischen-Kreis wurden dafür eingemeindet. 1978 zog die Verwaltung in das neue Rathaus im ehemaligen Gebäude der Firma Knipping an den Springerweg. 2003 schließlich feierten die Kiersper das Jubiläum 1000 Jahre Kierspe mit einem großen Programm.

Vögel gibt es reichlich in Kierspe, nicht nur den Rauk.

Gut gebrüllt, Löwe – vor der Margarethenkirche

Die Jubachtalsperre wurde 1904 bis 1906 als Trinkwassertalsperre errichtet. Ein 2,7 Kilometer langer Weg um das Wasser lädt zum Wandern oder Spaziergang ein. Die Bruchsteinstaumauer ist 27,7 Meter hoch, die Krone 4,5 Meter breit. Betreiber der Anlage war anfangs der Volme-Wasserverband, heute der Wasserbeschaffungsverband Lüdenscheid. Die Zufahrt ist über eine Abzweigung an der B54 in Vollme möglich.

Kierspe

Die Höhle von Kierspe

Das Hülloch und die Unterwelt der legendären Schanhollen

Lange war der Eingang zum legendären Kiersper Hülloch unter dem Arney-Berg verschüttet und die Höhlengänge entsprechend nicht adäquat erforscht. 2008 wurde unter dem neuen Besitzer des Areals, Peter Feltens, begonnen, das Hülloch mit teils schwerem Gerät freizulegen und zu erforschen. Im Oktober 2010 hatten die Kiersper den eigentlichen Zugang endlich wieder freigelegt. Dort, wo heute noch eifrig zur Erschließung des gesamten Höhlenkomplexes gegraben wird, geht es mittlerweile rund 300 Meter in den Berg. Das ist der Eingang Hülloch 2. Nebenan, an der Öffnung Hülloch 1, war leider bereits nach rund 20 Metern an einer Gabelung Schluss.

Im Hülloch

Hülloch ist der gebräuchliche Name. Sollte die Höhle einmal erschlossen sein und vermarktet werden, wird sie wahrscheinlich unter ihrem Namen Schanhollenhöhle »firmieren«. Der Sage nach lebten im Berg die Schanhollen, kleine elfenartige Wesen. Der Name Schanhollen kommt von »Schöne Holden«. Das sind Zwergen- und Elfengestalten. Im Morgengrauen kamen die Zwerge aus der Höhle und halfen dem Bauern, das Vieh zu hüten. Zum Dank dafür legte dieser ihnen Butterbrote auf den Zaun. Als der Bauer ihnen jedoch statt des Brotes Kleidung anbot, nahmen die Schanhollen diese an sich und verschwanden auf Nimmerwiedersehen im Berg.

Besitzer Peter Feltens (links) und Georg Stephan begutachten und entsorgen den mit der »Lore« herausgeschafften Höhlenschlamm.

Bereits 1798 berichtete J. C. F. Bährens über das Hülloch. Er informierte, dass das Hülloch den Kiersprn im Dreißigjährigen Krieg als Zufluchtsstätte diente. Die Protestanten hielten in der Höhle sogar in einer großen Halle, die bei Redaktionsschluss dieses Buches kurz vor der Wiederentdeckung stand, Gottesdienste ab. Von dieser Halle berichten auch viele Augenzeugen, die im vergangenen Jahrhundert die Höhle betreten hatten. Außerdem vermuten die Forscher, auf einen unterirdischen See zu stoßen.

In der Vergangenheit wurde die Höhle mehrfach begangen und – selbstverständlich nicht im heutigen Sinne – erforscht. Bei den Aufzeichnungen – nach denen die große »Gottesdiensthalle« 80 Meter lang, 40 Meter breit und 30 Meter hoch gewesen sein soll – handelt es sich nach Einschätzung der Speläo-Gruppe Sauerland, die die Höhlengänge seit 1995 konkret unter die Lupe nimmt, jedoch nur über wenig exakte Gedächtnisskizzen. Das Hülloch bot für die Höhlenforscher bereits so manches Highlight. So fanden sie seltene Lebewesen wie spezielle Arten von Niphargus, dem Höhlenflohkrebs, oder Höhlenwürmer. Ein Höhlenskelett stammt von einem prähistorischen Hirsch und ist rund 10 000 Jahre alt. Wenn nicht gearbeitet wird, kann der Eingangsbereich der Höhle nach vorheriger Anmeldung besichtigt werden. Auch zum Schanhollenfest wurde bereits auf den Hülloch-Vorplatz eingeladen. Vor der Höhle entstand eine gesponserte Naturarena.

Ein Hauch von Hönnetal mitten in Kierspe. Links der Eingangsbereich zur Schanhollenhöhle, rechts eingezäunt »Hülloch 1«, das sich jedoch als Sackgasse herausstellte.

Haus Rhade, ein mittelalterliches Kleinod

Alter Kiersper Rittersitz war eng mit der Eisenerzeugung in der Region verknüpft

991 vermachte Erzbischof Heribert von Köln das Anwesen der Benediktinerabtei Deutz.

Wenige Kilometer nördlich von Kierspe, wo die Volme den Kierspebach aufnimmt, führt eine Steinbrücke von der alten Straße Richtung Oberbrügge auf den großen rechteckigen Hof des ehemaligen Rittergutes Rhade. Ein Hausgraben umschließt das Herrenhaus und die Nebengebäude auf einer gemeinsamen Insel. Spiegelnde Wasserflächen von drei großen Fischteichen und ein von alten Baumgruppen dicht bestandener Park geben der weitläufigen, plötzlich in die freie Wiesen- und Waldlandschaft übergehenden Anlage ein besonders eindrucksvolles Gepräge.

991 kaufte Erzbischof Heribert von Köln, Kanzler Kaiser Ottos III., das freie Eigentum des Edelherren Benno und vermachte es der Benediktinerabtei Deutz als Ausstattungsgut bei ihrer Gründung 1003. Der Urkunde ist zu entnehmen, dass die »curtis Rothe« bereits seinerzeit Mittelpunkt eines herrschaftlichen Güterverbandes war, der später über Grundbesitz in den Kirchspielen Lüdenscheid, Halver, Herscheid, insbesondere aber Kierspe verfügte.

Im Laufe der Jahrhunderte wurde Haus Rhade an eine Reihe von adeligen Familien, wie die Herren von Neuhoff, von Hatzfeld, von Heyden zu Schönrad und Bruch, verpfändet. Die letztere Familie löste den Besitz käuflich ab. 1725 ging Haus Rhade in den Besitz der Familie von Holtzbrinck über, die es 1910 an den Kaufmann Niehoff zu Dülmen verkaufte. 1916 kam Haus Rhade schließlich in den Besitz der Familie Schwietzke, die es heute noch bewohnt.

Das ehemalige Rittergut Haus Rhade in Kierspe

Weit über die engeren Grenzen hinaus bekannt wurde Haus Rhade durch den archäologischen Nachweis einer engen Verbindung von Adelsgut und Eisenerzeugung. Es konnten in Bachnähe oberhalb des Herrenhauses die Reste einer wassergetriebenen Eisenhütte ausgegraben werden, die von 1250 bis 1450 arbeitete und als Vorläufer des modernen Hochofens anzusehen ist. Das Bergbaugebiet lag ebenfalls in unmittelbarer Nähe des Herrenhauses und der Eisenhütte.

Ein rechteckiger, großer Eckturm ist der älteste Teil des Anwesens. 1920 ließen die Besitzer das Herrenhaus erneuern. Der Turm wurde um ein Geschoss aufgestockt und dieses bekam eine geschweifte Haube mit einer Laterne.

Herrschaftlich

Kierspe

helit setzt auf Funktionalität und Design gleichermaßen

Kiersper Hersteller von Büroorganisationsbedarf zählt auch Lord Norman Foster zu seinen Partnern

Wertige Produkte stehen ganz eindeutig im Fokus. Und Lord Norman Foster ist Design-Partner des Unternehmens. Aber es waren eigentlich die »normalen« Schreibtischablagen und insbesondere die »Ablage P«, die viel zur Popularität des Herstellers von Büroorganisationsbedarf, sprich: der kompletten Ausstattungspalette für den Schreibtisch und sein Umfeld, gesorgt haben. helit mit Sitz an der Kiersper Osemundstraße zählt zu den bedeutenderen Marken in der PBS-Branche (Papier Büro Schreibwaren).

Bereits 1897 gründete der Kiersper Friedrich Hefendehl seine Hammerschmiede und begann mit der Herstellung von Metall- und Stahlprodukten. 1920 kam die Erweiterung des Unternehmens und die Spezialisierung auf die Kunststofffertigung sowie die Bakelit-Verarbeitung von Duroplasten hinzu. »Daher kommt auch der Name helit. Er setzt sich aus den Wortbestandteilen ›he‹ von Hefendehl und ›lit‹ von Bakelit zusammen«, erläutert Geschäftsführer Rolf Bonsack. helit gehört zweifellos zu den Kunststoffpionieren im Sauerland.

In den Wirtschaftswunderjahren legten die Verantwortlichen die Hammerschmiede still und konzentrierten sich in der Folge auf Produkte für das Büro. Von 1958 an wurden Thermoplaste verarbeitet. Als der Gründerenkel Hansfriedrich Hefendehl ins Unternehmen eintrat, nahm mit einem Mal neben der Funktion auch das Design einen maßgeblichen Anteil am Erfolg der helit-Produkte ein. Ein zukunftsorientierter Weg war eingeschlagen worden.

1966 startete die fruchtbare Zusammenarbeit mit der Hochschule für Gestaltung in Ulm, die in der Tradition des Bauhaus arbeitete. Bis 1983 wurden zusammen mit Walter Zeischegg nicht weniger als 70 designorientierte Büroartikel entwickelt. Weltbekannt ist der »Wellenaschenbecher«

Lord Norman Foster ist Design-Partner des Unternehmens. Die »helit foster series« erfreut sich ebenso großer künstlerischer Akzeptanz wie Beliebtheit.

aus Bakelit. Er wurde mit vielen Designpreisen ausgezeichnet und ist Bestandteil der Sammlung des Museum of Modern Art in New York. Von 1984 an führte Bernd Brüssing die Arbeit Zeischeggs weiter. Mehr als 50 neue Produkte entstanden aus dieser Kooperation. Die helit-Produkte werden nach wie vor ausnahmslos über verschiedene Stufen des Fachhandels vertrieben, also auch über lokale Facheinzelhändler.

Bis 1992 war helit ein reines Familienunternehmen. Anschließend prägten eher unruhige Zeiten die erste Hälfte des Jahrzehnts, in dem der Gillette-Konzern die Firma übernahm, um auf dem deutschen Markt Fuß zu fassen. Das Projekt endete aber bereits 1996 mit dem Verkauf helits an eine private Investorengruppe, da sich der Gillette-Konzern nun wieder ganz auf sein Kerngeschäft konzentrieren wollte.

1997 feierte die Firma helit 100-jähriges Bestehen. Ein Geburtstagsgeschenk machte sich das Unternehmen mit dem Bau eines neuen Verwaltungs- und Fabrikgebäudes mit erweiterten Lagerkapazitäten an der Osemundstraße selbst.

Seit 2001 arbeiten wieder weltweit führende Designer für helit. F.A. Porsche und Lord Norman Foster entwickelten Produkte für den Bereich interior design, Stefano Giovannoni schuf unter anderem den bekannten Büroklammerspender »Cactus«. 2002

1997 feierte die Firma helit 100-jähriges Bestehen. Ein Geburtstagsgeschenk machte sich helit 1997 mit dem Bau eines neuen Verwaltungs- und Fabrikgebäudes mit erweiterten Lagerkapazitäten an der Osemundstraße selbst.

Die sehr bekannte Visitenkartenbox von helit mit achtteiliger alphabetischer Unterteilung für 300 Visitenkarten erfreut sich nach wie vor sehr großer Beliebtheit.

kaufte helit die Firma hpp in Berlin als Tochtergesellschaft, um den Markt auch mit Massenartikeln versorgen zu können. Mit der Firma Diplomat in Cunewalde wurde 2004 eine weitere Tochter integriert. 2006 schließlich beteiligte sich das französische Unternehmen Maped aus Annecy/Frankreich mehrheitlich an dem Kiersper Traditionsunternehmen. Damit erreichte helit einen stärkeren Zugang zu internationalen Märkten und hat mit Maped-Schulprodukten eine weitere starke Marke im Sortiment.

Das Familienunternehmen Maped existiert seit 65 Jahren und stellt Schul-, Büro- und Kreativprodukte her. Begonnen haben die Franzosen seinerzeit mit der Fertigung von Messingzirkeln. Innovation, Design und Ergonomie zeichnen die Produkte aus, die weltweit über 15 Tochtergesellschaften und 120 Handelspartner vertrieben werden.

»Mit der Mehrheitsbeteiligung von Maped begann eine für alle Beteiligten fruchtbare Zusammenarbeit«, erinnert sich Rolf Bonsack. Denn auch heute noch werden unter der Marke helit innovative Büroprodukte sehr erfolgreich vermarktet. Das Angebot ist vielfältig und reicht von qualitativ hochwertigen Basisprodukten bis zu einer Fülle von designorientierten Ausstattungsserien fürs Büro. Das Design von helit orientiert sich an den jeweils aktuellen Arbeitsbedingungen und -formen. So gehören mittlerweile mobile Arbeitsplätze ebenso zum Alltag wie ein stilvolles Ambiente. Das wird berücksichtigt. Dabei verfolgt das Unternehmen die Philosophie, langlebige Designs zu schaffen und nicht kurzfristigen Modetrends nachzujagen.

Heute beschäftigt helit in Kierspe rund 50 Mitarbeiterinnen und Mitarbeiter, was aufgrund der Größe des Firmenkomplexes (8000 Quadratmeter Gebäude, 29 000 Quadratmeter Gelände) eher eine geringe Zahl erscheint. Die Gründe liegen jedoch auf der Hand: Zum einen handelt es sich bei den ständig abrufbaren etwa 1000 helit-Produkten bisweilen auch um durchaus voluminösere Artikel, zum anderen ist an der Osemundstraße auch das komplette Lager angesiedelt. In den Zweigwerken in Brandenburg und Sachsen arbeiten weitere rund 50 Beschäftigte.

Mit Diplomat wird der exklusive Part des Sortiments bedient. Der Firmenname wurde in den 1920er Jahren mit der Produktion hochwertiger Füllfederhalter gewählt. Unter der Marke Diplomat vertreiben die Kiersper qualitativ hochwertige Schreibgeräte – vom klassischen Füllfederhalter bis zum hochinnovativen Kugelschreiber mit Gasdruckminen-Technologie.

helit-Mitarbeiterin Susanne Rost in der Produktion

helit-Geschäftsführer Rolf Bonsack (links) und Prokurist und Technischer Leiter Wolfgang Patent im Lagerkomplex des Unternehmens

Der deutsche Markt ist für helit entscheidend. Ungeachtet dessen verzeichnet das Unternehmen mittlerweile einen Exportanteil von rund 30 Prozent. helit liefert nach ganz Europa. »Besonders stark sind wir in Skandinavien, Osteuropa, der Schweiz und Benelux«, freut sich Rolf Bonsack, wobei der übrige westeuropäische Markt keinesfalls vernachlässigt wird.

helit hat in den vergangenen Jahrzehnten viele Produkte entwickelt, die heute zu den Designklassikern zählen. Dabei waren klare Formen und Linien stets ein wichtiger Eckpfeiler der helit-Philosophie. Und die Verantwortlichen waren gemeinsam mit ihren Designern in all der Zeit immer in der Lage, neue Trends zu setzen. Apropos Trends: Rolf Bonsack hat im ach so digitalen Zeitalter mit Internet und Signaturen in der Mail einen Trend festgestellt: »Ein klassisches Büroorganisationsprodukt wie unsere sehr bekannte Visitenkartenbox mit achtteiliger alphabetischer Unterteilung für 300 Visitenkarten erlebt zurzeit wieder eine außerordentlich gute Nachfrage.« Was gut ist, bleibt eben ...

Beitrag von:
helit innovative Büroprodukte GmbH
Osemundstraße 23–25 · 58566 Kierspe
Postfach 1388/89 · 58556 Kierspe
Tel. (0 23 59) 90 50 · Fax (0 23 59) 90 52 20
verkauf@helit.de · www.helit.de

Ein Museum für den »Stoff der tausend Dinge«

Erstes deutsches Bakelitmuseum im Alten Amtshaus

Das Bakelittelefon, gebaut 1947

Die Stadt Kierspe und der Werkstoff Bakelit sind untrennbar miteinander verbunden. Im ersten deutschen Bakelitmuseum im Alten Amtshaus werden die frühen Kunststoffprodukte gezeigt. Bakelit als erster Kunststoff löste eine Revolution in der Produktion von technischen Artikeln aus. Im Museum zeigen die Verantwortlichen vom Heimatverein eine vielfältige Sammlung von Gebrauchsgegenständen in Kunststoff. Das Museum umfasst eine umfangreiche Sammlung von der Küchenmaschine bis zum Fahrradgriff, vom Lichtschalter bis zum Aschenbecher. In Kierspe können Interessierte die Entwicklung der Bakelit-Industrie ausführlich kennenlernen.

Der erste Kunststoff hieß Bakelite und wurde 1908 patentiert. Stiftedosen und Zettelkästen, Teller und Tassen, Kofferradios und Telefone – kaum ein Gegenstand, den es nicht aus Bakelit gab. Der kostengünstige und leichte Kunststoff revolutionierte von 1910 an die Alltagskultur. Der »Stoff der tausend Dinge« ist heute aus dem Alltagsleben nicht mehr wegzudenken. Was aus dem harten Kunststoff (Duroplast) bis 1960 alles hergestellt wurde, ist kaum mehr vorstellbar. Da um Kierspe das westliche Bakelitverarbeitungszentrum war, entschloss sich der Heimatverein 2003, ein Bakelitmuseum zu eröffnen. Gestiftet wurden viele Ausstellungsstücke von der Sammlung Carl-Heinz Vollmanns, dessen Firma R&V und der Markenname REVOLIT bekannt wurden.

Bakelit ersetzte in der Elektroindustrie den teuren Schellack, der aus den Absonderungen einer asiatischen Insektenart hergestellt wird. Auch die empfindlichen Porzellanschalter und Fassungen in der Lampenindustrie waren aus Bakelit nicht nur stabiler, sondern auch erheblich billiger. Kein Wunder, dass bald auch ganz andere Dinge aus dem vielseitigen Kunststoff hergestellt wurden: Die ersten unzerbrechlichen Picknick-Service waren ebenso aus Bakelit wie der Klassiker unter den Telefonen, das Modell W 48 von Siemens. Für den Heimatverein Kierspe war es ein echter Glücksfall, dass Karl-Heinz Vollmann seine Sammlung von 5000 Objekten für ein Museum stiftete. Im »Alten Amtshaus« von 1909 sind seither die Glasvitrinen voll mit Kuriositäten aus dem ganz nach Wunsch formbaren Material.

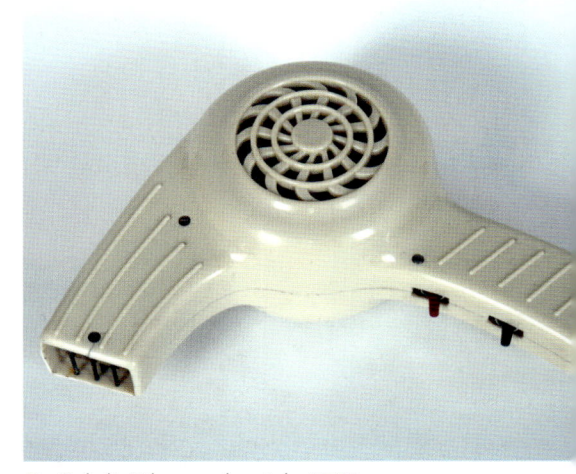

Ein Bakelit-Föhn aus dem Jahr 1958

Für die Wirtschaftsgeschichte Kierspes ist Bakelit von zentraler Bedeutung: Über Jahrzehnte dominierte die Verarbeitung des Kunststoffs die Industriestruktur der Stadt. Stets hing der typische Bakelit-Geruch in der Luft. In den 1930er Jahren lag etwa die Hälfte der deutschen Fabriken, die dieses Material verarbeiteten, im Rheinland und in Westfalen. Allein in Kierspe machten die Mitglieder des Heimatvereins 36 Betriebe mit 400 bis 500 Bakelit-Pressen ausfindig. Heute sind Produkte aus Bakelit bisweilen begehrte Sammlerstücke und haben eine richtige Fangemeinde.

Vieles im Original im Schleiper Hammer

Eindrucksvolles Industriedenkmal aus der Hochzeit der Breitewarenschmiederei

Die ehemalige Hammeranlage präsentiert sich in ihrem Original-Zustand der 1930er Jahre.

Im Schleipetal, einem Nebenbachtal der Volme, liegt das technische Industriedenkmal Schleiper Hammer. Es handelt sich um eine ehemalige Hammeranlage im Zustand der 1930er Jahre mit Turbinenantrieb, Transmission und Federhammer. Die Außenanlagen mit den beiden Betriebsteichen und die Form des Gebäudes blieben bis heute im Original erhalten. Der obere Teil des Hammerwerks dokumentiert die Entwicklung der Bakelit-Industrie.

Der Hammer befindet sich seit 1989 im Besitz des Heimatvereins. Die Aktiven bauten in dem Gebäude ein Museum auf, das die Tradition der Breitewarenschmiederei im oberen Volmetal in den 1930er Jahren im Original präsentiert. In einer zweiten Abteilung wird die Anfangszeit der Bakelit-Pressen dargestellt. Diese Fabrikation hat sich ebenfalls in jener Zeit im oberen Volmetal entwickelt.

In der Schmiedeabteilung sind Feder- und Fallhämmer sowie eine Besäumschere funktionsbereit. Diese arbeiten durch eine turbinengetriebene Transmission oder Elektroantrieb. In der Schlosserei sind zudem eine Bandsäge, eine Universalfräsmaschine, ein Shaping, eine Langhobelmaschine, Stanzen und eine Drehbank ausgestellt. Hand- und motorgetriebene Kniehebelpressen, eine Hydraulikpresse, eine Entgraterei und eine Schleiferei finden sich in der Bakelitabteilung. Zur Demonstration werden einzelne Teile gepresst.

Die erste schriftliche Erwähnung des Schleiper Hammers stammt erst von 1815: Die Gebrüder Schriever kauften den Betrieb und errichteten fünf Jahre später in der Nähe ein stattliches Wohnhaus, das Reidemeisterhaus Schriever, das Tradition und Bedeutung der Hammerwerksbesitzer vor Ort eindrucksvoll repräsentiert. Das ursprüngliche Alter des Hammers ist nicht bekannt. Es ist jedoch überliefert, dass auf dem Gelände des oberen Betriebsteiches beim Ausschachten die Ruine einer Eisenhütte zutage kam.

Die Eisenverhüttung spielte im Bereich der oberen Volme seit dem 13. Jahrhundert eine große Rolle. Mit der Einführung wassergetriebener Gebläse wurden an den Bächen nahezu flächendeckend Schmelzöfen errichtet, in denen flüssiges Roheisen gewonnen wurde. Für dieses Eisen, den »Osemund«, wurde das märkische Sauerland bekannt. Im oberen Talbereich finden sich noch Reste einer weiteren Eisenhütte und zweier Osemundhämmer.

Im 19. Jahrhundert konnten die Hammerwerke nach der Einführung neuer Technologien nicht mehr bestehen. Ein Teil wurde aufgegeben, ein Teil konnte durch die Umstellung auf die Breitewarenschmiederei weiterbestehen. Breitewaren sind zum Beispiel Spaten, Schüppen, Hacken oder Rübenheber.

Mit dem Bau der Eisenbahn im oberen Volmetal bekam das Hammerwerk durch seine Nähe zur Eisenbahn wieder Aufwind. Eine Turbine von 25 PS ersetzte das Wasserrad. Das Gebäude wurde seitdem in einer Reihe von kleinen Bauabschnitten zu einer Fabrik erweitert, in der alle Arbeitsgänge zur Herstellung der Breitewaren unter einem Dach zusammengefasst werden konnten. Der Einbau der Transmission und die Aufstellung einer Lokomobile, die zugeschaltet wurde, wenn die Wasserkraft nicht mehr reichte, ermöglichte diesen entscheidenden Schritt zur Entwicklung einer Fabrik.

Der Schleiper Hammer

Kierspe

Der Rauk ist allgegenwärtig

Es gibt einen Rauk-Shop, eine Rauk-Apotheke, die Rauk-Kneipe, den Raukweg, das »Räukepütt«-Schwimmbad und es gibt mittlerweile sogar einen Umweltrauk als Preis der Stadt Kierspe für besonderes Engagement auf diesem Sektor. Und es gibt einen Rauk im Kiersper Stadtwappen. Das Hallenbad heißt »Räukepütt« ...

Der von dem heimischen Künstler Waldemar Wien geschaffene Raukbrunnen vor der Margarethenkirche stellt die »Kiersper Räuke« dar. Diese Raben prägen auch heute noch durch ihre Vielzahl die Umgebung, so dass es nicht verwunderlich erscheint, dass ein solcher Rabe auch zum Wappentier der Stadt wurde.

Neben vielem anderem »Raukischem« existiert in Kierspe auch ein »Rauk-Shop«.

Waldemar Wiens Raukbrunnen vor der Margarethenkirche

Waldemar Wien, Gestalter der Plätze

Der in Kierspe lebende Bildhauer Waldemar Wien (1927 bis 1994) prägte wie kein anderer markante Plätze in den Städten und Gemeinden des Märkischen Kreises. Waldemar Wien schuf eine große Zahl öffentlicher Skulpturen und Brunnen. Zu seinem umfangreichen Werk zählen zahlreiche im Märkischen Kreis aus den Stadtbildern nicht mehr wegzudenkende Arbeiten wie Onkel Willi und Felix auf dem Sternplatz in Lüdenscheid, der Raukbrunnen neben der Margarethenkirche in seiner Heimatstadt Kierspe, das Kiepenlisettken auf dem Rathausplatz in Schalksmühle, der Hammerschmied auf dem Alten Markt in Plettenberg oder die drei Stelen in Iserlohn. Auch das Altarbild der Johanniskirche in Meinerzhagen stammt von ihm.

Waldemar Wien absolvierte von 1946 bis 1948 eine Lehre zum Steinbildhauer, bevor er an der Werkkunstschule Dortmund von 1948 bis 1952 studierte. Von 1952 an war er als freischaffender Künstler tätig. 1966 erhielt er den Kulturpreis des Kreises Altena. Von 1980 bis 1988 war er als Lehrbeauftragter für Plastisches Gestalten im Musischen Zentrum der Ruhr-Universität Bochum tätig. Sein Sohn Sebastian Wien ist ebenfalls künstlerisch aktiv.

Die Ölmühle in Rönsahl

Bereits 1804 wurde die Ölmühle in Rönsahl in einem Dokument erwähnt. Die Besitzer ließen das heute als Denkmal eingestufte Gebäude im Jahr 1900 zweigeschossig im Bergischen Stil neu erbauen. Die heute nicht mehr genutzte Teichanlage zur Fischzucht stammt aus dem Jahr 1907. Das alte Wasserrad diente ursprünglich zum Antrieb einer Fleischzerkleinerungsmaschine für Forellenfutter, einer Dresch- sowie einer Waschmaschine. Es ermöglichte zudem die erste Stromversorgung Rönsahls. 1982 ließen die damaligen Besitzer ein neues Rad installieren.

Das Kiersper »Rechtsdenkmal« Thingslinde

Der alte Gerichtsbaum in Kierspe mit Namen Thingslinde stand im Mittelalter an der wichtigen Landstraße zwischen Amsterdam und Frankfurt und wurde seinerzeit bereits aus weiter Entfernung erkannt.

Die Jahrhunderte haben die alte Linde schwer gezeichnet. Experten bezeichnen sie als »Rechtsdenkmal«, das weit und breit einmalig sei. Durch das moderne Neubaugebiet um sie herum wird die historische Gerichtsstätte, die im Mittelalter durch ihre Lage an der Straße auf der Höhe außerhalb des Dorfes herausragte, vom Stadtbild eingeengt.

Der Begriff »Thing« erinnert an den Freigrafen, der die Verhandlungen einberief und die Freischöffen, die das Urteil ermittelten. Sie gehörten einem großen Schöffenbund, einem Geheimbund, an. Die auf der anderen Straßenseite stehende, noch gewaltigere »Kaiser-Wilhelm-Linde«, erinnert an die Gründung des zweiten deutschen Kaiserreiches.

Das Dorf der Pulvermacher und Schnapsbrenner

Geschichte von Rönsahl – »feste Häuser« bereits um das Jahr 700 gebaut

Es gab in der Vergangenheit unzählige Schreibweisen. Die Palette reicht von Roedenseel (1399) und Roedensall (1466) über Rodensaill (1480), Roehesell (1525), Rodensele, Roinsen (1572) und Ronsell bis Ronsall und Rönsahl. Erwiesen ist, dass dort, wo heute Rönsahl ist, bereits um 700 feste Häuser gebaut wurden. Die Servatiuskirche entstand 1260. Möglicherweise existierte bereits seit 1003 eine Kapelle.

1367 wechselten die Herrschaftsansprüche über Rönsahl von Herzog Wilhelm von Berg zu Graf Adolf von der Mark. Die politische Grenze verschob sich im Laufe der Kriege mit Napoleon immer weiter nach Osten – bis zu der Stelle, wo sich heute der Grenzstein an der Hauptstraße befindet.

Zwischen 1565 und 1753 besaß Rönsahl ein Gericht. Die Familie von den Bercken stellte über sechs Generationen den Richter, dessen Amt vererbt wurde. 1620 baute Jörgen Walter zu Harhausen die erste Pulvermühle. Sie wurde im Rönsahler Kirchenrechnungshof erwähnt. Schwiegersohn Johann Cramer errichtete in den folgenden Jahren eine weitere Pulvermühle in der Nähe Rönsahls. 1720 bauten die Söhne Jörgen Wolters zu Harhausen zwei weitere auf der Becke, 1723 eine an der Wipper, unter dem Namen »Gogarter Hof«.

1753 trennte Friedrich II. die Justiz von der Verwaltung und die Gerichtsbarkeit wurde nach Breckerfeld verlegt. An die eigene Gerichtsbarkeit erinnerte in Rönsahl bis Ende des 18. Jahrhunderts ein »Trieselhäuschen« auf dem Marktplatz. Das war ein drehbarer Käfig, in dem Verbrecher besonders sonntags »ausgestellt« wurden. Jeder Kirchgänger hatte das Recht, das Triesel oder Drillhäuschen herumzudrehen. 1800 gab es in Rönsahl bereits 15 Pulvermühlen. Von diesen gehörten 13 der Familie Cramer und Verwandten. In den folgenden Jahrzehnten kamen kontinuierlich Mühlen dazu, insgesamt gab es 36. Zwischen 1800 und 1872 wirkte in Rönsahl die bedeutende Pulverfirma Cramer & Buchholz, die aus mehrfachen Heiraten zwischen den Familien Cramer aus Rönsahl und der Lenneper Pulverfamilie Buchholz entstand.

1865 brannte die Familie Haase im Haus »Im Grund« zum ersten Mal Schnaps, ab 1871 in der Brennerei am Kerspeweg. Die Pulverfirma Cramer & Buchholz indessen schloss sich 1872 mit anderen Pulvermühlen zur Rottweiler Pulver-AG zusammen. Sie kauften die Pulverfabrik Hampe (Harz) und bildeten die Rönsahler Pulverfabrik AG. Die übrigen Pulvermühlen fusionierten zur Deutsche Pulverfabriken AG zu Rönsahl und Walsrode. Die Rönsahler Pulverfabriken waren in der folgenden Zeit sehr aktiv und gründeten die Rönsahler Kreditbank, die Bergisch Märkische Stein Industrie AG, die Rübeländer Kalkwerke, die chemische Fabrik in Egerpohl und eine Düngerfabrik in Gogarten. Mit der Erfindung des Dynamits 1931 verlor die Pulverindustrie an Bedeutung und wurde am 15. Dezember 1931 offiziell stillgelegt.

Ortsbürgermeister Horst Becker kaufte 2008 den denkmalgeschützten Komplex der Brennerei Krugmann. Heute wird das Areal als Dorfgemeinschaftshaus und historisches Museum genutzt.

Ortsbürgermeister Horst Becker kaufte die denkmalgeschützte Brennerei Krugmann 2008 für die Nutzung als Dorfgemeinschaftshaus und historisches Museum. Ein Verein erhält die vorhandene Bausubstanz des Areals und gestaltet die historischen Räume so, dass sie als Veranstaltungs- und Kulturzentrum »Historische Brennerei Rönsahl« genutzt werden können. Nach umfangreichen Instandhaltungsarbeiten und Neugestaltung der Außenanlagen finden bereits erste Veranstaltungen statt.

Lüdenscheid

Lüdenscheid

Moderne Industriestadt – von der Natur verwöhnt

Kreisstadt Lüdenscheid verbindet Technologietransfer, Kultur und Lebensqualität

Die Verwaltung des Märkischen Kreises liegt auf dem Berg. Insofern existieren gleich mehrere Synonyme für Lüdenscheid: Kreisstadt, Bergstadt und seit geraumer Zeit auch »Stadt des Lichts«. Und Lüdenscheid wird sicherlich allen drei Namenszusätzen mehr als gerecht. Es ist zudem ein modernes Wirtschafts- und Dienstleistungszentrum. Eine hervorragende Infrastruktur und die Lage in herrlicher Mittelgebirgslandschaft bieten den rund 80 000 Lüdenscheiderinnen und Lüdenscheidern sowie ihren Gästen reichlich Möglichkeiten in jeglicher Richtung.

Lüdenscheid ist Stadt des Lichts, nein: die Stadt des Lichts. Zahlreiche dauerhaft lichtinszenierte Gebäude, Wege und Plätze in sowie rund um die Innenstadt schaffen auch des Nachts eine einladende Atmosphäre und lassen die Stadt zu einem besonderen Erlebnis werden. Während der »LichtRouten« verwandeln internationale Lichtkünstler und -designer alle zwei Jahre die City zu einer ganz besonderen Bühne des Lichts.

Lüdenscheid ist ein attraktives Einkaufszentrum, auch weit über das in alle Himmelsrichtungen hinaus strahlende moderne Stern-Center hinaus. Auch in der großzügig angelegten Fußgängerzone wird der Einkauf zum außergewöhnlichen Ereignis. Fachgeschäfte und Boutiquen bieten kontinuierlich ein interessantes Angebot.

Das Lüdenscheider Kulturhaus: Nomen est omen

Der Selve-Brunnen bei den Museen am Sauerfeld wurde von Fritz Selve gestiftet und 1910 eingeweiht. Er steht seit 2003 unter Denkmalschutz. Entworfen hat ihn der italienische Bildhauer Luigi Calderini. Die Plastik stellt den Vater des Stifters und Gründer des Unternehmens Basse & Selve, H. D. Selve (gestorben 1881), als Schmied dar. Auf der Rückseite trägt der Brunnen eine Inschrift.

Die historisch restaurierte Altstadt mit ihren romantischen Fassaden, der Erlöserkirche als Mittelpunkt und gemütlichen Lokalen zieht Besucherinnen und Besucher aus nah und fern an. Ein Treffpunkt für Jung und Alt ist das Brauhaus Schillerbad, das in einer ehemaligen städtischen Badeanstalt errichtet wurde.

Die landschaftlich reizvolle Lage oben auf dem Berg, das Wasserschloss Neuenhof und nicht zuletzt das umfangreiche Angebot an Freizeiteinrichtungen steigern Lüdenscheids Attraktivität zudem. Lüdenscheid ist eine sportliche Stadt mit mehr als 20 000 Mitgliedern in rund 70 Sportvereinen und einem Netz an Stadien, Sport- und Turnhallen, Tennisanlagen, dem Frei- und Hallenbad Nattenberg. Ein Skiübungshang, Reithalle mit Turnierplatz, Golfplätze in der nahen Umgebung und Möglichkeiten zur Ausübung von Trendsportarten – wie zum Beispiel Klettern – runden das Angebot ab.

Rathausplatz während des Stadtfestes 2010

Im Süden der Stadt liegt die Versetalsperre. Auf einladenden Wegen finden sich dort Möglich-

Lüdenscheid

keiten zu ausgedehnten und erholsamen Spaziergängen. Jeder kann »an der Verse« in Ruhe Sauerstoff tanken.

Auch das kulturelle Leben pulsiert. Im Stadtmuseum mit der Sammlung der städtischen Galerie wird dem Besucher ein umfassender Eindruck von der geschichtlichen, kulturellen und wirtschaftlichen Entwicklung der Stadt und ihrer Umgebung vermittelt. Einzigartige Spezialsammlungen von Knöpfen, Münzen und Landkarten einerseits und beispielhafte Exponate deutscher Kunst des 20. Jahrhunderts andererseits geben

Auftritt der Kindertanzgruppe »Nussknacker« beim Stadtfest 2010

Der Sternplatz mit dem Lüdenscheider Rathaus

Reich bestückt mit gut sortiertem Einzelhandel ist die als Fußgängerzone ausgewiesene Wilhelmstraße.

In der Oberstadt

einen Eindruck von der lebendigen historischen und künstlerischen Vielfalt im märkischen Sauerland. Das in Nordrhein-Westfalen einmalige naturwissenschaftliche Erlebnis-Zentrum »Phänomenta« lädt zum Experimentieren und Begreifen ein. Das Schmiedemuseum Bremecker Hammer rundet das abwechslungsreiche Angebot ab.

Die mittelständische Wirtschaftsstruktur Lüdenscheids wird durch das verarbeitende Gewerbe bestimmt. Branchenschwerpunkte bilden die Elektrotechnik, die Eisen-, Blech- und Metallverarbeitung, der Maschinenbau und die Kunststoffverarbeitung. Auch die Lüdenscheider Licht- und Leuchtenindustrie genießt weltweit einen ausgezeichneten Ruf. Handel und Dienstleistungsgewerbe bieten etwa 30 Prozent der versicherungspflichtig Beschäftigten einen Arbeitsplatz.

Lüdenscheid ist nicht »nur« Sitz der Kreisverwaltung. In der Stadt angesiedelt haben sich auch ein Amtsgericht und eine Geschäftsstelle der

Südwestfälischen Industrie- und Handelskammer zu Hagen (SIHK). Im Hochschulbereich haben sich in Lüdenscheid ein Studienzentrum der FernUniversität Hagen, das Institut für Biographie und Geschichte (»Das Deutsche Gedächtnis«) sowie die Institute für Kunststofftechnik, angewandte Lichttechnik und Umformtechnik niedergelassen.

Der Technologieförderung, dem praxisbezogenen Forschungstransfer und der Förderung junger Unternehmen widmet sich das weithin bekannte Entwicklungs- und GründerCentrum (EGC). Durch die Präsenz des Klinikums Hellersen und des bundesweit bekannten und nationalmannschaftserprobten Sportkrankenhauses, durch private Fachkliniken, mehr als 180 niedergelassene Ärzte und mehr als 20 Apotheken ist es auch um die medizinische Versorgung außerordentlich gut bestellt.

Das Kulturhaus, die Städtische Musikschule, die Volkshochschule und die Stadtbücherei stehen mit ihren attraktiven Angeboten exemplarisch für die ausgeprägte kulturelle Vielfalt in der Bergstadt. 41 Kindertageseinrichtungen, 15 Grundschulen, drei Hauptschulen, zwei Realschulen, drei Gymnasien und eine Gesamtschule sorgen für beste Versorgung im Bildungswesen.

Die Umnutzung dreier ehemaliger militärischer Liegenschaften ist den Verantwortlichen in Lüdenscheid problemlos gelungen. Die Stadt setzte und setzt gute Rahmenbedingungen für die Sicherung vorhandener sowie die Schaffung neuer Arbeitsplätze und stärkt damit die Wirtschaftskraft. Mit diversen aufwändigen Baumaßnahmen im Innenstadtbereich, wie der Erneuerung des Rathauses und seines Umfeldes, unterstützte die Stadt den Einzelhandelsstandort ebenso wie die Lebensqualität im Stadtzentrum insgesamt.

Blick in die Knapper Straße

Die Ente bleibt draußen

Loriots Herr Müller-Lüdenscheidt und Herr Dr. Klöbner badeten die Stadt populär

Kurt Weill lebte eine Zeit lang hier, Ida Gerhardi ist weit über die Region hinaus nicht nur den Kunstinteressierten ein Begriff und auch sonst kann die Stadt Lüdenscheid mit dem einen oder anderen Prominenten aufwarten. Aber einer stiehlt allen unbestritten die Schau – obwohl er sich eigentlich nicht richtig schreibt. Der Herr Müller von hier und sein Badewannen-Partner beziehungsweise -Kontrahent sind Kult. Dabei hat Loriot als Erfinder des Cartoons, wie er selbst erläutert, den Namen Müller-Lüdenscheidt nach dem Lüdenscheider Film- und Fernsehregisseur Hans Müller (1909 bis 1977) und dem Städtenamen Lüdenscheid benannt. Das mit dem »t« war aus verfremdungstechnischen Gründen pure Absicht. Entscheidend war der besonders wohltuend schöne Klang des Städtenamens.

Also ist es egal, dass man den Namen eigentlich »mit ohne ›t‹« am Ende schreiben müsste. Denn die Story ist zu gut, um zu meckern: Protagonisten sind zwei offenbar gut situierte Herren im mittleren Alter mit Namen Müller-Lüdenscheidt und Doktor Klöbner. Sie sitzen gemeinsam in einer zu einem Hotelzimmer gehörenden Badewanne, zunächst ohne Wasser. Weil Dr. Klöbner, der sich in der Zimmernummer geirrt hatte, nach Meinung von Müller-Lüdenscheidt in einer »Fremdwanne« sitzt und Müller-Lüdenscheidt Wert darauf legt, in seiner Wanne auch das Wasser selbst einzulassen, hatte er das von Dr. Klöbner eingelassene Wasser wieder abgelassen. Die Herren stellen sich einander vor und einigen sich dann sowohl bezüglich des Wassereinlassens als auch der Wassertemperatur.

Dramatisch wird es, als Dr. Klöbner unbedingt sein Quietscheentchen – »Ich bade immer mit dieser Ente!« – zu Wasser lassen will. Herr MüllerLüdenscheidt lehnt dies vehement ab: »Nicht mit mir!« Mit der Drohung, das Wasser erneut abzulassen, scheitert Müller-Lüdenscheidt jedoch, weil er inzwischen auf dem Stöpsel sitzt. Nachdem er in der Entenfrage schließlich nachgegeben hat, sich Dr. Klöbner aber beleidigt fühlt, droht Müller-Lüdenscheidt, so lange abzutauchen, bis Dr. Klöbner die Ente zu Wasser lässt. In dem sich daraus entwickelnden Wetttauchen siegt Dr. Klöbner mit Abstand, wovon Müller-Lüdenscheidt mit einem Monolog über die wirklich wichtigen Dinge des Lebens abzulenken versucht.

Der Sketch endet damit, dass, während beide gemeinsam abgetaucht sind, ein dritter unbekleideter Herr das Bad betritt und fragt, ob er in Zimmer 107 sei ... Die Geschichte sorgte nicht nur für einen immensen Popularitätsschub des Namens Lüdenscheid. Aus dieser Story stammende Redewendungen wie »Aber ich kann länger als Sie!« und »Die Ente bleibt draußen!« sind unerreicht und wurden zu geflügelten Worten.

Den Zeichentrick-Sketch, der zweifelsohne der bekannteste Vico von Bülows ist, strahlte Radio Bremen erstmals am 15. Juni 1978 in einer Sendung mit Loriot aus. Wer im Internet nach »mueller-luedenscheidt« sucht, muss Trauriges lesen. »Nach mehr als 20 Jahren ›Müller-Lüdenscheidt‹ am Zülpicher Platz ist nun die Zeit gekommen, Tschö zu sagen.« Da dankt wohl ein beliebter Kneipier ab. Einer in Köln wohlgemerkt und nicht in einem Etablissement in der Kreisstadt des Märkischen Kreises. Die Deutsche Post brachte im November 2011 eine Wohlfartsmarke im Wert von 55+25 Cent mit einer Zeichnung aus Loriots Cartoon heraus.

Lüdenscheid

Stern-Center – das Einkaufs- und Erlebniszentrum

Nach Lust und Laune bummeln und shoppen im Herzen der Lüdenscheid City

Zahlreiche Faktoren sind für den Erfolg des Stern-Center Lüdenscheid als Einkaufs- und Erlebnismittelpunkt für die gesamte Region verantwortlich. Dazu zählt neben dem professionellen Management auch, das Angebot immer auf der Höhe der Zeit zu halten und den Besucherinnen und Besuchern ein helles, sicheres, sauberes und überaus freundliches Haus zu bieten.

Im Jahr 2013 feiert das Stern-Center 20-jähriges Bestehen. Nach der Eröffnung 1993 wurde in den Jahren 2002 und 2003 die erste Optimierung gestartet. Danach wurden 2008 durch weitere Umbauten und Erweiterungen viele neue Shops integriert. Vom ersten Tag an legte man von Seiten der Verantwortlichen allergrößten Wert darauf, das Service-Center der Region zu sein und allen Besucherinnen und Besuchern jederzeit optimale Rahmenbedingungen für einen absoluten Erlebniseinkauf zu garantieren.

Beeindruckender Branchenmix

Zentraler Punkt für einen gelungenen Einkaufsbummel ist und bleibt jedoch der Branchenmix eines Shopping-Centers. Dieser verleiht dem Haus großstädtisches Flair. Das Stern-Center Lüdenscheid ist besonders stark im Modebereich. Für diesen stehen die Namen Benetton, BiBA, Bonita, Brax, C&A, Cantus, Diva Mode, edc, Engbers, Ernsting's Family, ESPRIT, Gerry Weber, Giselas Mode – stark in Größen, H&M, Herzog & Bräuer, Hunkemöller, Jack & Jones, Jack Wolfskin, Leo's Jeans, Madonna, mister*lady, Olymp, Pimkie, s. Oliver, Street One, Takko, Tom Tailor, Tom Tailor Denim, Vero Moda, WE-Fashion, Zeppelin und Zero.

Das Stern-Center am Lüdenscheider Sternplatz

Eine atemberaubende Show lieferte der fernsehbekannte Tänzer Detlef D! Soost im Stern-Center Lüdenscheid ab.

Schuhe, Lederwaren und Sportartikel gibt es bei Deichmann, Flac, Görtz, Reno, dem Schuhhaus Klauser, Sport Voswinkel, Street Schuhe und Tamaris. Uhren und Schmuck bieten Bijou Brigitte, Christ, Galileo und La Profica Uhren an.

Hartwaren, Elektro- und Geschenkartikel finden die Besucherinnen und Besucher der Einkaufsgalerie reichlich, in erster Linie bei Das Depot, eplus, Game Stop, Mc Paper, Mobilcom Debitel, Nanu Nana, O$_2$, Saturn, Schubidu, Vodafone, WMF und Cookmal.

Eine große Auswahl an Büchern, Zeitschriften und Tabakwaren garantieren Tabak Lomberg, Tabak Wolsdorff, Thalia und Weltbild plus. Groß ist das Angebot für die Sparten Gesundheit, Kosmetik, Pflege und Optik mit Abele Optik, Reformhaus Bacher, Cosmo Haarkosmetik, dm Drogeriemarkt, Douglas, Fielmann, der Punkt-Apotheke, der Stadtparfümerie Pieper und Yves Rocher.

Für Lebensmittel und Blumen sind verantwortlich die Bäckerei Hesse, Die Zwei Blumen, Hoberg's Brot-Shop, Mühlenbackstube Vielhaber, REWE und Tchibo. Der Dienstleistungsbereich wird abgedeckt durch die Targobank, Cut & Color (Friseur), Figaro men & women, Fotofix, Hair Express, Mein Fotostudio, Mister Minit, Nagelstudio Beauty & Nails, Reisebank, Roland Reinigung, Sparkasse Lüdenscheid (Automatenservice), Super Cut und das Thomas Cook Reisebüro.

Stark ist die Gastronomie im Stern-Center vertreten. Die Palette reicht von Asia Hung über Coffee Fellows, Eiskiosk Venezia, Eiskiosk Romeo und Julia, Hoberg's Café Avanti, Immergrün, Kamps Bistro, Langnese Happiness Station, Mama Cuisine (indische Spezialitäten), Nordsee, Pizzeria Olive (italienische Spezialitäten), Salateria (türkische Spezialitäten), Segafredo Espressobar, Sushi & More bis zu Wurst König.

Kundeninfo, leckeres Eis – im Stern-Center finden die Besucherinnen und Besucher alles Wichtige auf kurzen Wegen unter einem Dach.

Lüdenscheid

Das Stern-Center steht für junge, frische Mode, wie die jungen Damen beweisen.

Spektakuläre Großaktionen

Spektakuläre Großaktionen prägten in den vergangenen zwei Jahrzehnten häufig die Szenerie. Die Palette an spannenden Events reichte von einer Colani-Ausstellung, bei der der Künstler selbst zugegen war, über die Roller-Show »Bella Vista – Bella Vespa« bis hin zu DTM und anderen Motorsport- und Auto-Shows. Der »Mythos Ferrari« wurde ebenso präsentiert wie das Geheimnis der Harley Davidson. Das Center lud ein in die bunte Zirkuswelt. Die Wüste war Thema. Bei den Wasserwelten und der Reptilien-Ausstellung »Kaltblütig« verwandelte sich das Center vorübergehend – unter fachmännischer Begleitung – in ein Terrarium.

Das Stern-Center Lüdenscheid begleitet die Märker mit Fachmärkten und Aktionen durch die Jahreszeiten und bei den großen und kleinen Festen.

Der Frühling wird blumenreich begrüßt und das Osterfest (Hase inklusive) gefeiert. Höhepunkt eines jeden Jahres ist die Weihnachtszeit. Dann gibt es nicht nur einen ebenso stimmungsvollen wie attraktiven Weihnachtsmarkt, auch der Nikolaus ist traditionell am 6. Dezember zu Gast.

Als zentrale Anlaufstelle für alle Rat- und Hilfesuchenden haben die Verantwortlichen die Kundeninformation im Erdgeschoss installiert. Die Damen sind längst vertraute Gesichter. Bei ihnen sind die beliebten Kid-Cars erhältlich, die Eltern, welche mit ihren Kindern unterwegs sind, das Einkaufen zu einer entspannten und schönen Unternehmung werden lassen. Begehrt ist die Kundeninfo aber auch aufgrund einer anderen Serviceleistung des Centers. Bei dem Damen-Trio sind die begehrten Centergutscheine erhältlich. In Doppelfunktion ist auch das Team am Kunden-WC im Erdgeschoss tätig. Zum einen sorgen die Herren für optimale hygienische Verhältnisse, zum anderen sind sie auch die Hüter des Schlüssels für den Babywickelraum. Dafür, dass es auf den Ladenstraßen nicht nur sauber, sondern rein ist, sorgen mehrere Tagesfrauen. Ruhe und Ordnung gewährleistet ein Sicherheitsdienst. Zu den Service-Einrichtungen gehören darüber hinaus Schließfächer und ein Behinderten-WC außerdem kostenloses Ausleihen eines Rollstuhls oder Buggy.

Das Stern-Center ist so gestaltet, dass auch Menschen mit eingeschränkter Mobilität unbeschwert einkaufen und sich mit Freunden in »ihrem Center« treffen können. Der tägliche Einkauf wird für die Centerbesucher so angenehm wie möglich gestaltet – sowohl für Eltern mit Kinderwagen, für Menschen mit Behinderung oder für Ältere. Im Stern-Center sind die Haupteingänge von der Wilhelm- und der Altenaer Straße barrierefrei und mit entsprechender Türöffnung ausgestattet. Das Stern-Center verfügt über schwarze Fliesen vor den Shops beziehungsweise in der Mitte der Ladenstraße zur Orientierung für sehbehinderte Menschen und bietet bei Bedarf personelle Unterstützung und barrierefrei nutzbare Aufzüge. Zudem sind im Stern-Center speziell gekennzeichnete Parkplätze für Menschen mit Behinderung zu finden. Frauen- und Mutter-Kind-Parkplätze sind eine Selbstverständlichkeit.

Auch für den täglichen Bedarf ist das Stern-Center die richtige Adresse.

Angebot und Programm versprechen im Stern-Center einen Genuss für die ganze Familie.

Liebevoll gestaltete Szenarien finden sich im Stern-Center das ganze Jahr über.

Beitrag von:
ECE Projektmanagement GmbH & Co. KG
Stern-Center Lüdenscheid · Center Management
Wilhelmstraße 33 · 58511 Lüdenscheid
Tel. (0 23 51) 2 40 61 · Fax (0 23 51) 3 92 13
info@stern-center-luedenscheid.de
www.stern-center-luedenscheid.de

Lüdenscheid

Der Graf-Engelbert-Platz in der Oberstadt

Kreisstadt trotzte der topographisch ungünstigen Lage

Luidolvessceith im 11. Jahrhundert erstmals erwähnt – seit 1268 Stadt

Erste Spuren von Menschen im Lüdenscheider Raum stammen aus der Mittelsteinzeit. Die größte Fundstelle findet sich in Brockhausen. Von dort stammen nicht weniger als 2500 Artefakte. Ein Lagerplatz im Oedenthal diente Menschen in der Jungsteinzeit. Erste Siedlungsfunde aus der Zeit von 1000 bis 800 v.Chr. sind aus Brockhausen, Stilleking, Rittinghausen, Ellinghausen, vom Vogelberg, der Woeste, Brunscheid und vom Grünen Siepen bei Ellinghausen bekannt. Für diese Zeit konnten auch Eisenverhüttungen und Schmieden in der Normecke bei Ellinghausen und in Eggenscheid nachgewiesen werden.

Vermutlich im 9. Jahrhundert entstand Lüdenscheid als sächsische Siedlung an einem Heerweg, der von Köln über die Gebiete von Wipperfürth, Halver, Werdohl und Arnsberg nach Soest führte. Lüdenscheid war zunächst eine Bauernschaft, eventuell mit einer Zollstätte der Erzbischöfe von Köln. Der Ort markierte die Stelle, an der der Weg die Wasserscheide zwischen Lenne und Volme passierte. Bis heute ist der Verlauf der alten Fernverbindung an der Folge von Knapper, Wilhelm- und Werdohler Straße ablesbar.

Ebenfalls bereits im 9. Jahrhundert soll ein erster Vorgänger der heutigen Erlöserkirche errichtet worden sein. 1067 wurde Lüdenscheid zum ersten Mal urkundlich erwähnt. Erzbischof Anno II. übertrug einen Teil der Zehnteinnahmen aus dem Dorf Luidolvessceith dem neugegründeten Stift St. Georg in Köln. 1072 stattete er das nun

Lüdenscheider Altstadtimpressionen

In Lüdenscheid

gegründete Kloster Grafschaft im Hochsauerland mit weiteren Einnahmen aus Luidolfessceide aus.

1114 begann Kaiser Heinrich V. in Lüdenscheid mit dem Bau einer Burg. Diese sollte als Stützpunkt gegenüber dem Kölner Erzbischof Friedrich I. von Schwarzenburg und den Grafen von Arnsberg dienen. Bereits im Jahr darauf wurde sie jedoch durch Friedrich von Arnsberg zerstört. Der Standort der kleinen Anlage wird im Bereich des heutigen Alten Rathauses vermutet.

Mit einer Erhebung Lüdenscheids zur Stadt beabsichtigten die Grafen von der Mark im frühen Mittelalter die Stärkung ihres Einflusses. Schnell entstanden Gräben und Mauern und der bereits 400 Jahre alte Ort wurde zur Stadt. Die damit verbundenen vollen Rechte und Privilegien erwarb sich Lüdenscheid jedoch erst nach und nach. Auch wenn 1268 als Jahr der Stadtwerdung gilt, erfolgte die erste Erwähnung als oppidum (kleine Stadt) nicht vor 1278. 1287 wurde erstmals ein Stadtrat erwähnt und für 1351 gibt es den ersten Hinweis auf zwei gleichzeitig amtierende Bürgermeister. Das Marktprivileg wurde Lüdenscheid 1425 erteilt.

Bis 1491 wurde als zweites Gotteshaus die so genannte Kreuzkapelle im Bereich des heutigen Sternplatzes errichtet. Bereits 1248 wurde Lüdenscheid als Hanseort erwähnt. Ab 1549 wurde es bei dem Städtebund durch Unna vertreten. Bei noch schwankender Haltung der Grafen von der Mark führte die Stadtgemeinde zwischen 1563 und 1578 die Reformation ein. Vom 14. bis zum 18. Jahrhundert hatte ein Obergericht der Grafschaft Mark seinen Sitz in der Stadt.

Lüdenscheid war in den Jahren 1530, 1578, 1589, 1656, 1681 und 1723 von großen Stadtbränden betroffen, die jeweils beinahe die gesamte Bausubstanz vernichteten. Mehrfach zerstörten kleinere Feuer Teile der Stadt. Auslöser war häufig das Eisen verarbeitende Gewerbe, das 1693 vor die Stadtmauer an die heute untere Wilhelmstraße verlagert wurde.

Während des Siebenjährigen Krieges (1756 bis 1763) war Lüdenscheid fünf Jahre von den Franzosen besetzt. Später unter napoleonischer Herrschaft (1807 bis 1813), früher Franzousentied genannt, gehörte Lüdenscheid zum Großherzogtum Berg.

Aufgrund der ungünstigen topographischen Lage erfolgte erst 1880 der Anschluss an das Eisenbahnnetz durch Errichtung der Stichbahn Brügge-Lüdenscheid. Damit war eine Verbindung zur Volmetalbahn hergestellt.

Eine interessante Episode in der Geschichte Lüdenscheids ist die Produktion der Zeppelin-Luftschiffe in der Fabrik von Carl Berg, die 1898 begann. Sie steht für die industrielle Bedeutung der Stadt seit dem 19. Jahrhundert. Nach starkem Bevölkerungszuwachs wurde Lüdenscheid 1907 kreisfreie Stadt.

Von bemerkenswerten Schäden durch Bombardements oder Kampfhandlungen im Zweiten Weltkrieg ist die Stadt verschont geblieben. Die US-Truppen übergaben Lüdenscheid den Briten, in deren Besatzungszone Lüdenscheid lag. Die Briten wiederum überließen die drei Kasernen (Buckesfeld, Baukloh und Hellersen), den Truppenübungsplatz südlich von Lüdenscheid sowie eine Reihe von beschlagnahmten Gebäuden den Belgiern.

Die Zeit nach 1945 war geprägt durch ein weiteres starkes Bevölkerungswachstum infolge des Zuzugs zahlreicher Vertriebener und Flüchtlinge. Stadterweiterungen bislang ungekannten Ausmaßes (Worth, Honsel, Höh, Bierbaum, Gevelndorf, Buckesfeld und Wehberg) und zahlreiche Neubauten von Kirchen, Schulen und anderen öffentlichen Einrichtungen wurden erforderlich.

1986 wurde das neue Kreiskrankenhaus in Hellersen bezogen und ein Jahr darauf das Kreishaus an der Heedfelder Straße. Im gleichen Jahrzehnt entstanden innerhalb weniger Jahre zahlreiche weitere öffentliche Bauten und Kultureinrichtungen, so das Kulturhaus, das neue Stadtmuseum, die neue Stadtbücherei und das neu gestaltete Frei- und Hallenbadgelände Nattenberg.

Durch diese hohle Gasse muss der Lüdenscheider kommen.

Das Alte Rathaus

Diesen ältesten erhaltenen Stadtplan von Lüdenscheid hat der Heimat- und Geschichtsverein in der Wilhelmstraße installieren lassen.

Blickfänge

Lüdenscheid

Der Kirchenausstatter aus Lüdenscheid

F.W. Jul. Assmann ist Nordrhein-Westfalens einziger Fachlieferant für evangelischen Kirchenbedarf

Auch Kollektenbeutel gibt es in den verschiedensten Ausführungen.

Talare, Abendmahlskelche, Hostien, Taufwäsche, Kollektenbeutel, Anstecksträußchen, Taufbecken, Altarkerzen, Schmuckkreuze, kirchliche Weihnachtsartikel ... Zur Auswahl stehen insgesamt mehr als 2000 Produkte. Das war nicht wirklich geläufig für Christian Peter Barthelmes, als er sich Mitte der 1990er Jahre beruflich verändern wollte. Seit vielen Jahren wirkte er in verantwortlicher Position in der Textilbranche. Doch nun war die Zeit gekommen, es selbst – mit einem eigenen Unternehmen – zu wagen. Der Wuppertaler hielt Ausschau – und er fand einen Damen- und Herrenausstatter der außergewöhnlichen Art. Denn die Einzukleidenden waren keine Normalbürger, sondern Richter, Anwälte und in erster Linie evangelische Geistliche. Zum Verkauf stand nämlich die Lüdenscheider Firma F.W. Jul. Assmann, die mit ganz besonderen Mänteln ganz besondere Menschen einzukleiden versteht. Dass Barthelmes damals in der Bergstadt gelandet und Fachlieferant für evangelischen Kirchenbedarf geworden ist, bewerten viele mit »das sollte wohl so sein«, manch einer entdeckt darin Gottes Fügung ...

Mit der Firma Assmann gibt es in Nordrhein-Westfalen nur einen Hersteller, der die komplette modische Auslese für evangelische Priester anbietet. Und diese ist hochwertig. Talare oder Alben sind also neben »normalem« Kirchenbedarf das Metier des Unternehmens, das seit 1890 evangelische Pastoren und seit dem Zweiten Weltkrieg Juristen mit ihrer traditionellen Berufsbekleidung ausstattet. Während die Juristen heute eine eher weniger bedeutende Rolle einnehmen, besitzt Barthelmes eines von nur vier Unternehmen in Deutschland, die sich »Fachlieferant für evangelischen Kirchenbedarf« nennen dürfen. Aber das ist nicht halb so spannend wie ein anderer Titel, mit dem sich das Unternehmen in der Vergangenheit bereits schmücken durfte: 1898 wurde als »Hoflieferant Ihrer Majestät der Kaiserin und Königin« Auguste Victoria von Preußen auserkoren.

Die jungen Damen und Herren auf der Kanzel müssen beim Berufsstart für ihre Bekleidung relativ tief in die Tasche greifen. Ein Talar kostet im Schnitt 500 Euro, je nach Stoffqualität. Doch ist es gut investiertes Geld, denn bei guter Pflege haben sie bis zum Ende ihrer Karriere etwas davon. Wenn sich die jungen Pfarrer in Lüdenscheid einkleiden, ist dieser Kontakt auch für Barthelmes außerordentlich wichtig, geht es doch darum, dass die Geistlichen auch im späteren Pfarrersleben alles Notwendige für ihre Kirchengemeinde in der Bergstadt beziehen können und sollen.

F.W. Jul. Assmann bietet acht Herrenformen und zwei Damenvarianten an. Konfektionsgrößen gibt es bei den Gewändern ohnehin nicht, da sie individuell angefertigt werden. Die perfekte Passform muss gesichert sein. Unterschiede finden sich in der Verarbeitung. Barthelmes ist stolz auf die feinen Kräuselfalten an den Ärmel- und Brustpartien der Talare, die von seinen Schneiderinnen geschickt in Form gebracht werden. Während für einen Talar rund 16 Arbeitsstunden kalkuliert werden, sind die Richterroben bereits in neun und die Roben für Rechtsanwälte in acht Stunden geschneidert. Barthelmes liefert in alle Winkel Deutschlands. Der Export spielt dagegen nur bedingt eine Rolle und liegt bei rund fünf Prozent.

Christian Peter und Rita Barthelmes bieten die komplette modische Auslese von der Albe bis zum Talar.

Die F.W. Jul. Assmann in Lüdenscheid ist eines von nur vier Unternehmen in Deutschland, die sich »Fachlieferant für evangelischen Kirchenbedarf« nennen dürfen.

Beliebt sind neben Kerzen und kleinen Umhängekreuzen ganz besonders auch die Ansteckstäußchen.

Beitrag von:
F.W. Jul. Assmann
Halverstraße 20
58515 Lüdenscheid · Postfach 1130
58461 Lüdenscheid
Tel. (0 23 51) 2 24 92
Fax (0 23 51) 38 08 66
info@f-w-jul-assmann.de
www.f-w-jul-assmann.de

Lüdenscheid ist nicht gleich Regenscheid

Trotz manchem sauerländischen Rekord bleibt es doch das benachbarte Regental

465,83 Kilometer Luftlinie messen Interessierte zwischen Regen und Lüdenscheid. Fahrstrecke sogar 603 Kilometer. Von Kalt nach Lüdenscheid sind es 106,68 beziehungsweise 180 Kilometer. Mag sein. Doch in der täglichen Praxis sind sich diese Kommunen um ein Vielfaches näher. Allseits unbeliebte Schlechtwetterlöcher müssen bei Lüdenscheid hin und wieder vor Neid erblassen. Selbst der Kahle Asten, in der Region Synonym für Minusrekorde und Feuchtperioden, erscheint bisweilen chancenlos. Lüdenscheid führte in der Vergangenheit nicht nur einmal das Schlechtwetter-Ranking in ganz Nordrhein-Westfalen an. Alles leider wahr, legt doch die Wetterstation des Deutschen Wetterdienstes in Oberhunscheid regelmäßig Zeugnis darüber ab.

In der Tat würde niemand behaupten, der Märkische Kreis sei von der sauerländischen Sonne verwöhnt.

Aber Lüdenscheid ist zwar Kreisstadt des Märkischen Kreises, jedoch keinesfalls Regenstadt des Landes. Zieht man die Aufzeichnungen des Deutschen Wetterdienstes der vergangenen 40 Jahre zurate, liegen nämlich das benachbarte Wuppertal, Solingen und Hagen an der Spitze – und können sich damit im europaweiten Vergleich sogar mit Hamburg-Harburg, Halle an der Saale, Glasgow und Manchester messen.

Doch auch Lüdenscheid hat seine Rekorde. Mit 235 Litern Niederschlag pro Quadratmeter war es im August 2007 in der Bergstadt so regnerisch nie. Es nässte insgesamt 260 Prozent des langjährigen Durchschnitts. Zuletzt fiel 1996 mit 233 Litern pro Quadratmeter annähernd so viel Regen.

Einen Regenrekord hat Lüdenscheid damit allerdings nicht hingelegt. Für den Dezember 1960 weist die Statistik beispielsweise 68,3 Liter Tagesleistung aus. Zu allem Überfluss kam der Regen auch noch mit enormem Tempo. In den Morgenstunden registrierten die Messgeräte mit 20,2 Meter pro Sekunde Windgeschwindigkeiten von fast neun Beaufort. Erstaunlicherweise passierte fast nichts, obwohl sich die Volme wie aufgeschäumter Milchkaffee durch ihr Bett presste.

Jetzt aber mal im Ernst. Klar: Wenn man sich auf 400 Meter und höher bewegt, wird es ein wenig kühler. Aber Lüdenscheid gleich Regenscheid ist nicht. Denn es gibt fast so viele Statistiken wie Regentage. Der meiste Regen an den meisten Regentagen im Jahr oder seit Aufzeichnung des Wetters, die meisten und die wenigsten Regentage. Der wenigste Regen an vielen Regentagen ... Die Statistik oben bezieht sich auf die effektive Niederschlagsmenge. Denn nie wird irgendjemand verbindlich sagen können, wie viel Regen einen echten Regentag ausmacht.

Manch Lüdenscheider Sauerländer hat sich an einem durchschnittlichen Regentag bereits mit der Tatsache getröstet, dass es an einem schwülen Hochsommertag in Lüdenscheid längst nicht so schwül ist wie beispielsweise in Freiburg im sonnenverwöhnten Breisgau.

Lüdenscheid ist wettermäßig manchmal schlimm, aber die Wuppertaler und die Hagener trifft's schlimmer.

Medardus, der Patron von Lüdenscheid

Heiliger Mann lebte im 6. Jahrhundert und ist in vielen Bauernregeln präsent

Er ist der Schutzpatron der Stadt Lüdenscheid und sogar lachenderweise mit dem Herz in der linken Hand in deren Wappen verewigt. Den heiligen Medardus und Lüdenscheid verbindet offenbar viel. Aber wer war der Mann?

Als Sohn eines fränkischen Adligen geboren, wurde Medardus 505 Priester und 530 Bischof von Vermand. Er verlegte den Bischofssitz nach Noyon und wurde 532 auch Bischof von Tournai. Von Medardus empfing Radegundis von Thüringen die Weihe zur Nonne. Er schüttete seine Liebe über die Armen und Notleidenden. Man sagt, er hatte die »Gabe, Wunder zu wirken«. Dafür erntete er bereits früh große Verehrung. Niketius von Trier berichtete 563 und 565 darüber, Gregor von Tours war sogar selbst Augenzeuge. Die Legende erzählt, wie Medardus bei einer Wanderung übers Feld von einem Gewitter überrascht wurde und ein Adler kam, um ihn mit seinen Schwingen vor dem Nasswerden zu schützen.

Die älteste Lebensgeschichte des Medardus entstand um 600. König Chlotar I. ließ in Soissons, dem Sitz der französischen Könige, eine Abtei errichten und darin die Gebeine des Medardus beisetzen. Von dort aus breitete sich dessen Verehrung schnell erst in Flandern, dann auch in Köln und Umgebung aus. Medardus wurde als Patron und Kriegsheiliger angesehen. In Frankreich tragen 70 Gemeinden und Pfarreien seinen Namen. Für Bauern war Medardus' Gedenktag ein Tag zur Bestimmung des Wetters für die beginnende Heuernte.

Medardus ist nicht nur Patron von Lüdenscheid, sondern auch der Bauern, Winzer, Bierbrauer und Schirmemacher, für trockenes Heuwetter und eine gute Ernte, für die Befreiung von Gefangegen, gegen Regen, Zahnschmerzen, Fieber und Geisteskrankheiten.

Auch für Bauernregeln wird er gern genommen. Hier eine kleine Auswahl: »Wer auf Medardus baut, erhält viel Flachs und Kraut.« – »Was St. Medardus für Wetter hält, solch Wetter auch in die Ernte fällt.« – »St. Medard bringt keinen Frost mehr, der dem Weinstock gefährlich wär.« – »Medardus ist ein nasser, hält so schlecht das Wasser.« – »Macht Medardus feucht und nass, regnets ohne Unterlass.« – »Regnet's am Medardustag, so regnets 21 Tag.« – »St. Medard keinen Regen trag, es regnet sonst wohl 40 Tag.« »Regen am Medardustag, verdirbt den ganzen Heuentag.« – »Wie's Wetter zu Medardi fällt, es bis zu Mondes Schluss anhält.« – »Wie's Wetter auf Medardi fällt, meist bis Monatsende hält.« – »Wie's wittert auf Medardustag, so bleibts sechs Wochen dann danach.«

Lüdenscheid

Haube des Erlöserkirchenturms prägt Stadtbild

Turmschaft des Gotteshauses aus dem 11. Jahrhundert vermutlich ältestes Bauwerk Lüdenscheids

Die evangelische Erlöserkirche, die bis 1902 Medarduskirche hieß, ist nicht nur die älteste Kirche in Lüdenscheid und thront im Zentrum der Altstadt. Die Kirche beziehungsweise ihre Vorgängerin fand bereits 1072 erstmals urkundliche Erwähnung. Im 12. Jahrhundert entstand dann die spätromanische Pfeilerbasilika. Der Chor stammte aus gotischer Zeit. Bis zur Reformation war die Erlöserkirche dem heiligen Medardus geweiht.

Nachdem sie baufällig geworden war, ließen die Verantwortlichen die Erlöserkirche 1822 abreißen. Nur der Turmschaft blieb erhalten. Dieser Turmschaft ist vermutlich das älteste heute erhaltene Bauwerk der Stadt. Nach Norden und Osten weist er typisch romanische Rundbogenfriese auf, die jedoch mittlerweile durch das Kirchenschiffdach verdeckt werden. Das ursprünglich zum Kirchenschiff offene Obergeschoss diente in der Art einer »Herrscherempore« als Grundherrensitz und als Michaelskapelle.

Der Kirchturm erhielt seine charakteristische, noch barock anmutende und gestufte Haube erst 1785. Sie prägt das Stadtbild Lüdenscheids wesentlich mit. Der Turmschaft wird durch 180 Eisenanker gesichert und gleichzeitig dekorativ aufgelockert.

Glocken im Turm, Glocke vor der Kirche ...

Die Erlöserkirche hieß bis 1902 Medarduskirche.

Am 26. März 1826 erfolgte die Einweihung des neuen, vom Werdener Abteibaumeister Engelbert Kleinhanz konzipierten Kirchenschiffes. Der Entwurf des fürstlich-lippischen Landbaumeisters Wilhelm Tappe, eines Lüdenscheider Küstersohnes, war 1823 in einem Gutachten Karl Friedrich Schinkels abgelehnt worden. Das klassizistische Kirchenschiff mit Apsis wird durch Rundbogenfenster und die Fassade gliedernde Pilaster geprägt. Im Kircheninneren finden sich ein Holzgewölbe und Emporen. Der Kanzelaltar stammt wahrscheinlich von Adolf von Vagedes, einem Schüler Karl Friedrich Schinkels. Die Kirche besitzt fünf Glocken. 1920 und 2000 wurde die Glockenanlage erneuert.

Knopfstadt Lüdenscheid

Im 20. Jahrhundert Export in aller Herren Länder

Internet-Alleswisser »Wikipedia« klärt wieder einmal auf: »Ein Knopf ist ein Bestandteil einer zweiteiligen Vorrichtung, die dazu dient, zwei Stücke von Kleidung jeder Art wie Oberbekleidung, Unterbekleidung, Schuhe oder zwei Teile von Behältnissen wie Taschen, Körbe, Kästen miteinander zu verbinden (schließen). Der Knopf als Ziergegenstand ohne Knopfloch war bereits in der Antike bekannt. Knöpfe mit Knopflöchern (statt Schlaufen) wurden im 13. Jahrhundert in Deutschland erfunden. Die neue Methode verbreitete sich bis zum 14. Jahrhundert rasch in Europa und führte zu einer Mode mit eng anliegenden Kleidern.«

Eine eindrucksvolle Knopfsammlung in den Museen der Stadt Lüdenscheid informiert über die Geschichte des Modeknopfes von der Bronzezeit bis in die Gegenwart. Das Geschichtsmuseum zeigt mehr als 1000 verschiedene Knöpfe. Das ist ein Leichtes, da es vor mehr als 100 Jahren in Lüdenscheid außerordentlich viele Knopffabriken gab. Knöpfe aus der »Knopfstadt Lüdenscheid« wurden in die ganze Welt verkauft, bis nach Russland, China und Australien. Die Knopfindustrie war in der Tat um das Jahr 1900 herum eine der bedeutendsten Industrien in der Bergstadt. Weit mehr als 200 Unternehmen waren in diesem Gewerbe tätig. So manche Armee trug die filigran gestalteten Lüdenscheider Knöpfe an ihren Uniformröcken.

Wie kam es dazu? Für welche Kleidungsstücke wurden sie verwendet? Und gab es schon immer Knöpfe? Wie wurden sie hergestellt? Fragen über Fragen, die im Lüdenscheider Geschichtsmuseum am Sauerfeld anschaulich beantwortet werden.

Lüdenscheid galt in der Tat lange als Knopfstadt. Von etwa 1785 an bis nach dem Zweiten Weltkrieg war die Herstellung von Metallknöpfen einer der wichtigsten Wirtschaftszweige. Die Knöpfe wurden zum Teil in Heimarbeit gefertigt. Weitere Branchen wie die der Graveure und Werkzeugmacher lebten zudem von der Knopfherstellung. Als anderenorts Knöpfe aus Kunststoffen preiswerter hergestellt werden konnten, stellten sich die Lüdenscheider Fabrikanten um. Heutzutage ist die Metallverarbeitung immer noch ein wichtiger Wirtschaftszweig in Lüdenscheid, die Knopfherstellung besitzt jedoch keine große Bedeutung mehr.

Eine eindrucksvolle Knopfsammlung ist in den Museen der Stadt Lüdenscheid zu sehen.

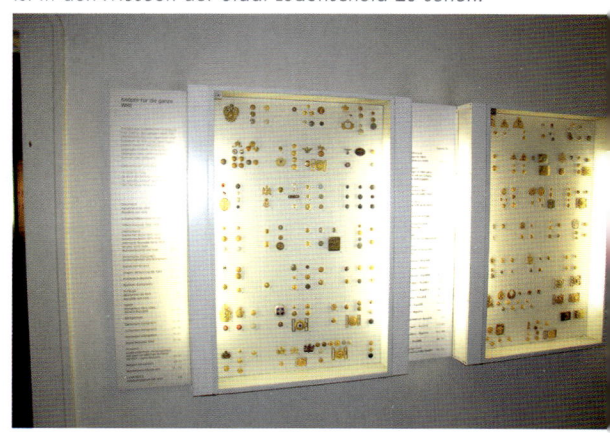

Lüdenscheid galt lange als Knopfstadt. Von etwa 1785 an bis nach dem Zweiten Weltkrieg war die Herstellung von Metallknöpfen einer der wichtigsten Wirtschaftszweige.

Lüdenscheid

Seit mehr als 30 Jahren eine der führenden Sozietäten in Südwestfalen

FRIEBE – PRINZ + PARTNER

FRIEBE – PRINZ + PARTNER ist eine mittelständische Sozietät aus Wirtschaftsprüfern, Steuerberatern und Rechtsanwälten mit 13 Partnern und annähernd 100 Mitarbeitern. Der Ausgangspunkt der Sozietätsentwicklung liegt in der 1972 von Herrn Wirtschaftsprüfer und Steuerberater Dr. Gunter Friebe gegründeten Einzelpraxis.

Mit der Sozietät FRIEBE – PRINZ + PARTNER und der angeschlossenen Wirtschaftsprüfungsgesellschaft, der SÜDWESTFALEN-REVISION GMBH, sowie weiteren Gesellschaften in Hagen und Olpe betreuen die Verantwortlichen vorwiegend mittelständische Unternehmen unterschiedlicher Rechtsformen, vom Einzelunternehmer bis zur großen Kapitalgesellschaft, aber auch Freiberufler, Unternehmen der öffentlichen Hand, Gebietskörperschaften und soziale Einrichtungen. Die Mandanten sind regional verwurzelt, agieren aber in einer globalisierten Welt. Daher berät die Sozietät deutschland-, europa- und weltweit.

Mit Erfahrung und Kompetenz erbringen die Wirtschaftsprüfer, Steuerberater und Rechtsanwälte berufstypische Dienstleistungen wie Jahresabschlussprüfung und -erstellung, Steuer- und Unternehmensberatung, Unternehmensbewertung, Steuerdeklaration, Personal- und Rechnungswesen. Schnell und flexibel erarbeiten und gestalten sie Lösungen für alle wirtschaftlichen, rechtlichen und steuerlichen Fragen. Vertrauensvolle Zusammenarbeit zwischen Berater und Mandant ist eine wichtige Voraussetzung für konstruktive Ergebnisse. Daher legt die Sozietät Wert auf Konstanz bei der Zuordnung der Ansprechpartner. Die Sozietät verfügt über ein breites Spektrum an fachlicher Qualifikation.

Mit der großen Zahl qualifizierter Mitarbeiter sind FRIEBE – PRINZ + PARTNER in der Lage, ihren Mandanten für die unterschiedlichsten Aufgaben und Probleme Spezialisten an die Seite zu stellen.

Die besonderen fachlichen Schwerpunkte sind:
– Steuerliche Absicherung von Auslandsaktivitäten
– Begleitung von Unternehmenskäufen und -verkäufen
– Beratung kommunaler Unternehmen, insbesondere im Rahmen des NKF
– Beratung im Handels-, Gesellschafts-, Steuer- und Arbeitsrecht

FRIEBE – PRINZ + PARTNER ist Mitglied in einem inländischen Wirtschaftsprüferverbund mit 14 Niederlassungen in der Bundesrepublik Deutschland und über 600 Mitarbeitern. International arbeitet die Sozietät mit der WPV Wirtschaftsprüfer-Verbund GmbH, Wirtschaftsprüfungsgesellschaft, angesehenen ausländischen Beratungsunternehmen und Kanzleien zusammen.

Die Zentrale der Firmen ist im sogenannten Haus »Mark« in Lüdenscheid, einer denkmalgeschützten Villa aus dem Jahr 1915. Es handelt sich um ein historisch und architektonisch sehenswertes Gebäude, welches ab 1993 mit viel Mühe unter denkmalpflegerischen Aspekten von den Spuren der Vergangenheit befreit wurde und seitdem ein modernes, zeitgemäßes Innenleben erhielt. Besonders auffällig ist der schöne Lichthof im Eingangsfoyer mit der großen Lichtkuppel. Zum Gebäudekomplex gehören weitere Bauten, sowohl im Eigenbesitz als auch angemietet.

Die Partner

Das Haus »Mark« in Lüdenscheid

Die Lichtkuppel im Haus »Mark«

Beitrag von:

FRIEBE – PRINZ + PARTNER
Wirtschaftsprüfer Steuerberater Rechtsanwälte

Parkstraße 54 · 58509 Lüdenscheid
Tel. (0 23 51) 1 53 30 · Fax (0 23 51) 15 33 80
wpg@fpp.de · www.fpp.de

SÜDWESTFALEN-REVISION GMBH
Wirtschaftsprüfungsgesellschaft

Parkstraße 54 · 58509 Lüdenscheid
Tel. (0 23 51) 15 33 75 · Fax (0 23 51) 15 33 80
wpg@suedwestfalen-revision.de
www.suedwestfalen-revision.de

SÜDWESTFALEN-CONSULT GMBH
Unternehmensberatungsgesellschaft

Parkstraße 54 · 58509 Lüdenscheid
Tel. (0 23 51) 15 33 88 · Fax (0 23 51) 15 33 80
wpg@suedwestfalen-consult.de
www.suedwestfalen-consult.de

Stadtwerke Lüdenscheid – in der Stadt zu Hause

Neben einem breiten Versorgungsspektrum auch Engagement für Freizeit und Bildung

Die Stadtwerke Lüdenscheid GmbH gehört zur ENERVIE – Südwestfalen Energie und Wasser AG. Als Energie- und Infrastrukturdienstleister vor Ort stehen die Stadtwerke Lüdenscheid für ein Leben voll Energie, denn sie erfüllen das komplette Leistungsspektrum eines Stadtwerks und damit die sichere und zuverlässige Lieferung von Strom, Gas, Trinkwasser und Wärme sowie Services wie die Straßenbeleuchtung.

Lieferung von Strom, Gas, Wasser und Wärme

Strom, Gas, Wasser, Wärme – den 80 000 Kunden in und um Lüdenscheid bieten die Stadtwerke je nach Bedarf den geeigneten Tarif: Zur Auswahl stehen neben dem Grundversorgungstarif mit vollem Service, CO_2-neutrale KlimaFair Tarife sowie Sondertarife mit festen Laufzeiten und Smart Meter Technologie. Über die Beratung hilft das Unternehmen bei der Auswahl der Tarife. Den Kunden bietet man neben dem Online-Service im Internet die Beratung vor Ort im Energietreff am Rathausplatz.

Ein besonderes Anliegen: Klimaschutz

Die sichere, zuverlässige und möglichst umweltschonende Energieversorgung ist eine wesentliche Grundlage für den Wohlstand der Gesellschaft und die weitere wirtschaftliche und gesellschaftliche Entwicklung. Die Harmonisierung der ökonomischen und ökologischen Interessen ist dabei eine Voraussetzung für erfolgreiches unternehmerisches Handeln. So wenige Ressourcen wie nötig für die Energieerzeugung und -verteilung einzusetzen, ist genauso wichtig wie die rationelle Energieanwendung durch die Verbraucher.

0 Prozent Atomstrom, 0 Prozent CO_2 und 100 Prozent Klimaschutz

Das ist der Tarif KlimaFair Strom für umweltbewusste Kunden. Dieser liefert 100 Prozent Grünstromqualität aus modernen norwegischen Wasserkraftwerken – zertifiziert mit dem ok-power-Label und damit anerkannt von der Verbraucherzentrale NRW, dem WWF und Ökoinstitut. Zusätzlich profitieren KlimaFair-Kunden von der KlimaFair-Förderung zu energiesparenden Haushaltsgeräten und Heiztechniken sowie Elektrofahrzeugen.

Mobilität im Abo

Weil die Verantwortlichen bei den Stadtwerken einen Bedarf für umweltfreundliche Mobilität sehen, bieten sie zudem »Elektromobilität im Abo« an. Für Kunden, die E-Autos nutzen wollen, stehen drei Leasingpakete zur Verfügung. Neben dem E-Mobil können nach Bedarf zum Beispiel 24-Stunden-Pannenservice, Schadensmanagement, Ladestation, Versicherung und Reifenservice gebucht werden.

Freizeitspaß – direkt vor der Tür!

Aktiv sein, entspannen, Freizeit mit Freunden und Familie teilen: In Lüdenscheid haben die Gäste im Familienbad Nattenberg die Gelegenheit, Badespaß und Entspannung zu genießen. Das Familienbad lockt gleichermaßen Schwimmfans und Erholungssuchende mit Schwimmer-, Nichtschwimmer- und Kleinkinderbecken, Solebad, einer 70 Meter langen Wasserrutsche sowie getrennten Saunabereichen. Überzeugend sind zudem die Preise im Familienbad mit Sport- und Tagestarifen. In direkter Nachbarschaft zum Familienbad laden die Stadtwerke im »Saunadorf« mit Wellness-Angeboten und eigener Gastronomie zur Entspannung ein. Ein Genuss für Körper, Geist, Seele und Gaumen.

Engagement vor Ort

Die Stadtwerke Lüdenscheid sind nicht nur Ansprechpartner für Energie- und Infrastrukturdienstleistungen in und um Lüdenscheid – sie unterstützen mit Spenden und als Sponsoringpartner in vielfältiger Form das Engagement von Vereinen und Initiativen in den Bereichen Bildung, Sport, Kultur und Soziales. Denn: Sie sind in der Stadt zu Hause und fühlen sich den Menschen hier verpflichtet.

Bildungsförderung

Die ENERVIE Gruppe – zu der die Stadtwerke Lüdenscheid gehören – hat es sich zum Ziel gesetzt, die Vermittlung von Wissen in den Fächern Mathematik, Informatik, Naturwissenschaften und Technik nachhaltig zu unterstützen. So stellt das ENERVIE Förderprogramm »Bildung« bis 2014 jährlich 75 000 Euro für die gezielte Unterstützung der Wissensvermittlung zu den Themen Energie, Trinkwasser, Klima, Umwelt und Technik bereit. Eine lohnende Investition in die Zukunft.

Das Verwaltungsgebäude der Stadtwerke Lüdenscheid in der Lennestraße

Mit dem Förderprogramm »Bildung« unterstützen Stadtwerke Lüdenscheid und Mark-E 400 Bildungseinrichtungen der Region bei der Umsetzung der Themen Energie, Trinkwasser, Klima, Umwelt und Technik.

Über 310 000 Gäste besuchen jährlich die Freizeitbetriebe der Stadtwerke Lüdenscheid mit Familienbad und Saunadorf.

Der 2011 eröffnete »Energietreff« der Stadtwerke Lüdenscheid am Rathausplatz ist die zentrale Anlaufstelle für Kunden.

Beitrag von:
Stadtwerke Lüdenscheid GmbH
Lennestraße 2 · 58507 Lüdenscheid
Tel. (0 23 51) 15 70
info@stadtwerke-luedenscheid.de
www.stadtwerke-luedenscheid.de

Lüdenscheid

Innovationsfreude des Mittelstands prägend

Kreisstadt seit alters her von der Metall verarbeitenden Industrie dominiert

Die Metallverarbeitung prägt die Wirtschaftsstruktur der alten Industriestadt Lüdenscheid. Darüber hinaus verfügt die Kreisstadt heute mit Einrichtungen für Forschung, Entwicklung, Technologie-Transfer und Weiterbildung über eine außergewöhnliche Infrastruktur. Die vorwiegend mittelständischen Unternehmen, oftmals Familienunternehmen, bestechen vor allem durch eine hohe Innovationsbereitschaft.

Von Bedeutung für Lüdenscheid und die gesamte Region sind die so genannten An-Institute. 1988 gründeten 30 Firmen und die Stadt Lüdenscheid das Kunststoff-Institut Lüdenscheid, das vor allem der mittelständischen Wirtschaft mit Beratung und Forschung beiseite steht und als angegliederte Einrichtung mit der Fachhochschule Südwestfalen verbunden ist.

Für das Gebiet der Metallindustrie wurde das Institut für Umformtechnik (IFU) ins Leben gerufen, das ebenfalls der Fachhochschule Südwestfalen angegliedert ist. Beide Institute sind im Entwicklungs- und GründerCentrum (EGC) Lüdenscheid angesiedelt.

Im Mittelalter wurde in Lüdenscheid bereits der Osemund produziert. Der märkische Osemund war ein sehr weiches und zähes, gut schmiedbares Eisen. Von dieser Zeit an haben die Eisenerzvorkommen im Sieger- und Sauerland in den umliegenden Tälern mit ihrer Wasserkraft die Errichtung von Hammerwerken und Drahtziehereien begünstigt. In Lüdenscheid wurde das aus dem Erz gewonnene Metall in kleinen handwerklichen Schmieden weiter verarbeitet. Die weite Verbreitung seiner Produkte legte den Beitritt Lüdenscheids zur Hanse nahe. Die Schmieden bedeuteten aber nicht nur eine wichtige Einkommensquelle für die Stadt, sondern waren auch eine Gefahr für das Gemeinwesen. Nach dem fünften Stadtbrand vom 12. Juni 1681 wurden sie jedoch aus der Stadt verwiesen. 1735, acht Jahre nach dem sechsten Stadtbrand, wurden neun Kleinschmieden gezählt, im Jahre 1788 sogar 175 Schmiede. Schmidt ist auch heute noch der häufigste Nachname in Lüdenscheid.

Das Industriegebiet Römerweg an der Grenze zu Schalksmühle liegt unmittelbar am Autobahnanschluss Lüdenscheid-Nord.

Ende des 18. Jahrhunderts ermöglichen innovative Techniken der Metallumformung – wie Stanzen, Prägen oder Drehen – neue Produktionsweisen. In Lüdenscheid spezialisierten sich etliche Betriebe auf die Herstellung von Knöpfen und Schnallen. Von etwa 1885 bis zum Ende des Zweiten Weltkrieges spielte die Herstellung von Knöpfen, Schnallen und Orden eine wichtige Rolle. Uniformknöpfe wurden für das Militär und andere Gruppierungen in der ganzen Welt hergestellt. Die dies dokumentierende Knopfsammlung bildet seit Jahrzehnten eine eigene Abteilung im Geschichtsmuseum der Stadt.

Im 20. Jahrhundert ging die Kleineisenindustrie nahtlos in die Kunststoffverarbeitung über, zunächst mit Bakelit, später dann von thermoplastischen Kunststoffen, die man durch Spritzguss in Formen bringen kann. Der Werkzeugmacher wurde zu einem der am stärksten verbreiteten

Rund um die Nottebohmstraße im Süden ballt sich Lüdenscheider Gewerbe.

Lüdenscheid

In Lüdenscheid wurden das Kunststoff-Institut und das Institut für Umformtechnik (IFU) als An-Institute der Märkischen Fachhochschule mit Sitz im Entwicklungs- und GründerCentrum (EGC) gegründet.

Lehrberufe in der Stadt. Das gilt sowohl für die Metall-, als auch für die Kunststoffverarbeitung. Eine eigene Industrie der Herstellung von Spritzgussformen entstand.

Die Herstellung von Teilen und Zubehör für die Elektro- und Autoindustrie (P.C. Turck, Busch-Jaeger, Kostal, Matsushita – ehemals Vossloh, Gerhardi) spielt heute eine große Rolle, aber auch das Pressen von Aluminium- und Messingprofilen oder Aluminiumfolien (Hueck) sowie die Herstellung von Spezialstahlteilen. Einige Firmen, wie zum Beispiel ERCO, haben sich zum Systemanbieter auf ihrem Gebiet entwickelt.

Bedeutung besitzt Lüdenscheid nicht zuletzt als Einzelhandelsstandort. In mancherlei Hinsicht erinnert die Stadt an ein Oberzentrum. In der City befinden sich mehrere, teils als Fußgängerzone ausgewiesene Geschäftsstraßen, zwei größere Ladenpassagen und mit dem Stern-Center Lüdenscheid ein Shopping-Center mit mehr als 100 Fachgeschäften und überregionaler Bedeutung.

Lüdenscheider Unternehmen und Produkte genießen weltweit einen ausgezeichneten Ruf. Der Großteil der mehr als 500 Betriebe widmet sich nach wie vor der Metall- und Kunststoffverarbeitung, der Elektronik und Elektrotechnik, der Licht- und Leuchtenherstellung, dem Sondermaschinenbau und der Aluminiumverarbeitung. Kaum ein Auto fährt auf Europas Straßen, in das nicht Elektronik oder Funktionskomponenten aus der Bergstadt eingebaut worden wären. Auch die Embleme und Schriftzüge, die das Outfit führender Automobilmarken prägen, kommen aus Lüdenscheid. Der Louvre in Paris läge ohne Licht aus Lüdenscheid im Dunkeln. Millionen würde wohl niemals ein Licht aufgehen, wenn sie es nicht mit einem Schalter aus Lüdenscheid anknipsen könnten und das Können und die Kunstfertigkeit der Lüdenscheider Werkzeugmacher und Graveure ist nicht nur für die Herstellung des Bundesverdienstkreuzes gefragt, das seit seiner Stiftung 1951 exklusiv in der Bergstadt gefertigt wird.

Die Firma P.C. Turck im Stadtzentrum wurde 1791 gegründet und ist damit die älteste Unternehmung in der Bergstadt. P.C. Turck trug seinen Teil dazu bei, Lüdenscheid zur »Knopfstadt« zu machen.

Im Gewerbegebiet am Freisenberg

Lüdenscheid war auch die Wiege der Aluminiumindustrie. Kein Wunder also, dass Graf Zeppelin dort durch seinen Freund und Förderer Carl Berg ein Luftschiff vormontieren ließ. Nach der Fertigstellung wurden die Luftschiffteile dann jedoch in Friedrichshafen am Bodensee zusammengesetzt, von wo das LZ1 auch zu seiner ersten Fahrt startete.

Lüdenscheid

HASCO – Ihr Kompetenzpartner für den Werkzeug- und Formenbau

Mit Normalien einen Produktionsschub für die gesamte Branche ausgelöst

Verwaltung und Produktion im Stammhaus Lüdenscheid

Formaufbauten mit und ohne Sonderbearbeitung

Qualitätsprüfung im Technikum

Ende der 1960er Jahre begann mit der ersten Niederlassung in Wien auch der internationale Erfolg. Nach verschiedenen Standorten in Europa folgte 1976 Singapur als Standbein in Asien. Seit der Gründung der Tochtergesellschaft in den USA 1985 ist HASCO als weltweiter Servicepartner etabliert. Ein internationales Netzwerk gewährleistet heute eine schnelle Verfügbarkeit der global anerkannten HASCO-Standards.

Durch eine permanente Weiterentwicklung des Platten-, Zubehör- und Heißkanalprogramms entwickelte sich HASCO im Laufe der Jahrzehnte zum Komplettanbieter rund um den Produktionsprozess von Kunststoffteilen sowie zum Kompetenzpartner für den Werkzeug- und Formenbau.

Das HASCO Kerngeschäft umfasst die Bereiche:
Mould Base Division:
- Innovative Produktentwicklung im Bereich Werkzeugzubehör
- Höchste Stahl-/Zerspanungskompetenz
- Bewährte Präzision und Qualität
- Kürzeste Lieferzeiten
- Persönliche und individuelle Beratung

Hot Runner Division:
- Spritzgießkompetenz
- Auslegung kompletter Heißkanal-Systemlösungen inklusive Regeltechnik
- Weltweite anwendungstechnische Beratung
- Konstruktionsunterstützung

Weltweit können Formenbauer heute auf ein Produktportfolio von rund 80 000 Einzelteilen für die Fertigung anspruchsvoller Werkzeuge zugreifen. Über 20 000 Kunden vertrauen auf das Knowhow, die Präzision und Qualität der Normalien sowie die Zuverlässigkeit des HASCO-Teams.

Seit dem Eintritt der Berndorf AG als Mehrheitseigner im Jahr 2007 führt Mag. Christoph Ehrlich mit seinem Führungsteam die Firmenphilosophie des Familienunternehmens konsequent fort und stellt mit Investitionen in neue Produktionstechnologien die Weichen für die Zukunft.

HASCO realisierte am Standort Lüdenscheid eines der größten Bauprojekte seiner Firmengeschichte und eröffnete im Juni 2012 eine der modernsten Fertigungen zur Herstellung von Formnormalien in Europa.

Mit diesem Projekt definiert HASCO, der Erfinder der Normalie, neue Standards für den Werkzeug- und Formenbau und setzt Maßstäbe in Bezug auf Qualität, Präzision und Liefergeschwindigkeit.

Eine hervorragende Infrastruktur und das über Jahrzehnte gewachsene Fertigungs-Know-how waren wichtige Gründe, sich für die Produktionserweiterung im Märkischen Kreis zu entscheiden.

Mit der Gründung eines Graveurbetriebes im Jahre 1924 durch Hugo Hasenclever begann die HASCO Erfolgsgeschichte am Standort Lüdenscheid. Bereits 1930 wurden hier erste Formen für die Kunststoffindustrie hergestellt.

Im Jahre 1960 erfand Sohn Rolf Hasenclever das erste Baukastensystem zur Herstellung von Spritzgießwerkzeugen. Mit diesen Normalien wurde ein Produktivitätsschub für die gesamte Branche ausgelöst. Die industrielle Serienfertigung der Normalien führte zu hoher und konstanter Qualität bei sinkenden Kosten und Verfügbarkeit ab Lager.

Beitrag von:
HASCO Hasenclever GmbH + Co KG
Römerweg 4 · 58513 Lüdenscheid
Tel. (0 23 51) 95 70 · Fax (0 23 51) 95 72 37
info@hasco.com · www.hasco.com

Einblick in das umfangreiche Normalienprogramm

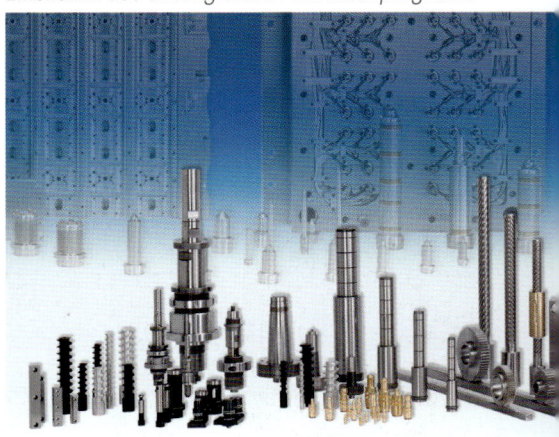

Lüdenscheid

Kämper hat sich für die Zukunft breit aufgestellt

Lüdenscheider Produzent von Drahtbiegeteilen setzt konsequent auf Wachstum mit Augenmaß

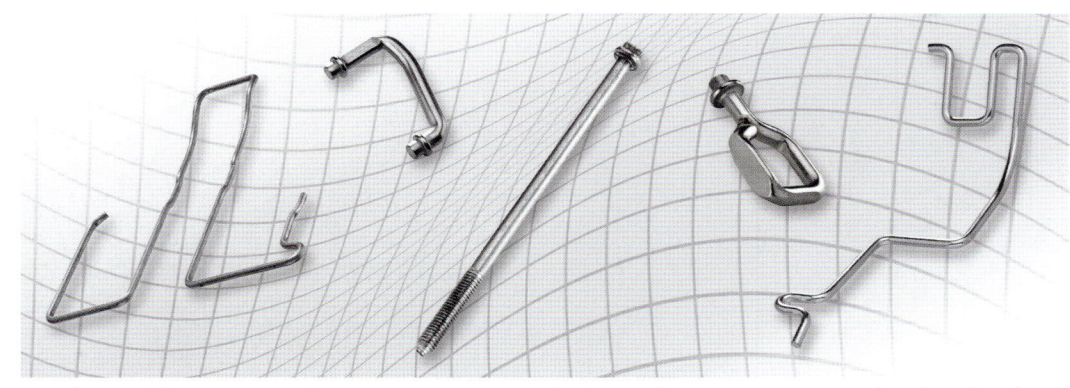

Aus dem Produktionspgramm der Firma Kämper. Tragender Stamm der Fertigung waren und sind in allen drei Ebenen mit Raumwinkeln gebogene Drahtbiegeteile.

»Wir haben zurzeit die richtigen Kunden«, freut sich Thomas Müchler. Und diese gewährleisten kontinuierliche Umsatzsteigerungen seines Unternehmens, der Wilh. Kämper GmbH & Co. KG in Lüdenscheid. Kämper hat sich in den vergangenen Jahren breit aufgestellt – und sich damit mehr als nur ein Stück weit für die Zukunft positioniert. So waren vor fünf Jahren noch rund 70 Prozent der Kämper-Kunden in der Automobilindustrie zu finden. Heute ist man zusätzlich auch mehr und mehr Partner anderer Industriezweige.

Das Metier der Firma Kämper sind Drahtbiegeteile, Zusammenbauteile, Draht/Kunststoffkombinationen, Sonderschrauben und Verbindungselemente. Diese finden sich im Automotive-Bereich ebenso wie in der Elektro- und Elektronikindustrie, dem Maschinen- und Motorenbau, der Mess- und Regeltechnik und im Bereich Haushaltsgeräte.

Thomas Müchler übernahm das mehr als 100 Jahre alte Unternehmen Kämper Drahtumformtechnik 1992. Seinerzeit zählte es nur 32 Mitarbeiter und brachte es auf einen Jahresumsatz von 3,2 Millionen. Die Umsatzzahlen heute sind mit denen von damals nicht mehr vergleichbar, 2012 zählt Kämper 70 Beschäftigte. Tendenz steigend.

Der Exportanteil liegt bei mehr als 30 Prozent. Im Schwerpunkt geht diese Ware nach Frankreich, in die Niederlande und nach Ost-Europa. Das Gros der begehrten Drahtbiegeteile aus Lüdenscheid bleibt jedoch in Nordrhein-Westfalen. Daneben haben viele Kunden ihren Sitz in Baden-Württemberg.

Tragender Stamm der Fertigung waren und sind in allen drei Ebenen mit Raumwinkeln gebogene Drahtbiegeteile. Kämper kann mit Draht so ziemlich alles machen: richten, schneiden, biegen, pressen, lochen, stauchen, reduzieren, gewindewalzen, rändeln, fräsen, fasen, montieren, schweißen – so produziert das Unternehmen ausgereifte Problemlösungen nach Maß. Je komplizierter, desto besser.

Grundlage sind die Konstruktion und der Werkzeugbau. Alles im eigenen Haus. Dort konstruieren und fertigen die Mitarbeiter sämtliche Werkzeuge, Prüflehren und Vorrichtungen für Muster, Vorserien und Serien. Die Kämper-Konstruktionsabteilung entwickelt die Produkte gemeinsam mit dem Kunden. Auch für die Produktion sind sämtliche Voraussetzungen geschaffen: So wurde zum Beispiel eine Maschine konstruiert, die Schließbügel für Autotüren schneller fertigen kann als die Konkurrenz. Eigenkonstruktionen sind stets von Vorteil. Gerade für die Massenproduktion. Nach der Prototypenfertigung wird zum Beispiel im Automobilbereich für ein Modell im Regelfall fünf bis sieben Jahre produziert. Für einen Teil des Kämper-Erfolges ist aber auch die eigene Flexibilität verantwortlich. Darüber hinaus produziert das Unternehmen aber auch gerne mal Kleinserien.

Mitte der 1990er Jahre startete Thomas Müchler sein erstes Bauvorhaben. Etliche weitere sollten folgen: Produktionshallen, Büroräume. Aktuell wieder Produktionserweiterung und Logistikhalle So soll es möglichst weiter gehen.

Was insbesondere im märkischen Sauerland ständig gefragt – und gesucht – wird, sind Fachkräfte. Die Firma Kämper geht hierbei den Weg, sich die kompetenten Facharbeiter von Grund auf selbst auszubilden und auf den langfristigen Verbleib im Unternehmen vorzubereiten. Auch nach 20 Jahren setzt Thomas Müchler weiter konsequent auf Wachstum mit Augenmaß.

In der Produktion: Thomas Müchler, Geschäftsführender Gesellschafter der Firma Kämper (rechts), und Vertriebsleiter Jens Haack (links) mit Maschineneinrichter Leo Wotzke und dem Auszubildenden Fabio Felix

Beitrag von:
Wilh. Kämper GmbH u. Co. KG
Postfach 8147 · 58489 Lüdenscheid

Altenaer Straße 184
58513 Lüdenscheid-Oberrahmede
Tel. (0 23 51) 67 27 470 · Fax (0 23 51) 5 08 05
info@kaemper.de · www.kaemper.de

Lüdenscheid

Die Stadt des Lichts

Lüdenscheider entdecken mit spektakulären Inszenierungen neue Lebensräume in der Nacht

Lüdenscheid hat sich seit dem Jahr 2000 als Stadt des Lichts überregional einen Namen gemacht. Etliche dauerhaft lichtinszenierte Gebäude, Wege und Plätze verhelfen der Stadt auch in der Dunkelheit zu einer einladenden Atmosphäre. Alle zwei Jahre leuchtet es in Lüdenscheid besonders hell: Dann verlegen internationale Lichtkünstler und -designer in der Innenstadt ihre »LichtRouten«.

In der Tat passen Lüdenscheid und Licht absolut zusammen. Global Player aus Industrie und Forschung in den Bereichen Licht, Lichttechnik und Lichtkunst stellen allerhöchste Professionalität sicher. In der Stadt werden verschiedene Aspekte des Lichts zusammengeführt: Licht zum Sehen gewährleistet Sicherheit und Auffindbarkeit, Licht zum Hinsehen setzt Häuser, Plätze und Wege in ein besonderes, Licht zum Ansehen sind Projekte, die sich mit dem Licht als Material und Phänomen auseinandersetzen.

Die vielfältige Art und Weise der Lüdenscheider Lichtinszenierungen weiß durchaus zu beeindrucken. Längst identifizieren sich die Lüdenscheider mit der neuen Marke »Stadt des Lichts«. Die Stadt setzt dabei auf neue Formen der Kooperation von Kunst- und Kulturschaffenden sowie von Persönlichkeiten des öffentlichen Lebens, Initiativen und Institutionen, Wirtschaft und Industrie.

Erste Gespräche zu der Idee gab es bereits 1999. Pilotprojekt war das Anstrahlen der Kirchtürme. Ein Jahr später erstellte das Deutsche Institut für Angewandte Lichttechnik (DIAL) mit Sitz in Lüdenscheid ein grobes Lichtkonzept. 2002 feierten dann die »LichtRouten« Premiere, eine Veranstaltung, die zu einer wahren Erfolgsgeschichte avancieren sollte. Erstmals wurde zu einem internationalen Festival für Lichtkunst und Lichtdesign im öffentlichen Raum eingeladen.

Foster-Schirm (Entwurf von Sir Norman Foster)

Der »Award of Merit« der International Association of Lighting Designers (IALD) und der Licht-Architekturpreis gingen 2003 an das Büro Belzner Holmes für die Lichtinszenierung des Hochregallagers der Firma Erco. Auch die »LichtRouten« fanden eine Fortsetzung. Die Stadtwerke Lüdenscheid lobten zum ersten Mal den Lichtkunstpreis »Lux.us« bundesweit aus.

2004 wurde Lüdenscheid in die »Ligthing urban community international« (Luci), den weltweiten Zusammenschluss der Städte des Lichts, aufgenommen. Neu waren seinerzeit die »LichtRäume« für dauerhafte Inszenierungen – in den Genuss kamen das Loher Wäldchen, die Parkpalette Turmstraße, der Tunnel am Sauerfeld, der Licht-

Altes Amtsgericht während der LichtRouten

Lüdenscheid

Schützenhalle Lüdenscheid während der LichtRouten 2010

Stadtplanerin Heike Müller, zuständig für die Lichtgestaltung in Lüdenscheid, auf einer der Lichtbänke im Hochzeitsgärtchen des Rathauses

teppich und Fassaden am Rathausplatz. Dauerhafte Lichtinszenierungen existieren bereits seit 2002 mit dem Graf-Engelbert-Platz und dem Rosengarten.

»Licht im Parkraum« stand 2005 im Fokus. Im Rahmen eines Workshops, der in Kooperation mit dem Europäischen Verband der Lichtdesigner (Elda+) stattfand, wurden Lichtinszenierungen für Parkhäuser und Parkflächen entwickelt. Im September fand dazu in Lüdenscheid eine internationale Fachtagung statt. Beim Renault Traffic Design Award 2005 erhielten die Verantwortlichen für »Licht in Parkräumen (Parkpalette Turmstraße) und auf Plätzen« den Sonderpreis für Kommunen als Anerkennung.

In einem Projekt der Stadt Lüdenscheid und der Lichtkünstlerin Waltraut Cooper zur internationalen Kampagne der Gemeinschaft Sant' Egidio »Städte für das Leben – Städte gegen die Todesstrafe« wurden 2006 Kirchtürme in den Farben des Regenbogens angestrahlt.

2007 unterstützten die Lüdenscheider ein Forschungsprojekt der Fachhochschule Dortmund zur Wahrnehmung von Stadträumen bei Nacht. 2008 wurde die Erstellung eines gesamtstädtischen Lichtmasterplanes in Zusammenarbeit mit einer Arbeitsgemeinschaft vorbereitet.

Der Sternplatz wurde 2009 beleuchtet. Ein Beleuchtungskonzept des DIAL wurde am neuen Bahnhof umgesetzt. Mit der Erstellung des gesamtstädtischen Masterplans begannen die Experten 2010. Künstler richteten das LichtQuartier »LA LU NA« an der Rathausbrücke ein. Die LichtRouten 2010 standen unter dem Motto »Wunderkammern«.

Bezauberndes Schloss Neuenhof

Anwesen heute noch vom Schlossherren bewohnt – Relikte eines Osemundhammers entdeckt

Lüdenscheid hat ein Schloss. Aber es besitzt keines. Denn auf dem einstmals als schützende Wasserburg errichteten Schloss Neuenhof lebt heute Schlossherr Alhard Freiherr von dem Bussche-Kessel und betreibt dort einen Gutshof. Urkundlich wurde erstmals 1326 auf das Anwesen hingewiesen. Unmittelbar an den Fundamenten wurden im heutigen Wassergraben Scherben von Gebrauchsgeschirr aus dem 14. Jahrhundert entdeckt. Andere Dokumente, Neuenhofs Lage an einem Fernweg und archäologische Funde von 1981 lassen als sicher erscheinen, dass bereits eine mittelalterliche Burg auf dem Platz des heutigen Wasserschlosses stand.

Die älteste am Schloss entdeckte Jahreszahl weist auf das Jahr 1643 hin. In diesem Jahr war das Haupthaus des Schlosses neu errichtet worden. Elisabeth Josina Neuhoff heiratete 1714 den Freiherrn Friedrich Wilhelm Leopold Christian von (dem) Bottlenberg, genannt Kessell zu Hackhausen, ein Angehöriger eines bergischen Adelsgeschlechts. In jener Zeit erhielt das Schloss an der Schauseite zwischen den Türmen einen risalitartigen Vorbau. Zwischen 1783 und 1808 ließen die Verantwortlichen die Wirtschaftsgebäude fertig stellen. Damit hatte die Gesamtanlage ihre bis heute gültige barocke Gestalt gewonnen. 1820 starb die Familie Bottlenberg-Kessell aus. Neuenhof ging durch testamentarische Verfügung auf Julius Clamor Friedrich Wilhelm Carl Freiherr von dem Bussche-Ippenburg über.

In jüngster Zeit wurde die Aufmerksamkeit im Zusammenhang mit industriearchäologischen Funden auf Schloss Neuenhof gelenkt. Diese weisen auf eine dortige Eisenerzeugung hin. Direkt unterhalb der Schlossanlage sind noch die Reste eines Osemundhammers zu erkennen. Diese Anlage zählt vermutlich zu den ältesten bekannten im Raum Lüdenscheid. Historische Überlieferungen zum Hammer reichen bis in die Mitte des 17. Jahrhunderts zurück. Die neuen Funde zeigen jedoch, dass die Geschichte der Eisenverhüttung dort mindestens bis in das 14. Jahrhundert zurückreicht.

Schloss Neuenhof aus der Vogelperspektive

Lüdenscheid

Lüdenscheid Nord

Vom schwarz-gelben Charme einer Autobahnausfahrt

Ausfahrt Lüdenscheid-Nord

Eines vorab: Lüdenscheid ist kein Vorort von Dortmund und es wurde auch bei keiner Gebietsreform eingemeindet, um das Oberbürgermeister-Salär in die Höhe zu schrauben. Es grenzt nicht mal an Dortmund – so wie Herne an Gelsenkirchen beispielsweise. Es liegt halt in der Nähe, etwas südlicher. Und: Es gibt im Lüdenscheider Norden viele Fußballfans.

Es ist schon gar nicht so leicht, das Wort Dortmund in den Mund zu nehmen. BVB geht schon gar nicht. Zumindest nicht für einen Fußball-Fan aus Gelsenkirchen und Umland. Und da die Brauereistadt an der A 45 nur ein paar Ausfahrten nördlich der Kreisstadt des Märkischen Kreises zu finden ist, war es für einen Blau-Weißen nahe liegend, Dortmund mit dem Synonym »Lüdenscheid Nord« zu versehen.

Aber das Derby geht auch umgekehrt. Für keinen Dortmunder ist es einfach, die Buchstaben- und Zahlenkombination Schalke 04 über die Lippen zu bringen und so rächen sich die 09-er bei den 04-ern mit einem charmanten »Herne-West«. Die Ruhrgebietsfreundschaft zwischen den beiden Clubs treibt noch mehr Blüten: Was unterscheidet den gemeinen Chinesen vom gemeinen Schalker? Die Menschen in Peking dürfen nicht in die »Verbotene Stadt«, die aus Gelsenkirchen wollen erst gar nicht da hin.

Joanne K. Rowling, die Frau, die Harry Potter ersonnen hat, griff den Sachverhalt auf und adaptierte das ursprünglich auf den BVB Bezogene kurzerhand auf Lord Voldemort. Also erklärt man dem kleinen Harry ausreichend früh, dass er nie und nimmer diesen Namen, sondern nur »Du weißt schon wer« zu sagen hat ...

Und in echt? Nimmt man die Ausfahrt Lüdenscheid Nord der Autobahn 45 Gießen-Hagen, geht's auf die L596 Richtung Wiblingwerde und in der anderen Richtung eben in den Lüdenscheider Norden und nach Heedfeld, was zu Schalksmühle gehört. Viele Talbrücken gibt es in dieser Ecke des Sauerlands. Und einen Golfplatz, der eigentlich so gar nicht zu den Schwarz-Gelben und den pikanten Revier-Derbys passt. Ein Blitzer, der nach beiden Seiten und auch Kradfahrer fotografiert, ist auch noch an der Zufahrt zu beachten. Brückenbauarbeiten sind übrigens sehr beliebt in Höhe Lüdenscheid Nord. Also aufgepasst, Fußballfreunde!

Das bestrahlte Schild beweist eindeutig: Lüdenscheid Nord ist ein Platz an der Sonne.

»415 m über Null« – Denkfabrik Lüdenscheid

Foucault'sches Pendel in Originalgröße als weithin sichtbares Aushängeschild

Das Konzept überzeugte die Verantwortlichen der Regionale 2013. Entsprechend flossen die Fördermittel. Mit der »Denkfabrik Lüdenscheid« konnte ein ebenso innovatives wie einmaliges Bildungs- und Wissenszentrum Realität werden. Mit »415 m über Null – Denkfabrik« verfolgte die Stadt Lüdenscheid gleich mehrere Ziele: Zum einen sollte ein neuartiger Bildungs- und Weiterbildungsstandort mit Ausstrahlungskraft und Bedeutung für die gesamte Region Südwestfalen entstehen, zum anderen war es der Wunsch, dass Lüdenscheid als Wohn- und Arbeitsort weiter an Attraktivität gewinnt.

Die Denkfabrik besteht aus neun Bausteinen, von denen der Ausbau der Phänomenta und das Technikzentrum die Eckpfeiler und zentralen Elemente sind. Die Phänomenta, das Wissenszentrum zum Mitmachen und Erleben, soll um einen Neubau erweitert werden und neue Exponate und Lernobjekte erhalten. Ein »Foucault'sches Pendel« in Originallänge (67 Meter) mit zugehörigem Turm wird das bereits von weitem zu erkennende, neue Aushängeschild sein. Zudem wird in die Phänomenta ein eigenständiges Technikzentrum integriert. In Zusammenarbeit mit Unternehmen der Region sollen interaktive und innovative Angebote für Schüler entwickelt werden. Im Hinblick auf den zunehmenden Fachkräftemangel – gerade in technikorientierten Berufen – soll das Projekt für die Stadt und für Südwestfalen wichtige Impulse liefern.

Bestandteil des Projektes ist darüber hinaus ein neuer Standort der Fachhochschule Südwestfalen. Bauaktivitäten am ehemaligen Bahngelände sowie im Bereich zwischen der Mathildenstraße, der Knapper und der Friedhofstraße haben das Ziel, bessere Verbindungen zwischen der Innenstadt und den Bildungsstandorten zu schaffen. In Lüdenscheid entsteht somit ein Wissensquartier, das städtebaulich reizvoll ist und neue Lebens- und Aufenthaltsqualität – insbesondere für Familien – schafft.

»Die Denkfabrik ist ein Ansatz, der in vielerlei Hinsicht beispielhaft ist. Das Projekt aus Lüdenscheid wird sicherlich eines der Aushängeschilder der Regionale 2013 werden«, sagt Dirk Glaser. Der Geschäftsführer der Südwestfalen Agentur lobt damit auch das Vorgehen der Stadt, das Projekt zusammen mit Unternehmen und Bildungseinrichtungen der Region sowie den Menschen vor Ort entwickelt zu haben. Ein Großteil der Bausteine soll 2013, dem Präsentationsjahr der Regionale, zumindest weitgehend fertig gestellt sein.

Kurt Weill, Kapellmeister in Lüdenscheid

Komponist übernahm erste bedeutende Aufgabe 1920 am Stadttheater

Kurt Weill, der Komponist der Dreigroschenoper, lebte von 1900 bis 1950. Der deutsche Komponist, der aus einer jüdischen Familie stammte, flüchtete 1933 nach der Machtübernahme in die USA, wo er bald deren Staatsbürgerschaft annahm. Er bezeichnete sich danach als amerikanischen Komponisten. Weill war einer der Bedeutendsten seiner Zunft im 20. Jahrhundert. Die Verbindung von zeitgenössischer Literatur und Musik sollte typisch für ihn werden.

Aber Kurt Weill hat auch seine, wenn auch nur kurze, Lüdenscheider Geschichte. Weill, der sich von Kindheit an für Opern und Theateraufführungen interessierte, arbeitete 1916 selbst als Klavierlehrer und machte wenig später sein Abitur. 1918 erhielt er ein Stipendium und schrieb sich an der Hochschule für Musik in Berlin ein. Währenddessen litten seine Eltern unter ihrer schlechten finanziellen Lage. Weill brach deshalb sein Studium ab, um zum Unterhalt seiner Familie beizutragen.

So konnte er von 1919 bis 1920 eine Stelle als zweiter Kapellmeister am Stadttheater in Lüdenscheid antreten. Er dirigierte Opern, Operetten und Singspiele. Nach Ende seines Vertrages bewarb er sich für die Meisterklasse des berühmten Kompositionslehrers Ferruccio Busoni und wurde angenommen. Also setzte er sein Studium bis 1923 in Berlin fort und schloss mit dem Diplom der preußischen Akademie der Künste ab. Während dieser Zeit komponierte er seine erste Symphonie.

In seinen frühen Opernprojekten ab 1925 nutzte Weill Libretti von Georg Kaiser und Yvan Goll. Ab 1927 arbeitete er eng mit Bertolt Brecht zusammen. Seinen größten Theatererfolg feierte er mit der an Weihnachten 1928 in Berlin uraufgeführten »Dreigroschenoper« ebenfalls zusammen mit Brecht. Die »Dreigroschenoper« wurde postum zu seinem größten US-Erfolg und brachte es in einer Off-Broadway-Bearbeitung 1954 auf mehr als 2600 Vorstellungen.

Weill zu Ehren heißt eine direkt am Lüdenscheider Kulturhaus gelegene Stichstraße Kurt-Weill-Weg.

Neben dem Kurt-Weill-Weg, an dem das Kulturhaus steht, erinnert auch diese Gedenktafel an die Zeit des berühmten Komponisten in Lüdenscheid.

Kurt Weill

Ida Gerhardi: Paris – Lüdenscheid

Bekannte Malerin der klassischen Moderne und Freundin von Karl-Ernst-Osthaus lebte lange in der Bergstadt

Ida Gerhardi – ein Selbstbildnis

Das Metier der bekannten und lange in Lüdenscheid lebenden Malerin Ida Gerhardi (1862 bis 1927) war die klassischen Moderne. Daneben machte sie sich auch um den deutsch-französischen Kulturaustausch verdient. Ida Gerhardi kam als Tochter eines Hagener Arztes zur Welt. Nach dem frühen Tod des Vaters 1869 zog die Familie zu Verwandten nach Detmold, wo sie 20 Jahre lebte. 28-jährig konnte sie ihren Wunsch nach einem Studium der Malerei durchsetzen.

1891 ging sie nach Paris und studierte dort in den folgenden Jahren an der Académie Colarossi. Eng befreundet war sie mit der Malerin Jelka Rosen und dem Komponisten Frederick Delius. Sie pflegte viele Künstlerfreundschaften, unter andere mit Käthe Kollwitz.

Ida Gerhardi engagierte sich bei der Vermittlung von Kunstwerken, ihrem Verkauf und der Organisation von Ausstellungen. Sie machte den Hagener Museumsgründer Karl Ernst Osthaus mit Rodin und Aristide Maillol bekannt und vermittelte Ankäufe für dessen Museum in Hagen, das heutige Karl Ernst Osthaus-Museum. 1907 organisierte sie eine Ausstellung französischer Kunst in Berlin und 1910 eine deutscher Kunst in Paris.

Aus Gesundheitsgründen musste Ida Gerhardi 1913 ihr Pariser Atelier aufgeben und lebte anschließend in Lüdenscheid im Haus der Familie.

Zu Beginn konzentrierte sich Ida Gerhardi auf die Landschaftsmalerei. Dann spezialisierte sie sich zunehmend als Porträtistin. Zunächst malte sie traditionell in dunkler, gedämpfter Farbigkeit, doch schon um 1896 hellte sich die Farbpalette auf. Von besonderer Qualität sind die Bildnisse von Künstlerfreunden. Mit Selbstbildnissen aus der gesamten Schaffenszeit dokumentierte sie ihre eigene Verfassung und gesellschaftliche Stellung als Malerin. Bedeutsam sind ihre Bilder aus Pariser Vergnügungslokalen, die sie zwischen 1903 und 1905 zum Teil zusammen mit Käthe Kollwitz aufsuchte. Es sind überwiegend Tanzszenen in hell erleuchteten Sälen, aber auch Wiedergaben der düsteren, so genannten Apachenkneipen.

Nach Ida Gerhardi ist der Ida Gerhardi-Förderpreis benannt, der seit 1990 alle zwei Jahre gestiftet wird. Mit der Vergabe des Preises ist eine Ausstellung in der Städtischen Galerie Lüdenscheid verbunden. Gefördert werden junge Künstler mit abgeschlossenem Studium.

Großes Pariser Tanzstück (1905)

WILSECO – Die »Dampfkönige« von Lüdenscheid

Dampfmaschinen-Monopolist sitzt in der Bergstadt und fasst jetzt in Fernost Fuß

»Und wat is dat nun eijentlich, ne Dampfmaschin?« In der legendären Szene aus der »Feuerzangenbowle« beschreibt Lehrer Bömmel das Gerät als einen großen schwarzen Raum mit je einem Loch vorne und hinten: »Das eine Loch ist die Feuerung, und das andere ...«, sinniert er, »das andere, das krieje mer später.« Später kommt im Film leider nicht mehr vor ...

Zweifelsohne war die Erfindung der Dampfmaschine 1769 bahnbrechend, aber nur bis zum Aufkommen der Eisenbahn. Ja, Dampfmaschine und Eisenbahn spielten auch für die Wilhelm Schröder GmbH & Co. Metallwarenfabrik in Lüdenscheid eine enorme Rolle. Als die Firma mit ihrer Marke WILESCO Ende der 1940er Jahre mit der Produktion von Dampfmaschinen im handlichen Format begann, trugen sich zwei andere Firmen bereits mit dem Gedanken, ihre »Divisionen Modelldampfmaschine« zu Gunsten der Modelleisenbahn aufzugeben. So war WILESCO nach dem Rückzug von Märklin und Fleischmann bald Miniatur-Dampfmaschinen-Monopolist.

Die Metallwarenfabrik Wilhelm Schröder gibt es bereits seit 1912. Von den 1920er Jahren an stellte sie Puppenbestecke und kleine Töpfchen aus Aluminium her. Die große Zeit der Dampfmaschinen begann 1950. Sehr schnell konnten die WILESCOs durch schöne Modelle mit dem charakteristischen blauen Sockel und hoher Qualität internationale Märkte erschließen. Die »Old Smoky« als naturgetreue Nachbildung der legendären Dampfwalze, avancierte 1966 zum gefeierten Aushängeschild der »mobilen Fertigungspalette«. Neben den Dampfmaschinen produzieren die Lüdenscheider Modellbauer auch eine schöne und abwechslungsreiche Palette an beweglichen Karussells und anderen Blechspielwaren.

Die Dampf-Modelle machen heute rund die Hälfte des WILESCO-Umsatzes aus. Zum Verkaufsprogramm gehören daneben Küchenhilfsgeräte, Campingbestecke, Abwiegeschaufeln, Leichtmetallkämme für die Tierpflege sowie eine riesige Auswahl an verschiedenen Modellen von Garderoben- und Handtuchhaken, Möbelgriffen und Kleiderlüftern.

National baut WILESCO auf eine Vertreterstruktur für Spielwarenhändler. Aber rund die Hälfte der von den 50 Mitarbeitern hergestellten Modelle gehen ins Ausland. Verkauft werden die Modelle über rund 25 Importeure. Klassische Dampfmaschinenmärkte sind Großbritannien, die Niederlande, Skandinavien, die USA, Australien und seit einiger Zeit Japan. Aktuell steht der chinesische Markt im Fokus. »Die Chinesen sind technisch sehr versiert und wissen genau, was eine Dampfmaschine ist«, erläutert Firmenchef Thomas Schröder. Der Markenname ist übrigens nicht wirklich ins Chinesische zu übersetzen. Deshalb laufen die Modelle im Reich der Mitte unter dem Namen »Dampfkönig«.

Spieler und Sammler halten sich die Waage. Die Modelle, auch die komplett in Messing produzierten, sind voll funktionstüchtig. Und nahezu unzerstörbar. Thomas Schröder ist überzeugt, von den insgesamt rund drei Millionen bis heute hergestellten Maschinen existieren immer noch 70 bis 80 Prozent.

Aber die Frage bleibt unbeantwortet: »Und wat is dat nun eijentlich, ne Dampfmaschin?« Etwas Schönes, das sich übrigens mit den entsprechenden Oberflächentechnologien auch vortrefflich individualisieren lässt ...

In der Lüdenscheider Schützenstraße entsteht eine Dampfmaschine.

In der Produktion

Detailaufnahme der kleinen Dampfmaschine D2

Die legendäre Dampfwalze »Old Smoky« ist das Aushängeschild der mobilen Flotte.

Beitrag von:
Wilh. Schröder GmbH & Co. KG
Metallwarenfabrik
Schützenstraße 12 · 58511 Lüdenscheid
Tel. (0 23 51) 9 84 70 · Fax (0 23 51) 98 47 47
info@wilesco.de · www.wilesco.de

Gottes größtes Haus im Märkischen Kreis

Anfang des 20. Jahrhunderts erbaute Christuskirche stadtbildprägend

Die Christuskirche ist mit 1200 Sitzplätzen das größte Gotteshaus im Märkischen Kreis und Mittelpunkt der gleichnamigen evangelischen Kirchengemeinde in Lüdenscheid.

Nachdem die Kreuzkapelle im Bereich des Sternplatzes 1827 an die katholische Gemeinde abgegeben worden war, gab es in Lüdenscheids Innenstadt für Jahrzehnte mit der heutigen Erlöserkirche nur eine evangelische Kirche. Auch nach Errichtung von zwei Kirchen in Lüdenscheid-Land – 1890 der Kirche Oberrahmede und 1899 der Kreuzkirche Brügge – stand in der Stadt selbst der erforderliche evangelische Kirchenneubau noch aus. Starkes Bevölkerungswachstum in jener Zeit drängte dazu. Der Bau der großzügigen, aber angesichts des Bedarfs nicht überproportionierten Christuskirche erfolgte 1900 bis 1902. Schäden durch alliierten Beschuss 1945 konnten in der Folgezeit wieder beseitigt werden. Am 7. Juli 1986 wurde die Christuskirche in die Denkmalliste der Stadt eingetragen.

Der Kirchturm mit spitzem steinernem Helm ist mit 61,5 Metern der höchste in Lüdenscheid. Er beherrscht das Bild. Der Emporenbau aus Werkstein besitzt ein Mittelportal an der Turmfront. Den Grundriss bildet ein griechisches Kreuz. Dem 21 mal 17 Meter messenden Langhaus ist ein Querschiff mit 25 Meter Breite zugeordnet. Das Querschiff besitzt zwei Rosettenfenster.

Dem Namen Christuskirche wird Rechnung getragen durch die Darstellung der drei »Ämter« Jesu: Außen am Turm über dem Hauptportal befindet sich die Figur des lehrenden Propheten. Das Bild am neugotischen Steinaltar zeigt den wegen der Sünden der Menschen in Gethsemane Leidenden. Im Rosettenfenster über dem Altar schließlich ist der den Tod besiegende Auferstandene zu erkennen, umgeben von auf dem Chorgewölbe dargestellten himmlischen Heerscharen.

Die Orgel wurde 1902 von dem Orgelbauer E. F. Walcker erbaut und 1957 im Sinne der Orgelbewegung umdisponiert. 2008 wurde das Instrument weitgehend in den Ursprungszustand versetzt, wobei unter anderem auch der Spieltisch rekonstruiert wurde. Die ursprünglich pneumatischen Trakturen wurden 1957 durch elektrische ersetzt.

Der Turm der Christuskirche ist mit mehr als 61 Metern Höhe der höchste Kirchturm Lüdenscheids.

St. Joseph und Medardus

Architektonisch bedeutende Kirche im Stil der Norddeutschen Backsteingotik

St. Joseph und Medardus

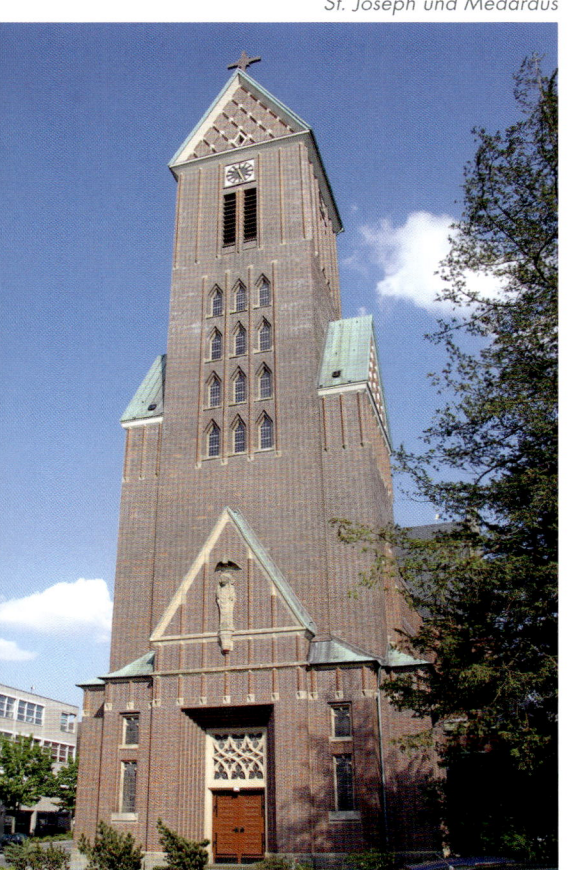

Die katholische Pfarrkirche St. Josef und Medardus am Lüdenscheider Sauerfeld gilt weithin als architektonisch sehr bedeutend. Architekt Arnold Güldenpfennig entwarf das 1882 bis 1885 entstandene imposante Bauwerk im Stil der norddeutschen Backsteingotik. Die Kirche ersetzte die kleine Kreuzkapelle im Bereich des heutigen Sternplatzes.

Zunächst besaß St. Joseph und Medardus nur einen Dachreiter. Der beeindruckende, satteldachbekrönte 54 Meter hohe Turm, ebenfalls mit Architekturdetails der Backsteingotik und des Expressionismus, entstand nach den Plänen des Architekten Robert Lamm zwischen 1927 und 1929. Lamm vollendete seinerzeit mit den Türmen von Erlöserkirche und Christuskirche die Silhouette Lüdenscheids. Im Turm wurden vier Glocken installiert, die 1942 zu Rüstungszwecken eingeschmolzen und nach dem Zweiten Weltkrieg ersetzt wurden.

Patrozinium der Kirche sind der Schutzpatron der Stadt Lüdenscheid, Medardus, und Josef von Nazareth. Ein Patrozinium Josefs ist typisch für Kirchenbauten, die während des Kulturkampfes in Deutschland neu gebaut worden sind.

Der gewaltige Innenraum

Vom Mikrochip zum Vierzigtonner

Kühn TEC in Lüdenscheid Spezialist für Vakuum-Handhabungstechnik

Daniel Kühn – Geschäftsführer

Es bewegt sich was. Es surrt, pfeift, blinkt, dreht und greift. Automation zum Anfassen und Staunen. Ort des Geschehens ist die Lüdenscheider Schützenhalle. Es ist die Südwestfälische Technologie-Ausstellung Lüdenscheid (SWTAL) und auch Daniel Kühn ist auf dem Ausstellungsplatz Loh zu finden. Seit 1996 stellt Kühn TEC dort aus und die Fachbesucher der Automationsmesse wissen genau, wo sie das Unternehmen finden: im Foyer der Schützenhalle. Kühn TEC, das war zunächst flow TEC Daniel Kühn, 2005 haben die Verantwortlichen in Kühn TEC umfirmiert.

Von Anfang an beschäftigen sich Daniel Kühn und sein Team intensiv mit der Vakuum-Handhabungstechnik. »Wir sehen uns als Partner der Industrie und des Maschinenbaus für Greifaufgaben von klein bis groß und leicht bis schwer«, erläutert Kühn. Das Produktprogramm basiert auf Vakuumsaugern, die so vielfältig sind wie die Aufgaben, die damit gelöst werden. Einen Mikrochip aus einem Magazin zu entnehmen und präzise auf einer Platine abzulegen oder einen Schaumkuss mit Schokoladenüberzug beschädigungsfrei zu greifen und in die Verkaufsverpackung zu transportieren – dies sind typische Anwendungen der Vakuumhandhabung.

Auf eine einfache Ebene transferiert heißt das: Gummisaugnäpfe werden mit Vakuum auf Unterdruck gebracht und dieser Unterdruck gewährleistet die enorme Haltekraft. »Das ist alles eine Frage der Technik«, erläutert Daniel Kühn. »Das System funktioniert beim Alu-Joghurtdeckel genauso wie beim tonnenschweren Windkraftflügel. Kühn TEC hat für fast jede Anwendung eine passende Lösung. Unser Programm umfasst tausende verschiedene Varianten von Saugnäpfen. Diese sorgen für einen sauberen, beschädigungsfreien, schnellen und sicheren Transport der Teile. Wer mag schon ein Fernsehgehäuse mit Kratzern oder Kringel auf der Schokolade?«

Im Automobilbereich herrschen außergewöhnlich hohe Qualitätsansprüche. Diese lassen längst keine Alternative mehr zu Roboterlösungen mit Greifelementen und Vakuumtechnik. Durch die regional starke Kunststoffindustrie und die immer stärker gewordenen Forderungen nach Komplettlösungen für die Spritzgussentnahme begann das Unternehmen 2002 mit dem Bau von Entnahmehänden für Industrieroboter. Hierzu entwickelte sich dann schnell die Nachfrage nach Schneidvorrichtungen zur Angussabtrennung. »Wir wachsen mit unseren Kundenanforderungen«, sagt Daniel Kühn. Aus diesem Grund zog Kühn TEC 2005 auch in die Lüdenscheider Hueckstraße – mit größeren Räumlichkeiten und besseren Fertigungsmöglichkeiten.

Kühn TEC ist im Vertrieb bewusst regional – auf NRW und Grenzregionen – ausgerichtet. »Wir wollen kurze Wege zum Kunden«. Die Referenzen können sich ungeachtet dessen mehr als sehen lassen. Die Palette reicht von Bahlsen und Berker über ERCO, Gerhardi und Kostal bis zu Storck, Miele und Vorwerk. Um branchenunabhängig auf höchstem Qualitätsniveau agieren zu können, verfügt Kühn TEC seit 2012 über das Zertifikat im Qualitätsmanagement nach DIN EN ISO 9001.

Inzwischen beschäftigt Kühn TEC 15 Mitarbeiter. »Junge Leute auszubilden, sehen wir als Verpflichtung«, ergänzt Kühn. Auch 2012 erlernen Azubis an der Hueckstraße den Beruf des Industriemechanikers Vorrichtungsbau oder des Kaufmanns/-frau im Großhandel. Im technischen Beruf hat Kühn TEC mit den Abgängern der Profiklasse Technik der Lüdenscheider Hauptschule Stadtpark nur gute Erfahrungen gemacht. Der jüngste »Kandidat« wurde aktuell in eine Festanstellung übernommen. Praktikumsplätze für Menschen mit Handicap werden bei Kühn TEC ebenfalls regelmäßig zur Verfügung gestellt. »Jeder Unternehmer hat auch eine soziale Verpflichtung.«

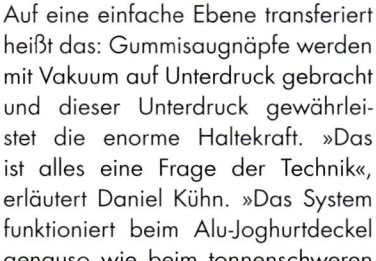

Roboter-Greifsystem für Stoßfänger eines Pkw

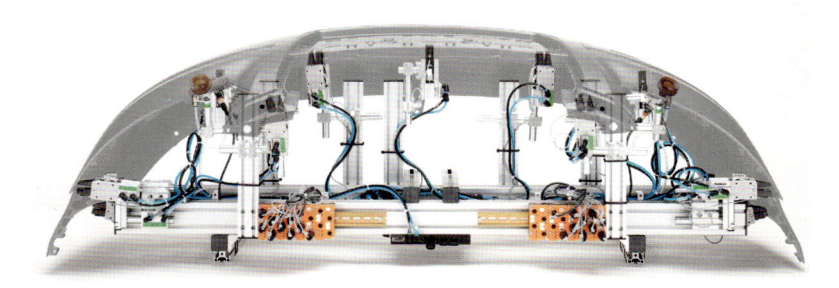

Ein Hebegerät für das Blechhandling als Arbeitserleichterung

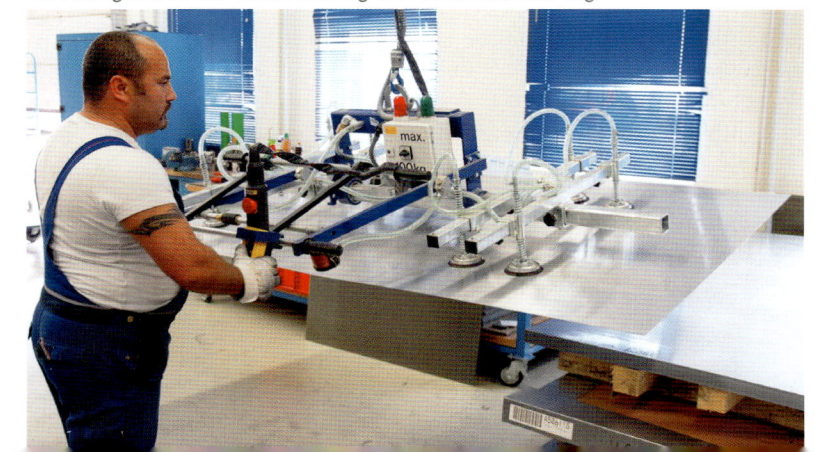

Beitrag von:
Kühn TEC
Daniel Kühn GmbH & Co KG
Hueckstraße 11 · 58511 Lüdenscheid
Tel. (0 23 51) 78 80 50
Fax (0 23 51) 78 80 60
info@kuehntec.de · www.kuehntec.de

Lüdenscheid

Schule an der Höh »Vorbild für andere«

Förderschule des Kreises in Lüdenscheid bietet lebendigen und pädagogisch wertvollen Unterricht

Die Schule an der Höh in Lüdenscheid versteht sich als großes Bildungs- und Gemeinschafts-Projekt. Die rund 100 Protagonisten (Lehrer, Betreuer und andere) vor Ort liefern einen Job ab, der weit über die Kreisgrenzen hinaus Respekt und Anerkennung genießt – zum Wohle der mehr als 200 Schülerinnen und Schüler, die in rund 20 Klassengruppen aufgeteilt sind. Die Schule an der Höh ist eine Förderschule des Märkischen Kreises mit dem Schwerpunkt Geistige Entwicklung. Die Kinder und Jugendlichen kommen aus den Kommunen des südlichen Kreisgebietes. Die Schule an der Höh ist eine staatliche Bildungseinrichtung im Primar-, Sek I- und Sek II-Bereich und ausgerichtet an den individuellen Entwicklungsständen der einzelnen Schülerinnen und Schüler. Im Fokus steht »deren Recht auf persönliche Selbstverwirklichung in Gemeinschaft«. Ziel der Bemühungen ist die größtmögliche individuelle Selbstständigkeit und Selbstbestimmung sowie die »lebens- und berufspraktische Kompetenz«.

In der Qualitätsanalyse NRW als zentralem Instrument zur Entwicklung und Sicherung der Qualität von Schulen in Nordrhein-Westfalen 2012 schnitt die Schule an der Höh außergewöhnlich gut ab. Die Analyse ergab: Die Schule an der Höh schneidet bei 25 bewerteten Aspekten zu 40 Prozent mit »vorbildlich« ab, zu 56 Prozent »eher stark als schwach« und lediglich zu vier Prozent »eher schwach als stark«. Im Bereich »Lernen und Lehren« wurden insgesamt 35 Kriterien bewertet. Davon erfüllt die Schule 23 Prozent beispielhaft. Das bedeutet: Die Qualität ist exzellent und kann als Vorbild für andere genutzt werden. Bei weiteren 66 Prozent der Kriterien ist die geforderte Qualität absolut erfüllt.

Die Schule an der Höh – von hinten gesehen

Gruppenarbeit für die Jüngsten

Unterricht in der Schule an der Höh

Für die Schule gab es noch mehr Positives schriftlich: Sie überzeugte mit ihrer hohen erzieherischen und pädagogischen Verantwortung. Das dokumentiere auch die Anspruchshaltung des Kollegiums, der Berater und Begleiter – im schulischen wie auch im persönlichen Bereich. Die Pädagogen zeichneten sich durch Innovationsbereitschaft und Engagement für die Weiterentwicklung der Schule aus.

Die Schule an der Höh bietet ein attraktives Ausflugsprogramm. Gemeinsam werden Schulfeste gefeiert. Mit der Schulband »Höhenflug« und Kunstausstellungen gehen die Kinder und Jugendlichen in die Öffentlichkeit. 1977 trafen sich Eltern und Freunde der Schule und gründeten den Verein der Freunde und Förderer für das geistig behinderte Kind. Seitdem hat der Verein aktiv am Auf- und Ausbau der heil- und sonderpädagogischen Schul- und Förderangebote mitgewirkt. Die Vereinsmitglieder sahen und sehen die Feststellung, dass die »vielfältigen und schwierigen Aufgaben der Schule an der Höh weit über das Normale hinausgehen und zusätzlicher Unterstützung bedürfen«, als persönliche Herausforderung und Verpflichtung. In den vergangenen Jahrzehnten hat der Förderverein mehrere hunderttausend Euro für die Anschaffung von Lehr-, Lern- und Arbeitsmitteln und für die Finanzierung von besonders wertvollen pädagogischen Maßnahmen bereitgestellt.

Die Schulband »Höhenflug« braucht zu keiner Zeit den Vergleich mit anderen Schulbands zu scheuen.

Lüdenscheid

Sportklinik Hellersen hilft, wieder in Bewegung zu kommen

Orthopädische und sportmedizinische Klinik der Sporthilfe NRW

Die Sportklinik Hellersen ist eine orthopädische und sportmedizinische Klinik. Träger der Klinik ist die Sporthilfe NRW, eine Tochter des Landes-SportBundes NRW, der 20 000 Sportvereine unter dem Motto vertritt »Wir bringen Menschen in Bewegung«. In der Sportklinik wird Sportlern und Nichtsportlern geholfen, in Bewegung zu kommen, Sport auszuüben sowie die körperliche und sportliche Leistungsfähigkeit zu verbessern. Bei Beschwerden und Verletzungen am Haltungs- und Bewegungsapparat erfolgt Hilfestellung in der orthopädischen Klinik. In den operativen Fachbereichen (Endoprothetik, Fußchirurgie, Schulter- und Ellbogenchirurgie, Kniechirurgie, Sporttraumatologie, Wirbelsäulenchirurgie) finden jährlich 5000 stationäre und ambulante Operationen statt. 1000 Operationen betreffen den Gelenkersatz (Endoprothetik) an Schulter-, Hüft-, Knie- und Sprunggelenken sowie endoprothetische Wechseloperationen; 500 Operationen werden an der Wirbelsäule durchgeführt. Im konservativen Fachbereich werden 2000 Patienten mit überwiegend Rückenbeschwerden stationär schmerz- und physiotherapeutisch behandelt.

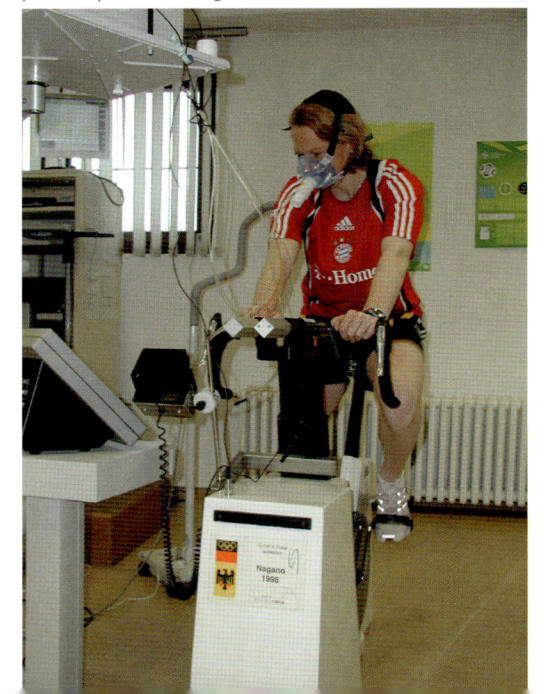

Der Zugang zur orthopädischen Klinik erfolgt durch Überweisung in die Ambulanzen der Fachbereiche, eine allgemeine Klinikambulanz sowie ein Medizinisches Versorgungszentrum mit den Schwerpunkten Orthopädie und Neurochirurgie (MVZ Hellersen).

Die sportmedizinische Klinik hat einen internistisch-orthopädischen und leistungsphysiologischen Schwerpunkt. Sport erhält Gesundheit und Wohlbefinden. Der Sporttreibende soll daher bei Beschwerden, Verletzungen und Erkrankungen rechtzeitig Rat einholen. Krankhafte Auffälligkeiten sollen rechtzeitig erkannt werden, um gesundheitliche Gefährdung oder Überforderung im Training und Wettkampf auszuschließen. Das Angebot »SportCheck« der Klinik kann unabhängig von Vereinszugehörigkeit und Leistungsklasse von jedem Sportler wahrgenommen werden. Im angeschlossenen Gesundheitszentrum Hellersen (GZH) wird Präventivsport und ärztlich verordneter Reha-Sport angeboten. 400 Reha-Sportler kommen wöchentlich in Sportkursen in der Klinik zusammen.

Das Angebot ergänzen die Praxen auf dem Klinikgelände: eine Radiologische Gemeinschaftspraxis für kernspintomographische Untersuchungen (MRT) und eine Privatpraxis für Psychologische Medizin mit dem Schwerpunkt der Untersuchung und Behandlung von Stress und Stressfolgestörungen. Ärzte der Sportklinik sind in der Sportbetreuung aktiv – vom regionalen Sportverein bis hin zu einem Fachverband des Deutschen Olympischen Sportbundes. Es besteht daher große Erfahrung in der Behandlung und Beratung sportmedizinisch-sportorthopädischer Probleme. Die sportmedizinische Klinik ist lizenziertes Untersuchungszentrum des Deutschen Olympischen Sportbundes (DOSB) und des Landessportbundes NRW. Die deutsche Fußball-Frauennationalmannschaft und andere Nationalmannschaften werden seit vielen Jahren in Hellersen betreut; die Schiedsrichter der Fußball-Bundesliga kommen zum jährlichen Check nach Hellersen.

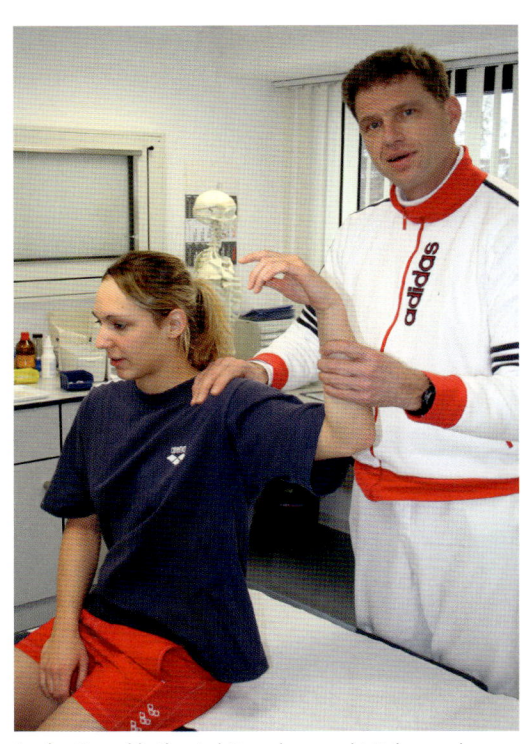

Das Angebot »SportCheck« der Klinik kann unabhängig von Vereinszugehörigkeit und Leistungsklasse von jedem Sportler wahrgenommen werden.

In der Sportklinik wird Sportlern und Nichtsportlern geholfen, in Bewegung zu kommen.

Beitrag von:
Sportklinik Hellersen
Paulmannshöher Straße 17 · 58515 Lüdenscheid
Tel. (0 23 51) 94 50 · Fax (0 23 51) 9 45 23 64
info@hellersen.de · www.sportklinik-hellersen.de

Der Luftschiffpionier aus Lüdenscheid

Carl Berg montierte in der Bergstadt die Zepelline Z-I bis Z-III vor

LZ1 bei seiner Jungfernfahrt über dem Bodensee am 2. Juli 1900

Der populäre Luftschiffbauer Carl Berg (1851 bis 1906) war ein Lüdenscheider. Er stammte aus einer eisengewerblichen Familie. Sein Urgroßvater gründete 1786 in der Bergstadt eine Knopfmacherwerkstatt. In den folgenden Generationen wurde der Betrieb zu einem bedeutenden Metall verarbeitenden Unternehmen ausgebaut. Unter anderem kamen ein Messing- und ein Hammerwerk in Eveking (Werdohl) hinzu.

Carl Berg übernahm im Alter von 20 Jahren – nach dem Tod des Vaters – die Firma und nutzte die Gründerjahre zur weiteren Expansion. Er setzte früh auf die Chancen der Elektroindustrie und lieferte der Post den ersten Doppelbronzedraht für Telegraf und Telefon. Hinzu kamen diverse Artikel aus Nichteisenmetallen.

Carl Berg gründete als Zweigunternehmen die Kupferwerke Deutschland in Berlin und Österreich. Vor allem aber erkannte er die Chancen für Aluminium als Leichtbaustoff. Seine Firma in Lüdenscheid mit der Evekinger Produktion wurde zu einem absoluten Vorreiterunternehmen der Aluminiumindustrie.

1892 lieferte Berg dem Luftschiffkonstrukteur David Schwarz das Material für das geplante erste lenkbare Luftschiff der Welt. Die Firma Berg war auch für die Konstruktion des Gerippes und der Einzelteile verantwortlich. Nach dem Tod von Schwarz arbeitete Berg in gleicher Weise für den Grafen Zeppelin. Auf dem Werksgelände in Lüdenscheid wurde LZ-I vormontiert und von dort aus nach Friedrichshafen verschickt. Auch für LZ-II und LZ-III lieferte Berg das Material unentgeltlich. Nach dem Tod Carl Bergs wurde der Flugzeugbau Abnehmer der Firma Berg.

Carl Berg gehörte zu den ersten Zeichnern von Aktien der »Gesellschaft zur Förderung der Luftschiffahrt«. Sein enormer Weitblick hat wohl überhaupt erst den Bau des Zeppelin-Luftschiffs ermöglicht. Mit großem persönlichem Engagement unterstützte er das Projekt. Er suchte stets nach praktischen, vor allem wirtschaftlichen Lösungen und wandte beispielsweise eine moderne Methode an, um unnötige Montagekosten zu vermeiden: Die Gerippeteile für das Zeppelin-Luftschiff wurden in Segmenten bereits in seinen Werken probeweise montiert, ehe sie wieder zerlegt nach Friedrichshafen geliefert wurden.

Auch Carl Bergs Luftschiffmotor ist heute in Lüdenscheid in Augenschein zu nehmen.

Luftschiff-Atmosphäre in den Museen der Stadt Lüdenscheid

Lüdenscheid

Phänomenta: Anfassen erwünscht

Experimentieren und Mitmachen im Science Center

Seit 1998 gibt es mit der Phänomenta Lüdenscheid ein Science Center. Experimente und Mitmachstationen lassen die Welt der Naturwissenschaften buchstäblich »begreifbar« werden. Lernen und Verstehen sind gleichgesetzt mit Handeln und Erfahren. Mit dem Konzept »Anfassen erwünscht« unterscheidet sich die Phänomenta deutlich vom klassischen Museum. Seit einigen Jahren erleben die Verantwortlichen geradezu einen Boom, im Zuge dessen immer neue Häuser entstehen.

Unter dem Namen Phänomenta existieren in Deutschland fünf Ausstellungen, die ihren Besuchern die Gesetze und Phänomene der Physik näherbringen wollen. Dafür finden sich zu jedem Experiment Informationstafeln, auf denen beschrieben ist, wie der Versuch läuft und warum er zum festgestellten Ergebnis führt. Auch optische Täuschungen gehören zum Repertoire.

Das erste Science Center überhaupt wurde vom amerikanischen Physiker Frank Oppenheimer aufgebaut und 1969 unter dem Namen Exploratorium in San Francisco eröffnet. Zeitgleich beschäftigte sich der deutsche Künstler und Philosoph Hugo Kükelhaus mit dem Gedanken des erlebnis- und handlungsnahen Lernens. Das der anthroposophischen Lehre verpflichtete Werk von Kükelhaus blieb Oppenheimer sowie in England und Amerika überhaupt unbekannt. Es war das Konzept Oppenheimers, das zunächst vor allem im angelsächsischen Raum zur Nachahmung inspirierte. In Deutschland konnte die Idee vom Science Center im Stil des Exploratoriums erst relativ spät Fuß fassen. 1982 schwappte die Welle über den großen Teich. In Berlin eröffnete eine erste interaktive Ausstellung als Abteilung des Museums für Technik und Verkehr.

Ein kleines Team aus engagierten Lüdenscheidern trieb seit Beginn der 1990er Jahre die Realisierung der Phänomenta voran. Als die Pforten 1996 für die Besucher geöffnet wurden, war das Science Center in Deutschland noch immer weitgehend unbekannt. In den folgenden Jahren kamen zahlreiche neue Experimente hinzu. Aus anfänglich 800 Besuchern pro Woche sind bis zu 80 000 jährlich geworden. Insgesamt sind es mehr als eine halbe Million Menschen. Sie kommen aus ganz Deutschland sowie dem Ausland.

Die Bandbreite ist schier unerschöpflich. Ob Elektrizität oder Magnetismus, optische Illusionen oder akustische Täuschungen. Wie funktioniert Strom? Wie entsteht ein Blitz? Wie sieht Radioaktivität aus? Was von Physikern bereits erforscht wurde, kann in der Phänomenta noch einmal praktisch nachvollzogen werden. Das Erlebnismuseum bietet an mehr als 130 Stationen Physik zum Anfassen.

Bis Mitte 2015 wird sich die Phänomenta außen wie innen deutlich verändern. Die Ausstellungsfläche wird sich nahezu verdoppeln, wobei das Herzstück der architektonischen Maßnahmen ein Foucault'sches Pendel mit zusätzlichen Attraktionen sein wird. Das Pendel wird sich in einem Turm befinden, der über das Dach des angrenzenden Neubaus hinausragt. In diesem neuen Ausstellungsbereich erleben die Besucher das »Phänomen Licht« besonders intensiv. Mit diesem Thema wird der Bogen zu Lüdenscheid als »Stadt des Lichts« geschlagen.

Während Exponate und Experimente sich nach und nach im neuen Glanz präsentieren und andere ganz neu entstehen, bleibt die Phänomenta die ganze Zeit über geöffnet. Inhaltlich wird das Erlebnis-Museum seinem Konzept treu bleiben.

Begehbares Kaleidoskop

Satz des Pythagoras

Großes Klickklack

Die Phänomenta Lüdenscheid

Lüdenscheid

»Hauptschüler mit Profil« fit in Sachen Technik

Am Stadtpark gehen die Verantwortlichen neue und vielversprechende Wege

Auch im Märkischen Kreis suchen die Unternehmen nach wie vor händeringend Nachwuchs im gewerblich-technischen Bereich. Junge Leute, die Interesse und Spaß daran haben, handwerklich, an und mit Maschinen zu arbeiten. In Lüdenscheid werden diese jungen Leute »gemacht« – an der Hauptschule Stadtpark. Und damit vielleicht das zusammenkommt, was zusammenpasst, präsentiert sich die Profilklasse Technik der Schule zum Beispiel auch mit einem eigenen Stand regelmäßig auf der Südwestfälischen Technologie-Ausstellung (SWTAL).

So genannte Profilklassen gibt es bereits reichlich, jedoch nur an Gymnasien und Realschulen. Für Hauptschulen ist eine Technik-Klasse ein Novum. Es gibt sie also, die technikinteressierten und talentierten Jungs und Mädels ohne abgeschlossenes Hochschulstudium, die die Firmen künftig an die Werkbänke und Maschinen lassen können. Unterstützt wird die Profilklasse von zahlreichen im Raum Lüdenscheid ansässigen Unternehmen, vom AGV oder der in Lüdenscheid starken Schraubenindustrie.

Ein Messeauftritt der Techniker wird übrigens von einer zweiten an der Hauptschule Stadtpark installierten Profilklasse unterstützt. Die jungen Damen und Herren der Hauswirtschafts-Klasse versüßen die Techniker-Gespräche mit selbst gebackenem Kuchen und Keksen.

Die Ganztagshauptschule Stadtpark zeigt, dass sie – entgegen der öffentlichen Meinung über Hauptschulen – über eine große Akzeptanz verfügt, weil sie innovative Wege beschreitet, deren zukunftsorientierte Arbeit Anerkennung findet. Das große Interesse macht deutlich, dass die Umwandlung in eine Profilschule der richtige Schritt in die Zukunft war.

Interesse und Begabungen zu fördern und diese mit den Forderungen der Wirtschaft in Einklang zu bringen, sehen Schulleiter Winfried Becker und der für das Projekt verantwortliche Lehrer Harald Döpke als vorrangige Aufgabe zeitgemäßer Bildung in der Hauptschule an. Das Engagement beschert nicht nur »ideellen Nutzen«: Rund 80 Prozent der Profilklassen-Schüler finden unmittelbar einen Job.

Die Bildungsgänge einer allgemeinbildenden Hauptschule bleiben auch am Stadtpark in ihren Grundzügen erhalten. Um aber die Neigungen und Interessen auf der einen Seite besser erkennen beziehungsweise fördern zu können und auf der anderen Seite den Jugendlichen den Einstieg ins Berufsleben zu erleichtern, wählen die Schülerinnen und Schüler ab Klasse 9 Profile aus, die ihren individuellen Begabungen entsprechen. Sechs Wochenstunden werden sie dann diesbezüglich unterrichtet. Seit dem Schuljahr 2010/2011 gibt es zudem die Profilgruppen Wirtschaft und Borg (Berufsorientierungsgruppe).

Und das Abenteuer geht weiter. Ermöglicht durch Sponsorengelder Lüdenscheider Unternehmen und jede Menge Eigenleistung haben die Verantwortlichen kräftig in die Technik-Räumlichkeiten investiert. Auch das geflossene Geld ist ein eindeutiges Zeichen der Anerkennung.

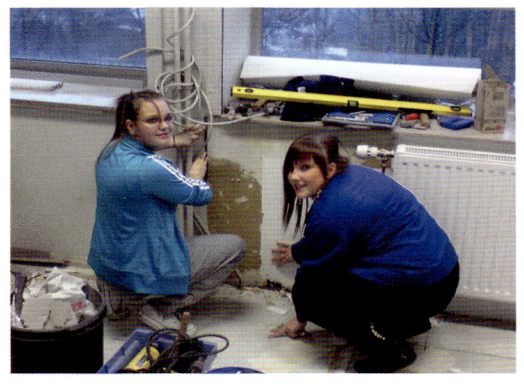

Auch die Schülerinnen und Schüler packen (außerhalb des Unterrichts) kräftig mit an, um die alten Räumlichkeiten auf Hochglanz zu bringen. Michelle Babski (links) und Jennifer Viaene beweisen dabei handwerkliches Geschick.

Bei der Südwestfälischen Technologie-Ausstellung Lüdenscheid (SWTAL) sind die Hauptschüler gern gesehene Aussteller.

Schulleiter Winfried Becker (links) und der für das Projekt verantwortliche Lehrer Harald Döpke in den Sommerferien im Technikraum, der mit viel Eigeninitiative »umgerüstet« wird.

Die jungen Damen der Hauswirtschafsklasse

Lüdenscheid

Trotz Krankheit zur stabilen Persönlichkeit

Zentrum für jugendliche Diabetiker Lüdenscheid lehrt, mit dem unliebsamen Begleiter umzugehen

Gleich am Beginn des Danziger Wegs in Lüdenscheid befindet sich seit mehr als 30 Jahren das Zentrum für jugendliche Diabetiker. Die Geschichte des Hauses ist hierbei ebenso wechselhaft wie die Krankheit Diabetes mellitus selbst. Immer mal wieder als heilbar beschrieben, ist Diabetes auch heute noch ein unliebsamer Begleiter Millionen Deutscher. Doch der stetig steigende medizinische Fortschritt ist ebenso unverkennbar wie die Wohn-, Lebens- und Betreuungsqualität am Danziger Weg 1. Wo Kinder sind, ist immer Leben in den Gemäuern, und so ist es auch hier, wo bis zu 55 Mädchen, Jungen und junge Erwachsene leben und ihre Wahlheimat Lüdenscheid mit ihrem ganz eigenen Charme stückweise schätzen und akzeptieren lernen.

Alle Bewohner des Zentrums für jugendliche Diabetiker haben die Krankheit Diabetes mellitus Typ 1 und werden medizinisch intensiv betreut. Zusätzlich zu der Erkrankung haben sie alle mit unterschiedlichsten sozialen und familiären Problemlagen zurechtzukommen, die letztlich eine Fremdunterbringung als Hilfe zur Erziehung notwendig macht.

Agathe, Sheela, Sabrina und Laura

Die Gruppe »Mark Twain« beim Frühstück

Doreen in ihrem Zimmer

Mit dieser Besonderheit in der Betreuungsarbeit ist eine »Spezialisierung« verbunden, die dazu führt, dass Kinder, Jugendliche und junge Erwachsene aus ganz Deutschland zur Aufnahme kommen. Die Elternarbeit ist dabei ein die Maßnahme ständig begleitender Prozess, wobei die bundesweit erfolgenden Unterbringungen hier besonderer Vorgehensweisen bedürfen.

Durch die vorhandene Angebotsstruktur werden zusätzliche Krankenhausaufenthalte vermieden und somit auch soziale, emotionale sowie psychische Belastungen verringert. Wesentliche Erfolgsfaktoren dieser Struktur sind die Angebote der medizinischen Versorgung, die hausintern zentral wahrgenommen werden und den Bewohnern ständig zur Verfügung stehen. Weiterhin ist das gesamte pädagogische Personal im Umgang mit der Diabeteserkrankung geschult.

Ziel der Arbeit ist die Entwicklung einer stabilen Persönlichkeit. Es gilt zu erreichen, dass die Bewohner ihre Erkrankung als einen Teil ihrer Persönlichkeit und ihres Lebensweges anerkennen und integrieren. Ein besonders entlastender Faktor in dieser Einrichtung ist dabei das Erleben der Bewohner, dass sie keine Sonderrolle mehr einnehmen, sondern wie alle Bewohner gleichermaßen von dieser Krankheit und den damit verbundenen Problemen und Herausforderungen betroffen sind. Ein besonderes Augenmerk der pädagogischen Arbeit liegt deshalb zum einen auf der Unterstützung zur Erreichung der schulischen und beruflichen Ziele und zum anderen auf dem Entdecken besonderer Talente und Fähigkeiten sowie darauf, diese zu fördern und zu fordern. Dabei wird angestrebt, durch ein ressourcen- und zukunftsorientiertes Arbeiten die Bewohner in der Verarbeitung und Bewältigung vergangener Erfahrungen zu unterstützen. Die Angebotsformen sowie detaillierte Informationen erhält man unter www.jugenddiabetes.de.

Beitrag von:
Zentrum für jugendliche Diabetiker
Danziger Weg 1
58511 Lüdenscheid
Tel. (0 23 51) 9 89 10
Fax (0 23 51) 98 91 50
zentrale@jugenddiabetes.de
www.jugenddiabetes.de

Lüdenscheid

Die Entwicklung des Schmiedehandwerks live

Der Bremecker Hammer ist ein Museum der besonderen Art

Das ist der Hammer

Innenansichten eines Hammerwerkes

Der Bremecker Hammer

Der Bremecker Hammer ist ein denkmalgeschütztes Hammerwerk, das heute ein Museum zur Geschichte des Schmiedehandwerks beherbergt. Seine Geschichte geht bis in das Jahr 1753 zurück. Seine heutige Form hat der Bremecker Hammer etwa 1880 erhalten. Nachdem er 1972 stillgelegt wurde, richtete die Stadt Lüdenscheid 1980 das Museum als Außenstelle des Museums der Stadt Lüdenscheid mit Darstellungen unterschiedlicher Hammertechniken bis zum Ende des 19. Jahrhunderts ein. Der Bremecker Hammer ist damit der letzte Zeuge eisengewerblicher Tätigkeit aus vorindustrieller Zeit in Lüdenscheid. Um die Anlage betriebsfähig zu erhalten, wurden alle vorhandenen Geräte und Maschinen instand gesetzt.

Schon seit dem ausgehenden Mittelalter wurde mit Schwanzhämmern (Wasserhämmer) Eisen geschmiedet und gereckt. Der jetzige Schwanzhammer wurde 1959 wieder errichtet. Die technische Weiterentwicklung des 19. Jahrhunderts zeigen die Fallhämmer. Neben Schwanz- und Fallhämmern wird im Lüdenscheider Süden die Historie des Schmiedehandwerkes in den Abteilungen Handschmiede, Hufbeschlag, Schleiferei und Wagenbau anschaulich präsentiert.

Bei den zweimal jährlich stattfindenden Schmiedetagen sind alle Hämmer und Schmiedestationen im Einsatz und die Besucher können live erleben, wie die Schmiede einst ihr traditionsreiches und schweißtreibendes Handwerk verrichteten. Messer werden hergestellt und Rennöfen gebaut.

Es gibt viel zu sehen. Zur Originalausstattung des Bremecker Hammers gehört etwa die komplette Transmission und eine Turbine mit Elektromotor von 1910. Weiterhin sind eine Drahtzieherei, eine Stellmacherei, eine Hufschmiede und eine Feilenhauerei eingerichtet. Schmiedefeuer, Glühöfen, Schmiedestücke und viele Werkzeuge – wie Flaschenzüge und Schmiedezangen – sind ausgestellt und lassen um einige größere Schmiedehämmer kaum noch freien Platz. Von den großen Ausstellungsstücken ist insbesondere ein aus dem Nahmertal stammender Doppel-Schwanzhammer erwähnenswert. Früher wurde auf ihm Osemund hergestellt.

Trotz unmittelbarer Nähe zur Verse blieb deren Wasserkraft scheinbar ungenutzt. Der Bremecker Hammer ist jedoch über die Mündung des Baches Bremecke in die Verse gebaut. Dieser treibt, hinter dem Gebäude aufgestaut, ein Wasserrad und somit den Schwanzhammer an. Da ein unterhalb der Versetalsperre abzweigender Graben der Verse seitlich in den Stauteich der Bremecke mündet, wird so anteilig aber auch Versewasser genutzt.

Lüdenscheid

Reisen ist Vertrauenssache – und das seit 88 Jahren

Exclusive Reisebusse, angenehmes Ambiente an Bord, außergewöhnliche Reiseprogramme und ausgewählte Streckenführungen – die Devise von Wietis: »Reisen so bequem und so sicher wie es geht«

»Stockholm im Sommer und Rom im Winter.« Jürgen Wietis' Antwort kommt pfeilschnell. Seine Frau Elisabeth ergänzt nickend und bestätigt ebenso spontan mit einem knappen »ja«. Die Reaktion war nicht abgesprochen. Stockholm im Sommer kann ebenso stolz auf diese Antwort sein wie Rom im Winter. Denn die Familie Wietis hat schon so ziemlich alles gesehen, was auf dem europäischen Kontinent mit dem Bus erreichbar ist. Und nicht nur dort. Auch Nordafrika ist für den Wietis Reiseservice aus der Bergstadt nicht aus der Welt. Nächte im marokkanischen Zelt sind ein unvergessliches Erlebnis – im Sommer wie im Winter ...

Elisabeth und Jürgen Wietis

»Unser größtes Anliegen war und ist es, unsere Reisegäste zu verwöhnen und optimal zu betreuen«, sagen Elisabeth und Jürgen Wietis. Jürgen ist der Fahrer, seine Gattin die Reisebegleiterin. Das sind ihre Gäste seit Jahrzehnten gewohnt. Das erwarten sie, wenn sie einen der drei Luxusbusse der Wietis-Flotte betreten, um auf große Tour zu gehen – beziehungsweise zu fahren. Gebucht werden die Reisen im Büro in der Lüdenscheider Freiherr-vom-Stein-Straße bei einem der beiden, wenn sie gerade nicht unterwegs sind, oder bei Domenica Ahl oder Fabienne Buschinski, die ebenfalls bei der Auswahl der Traumreise mit Rat und Tat zur Seite stehen.

Die Wietis-Buspiloten sind international erfahren und entsprechend auf den Straßen Europas zu Hause. Sie sind selbstverständlich bestens ausgebildet. Der Wietis Reiseservice war eines der ersten Unternehmen, das seine Chauffeure zur Teilnahme an der gemeinsamen von RDA und AvD getragenen Sicherheitsinitiative »Bus-Pilot« entsandt hat. Die Reisebegleiter schließlich haben die Aufgabe, die Teilnehmer an Bord mit Service, schmackhafter Verpflegung und guter Unterhaltung zu verwöhnen, sprich: Sie kümmern sich um sämtliche organisatorischen Dinge, haben für alle Wünsche ein offenes Ohr und verbreiten beste Laune.

Der Wietis Reiseservice bietet Gruppenreisen nach Maß. Das Wietis-Team »bastelt« ein komplettes Programm inklusive Hotel, Besichtigungen und Reiseleiter wunschgemäß zusammen. Elisabeth Wietis: »Wer einmal mit uns gefahren ist, weiß zwischen guten und weniger guten Reisen zu unterscheiden. Ebenso wie bei der Qualität unserer Reiseangebote legen wir unser Augenmerk auch auf die Sicherheit und den Komfort unserer Gäste.«

Wietis bietet den Reisegästen ein Rundum-Programm, das von Gruppenreisen und Vereinsausfahrten über Jahrgangs-, Klassen- und Betriebsausflüge, Firmenreisen, Kegel- und Tagesausflüge bis hin zu Incentive-Reisen, Shuttle-Services, Flughafen- und Messetransfers reicht. Die Wietis-Reisegäste kommen aus dem gesamten Märkischen Kreis und aus Teilen des Kreises Olpe. Besonders beliebt ist Wietis in Lüdenscheid selbst, aber auch ganz speziell im Norden des Märkischen Kreises.

Was eine gute Busreise ausmacht, ist neben dem »Verwöhneffekt« ganz einfach, wie Jürgen Wietis erläutert. Landschaft, Kulturprogramm und Hotel müssen gleichermaßen

Am Holmenkollen

Essen und Trinken hält Leib und Seele zusammen.

Bus trifft Schiff. Im hohen Norden gibt es auch schon mal engen Kontakt mit einer Vertreterin der Hurtigruten-Flotte.

Le Mont-Saint-Michel

Am Petersdom: Der Papst ist ganz nah.

Musikalisches Reisevergnügen in Thüringen

sigen Unternehmen immer häufiger für Betriebsfahrten gebucht. Für diese Zwecke musste bald ein neuer, bequemerer Bus angeschafft werden. Der Zweite Weltkrieg sorgte für einen jähen Einschnitt. Albert Wietis wurde eingezogen, der Bus durfte nur noch anderswo Braunhemden transportieren.

1946 kam Albert Wietis durch einen Zufall jedoch bereits wieder an einen neuen Bus, welchen die Kriegswirren nach Deutschland verschlagen hatten. Wietis fuhr zunächst für die Verkehrsgesellschaft Mark Sauerland im Linienverkehr. Schon bald kamen Fahrten für motorsportbegeisterte Bergstädter an den Nürburgring hinzu.

Kurz hintereinander schaffte Wietis um 1950 zwei neue Reisebusse an. Beide wurden mit der auffälligen Beschriftung »Bergstadt-Blitz« auf den Seitenflächen versehen. So sehr es in den Folgejahren in Deutschland aufwärts ging, so sehr wurden auch die Wietis-Fahrten länger. Nach Wochenendausflügen standen nun bald mehrtägige Reisen auf dem Programm.

Elisabeth und Jürgen Wietis übernahmen die Firma 1976 und sie fuhren bis 1992 im wahrsten Wortsinne zweigleisig. Mit etlichen eigenen Bussen bedienten sie im Linienverkehr die Mark Sauerland Touristik. Daneben boten sie organisierte Reisen an. In jenem Jahr jedoch verkauften sie die Linienbusse und konzentrierten sich von da an konsequent auf den Reiseverkehr und die eigenen, organisierten Touren in aller Herren Länder. Mit Erfolg.

Und was kann 20 Jahre später noch reizen? Amerika natürlich! Im Jahr 2013 geht's zunächst mit dem Flieger rüber und dann mit dem deutschen Reisebus und mit deutschem Service von New York die Ostküste hinunter bis nach Florida. Mit Jürgen Wietis am Steuer, Elisabeth Wietis in der Betreuung und zusätzlich einem Deutsch sprechenden amerikanischen Reisebegleiter. »Wietis goes America« – es gibt doch noch ebenso Unerwartetes wie Reizvolles ...

stimmen. »Man darf mit dem Bus nicht nur über die Autobahn fahren, sondern muss landschaftlich schöne Strecken bevorzugen«, weiß der Routinier. Unter Kultur versteht er den Theater- oder Musical-Besuch ebenso wie das Fünf-Sterne-Menü an einem exklusiven Ort. »Der Genuss-Faktor muss einfach da sein. Ganz gleich, ob das die Seebühne, Verona oder das Schlosshotel ist.« Entscheidend sei auch, dass die Leute zusammenpassen, ergänzt Elisabeth Wietis. Beim Hotel schließlich kommt es nicht allein auf die Zahl der Sterne an. Perfekt kann genauso das Drei-Sterne-Etablissement mitten in Rom gleich neben dem Petersplatz wie auch die umgebaute Burg oder das Iglu am Polarkreis sein. Elisabeth und Jürgen Wietis kennen viele »Locations«. Um die 1000 haben die beiden sicherlich im Laufe ihrer Reiseveranstalter-Karriere kennen gelernt, schätzen sie.

Busreisen á la Wietis gibt es übrigens bereits seit 1938. Damals waren es jedoch in erster Linie einige wenige Standardziele: Gemeinsam ging es wahlweise ins Sauerland oder an den Rhein. Heute dagegen sind dem Einfallsreichtum nicht wirklich Grenzen gesetzt. Die Palette reicht von Skandinavien über das Baltikum und Russland bis auf die iberische Halbinsel und den östlichen Mittelmeerraum. Auch in Städtereisen ist Wietis stark.

Das war in den 1920er Jahren anders, als Albert Wietis sein Fuhrunternehmen gründete und es die ersten »Fünf-Mark-Fahrten« gab. Wietis wurde von den ortsansäs-

Beitrag von:
Wietis Reiseservice
Freiherr-vom-Stein-Straße 1
58511 Lüdenscheid
Tel. (0 23 51) 34 04
Fax (0 23 51) 2 23 27
info@wietis-reiseservice.de
www.wietis-reiseservice.de

Lüdenscheid

Museen der Stadt – ein Kaleidoskop der industriellen Entwicklung

Geschichtsmuseum mit zahlreichen Spezialsammlungen ausgestattet

Die Museen der Stadt Lüdenscheid sind ein ebenso großer wie vielseitiger Komplex an der Sauerfelder Straße. Das Geschichtsmuseum ist das – im weitesten Sinne – Heimatmuseum mit dem Schwerpunkt Stadt- und Regionalgeschichte. Es wurde 1988 am jetzigen Standort eröffnet, nachdem es zuvor über Jahrzehnte in einer Villa an der Liebigstraße beheimatet war. Am neuen Standort wurde das alte Amtshaus umgenutzt und mit der benachbarten Villa durch einen transparenten Neubau verbunden.

Ein transparenter Neubau verbindet die historischen Villen und gibt den Museen ihr eigenes Gesicht. In dem Gebäudekomplex ist auch die Stadtgalerie untergebracht.

Die Museen der Stadt Lüdenscheid, im Vordergrund das Alte Amtshaus mit dem Selve-Brunnen direkt am Sauerfeld

Spezialsammlungen vermitteln dem Besucher einen umfassenden Eindruck der kulturellen und industriellen Entwicklung der Stadt Lüdenscheid und deren Umland. Zur Dauerausstellung zählen Objekte zur Industrie- und Technikgeschichte, darunter ein historischer Zug der Kreis Altenaer Eisenbahn (KAE), ein Dampfstromerzeuger, Modelle des Zeppelins sowie feuerwehrhistorische Geräte. Die einmalige Sammlung von Knöpfen seit der Bronzezeit bis in die Gegenwart erinnert an die Tradition Lüdenscheids als »Knopfstadt« im 19. Jahrhundert. Zur Ausstellung gehören darüber hinaus eine bedeutende Sammlung historischer Landkarten, in erster Linie aus der Grafschaft Mark, und einige Stadtmodelle. Im Alten Amtshaus, vormals Sitz des Amtes Lüdenscheid mit der Gemeinde Lüdenscheid-Land, ist der historische Sitzungssaal mit Jugendstilausstattung zu besichtigen.

Ständig wechselnde Ausstellungen wie die »Haribo Ausstellung«, »Preußen – Aufbruch in den Westen«, »SchützenWelten – Bewegte Traditionen im Sauerland«, »Triumph der Luxusklasse«, »Der Traum vom Fliegen – Carl Berg und die Luftschiffidee von Lüdenscheid bis Lakehurst«, »Verborgene Schätze – Neun Mythen im Sauerland« oder die große Feuerwehrausstellung sowie Veranstaltungen und gesellschaftliche Events haben die Museen der Stadt zu einem historisch-kulturellen Zentrum in Südwestfalen werden lassen.

Beeindruckender Blick von der Homert

Im Süden der Stadt thront auf dem gleichnamigen, 538,3 Meter über dem Meer liegenden Berg der 22 Meter hohe Homertturm. Der Lüdenscheider Stadtbaumeister Falkenroth fertigte die Pläne für den 1894 errichteten Bau an. Bauherr war die erst drei Jahre zuvor gegründete Abteilung Lüdenscheid des Sauerländischen Gebirgsvereins (SGV). Neben der Homert war zunächst der näher an der Stadt gelegene Berg Höh als Standort im Gespräch, jedoch entschied man sich per Abstimmung für den schließlich bebauten Standort. Der Homertturm hatte zunächst ein repräsentatives Erscheinungsbild und besaß Stilelemente des Historismus. In den 1960er Jahren wurde der Turm mit Asbestbetonplatten verkleidet, die bis heute sein Erscheinungsbild bestimmen. Von der Aussichtsgalerie ergibt sich ein herrlicher Rundblick.

Heute setzt RWL auf Jugendarbeit und Kontinuität. Ein positives und dynamisches Image gehört zum Konzept.

Blick zurück auf spannende Zweitligazeiten

Bezirksligist Rot-Weiß Lüdenscheid setzt heute auf Kontinuität und Jugendarbeit

Hubert Clute-Simon, Spieler und Trainer bei RWL

Rot-Weiß Lüdenscheid (RWL) ist der größte Fußballverein in Lüdenscheid. Der Club kann auf vier spannende Zweitligazeiten zurückblicken. Zwischen 1977 und 1981 kickten die Bergstädter in der zweiten Bundesliga Nord. Das bedeutete Profi-Fußball in Lüdenscheid und mehr als 10 000 Zuschauer bei den Heimspielen im Nattenbergstadion. Nach der Zusammenlegung der Zweitligen Nord und Süd und der damit verbundenen Reduzierung von 40 auf 20 Vereine stieg RWL in die neu gegründete Oberliga Westfalen ab. Ungeachtet dessen: In der ewigen Tabelle der Zweiten Bundesliga rangieren die Rot-Weißen mit vier Spielzeiten und 155 Punkten immerhin auf Platz 21 und damit noch vor der Borussia aus Dortmund, die es in zwei Spielzeiten »nur« auf 137 Zähle brachte.

Den DFB-Pokalwettbewerb erreichten die Lüdenscheider zehn Mal, in den Saisons 1974/1975, 1982/1983 und 1983/1984 die zweite Hauptrunde. In den folgenden Jahren gewannen die Lüdenscheider noch zwei Mal den Westfalenpokal.

Die Ursprünge des Vereins gehen zurück auf den 1908 gegründeten Lüdenscheider Fußball-Klub 08. Rot-Weiß entstand 1971 durch die Fusion der Sportfreunde 08 mit dem RSV Höh. Durch die Zugehörigkeit des RSV Höh zur Verbandsliga war ein gutes Fundament für den neuen Großverein Rot-Weiß Lüdenscheid gegeben.

Zu den bekannten Spielern in RWL-Reihen – insbesondere natürlich in den Zweitligazeiten – zählen Hubert Clute-Simon, Ralf Dreier, Uwe Helmes, Josef »Jupp« Koitka (später HSV), Jürgen Krauß, Günter Kuczinski, Dirk van der Ven, Peter Vollmann und Josef Votava. Peter Vollmann, Uwe Helmes und Hubert Clute-Simon zog es später als Trainer zurück an den Nattenberg.

Heute spielt Rot-Weiß Lüdenscheid in der Bezirksliga. Durch eine ambitionierte Jugendarbeit und aktive Sponsorenpolitik setzt der Verein

Großartiger Empfang für die RWL-Kicker auf dem Lüdenscheider Sternplatz beim Aufstieg in die 2. Bundesliga im Jahr 1977

auf Kontinuität und peilt kurzfristig neue Aufgaben in höherklassigen Gefilden an.

Highlander kamen bereits hoch hinaus

Lüdenscheid eine Hochburg des Inline-Skaterhockey-Sports

Mit den Highlandern Lüdenscheid spielt in der Kreisstadt eine äußerst erfolgreiche Inline-Skaterhockey-Bundesligamannschaft. Die Highlander sind die selbstständige Inline-Skaterhockeyabteilung des Lüdenscheider Turnvereins LTV 61. Seit 1998 nehmen die Highlander wettkampfbezogen am Ligabetrieb des offiziellen Inline-Skaterhockey Verbandes teil. Nach dem Abstieg in die Landesliga 2003 konnte der sofortige Wiederaufstieg in die Regionalliga geschafft werden. In der Folgespielzeit wurden die Highlander Meister der Regionalliga Mitte, stiegen direkt in die 2. Bundesliga Nord auf und wurden dafür vom Stadtsportverband Lüdenscheid als Mannschaft des Jahres 2005 ausgezeichnet. In der Spielzeit 2006 gelang den Highlandern erneut der Meistertitel – diesmal sogar in der 2. Bundesliga Nord. Damit verbunden war der bis dahin größte Erfolg der Mannschaftsgeschichte: der Aufstieg in die 1. Bundesliga Nord. Dort erreichten die Highlander in der Saison 2007 ihr Ziel Klassenerhalt vorzeitig mit Bravour und wurden als Liganeuling Tabellenfünfter. Die Saison 2008 wurde dann zu einer wahren Erfolgsgeschichte. Die Highlander wurden Erster der 1. Bundesliga Nord in der Meisterschaftsrunde und feierten am Ende die Deutsche Vize-Meisterschaft, nachdem man sich im Finale Duisburg geschlagen geben mussten.

2012 spielen die Highlander in der inzwischen eingleisigen Bundesliga. Insgesamt verfügen die Highlander über rund 100 aktive Spieler im Senioren- und Juniorenbereich.

Lüdenscheid

Büro für Industrie- und Gewerbebau

Wilde • Kutzner • Teichert lieben individuelles Design und setzten früh auf das Thema Nachhaltigkeit

Rüdiger Wilde, Simone Kutzner, Marc Teichert. Drei Architekten – ein Büro. Das Büro für Industrie- und Gewerbebau bietet alles Entscheidende rund um Planung, Bauleitung, Kontrolle und Koordinierung für den wirtschaftlichen Industrie-, Gewerbe- und Geschäftshausbau im Paket. Wettbewerbserfolge, Veröffentlichungen und eine Vielzahl individueller Gebäude haben das Büro längst überregional bekannt gemacht.

Ein Schwerpunkt liegt heute in den Bereichen Energieeffizienz und Umweltverträglichkeit während des gesamten Lebenszyklusses eines Gebäudes. Will heißen: Erdwärme und Regenwasser sowie die Nutzung von Prozesswärme gehören für das Büro zum Industrie- und Gewerbebau. Die drei Architekten haben dabei das vorhandene Grundstück, Haustechnik und die geplante Einrichtung des Bauherren gleichermaßen im Blick und ziehen sie bei den Planungen früh in ihre Überlegungen mit ein.

Das Büro wurde 1984 von Rüdiger Wilde und seinem im Jahr 2000 verstorbenen Kollegen Hans-Jürgen Altenheiner gegründet. Unter der Bezeichnung Altenheiner + Wilde Architekten BDA verliefen die gemeinsamen Jahre äußerst erfolgreich. Bereits früh entwickelte das Büro Konzeptionen zur Nachhaltigkeit im Industrie- und Gewerbebau und damit auch die Voraussetzung für den langfristigen Erfolg.

Seit 2005 berät das Büro noch stärker in Sachen Energieeffizienz. Damit sichert es den Auftraggebern einen hohen Umweltstandard. 2011 schließlich erfolgte mit Dipl.-Ing. (FH) Architektin Simone Kutzner (lange Zeit mit ihrem Büro in Plettenberg erfolgreich) und Dipl.-Ing. (FH) Architekt Marc Teichert die Gründung der Partnergesellschaft Wilde • Kutzner • Teichert PartG/Architekten. Marc Teichert ist zudem zertifizierter Thermograf für Industrie- und Elektro- sowie Gebäudethermografie und entwickelt energetische Konzepte im Wirtschaftsbau. Bei Neubauten der Partnergesellschaft wird inzwischen fast ausschließlich mit Prozesswärme gearbeitet. »Es ist schon beeindruckend, wenn im Winter selbst die Außenflächen schneefrei sind«, sagt Teichert.

Mit dem Neubau der Firma Schrauben-Schriever im Industriegebiet am Lüdenscheider Römerweg um die Jahrtausendwende gingen Altenheiner+Wilde seinerzeit bereits früh den Weg des ökologischen Industriebaus. In dem Betrieb werden seitdem ökologische Aspekte mit Blick auf Emissionsschutz, Wärmerückgewinnung und Energiereduzierung konsequent genutzt. Insgesamt arbeiten die drei Architekten bei derartigen Projekten bis heute eng mit den entsprechenden Fachingenieuren zusammen. Hierzu installierten sie ein umfangreiches Netzwerk.

Routine kommt bei Wilde • Kutzner • Teichert nie auf. Die drei Partner empfinden ihre Arbeit als außerordentlich abwechslungsreich. »Es ist spannend, weil besonders

2011 gründeten Rüdiger Wilde (rechts), Simone Kutzner und Marc Teichert die Partnerschaftsgesellschaft.

Ein Metallpresswerk in Hagen-Hohenlimburg

Ein Bauprojekt von Wilde•Kutzner•Teichert PartG/Architekten aus dem Automotive-Bereich

200

der industrielle Mittelstand mit ganz besonderen Fragestellungen auf uns zukommt, die es zu lösen gilt«, erläutert Teichert. Und Simone Kutzner ergänzt: »Wir betreuen unsere Kunden ganzheitlich, vom ersten Entwurf bis zum Innenraum-Detail.« Bei Umbauten, Renovierungen oder Brandfällen ist es zum Beispiel eine besondere Herausforderung, diese während des laufenden Produktions- und Geschäftsbetriebes abzuwickeln. Die Partner übernehmen dabei die komplette Baubetreuung.

Die Kreativität kommt also nicht zu kurz. So erhielt Rüdiger Wilde 2007 beim begehrten »Galileo Award« eine Prämierung für Design und Gestaltung eines Steilhanghauses in Werdohl in Sandwich-Bauweise. Fachlich ist es für die drei Architekten ohnehin eine reizvolle Zukunftsaufgabe, »die weichen, fließenden Formen, die die moderne CAD-Technik möglich macht, auch in der Praxis zu nutzen«. Design spielt in der Tat eine wichtige Rolle. Im Wohnungsbau gibt es da schon mal reine Beton-, Holz- oder Sandwich-Konstruktionen.

Wohnhaus-Architektur in Industriebauweise bedeutet bei Wilde • Kutzner • Teichert keinesfalls kalten Beton und nackte graue Wände. Mit der Tageszeit und der Witterung angepassten Licht-Stimmungen und Fußbodenheizung lässt sich vortrefflich Wärme und Behaglichkeit inszenieren. Ungeachtet dessen: Leicht ist es nicht, dieses Metier, das die Architekten aus Lüdenscheid beherrschen. Bevor mit der Möblierung begonnen werden kann, muss zunächst das gesamte Augenmerk auf den Innenausbau gelegt werden. Denn die Gestaltung von Boden, Wand und Decke beeinflusst maßgeblich die Ausstrahlung des Gebäudes.

Ungeachtet dessen ist der Name des Architektenteams Programm. Der Fokus liegt klar auf dem Industrie- und Gewerbebau. Projekte mit privatem Hintergrund nehmen die drei nur in Angriff, wenn es sich um hochwertigen Einfamilienhausbau handelt, der für sie Spannendes birgt.

Wilde, Kutzner und Teichert bearbeiten die Bandbreite vom Neubau über die Sanierung bis zum Anbau eher regional gesehen. Einzugsgebiet sind im Kern der Märkische Kreis und die Stadt Hagen. »Wenn es Sinn macht« (Wilde), werden selbstverständlich auch interessante Projekte in ganz Nordrhein-Westfalen in Angriff genommen. Im Kölnturm beispielsweise, seit 2001 Kölns höchstes Bürohochhaus, haben Wilde • Kutzner • Teichert im 34. Obergeschoss gebaut.

An Referenzobjekten mangelt es darüber hinaus in keinem Bereich. Die Palette reicht im Industriebau von GF Georg Fischer über PEHA/Honeywell und Schrauben Schriever bis zum Metallpresswerk Hohenlimburg oder der Vossloh AG. Apropos Vossloh AG: Der Neubau des Technikzentrums in Werdohl stammt von dem Büro, das die schon im Logo ersichtliche Dynamik des Konzerns auch in seiner Architektur umsetzte. Und das bedeutete in erster Linie Energie, Bewegung und schwungvolle Formen. Nachhaltiges Wirtschaften stand ebenfalls im Fokus. So wird auch bei Vossloh zum Beispiel die Abwärme der Prüfmaschinen zum Beheizen der Räumlichkeiten genutzt.

Und da wären schließlich noch die Denkmalschutz-Arbeiten. Sie sind bei Wilde • Kutzner • Teichert eher Liebhaberei, »Arbeit mit viel Herzblut«, wie Wilde sagt. Beeindruckende Sanierungsfälle waren unter anderem die Lüdenscheider Schützenhalle und das Bauernhaus Wippekühl in Schalksmühle – aber auch alten Villen zu neuem Glanz zu verhelfen, bringt manche kreative Abwechslung für die Industrieplaner.

Beitrag von:
Wilde • Kutzner • Teichert PartG/Architekten
Im Hasley 12 · 58511 Lüdenscheid · Tel. (0 23 51) 1 79 90
Fax (0 23 51) 17 99 99 · buero@architekt-nrw.de · www.architekt-nrw.de

Hochregallager in individuellem Design in Finnentrop

Der Neubau des Technikzentrums der Vossloh AG in Werdohl

Die Betreuung von Baudenkmälern ist für Wilde • Kutzner • Teichert meist eine »Herzensangelegenheit«. Die erfolgreiche Umsetzung dokumentiert das Bauernhaus Wippekühl in Schalksmühle eindrucksvoll.

Hochwertiges, individuelles Einfamilienhaus im Märkischen Kreis

Meinerzhagen

Meinerzhagen mit hohem Erholungswert

Geburtsort der Volme verzeichnete nach 1945 ein großes Bevölkerungswachstum

1174 zum ersten Mal urkundlich erwähnt, kann die Stadt heute auf eine lange und überaus wechselvolle Geschichte zurückblicken. Von der mittelalterlichen Rennfeuerverhüttung über die Eisenverarbeitung in Osemundschmieden entwickelte sich ein Wirtschaftsstandort mit leistungsstarker mittelständischer Industrie und international agierenden Unternehmen.

Trotz diverser, teils massiver, Rückschläge in den vergangenen Jahren verfügt Meinerzhagen nach wie vor über eine attraktive Wirtschaftsstruktur. Immer schon lag Meinerzhagen an wichtigen Fernhandelsverbindungen, bis hin zum Anschluss an das Eisenbahnnetz Ende des 19. Jahrhunderts. Heute bietet die Stadt durch ausgewiesene Industrieflächen mit Auto-

In Meinerzhagen

Brunnen vor der Stadthalle

Die Stadt Meinerzhagen, ganz im Süden des Märkischen Kreises an der Grenze zum Oberbergischen gelegen, ist geprägt durch eine lange Tradition Metall verarbeitender Betriebe, aber auch durch ein durchaus attraktives Fremdenverkehrsangebot. In Meinerzhagen leben heute rund 21 000 Menschen – und es entspringt die Volme, die sich von dort aus ihren Weg zunächst in nordwestliche Richtung durch ihr Tal bahnt. Nach Osten hin erstreckt sich das Ebbegebirge, westlich grenzt Meinerzhagen an das Bergische Land.

Nahe der Volmequelle in immerhin 480 Metern Höhe entspringt die Agger, die nach Süden fließt und bei Siegburg schließlich in die Sieg mündet. Im Norden entspringt die Verse, ein Zufluss zur Lenne. Die höchste Erhebung im Stadtgebiet ist mit 663 Metern Höhe die Nordhelle bei Valbert, der niedrigste Punkt mit 319 Metern der Listerstausee. Die Flussläufe und Talsperren rund um Meinerzhagen bilden zahlreiche Wasserschutzgebiete, in denen in erster Linie Trinkwasser für das Ruhrgebiet gewonnen wird.

Die Meinerzhagener Fußgängerzone

Meinerzhagen

bahnanbindungen an die A45 und die A4 beste Standortbedingungen im Schnittpunkt der Wirtschaftsregionen an Ruhr, Rhein und Main. Gewerbe- und Industrieflächen in unmittelbarer Autobahnanbindung bietet zum Beispiel das Interkommunale Gewerbegebiet Gründewald, ein gemeinsames Projekt der Städte Meinerzhagen und Kierspe.

Als nach 1945 durch den Zuzug von Vertriebenen und Ausgebombten Meinerzhagen zu der am schnellsten wachsenden Kommune des Kreises wurde, musste rasch Wohnraum geschaffen werden. Der Tatsache, dass die Stadt auch in den vergangenen Jahren noch Zuwachsraten zu verzeichnen hatte, wurde mit dem Bau von

Die Stadthalle Meinerzhagen

Meinerzhagen lädt bei schönem Wetter zum Verweilen ein.

Die Hauptstraße

Wohngebieten, in Verbindung mit umfassender kommunaler Infrastruktur, Rechnung getragen. Dazu gehört ein aktiver Einzelhandel genauso wie der beliebte Wochenmarkt.

Tradition haben auch die vielen Vereine und Verbände, die für eine lebhafte Stadt garantieren. Die Stadthalle bildet den Ort für ein vielfältiges Kulturangebot, das neben Gastspieltheatern, Konzerten und Ausstellungen nicht zuletzt von der viel beachteten Musikschule gestaltet wird. Zudem finden dort Symposien, Kongresse, Märkte und Feste einen adäquaten Raum.

Erholung und Freizeit werden ganz entscheidend auch durch die Lage Meinerzhagens in reizvoller Umgebung gewährleistet. Talsperren, Rad- und Wanderwege, Skipisten, Langlaufloipen, Reitanlage, Schwimmbäder, ein Tennisleistungszentrum, Hallen und das Stadion laden zu sportlichen Aktivitäten ein.

Meinerzhagener Gastfreundschaft kann auf eine lange Geschichte zurückblicken. Waren es im Mittelalter Wallfahrer, die wegen eines wundertätigen Marienbildes zur alten Kirche (Jesus Christus Kirche) zogen, kamen später viele Erholungssuchende aus den umliegenden Ballungszentren. Heute findet der Gast in der Volmestadt gemütliche Lokale, Restaurants, Hotels und Pensionen. Ein Feriendorf, die Jugendherberge, das Heim des Westdeutschen Skiverbandes, Landschulheim, Naturfreundehaus und die Tagungsstätte »Haus Nordhelle« runden die Meinerzhagener Gastlichkeit ab.

Meinerzhagen

Stadtname huldigt einem Einsiedlermönch
Auf Stadtrechte Mitte des 19. Jahrhunderts aus Kostengründen verzichtet

Der Überlieferung nach soll der Name Meinerzhagen auf den Einsiedlermönch Meinhardus zurückzuführen sein. So hundertprozentig belegen lässt sich das jedoch nicht. Die erste urkundliche Erwähnung stammt aus dem Jahr 1067. Laut dieser Urkunde schenkte Erzbischof Anno II. von Köln der Stiftskirche des heiligen Georg jährlich fünf Pfund in kölnischer Währung vom Zehnten in Meinerzhagen. In einer weiteren Urkunde von 1174 übernahm Graf Engelbert I. von Berg die Einziehung des Zehnten der Pfarrei zu Meinerzhagen. Um 1220 entstand die Jesus Christus Kirche als Emporenbasilika und Meinerzhagen wurde ein Marienwallfahrtsort.

1311 ließ Graf Engelbert II. von der Mark wegen ständiger Gebietsstreitigkeiten um Meinerzhagen als symbolischen Akt ein von Erzbischof Heinrich II. errichtetes Kreuz umstürzen. Von etwa 1440 bis 1460 wechselte der Ort wegen des Bruderzwistes zwischen den Grafen Adolf und Gerhard von der Mark mehrmals den Besitzer. 1567 führten Friedrich Beurhaus, Gottfried Zimmer und Christoph Bech die Reformation in Meinerzhagen ein. Die Pest und der Dreißigjährige Krieg forderten 1634 viele Opfer.

1765 verlieh der Preußenkönig Friedrich II. Meinerzhagen die Stadtrechte. 1846 wurde das Amt Meinerzhagen zur gemeinsamen Verwaltung von Meinerzhagen und der Nachbargemeinde Valbert errichtet. 1865 verzichtete Meinerzhagen auf die offiziellen Stadtrechte, da die Verwaltungskosten für eine Stadt deutlich höher waren als die für eine Gemeinde. In den Jahren 1797, 1894 und 1913 zerstörten jeweils verheerende Großbrände große Teile des Ortes.

Blick in die Meinerzhagener Innenstadt

Das schöne Gebäude erinnert an das alte Meinerzhagen.

Nach dem Zweiten Weltkrieg kam es durch die Aufnahme zahlreicher Vertriebener und Ausgebombter in Meinerzhagen zu einem sprunghaften Bevölkerungsanstieg. 1957 wurde in Meinerzhagen eines von zehn deutschen Warnämtern in Betrieb genommen. Am 19. September 1964 erhielt Meinerzhagen doch ein zweites Mal den Titel Stadt. Im Zuge der Kommunalreform wurden 1969 Meinerzhagen und Valbert sowie Gebietsteile der Gemeinde Lüdenscheid-Land im neugeschaffenen Kreis Lüdenscheid vereinigt und das Amt damit aufgelöst. 1975 wurde Meinerzhagen Teil des Märkischen Kreises. Der Zuzug vieler Aussiedlerfamilien ließ 1989 die Einwohnerzahlen weiter steigen. 1999 feierte Meinerzhagen sein 825-jähriges Bestehen.

Wie die alte Heidenstraße beweist, lag Meinerzhagen in seiner Geschichte stets verkehrsgünstig.

Meinerzhagen

Romantisches Wasserschloss Badinghagen

Südlich von Meinerzhagen, an der Straße nach Gummersbach und ganz dicht am Bergischen Land, liegt im Wald der alte Rittersitz Badinghagen, dessen mehr als 1000-jährige Geschichte dokumentiert ist. Es wurde 1902 stark modernisiert. Von dem alten Anwesen ist heute leider nur noch das kleine Wasserschlösschen erhalten. Die Romantik des Schlosses ist zu einem guten Teil auch von den von der Agger gespeisten Gräben und Teichen geprägt. Das Schloss befindet sich in Privatbesitz und ist nur zu Fuß zu erreichen.

Das Werdener Propsteiregister nannte das Schloss bereits 1160 als Lehnsgut. Im Besitz der Badinghagens war es nachweislich seit 1363. Nach Aussterben der Familie ging das Wasserschloss Badinghagen 1509 über Friedrich von Karthausen durch Verkauf im Jahr 1642 an Friedrich von Neuhoff. Drei Generationen später war Conrad Caspar von Nagel Eigentümer des Schlosses.

Die heutige Anlage hat nur ungefähr den Grundriss des früheren Bauwerks, das etwa Mitte des 17. Jahrhunderts die Eheleute Engelbert von Neuhoff und Anna Margarethe von Scheid errichten ließen. Über dem massiven Erdgeschosssockel erhebt sich ein Fachwerkobergeschoss mit Schindelverkleidung.

Das Wasserschloss Badinghagen befindet sich in Privatbesitz.

Nur zu Fuß zu erreichendes Winteridyll

Die Knochenmühle von Mühlhofe

Für manch einen ist mit dem Begriff »Knochenmühle« schlicht der ungeliebte Arbeitsplatz verbunden. Doch der Ursprung des Begriffes liegt eigentlich ganz woanders. Denn früher gab es sie wirklich, die Mühlen, die Knochen mahlten. Die Äcker in den Höhenlagen des Sauerlands waren und sind nicht besonders ertragreich. Deshalb müssen sie, um eine einigermaßen lohnenswerte Ernte zu erbringen, immer wieder gedüngt werden. Das geschah früher auch mit den Knochen der Nutztiere.

Seit 1870 ist die Wirkung von Knochen als Düngemittel bekannt. So entstand auch in Meinerzhagen-Mühlhofe Ende des 19. Jahrhunderts eine Knochenmühle. Der Begriff Mühle ist irreführend, denn es handelt sich vielmehr um eine Stampfe. Die dort erzeugten Knochenpartikel waren zwar noch verhältnismäßig grob, aber schon als Dünger verwendbar. Sollten sie noch kleiner werden, gab man sie anschließend in eine mit Steinen gefüllte Trommel. Angetrieben wurde die Mühle über ein Wasserad. Ein Teich wurde gebaut, der die Steuerung des Rades durch ein Wehr zuließ.

Die Knochenmühle in Meinerzhagen hat Seltenheitswert: Sie ist das letzte in Westfalen erhaltene technische Kulturdenkmal dieser Art. In der Mühlenanlage – restauriert und funktionsfähig – wurde bis 1939 Knochenmehl als organischer Dünger für die Landwirtschaft hergestellt.

Die Knochenmühle in Meinerzhagen-Mühlhofe

Jesus-Christus-Kirche als Emporenbasilika ausgelegt

1220 mit dem Bau »unser liewen vrouwen Kerke toh Meinertzhagen« begonnen

Eine Kirche in Meinerzhagen erwähnen die Geschichtsbücher erstmals 1067. Wahrscheinlich hat an dem Platz, an dem heute die Jesus Christus Kirche zu finden ist, zwischen 1000 und 1220 eine Holzkirche gestanden. Es lässt sich jedoch nicht dokumentieren. Um 1220 wurde dann mit dem Bau der jetzigen Kirche begonnen. Sie wurde damals »unser liewen vrouwen Kerke toh Meinertzhagen« genannt und war eine berühmte Marien- und Wallfahrtskirche. Viele Prozessionen kamen, um das wundertätige Marienbild (vermutlich eine Holzplastik) zu sehen und die Heiligenreliquien im Heiligenhäuschen auf dem Friedhof zu verehren.

Die Bauweise ist besonders. Während andere in jener Zeit gebaute Kirchen in der Region Hallenkirchen sind, wurde die Jesus Christus Kirche als Rheinische Emporenbasilika ausgelegt. Diese Bauweise wurde wahrscheinlich gewählt, damit man für die vielen Wallfahrer Platz hatte.

1474 konnte dank einer Stiftung von drei Kölner Junggesellen ein größerer Umbau erfolgen. Ob die Bauherren diesen aus Platzmangel oder aus einer allgemeinen Baueuphorie heraus in Angriff nahmen, lässt sich heute nicht mehr exakt bestimmen. Nach dem Dreißigjährigen Krieg wurde die Kirche unterteilt und zum Teil als Wohnung, vermutlich für die Vikare, genutzt.

1657, in der Zeit der Reformation, übernahmen die Evangelischen die Kirche. Das Gotteshaus wurde nun einfache evangelische Kirche, »Die alte Kirche« genannt. Erst, als 1967 mit der Johanneskirche eine zweite evangelische Kirche in Meinerzhagen entstand, erhielt die Alte Kirche den Namen »Jesus Christus Kirche«.

Dem großen Brand von 1797 fielen das Dach, das Gewölbe und der Turm zum Opfer. Der Turm wurde erst 1816 wieder aufgebaut. 1846 wurde die Kirche nochmals umgebaut, um der wachsenden Bevölkerungszahl und dem intensiven kirchlichen Leben gerecht zu werden.

1902 begannen die Verantwortlichen mit einer Reihe von Renovierungen, die 1936 fortgesetzt wurden. Die letzte Renovierung im Jahr 1968 ergab sich aus der Notwendigkeit, für eine neue Orgel auch einen geeigneten Platz zu finden.

Das einzige Ausstattungsstück aus der Entstehungszeit der Kirche, das sich heute noch in ihrem Besitz befindet, ist das steinerne Taufbecken. Der Taufstein ist rheinischen Ursprungs. Er gehört zu einer Typenfamilie, die im Rheinland weit verbreitet war, und muss etwa gleichzeitig mit der Kirche entstanden sein.

Über den Dächern von Meinerzhagen

Die Basilika in Meinerzhagen

»Unser liewen vrouwen Kerke toh Meinertzhagen«

Meinerzhagen

Meinhardusschanzen fest im Sprungkalender

100 Jahre Skisprungtradition – auf der »Großschanze« Sprünge bis 68 Meter

In Meinzerzhagen wird bereits seit der Zeit vor dem Ersten Weltkrieg Ski gesprungen. Damals wurde jedoch noch von einem Anlaufturm aus Holz gestartet.

Im Süden Meinerzhagens wird seit der Zeit vor dem Ersten Weltkrieg Ski gesprungen. 1912 wurde der erste Sprunghügel im Schlammsack, einem steilen Geländehang am Ortsrand, errichtet. Bis zum Beginn des Krieges gab es bereits einige Skispringen. Nach 1919 nahmen die Aktivitäten deutlich zu.

1925 entstand eine neue Schanze, die bis in die 1930er Jahre Stück für Stück vergrößert wurde und bei Wettkämpfen tausende Zuschauer anzog, die bisweilen mit Sonderzügen anreisten. Meinerzhagen ist seit 1925 ein Skileistungszentrum des Westdeutschen Skiverbandes. 1931/1932 ließen die Verantwortlichen eine Jugendschanze bauen. Auf der großen Schanze erzielten die Springer Weiten um 36 Meter. Nach dem Zweiten Weltkrieg wurden die Schanzen wieder hergerichtet und mit den wechselnden Wintern entwickelte sich Meinerzhagen bis Mitte der 1950er Jahre zu einem aufstrebenden Skisprungort im westdeutschen Raum.

Der Beschluss des Skiklubs, eine neue und größere Schanze zu bauen, wurde 1957 realisiert. Mangels Schnee weihten die Aktiven jedoch erst 1958 die Meinhardus-Schanze K 50 samt ihrem 35 Meter hohen Holzanlaufturm ein. Bis zum Herbst 1962 wurde die kleine Mattenschanze K 30 errichtet und zum Eröffnungsspringen nahm die komplette deutsche Springernationalmannschaft teil. Schon zwei Jahre später konnten die Sportler die große Schanze als damals größte Mattenschanze K 60 der Bundesrepublik einweihen. Bis 1976 gab es dann jährliche internationale Mattensprungläufe. Die Anlaufgeschwindigkeit betrug bis zu 75 Stundenkilometer.

Anschließend wurde die Schanze infolge der neuen FIS-Schanzennormen gesperrt und es entstand der Plan des Abrisses und kompletten Neubaus. Im Juli 1982 präsentierte sich dieser als »Große Meinhardusschanze« mit neuem Profil, Stahlanlaufturm und Matten. Seither wird die Schanze nicht nur für den Skiklub, sondern auch für den WSV, den DSV und auch regelmäßig von der holländischen Nationalmannschaft genutzt.

2002 wurde die Schanze neu mattenbelegt und im Auslauf im Sinne der FIS-Anforderungen nachgebessert. Internationale Damen-Skispringen gehören mittlerweile zum Höhepunkt des Skisprung-Geschehens in der Volmestadt. 2007 wurde die mittlere Schanze, die »Kleine Meinhardusschanze«, mit einem Holzanlauf abgerissen und durch eine Stahlkonstruktion ersetzt.

Den Frauen-Sommerrekord auf der »Großen Schanze« hält mit 68,5 Metern Daniela Iraschko (2004). Magdalena Schnurr sprang 2003 mit 35,5 Metern den Frauen-Sommerrekord auf der »Kleinen Schanze«.

Auf der Großen Meinhardusschanze werden Weiten von fast 70 Metern erreicht.

Meinerzhagen

Valbert kontinuierlich von Grenzstreitigkeiten betroffen

Im Meinerzhagener Stadtteil begann bereits im 12. Jahrhundert der Bergwerksbetrieb

Bekanntester Stadtteil der Volmestadt, an der Autobahnabfahrt der A45 in die entgegengesetzte Richtung zu Meinerzhagen liegend, ist mit seinen rund 1900 Einwohnerinnen und Einwohnern seit 1969 Valbert. Bis 1975 bildeten die Gemeinde Valbert und die Stadt Meinerzhagen das Amt Meinerzhagen. Der Name Valbert ist wahrscheinlich aus der Zusammensetzung der lateinischen Worte vallis und berta »Tal der Berta« entstanden. In alten Überlieferungen und Urkunden wird Valbert unter verschiedenen Namen geführt: Wallebrecht, Valbricht, Fahlbrecht, Vallebert und Vahlbert. Die erste bekannte urkundliche Erwähnung fand 1077 im Zusammenhang mit dem Kloster Grafschaft statt, als damals der Kölner Erzbischof Arno II die Privilegien und Besitzungen des Klosters bestimmte.

Im 11. Jahrhundert bekam Valbert seine erste Kirche. Sie war eine Gründung der Kölner Erzbischöfe und stand auf dem heutigen Denkmalsplatz. Durch die Lage Valberts, direkt an der Grenze zu dem Kurkölnischen und dem hessisch-darmstädtischen Herzogtum Westfalen, kam es des Öfteren zu Streitigkeiten, die an Brisanz noch dadurch gewannen, dass es kurkölnischen Besitz auf dem Gebiet der Mark und auch umgekehrt gab. Da diese Konflikte oft auf dem Rücken der Bauern ausgetragen wurden, schlossen diese sich zu einer Schützengilde zusammen und unterstützten die Grafen von der Mark, die als Dank dafür den Valbertern das freie Fischerei- und Jagdrecht zugestanden. Die Tradition der Valberter Schützen hat sich bis heute gehalten und findet im Schützenfest seinen jährlichen Höhepunkt.

Die evangelische Kirche in Valbert

Im 12. Jahrhundert begann in Valbert bereits der Bergwerksbetrieb, während der Beginn der heimischen Industrie in den Tälern mit Osemund-, Stabeisen- und Stahlhämmern erst im 16. Jahrhundert startete, aber nach kurzer Zeit wegen schlechter Verkehrsanbindung wieder eingestellt wurde. In den folgenden Jahrhunderten wurde Valbert von den Kriegswirren immer wieder heftig durchgeschüttelt und in allen Kriegen brachten die Valberter ihre Opfer. Davon legt die Germania auf dem Denkmalsplatz ein beredtes Zeugnis ab. Auch Brände, Pest und Hagelschlag suchten die Valberter heim, aber durch Fleiß, Sparsamkeit und Zähigkeit brachte die Bevölkerung es immer wieder zu einem gewissen Wohlstand.

Durch den Bau der Listertalsperre 1909 bis 1912 wurde der Fremdenverkehr gefördert, was eine zusätzliche Einnahmequelle für das Valberter Gebiet brachte. Die Bahnstrecke von Meinerzhagen nach Krummenerl, gebaut 1912 bis 1927, beeinflusste die Steinindustrie positiv.

Im Mai 2008 wurde ein Pilgerstein als Wegweiser und zum Gedenken an die Heidenssstraße und ihre Geschichte auf dem Denkmalsplatz in Valbert an der Position der ehemaligen St. Nikolaus-Pfarrkirche gesetzt. An dieser Straße lag ein großer Teil der Valberter Hütten und Hammerwerke. Hier war mit der romanischen St. Nikolaus-Pfarrkirche, ursprünglich auch Maria Magdalena geweiht, der Mittelpunkt des Kirchspiels Valbert.

Trotz aller Befürchtungen der Valberter ist das Dorf in seiner Entwicklung nicht vernachlässigt worden. So ist Valbert heute ein Kleinod des westlichen Sauerlandes. Im Sommer bieten sich die Berge und Wälder zum Wandern an, die Talsperren bieten viele Möglichkeiten des Wassersportes und im Winter kommen die Wintersportler mit vielfältigen Möglichkeiten zum Zuge.

In Valbert

Im Dorfzentrum

Menden

Menden zwischen Tradition und Moderne

Stadt mit starker Industrie und hohem Erholungswert zwischen Ruhrgebiet und Sauerland

Die Stadt Menden (Sauerland), wie sie sich nach etlichen Zerstörungen im Mittelalter heute präsentiert, ist nicht nur nach eigenem Selbstverständnis mehr als einen Besuch wert. Im historischen Ortskern zeugen viele aus dem Mittelalter stammende Gebäude und Reste der Stadtmauer mit zwei Wehrtürmen von der bewegten Geschichte des Ortes. Wirtschaftlich wird Menden vor allem durch mittelständische Unternehmen der Metallindustrie geprägt. Die 60 000 Einwohnerinnen und Einwohner zählende Stadt ganz im Norden des Kreises führt wegen ihrer Lage an dem Fluss inoffiziell den Beinamen Hönnestadt. Geprägt durch die mehr als 725-jährige Geschichte präsentiert sich Menden als eine gelungene Mischung aus Tradition und Moderne, Geschichte und Fortschritt, Vergangenheit und Zeitgeist.

Das Gesicht Mendens wird bestimmt durch den historischen Altstadtbereich mit der St. Vincenz-Kirche und liebevoll restaurierten Fachwerkhäusern, umrahmt von Gebäuden aus vergangenen Epochen wie der Wilhelminischen Zeit und des Jugendstils sowie modernen Ergänzungsbauten.

Seit 1975 hat sich Menden durch die Sanierung der Innenstadt mit dem Neubau eines zentralen Kommunikationsbereiches mit offenem Rathaus und verkehrsberuhigter City zukunftsorientiert gewandelt. Die notwendige Ausweitung des seinerzeitigen Schulwesens durch weiterführende Schulen hat Menden zur Schulstadt des Hönnetals werden lassen. Die beiden Berufskollegs des Märkischen Kreises und die Volkshochschule Menden-Hemer-Balve ergänzen das umfangreiche schulische Angebot und stellen auch die überbetriebliche Fortbildung sicher.

Auch an Spielmöglichkeiten mangelt es in der Mendener City nicht.

St. Vincenz, Teufelsturm und Teile der Altstadt aus der Vogelperspektive

Auch die attraktive, waldreiche Umgebung mit vielseitigen Erholungs- und Sportmöglichkeiten überzeugt. Veranstaltungen im kirchlichen, kulturellen, karnevalistischen, sportlichen und volkstümlichen Bereich machen die Stadt lebendig.

Ein Einkaufsbummel in der Mendener Altstadt birgt seinen besonderen Reiz. Belebte Plätze mit Straßencafés und zahlreiche Aufenthalts- und Spielmöglichkeiten laden zum Bleiben ein. Die noch vielfach inhabergeführten Fachgeschäfte machen das Einkaufen zum Erlebnis für die ganze Familie. Bei einem Rundgang durch die Altstadtbereiche, vorbei an der Mühle, dem alten Rathaus, der St. Vincenz-Kirche und den Ackerbürgerhäusern wird Mendener Tradition erlebbar. Weitere interessante Eindrücke in die Geschichte der Stadt vermitteln das Stadtmuseum, die thematischen Stadtführungen und das Heim der Westfälischen Fastnacht

Die Mendener Innenstadt ist zu einem guten Teil autofrei.

Die Mendener Wilhelmshöhe ist ein zentraler Veranstaltungsort.

im Teufelsturm. Erweitert wird das Angebot durch die Vielfalt der Geschäfte im Ortsteil Lendringsen.

Besondere Attraktionen sind die regelmäßig stattfindenden Stadtfeste: die Mendener Frühlingsmärkte, der Mendener Herbst, die weit über die Grenzen hinaus bekannte Pfingstkirmes sowie das kulinarische Highlight »Menden á la carte«.

Menden zeichnet sich durch seine optimale Lage aus. Auf der einen Seite grenzt Menden an die Metropolregion Ruhr, auf der anderen liegt die Stadt im Naherholungsgebiet Sauerland. Dadurch wird Menden zur Stadt mit Wohlfühlcharakter. Inmitten der reizvollen Landschaft bieten sich vielfältige Gelegenheiten für Aktivitäten und Erholung gleichermaßen. Zudem liegt das Großstadtleben nur wenige Minuten entfernt.

Menden hat für Familien viel zu bieten. Ein hervorragendes Angebot an Kindergartenplätzen, zahlreiche Grund- und weiterführende Schulen, die VHS, Büchereien, Museen, Schwimmbäder und viele weitere städtische, kirchliche und private Einrichtungen bilden eine starke Infrastruktur für Jung und Alt.

Die größten Gruppierungen im Freizeitbereich kommen aus dem Handball, Fußball und der Schützentradition. Interessierte können ihren Verein aus einem von mehr als 300 verschiedenen Vereinen heraussuchen. Wandern, Laufen, Fahrradfahren, Mountainbiken und vieles mehr sind darüber hinaus rund um Menden möglich. Durch die Lage an Hönne und Ruhr, im Wald und an den Steigungen des Sauerlandes ist für jeden Anspruch die richtige Route dabei.

Ein breit gefächertes Spektrum an kleinen, mittleren und großen Industriebetrieben bis hin zu Weltmarktführern und die expandierenden Gewerbegebiete sprechen für die Bedeutung Mendens als Wirtschaftsstandort. Kalk. Metall und Kunststoff sind die Werkstoffe, die aus Menden kommen, dort weiterverarbeitet oder veredelt werden. Dabei entstehen viele weltweit exportierte Produkte wie unter anderem Katalysatoren, Teile für Windkraftanlagen, exklusive Leuchten, Elektroinstallationsartikel oder hochwertige Türschließsysteme. Dem Initiativkreis Mendener Wirtschaft (IMW) haben sich seit seiner Gründung 1995 mittlerweile mehr als 250 Unternehmen und mit der Wirtschaft verbundene Institutionen angeschlossen. Der IMW verfolgt das Ziel, die Stadt Menden als Standort für die Industrie, das Handwerk, den Handel und alle Dienstleistungssektoren weiter zu entwickeln.

Das Mendener Zentrum lädt zum Bleiben ein.

Menden

Mendens schönste Seiten

Buchhandlung DAUB

Zum 1. Januar 1988 kaufte der Buchhändler Andreas Wallentin mit 27 Jahren die alteingesessene Mendener Buchhandlung DAUB von den beiden Schwestern Ilse und Hilde Daub. Nach dem Kauf einer Immobilie eröffnete Wallentin die Buchhandlung am 13. November 1992 neu in der Unnaer Straße 7. DAUB ist jetzt endgültig zu einer Buchhandlung geworden, die sämtliche Produkte des in- und ausländischen Buchmarktes anbietet, immer mehr öffnet sich das Haus auch für die Neuen Medien. Andreas Wallentin und seine Mitarbeiterinnen setzen auf Vielfalt im Angebot und Kompetenz in der Beratung.

Im Laufe der Zeit erfolgte der vorerst letzte Umbau, die Kinderbuchabteilung wurde auf gut 100 Quadratmeter erweitert und die Verkaufsfläche auf gut 350 Quadratmeter erhöht. Und wieder mit den gleichen Folgen – die Mendener nahmen »ihre« Buchhandlung DAUB mit viel Zuspruch und Lob an. Man hatte einen gelungenen Mittelweg zwischen dem Kundenwunsch nach einem großen Angebot und der traditionellen Behaglichkeit und Atmosphäre einer Buchhandlung mit Beratungskompetenz gefunden.

Nach Ladenschluss ist die Buchhandlung rund um die Uhr im Internet erreichbar, wo die Kunden Bücher komfortabel recherchieren und bestellen können. Andreas Wallentin ist stolz darauf, dass die Buchhandlung auch als Stadtmitte-Treff dient. DAUB ist Auskunftsbüro, Ratgeber und Gelbe Seiten in einem. Und irgendeinen Bekannten trifft man dort eigentlich immer.

Schon seit der Übernahme war für Andreas Wallentin die Schaffung eines Kulturprogramms ein Herzensanliegen. So bietet die Buchhandlung DAUB jedes Jahr etwa 20 Autorenlesungen, Vorträge und Bühnenprogramme an. DAUB organisiert viele Buchausstellungen in Kindergärten, Schulen, Kirchengemeinden und ähnlichen Einrichtungen.

Der ideale Partner für Unternehmen

Unternehmen profitieren vom Fachbuch-Service der Buchhandlung DAUB, der den Bezug aller Bücher und Zeitschriften aus einer Hand ermöglicht und eine kostenlose Internet-Plattform für Recherche, Bestellungen und Verwaltung von Beständen anbietet. Die gesamte Abonnement-Verwaltung von Zeitschriften, Fortsetzungen, Loseblattsammlungen bis zu CD-ROMs und Updates oder auch Anfragen werden nach speziell auf das Unternehmen zugeschnittenen Konzepten betreut. So sparen die Unternehmen Kosten ein und reduzieren ihren Verwaltungsaufwand. Die Buchhandlung DAUB besorgt alle lieferbaren Bücher und Fachzeitschriften aus dem In- und Ausland.

Hier nimmt man gerne Platz: Auf dem roten Sofa, den Hockern oder in der Leseecke kann der Kunde in Ruhe genauer in die Bücher hineinschauen.

Für die bekannte Journalistin Christine Westermann ist Andreas Wallentin der Buchhändler ihres Vertrauens. Er moderiert im WDR einmal im Monat eine Literatursendung mit ihr. (Foto: Herby Sachs, WDR)

Andreas Wallentin und seine Mitarbeiterinnen setzen auf Vielfalt im Angebot und Kompetenz in der Beratung.

Eine Teilansicht der Kinderbuchabteilung

Beitrag von:
Buchhandlung DAUB · Andreas Wallentin
Unnaer Straße 7 · 58706 Menden
Tel. (0 23 73) 30 65 · Fax (0 23 73) 30 55
info@buch-daub.de · www.buch-daub.de
www.facebook.com/buch.daub

Menden

»Abwechslungsreiche« Geschichte Mendens

Dienerin vierer Herren: Zerstörungswut der Machthabenden im Spätmittelalter

Menden lag schon immer günstig. Zumindest, was die Verkehrsanbindung betrifft. Dass der Standort dadurch auch außerordentliche Nachteile mit sich brachte, wird die Geschichte zeigen. Die nahen Höhenwege des Lenne- und des Ruhrtals sorgten dafür, dass das Gebiet der Stadt bereits früh durch die Sachsen besiedelt worden war und Höfe entstanden. Die villa menethinna tauchte 818 zum ersten Mal in einer Urkunde der Abtei Werden auf. Im 11. Jahrhundert wurde der Ort bereits öfter urkundlich erwähnt.

»Dienerin vierer Herren«, und das ist die Kehrseite, war Menden im Spätmittelalter – Kriegswirren inbegriffen. Im 12. und 13. Jahrhundert lagen im Westen des kölnischen Territoriums um Menden die Besitzungen der Grafen von Altena-Limburg. Im Süden und Norden befand sich der Machtbereich der Grafen von Altena-Mark, später der Grafschaft Mark, im Osten die Grafschaft Arnsberg. Nur über einen schmalen Korridor war Menden mit dem kölnischen Hellweg und Werl verbunden. Vor allem die Grafen von der Mark zerstörten mehrmals die Machtpositionen der Kölner Erzbischöfe.

Gleich zweimal, 1250 und 1263, zerstörte Graf Engelbert II. von der Mark die als Villa munita bezeichnete befestigte Ortschaft. So etwas wie eine Stadt wurde Menden in der Zeit zwischen 1262 und 1289. 1288, nach der Schlacht von Worringen, eroberte und zerstörte Eberhard I. von der Mark Menden. Erzbischof Walram verlieh Menden 1331 die Stadtrechte und stattete die Stadt mit den entsprechenden Privilegien aus. 1343 zerstörte Graf Adolf IV. von der Mark Menden und die nahe gelegene Wasserburg. 1344 wurde Menden durch Erzbischof Walram von Köln von Grund auf neu aufgebaut und mit zwölf Türmen und Gräben befestigt.

Zwischen 1592 und 1631 waren auch in Menden Hexenverfolgungen ein Thema. Die Akten dazu finden sich heute noch im Pfarrarchiv der St. Vincenz-Kirche. Dabei wurden viele Menschen zum Tode verurteilt. Während 1592 »nur« eine Frau hingerichtet wurde, waren es 1628 bereits 18 Menschen und von 1630 bis 1631 weitere 22. 1631 trotzte Dorte Hilleke in einem Hexenprozess der Folter. Deshalb wurde nach ihr die Stadtbibliothek benannt.

Im Dreißigjährigen Krieg wurde Menden drei Mal belagert und 1634 von den Hessen erobert und geplündert. Die Pest wütete 1662 in der Stadt. Mehrfach kam es im 17. Jahrhundert zu verheerenden Stadtbränden. Ein erster Brand zerstörte sie 1637. Der nächste Brand – 1652 – vernichtete bis auf etwa zehn Gebäude die gesamte Stadt. In dieser Zeit ging wahrscheinlich das Archiv der Stadt verloren, so dass es aus der Zeit davor nur noch wenige Urkunden gibt.

1725 erteilte der Landesherr, Erzbischof Clemens August von Köln, einem bei Menden begüterten Rittergutsbesitzer die Erlaubnis, an der Hönne eine Drahtzieherei zu errichten. Die Preußen im benachbarten märkischen Altena, die das Monopol für diese Produktion beanspruchten, protestierten dagegen. Die kurkölnischen Behörden in Arnsberg kamen der Aufforderung, die Drahtschmiede wieder abzureißen, nicht nach. Daraufhin schickten die Preußen Soldaten über die Landesgrenze, die die Zerstörung gewaltsam

Von der mittelalterlichen Stadtmauer ist nur noch ein kleines freistehendes Stück mit Schießscharte zwischen den Häusern »An der Stadtmauer« 3 und 5 vorhanden.

Mendener Altstadtansicht

Der Oberrödinghauser Hammer im gleichnamigen Mendener Stadtteil stammt aus der Mitte des 18. Jahrhunderts. Er gehörte Max Theodor von Dücker und zur »Rödinghauser Eisenfabrique«. Gefertigt wurden vor allem Roststäbe und Pflugscharen. Bis zur Stilllegung 1955 nutzten die Rheinisch-Westfälischen Kalkwerke den Hammer, zuletzt als Schmiede. Einst trieben zwei Wasserräder einen 70 Kilogramm schweren Schwanzhammer und einen 300 Kilogramm schweren Stabhammer an.

Menden

Fachwerk in Menden

wurde. Ein Laubengang aus Rundbogenarkaden und ein mächtiger Mittelturm prägen das Bauwerk bis heute. Jugendstilelemente formen den inneren Treppenaufgang und den alten Ratssaal – in dem für viele bewegte Jahrzehnte die Geschicke der Stadt beschlossen wurden.

Mit der Kommunalen Neugliederung 1975 wurden die bisher selbstständigen Gemeinden Asbeck aus dem Amt Balve, Halingen, Holzen-Bösperde, Lendringsen, Oesbern, Schwitten und ein Teilgebiet von Sümmern nach Menden eingemeindet. Wimbern wurde aus dem Amt Menden herausgelöst und der Gemeinde Wickede (Ruhr) zugeordnet. An die Geschichte Mendens erinnert seit dem 17. Oktober 1992 die Mendener Geschichtssäule.

In Menden

vornahmen. Ungeachtet dessen profitierte die Mendener Wirtschaft insgesamt vom wirtschaftlichen Austausch mit der benachbarten ökonomisch fortgeschrittenen Grafschaft Mark. Neben der gewerblichen Entwicklung erlebte der Kornmarkt einen erheblichen Aufschwung.

Im September 1802 besetzten Truppen des mit Napoleon verbündeten Landgrafen von Hessen-Darmstadt das Herzogtum Westfalen und damit auch Menden. Damit endete die Herrschaft des Erzbischofs von Köln über Stadt und Land. Der Stadtrat protestierte gegen die Einquartierung von 142 Soldaten. Es wurde eine Polizeiordnung erlassen, die selbst für geringfügige Vergehen hohe Strafen vorsah.

Nach dem Ende der Napoleonischen Herrschaft wurde Menden 1817 dem Kreis Iserlohn zugeschlagen. Die Bevölkerung betrachtete diese Entscheidung eher skeptisch. Unter Führung des Arztes Fritz Bering zogen in der zweiten Phase der Revolution von 1848/1849 im Mai 1849 etwa 200 Mendener Demokraten nach Iserlohn, um die dortigen Aufständischen gegen die Regierungstruppen zu unterstützen.

1872 erfolgte der Anschluss Mendens an das Eisenbahnnetz. Dies war eine entscheidende Voraussetzung für die industrielle Entwicklung. Die erste Bahnstrecke, die die Stadt erreichte, war die von Letmathe nach Fröndenberg. Später kam der Anschluss an die Hönnetalbahn hinzu.

Die Arbeiterbewegung feierte vor allem in Gestalt der christlichen Gewerkschaften Einzug. So existierte dort zu Beginn des 20. Jahrhunderts kurz eine Ortsgruppe des Sauerländer Gewerkvereins. Später war der Christliche Metallarbeiterverband stark. Im Gegensatz zu einer insgesamt zurückgehenden Streikbereitschaft im Bereich der westdeutschen Industrie kam es in Menden zwischen Herbst 1912 und Frühjahr 1913 zu einem langanhaltenden Streik.

Das stete Anwachsen der Bevölkerung durch die fortschreitende Industrialisierung machte den Bau eines neuen Rathauses erforderlich, das im Jahr 1912 unter Bürgermeister Ernst Overhues eingeweiht

Stadtbrunnen und Geschichtssäule, auf der Stationen der Mendener Geschichte dargestellt sind, auf dem Marktplatz

215

Menden

Bauunternehmung G+R Scholz GmbH & Co. KG

Wer heute baut, prägt die Umwelt von morgen

Mit einem Team von qualifizierten und motivierten Mitarbeitern und einem hoch technisierten Maschinen- und Gerätepark realisiert die Mendener Bauunternehmung G+R Scholz GmbH & Co. KG kurze Bauzeiten auf höchstem Qualitätsniveau. In intensiver Zusammenarbeit mit Bauherren, Architekten und Fachingenieuren garantiert das Unternehmen dabei optimale Lösungen für die gestellten Bauaufgaben.

Ein Anspruch, für den das Unternehmen in der heimischen Region bekannt ist – und das schon seit Jahrzehnten. Gegründet wurde die Firma einst im Jahr 1964 vom Unternehmer Günter Scholz als Maurerbetrieb. Weitere Eintragungen in die Handwerksrolle der Handwerkskammer Arnsberg als Beton-, Stahlbeton- sowie Straßenbauer folgten.

Bis Anfang der 1980er Jahre führten Günter und Ruth Scholz als geschäftsführende Gesellschafter das Unternehmen und übergaben es im Jahr 1983 an die zweite Generation. Seitdem ist Diplom-Ingenieur Rüdiger Scholz Geschäftsführer und Mehrheitsgesellschafter der Mendener Bauunternehmung. Neben zahlreichen weiteren Meilensteinen, darunter die Gründung des Partnerunternehmens Scholz Massivhaus GmbH, legte Rüdiger Scholz im Februar 2006 einen weiteren Grundstein für das Unternehmen: Alle Geschäftsfelder am neuen Standort im Industriegebiet Hämmer-Riekenbrauck in Menden wurden zusammengelegt.

Zum Leistungsspektrum der Bauunternehmung G+R Scholz mit ihren rund 50 festen Mitarbeitern gehören Gründungen aller Art, der Versorgungsleitungsbau, kommunaler, industrieller und privater Kanalbau, kommunale Land- und Stadtstraßen, private und öffentliche Erschließungsstraßen, Grundstückszufahrten und vieles mehr.

Das Führungsteam der G+R Scholz GmbH & Co. KG

Im Bereich Hochbau realisiert das Mendener Bauunternehmen neben schlüsselfertigen Wohnhäusern, Kindergärten, Schulen und Kirchen insbesondere auch Projekte im Gewerbe- und Industriebau. Darunter finden sich bekannte Bauprojekte wie der Neubau der Stadtwerke Hemer, die Außenanlagen des Autohauses Rosier in Menden, der Neubau eines Gemeindehauses der evangelischen Kirchengemeinde Menden, Verwaltungsgebäude der Erich Sydow GmbH & Co. KG und der Schomaker GmbH & Co. KG sowie zahlreiche Mehr- und Einfamilienhäuser in der heimischen Region.

Dabei stellt die G+R Scholz GmbH & Co. KG bei ihren Bauprojekten ihr Umweltbewusstsein immer wieder unter Beweis. Ökologische Gesichtspunkte in den Entscheidungsprozessen der Bauunternehmung können so im Verlauf eines Jahres zur Einsparung von bis zu 2400 Tonnen Abfall und 1250 Kilowattstunden Energie führen. Darüber hinaus werden 10 000 Tonnen Recyclingbaustoffe der Wiederverwertung zugeführt. Für die vorbildliche Verknüpfung von ökologischen und ökonomischen Interessen ist das Unternehmen im Rahmen des Ökoprofit-Projekts seit dem Jahr 2004 ausgezeichnet.

Das Thema Ökologie spielt auch beim Partnerunternehmen, der Scholz Massivhaus GmbH, eine große Rolle. Als Bauträger erstellt das Unternehmen schlüsselfertige Wohnhäuser in grundsolider Handwerksbauweise. Die Auswahl der Baustoffe, Bauverfahren und der Standorte orientiert sich an den Prinzipien von Qualität, Gesundheit und Umwelt.

Aufgrund der außerordentlich guten Wärmeschutzeigenschaften und dem daraus resultierenden niedrigen Energieverbrauch der Scholz Massivhäuser, werden in Kombination mit der Nutzung von Solarthermie und Geothermie als regenerative Energieträger exzellente Energiebilanzen erzielt.

Im Februar 2006 wurden alle Geschäftsfelder am neuen Standort im Industriegebiet Hämmer-Riekenbrauck zusammengelegt. Ursprünglicher Firmensitz der G+R Scholz GmbH & Co. KG war bis 1969 der Akeleiweg 6 in Menden. Seit 1970 befand sich der Sitz der Unternehmung am Heckenrosenweg 61a und Im Hülschenbrauck. Zusätzlich zu diesem Standort wurde im Jahr 1993 eine Niederlassung in Iserlohn-Sümmern im Industriegebiet Rombrock gegründet.

Beitrag von:
G+R Scholz GmbH & Co. KG
Scholz Massivhaus GmbH
Adlerstraße 4–8
58708 Menden
Tel. (0 23 73) 39 28 30
Fax (0 23 73) 3 92 83 28
scholz-bau@web.de
www.scholz-bau.de

Eventstadt Menden

Abwechslungsreiche Programmpalette von der Karfreitagsprozession bis zu Menden à la carte

Die Stadt Menden hat sicherlich Etliches zu bieten. In der Vergangenheit hat sie sich aber nicht zuletzt als Eventstadt mit über das ganze Jahr verteilt liegenden attraktiven Veranstaltungen einen Namen gemacht.

Die erste größere regelmäßige Festivität im Jahr ist der große Karnevalsumzug. Karneval wurde in Menden bereits vor 1700 urkundlich erwähnt. Die Fastnacht als ältestes Volksbrauchtum ist noch wesentlich älter. Am Tulpensonntag findet alljährlich der traditionelle Umzug mit Motivwagen, Kapellen, Tanzgruppierungen und Fußgruppen durch die Innenstadt statt.

Ebenfalls in der ersten Jahreshälfte lädt der Stadtteil Lendringsen zum Lendringser Frühling ein, einem Stadtteilfest, das 1988 erstmals lockte. Die Lendringer Werbegemeinschaft organisiert den »Frühling« meist zusammen mit einem verkaufsoffenen Sonntag. Das Fest startet traditionell mit einem Fassanstich.

Weit über die Stadtgrenzen hinaus bekannt ist die Karfreitagsprozession. Das Besondere: Die Prozessionen finden von Gründonnerstag, 21 Uhr, bis Karsamstag, 6 Uhr, stündlich statt. Die Mendener Kreuztracht ist ein Brauch, der bis in das 17. Jahrhundert zurückreicht. Von der St. Vincenz-Kirche geht es entlang des Kreuzwegs durch die Stadt zur St. Antonius-Kapelle auf dem Rodenberg, vorbei an 14 Stationen mit Heiligenhäuschen und Gedenksteinen. Die Kreuzwegstrecke ist etwa anderthalb Kilometer lang.

Es ist nicht überliefert, wann die Mendener ihre erste Pfingstkirmes feierten. Historiker vermuten, dass sie aus dem Mendener Krammarkt entstand, der sich anlässlich der Pfingstprozessionen um das 18. Jahrhundert entwickelt hatte. Die alljährlich in der gesamten Innenstadt laufende Kirmes beginnt am Samstag vor Pfingsten und endet dienstags mit einem Höhenfeuerwerk.

Die Events in der Mendener Innenstadt locken wahre Massen an, zeichnen sich aber ungeachtet dessen durch Gemütlichkeit aus.

Karnevalsumzug in Menden

Auch verkaufsoffene Sonntage ziehen die Menschen in die Stadt.

Die Mendener Kreuztracht hat Tradition. Von der St. Vincenz-Kirche geht es entlang des Kreuzwegs durch die Stadt zur St. Antonius-Kapelle auf dem Rodenberg, vorbei an 14 Stationen mit Heiligenhäuschen und Gedenksteinen.

Bei der Kulturreihe Mendener Sommer handelt es sich um mehrere im Freien stattfindende Veranstaltungen verschiedener nationaler und internationaler Künstler und Musikgruppen. Die kostenlosen, vom Kulturamt organisierten Veranstaltungen finden vorwiegend im Juli und August im Zentrum statt. Auch Menden à la carte hat längst Tradition. Dieses Sommerfest ist kulturell und kulinarisch gleichermaßen geprägt und findet von Freitag bis Sonntag statt. Der Mendener Herbst ist ein Handwerker-, Kunstgewerbe- und Trödelmarkt. Das erste Stadtfest dieser Art fand 1982 statt. Seit 1994 ist dem Mendener Herbst ein Bauernmarkt angeschlossen.

Traditionsreiches Mendener Schützenwesen

Wie viele Mendener heute Mitglied in einem Schützenverein sind, ist nicht bekannt. Nur eines: Es sind außerordentlich viele. Das Schützenwesen in Menden hat etliche Vereine hervorgebracht und eine außergewöhnliche Tradition. Ältester Schützenverein ist der Mendener Bürger-Schützen-Verein von 1604. Für 15 Silbergroschen Pachtzins feierten die Mendener 1837 auf dem Schützenhof unterm Rothenberge das erste Schützenfest. Zuvor gab es 1785 ein Volksfest mit Scheibenschießen und 1883 außerhalb der seinerzeitigen Stadt auf den Wiesen entlang der Hönne ein mit Statuten für das Schützenfest zu Menden vom Landrat genehmigtes Schützenfest. 2004 war der Verein anlässlich seines 400-jährigen Bestehens Ausrichter des Bundesschützenfestes des Sauerländer Schützenbundes. Weitere alte Vereine sind der Bürgerschützenverein Lendringsen (1857), die Schützenbruderschaft Sankt Sebastianus (1848) Schwitten und der Schützenverein Holzen-Bösperde-Landwehr (1857). Schon in früheren Zeiten diskutierten die Mendener Fachleute ausgiebig über den optimalen Anschlag.

Menden

Der Besserversorger der Hönnestadt
Stadtwerke bieten Energie und Engagement für Menden

Seit mehr als 150 Jahren sind die Stadtwerke Menden tief verwurzelt mit der Region und den Menschen, die hier leben. 365 Tage im Jahr, rund um die Uhr, stellen sie sicher, dass die Mendener Bürger und Betriebe zuverlässig mit Strom, Gas, Wasser und Wärme versorgt werden. Unter der Maxime »Energie und Engagement für Menden« setzen die Stadtwerke dabei vermehrt auf ökologische Lösungen, ohne die ökonomischen Aspekte aus den Augen zu verlieren. Mit diesem Prinzip hat der Energieversorger nicht nur eine solide Grundlage für gegenwärtige und zukünftige Herausforderungen geschaffen, sondern auch zahlreiche Mehrwerte für die Region erzielt.

Nachhaltige Zukunftsstrategie – ökologisch und ökonomisch erfolgreich

So investieren die Stadtwerke nicht nur laufend in ihre eigene Infrastruktur, sondern auch in eine Vielzahl von Projekten, die unter anderem auf umweltschonende Energielösungen ausgerichtet sind. Ein solches Projekt ist beispielsweise die Beteiligung an der TOBI Windenergie GmbH. Gemeinsam mit weiteren regionalen Energieversorgern betreiben die Stadtwerke Menden Windenergieanlagen, die langfristig wesentliche Teile des Strombedarfs CO_2-frei decken werden. Die Förderung der regionalen Stromproduktion durch Photovoltaikanlagen, die 2010 fortgeführte Investition in den Ausbau der Erdgasleitungen und die Ausweitung der Nahwärme-Angebote fallen ebenfalls in diese Zukunftsstrategie.

2009 haben die Stadtwerke Menden zudem das »mendenergie-Sonnensparbuch« ins Leben gerufen. Damit erhalten Bürger die Gelegenheit, Genussrechtsanteile an Photovoltaikanlagen des Energieversorgers zu erwerben und so von den wirtschaftlichen Vorteilen zu profitieren. Mehrere hundert Tonnen CO_2 können alljährlich durch diese umweltbezogenen Maßnahmen eingespart werden.

Sichere Arbeitsplätze schaffen regionalen Wertzuwachs

Als ein großer Auftraggeber und Partner der Unternehmen sind die Stadtwerke in den vergangenen Jahrzehnten zu einem wichtigen Motor für die regionale Wirtschaft geworden. Insgesamt 348 Arbeitsplätze – davon 115 bei den Stadtwerken selbst und weitere 233 in Menden – sind durch die Aktivitäten des Energieversorgers dauerhaft geschaffen worden. Mit dem Know-how der Stadtwerke-Mitarbeiter unterstützt der Energieversorger zudem aktiv die Unternehmen und setzt als Berater und Dienstleister sein Wissen gewinnbringend für die Region ein.

Jedoch sind die Stadtwerke Menden kein rein profitorientiertes Unternehmen, sondern fühlen sich als ein »Mitbürger« Mendens. Daher richtet der Energieversorger sein Handeln stets am wirtschaftlichen und gesellschaftlichen Miteinander der Stadt aus, so dass sein Erfolg nicht nur in Bilanzziffern auszudrücken ist, sondern auch an den vielfältigen Facetten des Stadtlebens teil hat: Als regionaler Förderer engagieren sich die Stadtwerke stark im sozialen und kulturellen Bereich und unterstützen Vereine, Initiativen, Organisationen, Veranstaltungen und Festivitäten.

Ziel der Stadtwerke ist es, mit Hilfe ihres Erfolgs und mit dem Leistungswillen eines Besserversorgers einen nachhaltigen Nutzen für Menden, für die Menschen und die Wirtschaft der Region zu schaffen.

Am Papenbusch – das Kunden-Center der Stadtwerke Menden

Sport- und Kulturförderung für die Region

Für ein vielfältiges Kinder- und Jugendfreizeitangebot in Menden

Menden

Zahlreiche Veranstaltungen begleiten wir als Sponsor – für noch mehr Lebensqualität in Menden

Das Erfolgsrezept: persönliche und kompetente Kundenberatung, gute Produkte und günstige Preise

Als Grundversorger beliefern die Stadtwerke die Region Menden effizient mit Strom, Erdgas, Wasser und Wärme. Dieser Kernaufgabe kommt der Energieversorger seit mehr als 150 Jahren zuverlässig nach und wird auch in Zukunft unter der Maxime des Besserversorgers innovative und kundenfreundliche Angebote für seine Kunden schaffen.

Strom: Power für Menden

Eine zuverlässige, moderne, günstige und umweltorientierte Stromversorgung – das erwarten die Haushalte und Unternehmen in der Region Menden von ihren Stadtwerken. Eine Aufgabe, der sich der Energieversorger täglich dank seiner Vertriebs- und Einkaufsexperten erfolgreich stellt. Der ständige Kontakt mit den Großhändlern und die optimierte Beschaffung über Strombörse und Handelsplattformen sorgen für stabile Preise bei gleichzeitig ökologischen und ökonomischen Lösungen.

Erdgas: Energieträger mit Zukunft

Ob als Heizenergie oder als Betriebsstoff für Produktionsprozesse, Erdgas ist vielseitig verwendbar und hat eine Reihe von Vorzügen: Es ist ein sauberer Brennstoff, günstig in der Beschaffung, benötigt keinen Platz zur Bevorratung und ist immer verfügbar, wenn er gebraucht wird.

Die Stadtwerke Menden versorgen nahezu das gesamte Mendener Stadtgebiet mit dem umweltfreundlichen Energieträger. Indem das Netz fortlaufend ausgebaut wird und neue Gebiete erschlossen werden, agiert der Energieversorger gegen den Trend vieler anderer Stadtwerke und begünstigt damit die Ansiedelung junger Familien und moderner Unternehmen.

Trinkwasser: Qualität garantiert

Unbestritten ist Wasser das bedeutsamste Lebensmittel. Deshalb legen die Stadtwerke als Versorger größten Wert darauf, die Wassergüte in Menden zu schützen. Aus der Ruhr gewonnen, zählt das Mendener Trinkwasser zu den besten in der Region. Regelmäßige, freiwillige Qualitätskontrollen, gepaart mit den laufenden Investitionen in die Versorgungsinfrastruktur, garantieren zudem die sichere Belieferung der Region.

Nahwärme: Zukunftslösung des Wärmebedarfs

Ein weiterer Baustein der Strategie, klimafreundliche Energielösungen anzubieten, ist das Nahwärme-Contracting. Nahwärme ist eine besonders effiziente Methode zum Heizen von Wohn- und Industriegebäuden, so dass die Stadtwerke Menden in dieses zukunftsfähige Segment schon seit Jahren investieren. Bei der Technologie zur Wärmeerzeugung wird Erdgas eingesetzt. Geschäftskunden der Stadtwerke profitieren daher sowohl vom hohen Effizienzgrad des Gases und der Effektivität einer modernen Wärmeanlage als auch von der schnellen und maßgeschneiderten Kalkulation des Service der Stadtwerke.

Neben der Energie- und Wasserversorgung der Hönnestadt geben die Stadtwerke ihr Know-how aktiv als Dienstleister weiter: Dazu zählen zum einen die Energieberatung, zum anderen aber auch Netzauskünfte und Objektpflege wie die Wartung von Hydranten im Privatbesitz. Darüber hinaus bieten die Stadtwerke mit der E-Services GmbH – einer hundertprozentigen Tochter – anderen Energieversorgern und -vertrieben ihre Dienstleistungen für nahezu jede Anforderung innerhalb des Energiemarktes an.

Die Stadtwerke Menden haben sich damit vom klassischen Versorger zu einem serviceorientierten Dienstleister entwickelt, der als Innovationstreiber in der Region für eine erfolgreiche Zukunft bestens aufgestellt ist.

Stadtwerke Menden
Der Besserversorger.

Beitrag von:
Stadtwerke Menden
Am Papenbusch 8–10 · 58708 Menden
Tel. (0 23 73) 16 90 · Fax (0 23 73) 16 92 40
info@stadtwerke-menden.de
www.stadtwerke-menden.de

Menden

Des Teufels »Karnevalsturm«

Heutiges Museum hat seinen Namen in der Zeit der Hexenverfolgung erhalten

Der Teufelsturm ist einer von ehemals etlichen Mendener Stadttürmen der von 1344 an erbauten Stadtbefestigung. Er war lange Zeit Kerker für die der kurfürstlichen Gerichtsbarkeit unterstellten Gefangenen. Der Überlieferung nach soll der »Duivels-« oder »Düfelsturm« seinen Namen im Mittelalter zur Zeit der Hexenverfolgung erhalten haben. Damals waren in ihm die der Hexerei angeklagten Frauen und Männer eingekerkert worden.

1978 fiel der halb verfallene Turm der Mendener Karnevalsgesellschaft Kornblumenblau (MKG) auf. Die Karnevalisten nahmen sich fest vor, aus dem alten Gemäuer ein Heim für die westfälische Fastnacht zu schaffen. In mehr als 10 000 Stunden Eigenleistung und mit hohem finanziellem Einsatz haben die Mitglieder der MKG den Turm zwischen 1978 und 1981 renoviert und zu neuem Leben erweckt. Zum 25-jährigen Bestehen des Museums wurde der Teufelsturm gründlich renoviert und die Ausstellung neu konzipiert. Modernste Medientechnik und aussagekräftige Exponate haben den Teufelsturm zu einem Erlebnismuseum werden lassen.

Mit dem Karneval oder der Fastnacht ist es so, wie wohl mit vielen anderen Bräuchen auch. Man praktiziert sie, wie man es schon immer getan hat, ohne wirklich zu wissen, warum man es so tut. Warum feiert man Karneval, warum verkleidet man sich, warum gibt es Büttenreden und Tanzgarden oder warum gehört auch das Essen und Trinken dazu? Gibt es eigentlich einen Unterschied zwischen Karneval und Fastnacht? Auf diese und viele weitere Fragen gibt die Ausstellung Antworten. Das Westfälische Karnevalsmuseum im Mendener Teufelsturm ist eine umfassende Darstellung der westfälischen Fastnacht in ihrer Geschichte, Entwicklung und heutigen Ausdrucksform.

Im Teufelsturm

Das Heim der westfälischen Fastnacht

Zahlreiche Figuren machen das westfälische Fastnachtsgeschehen anschaulich.

Der Teufelsturm in der Mendener Altstadt

Spannende Zeitreise durch die Geschichte

Vom Höhlenbär über die Hexenverfolgung in die Biedermeierzeit

Menden in ganz alter Zeit

Das Mendener Museum für Stadt- und Kulturgeschichte kann mit diversen Superlativen aufwarten. Zum einen präsentiert es eindrucksvolle Exponate von der Altsteinzeit bis zur Neuzeit, zum anderen bietet es für seine Besucherinnen und Besucher das attraktivste Entree weit und breit. Durch das schönste Hausportal Mendens treten sie am Marktplatz in das prächtige Patrizierhaus des Kaufmanns und Bürgermeisters Biggeleben aus dem Jahr 1730 ein und damit gleichzeitig in die spannende Geschichte der Stadt. Dort, im »Biggeleben-Haus«, spiegelt sich die Lebensweise der Menschen in Menden und der Region durch die verschiedenen Stände und Epochen hindurch wider.

Das von Friedrich Glunz 1912 gegründete Museum gehört zu den ältesten in ganz Westfalen. In den Sammlungen befinden sich mit Originalen vom Höhlenbärenskelett, einem Wollnashornschädel, Faustkeilen und anderem vor allem Exponate aus dem Hönnetal. Ausgestellte Handwerkszeuge und Waagen vermitteln einen Eindruck vom städtischen Leben im Mittelalter, Handarbeiten und Kleidung von dem in der Biedermeierzeit. Das unter städtischer Trägerschaft stehende Museum verfügt über eine umfangreiche Waffensammlung. Unter seinem Dachboden ist die Inneneinrichtung eines Mendener Ackerbürgerhauses aus der Zeit um 1800 zu besichtigen. Das Museum enthält zudem eine Vitrine mit Informationen und Dokumenten zu den Hexenprozessen.

Kostbare und rätselhafte Zeugnisse aus ereignisreichen alten Zeiten sind im Mendener Museum zu entdecken. Aber auch Gegenstände aus dem Alltag lassen den Besuch zu einer abenteuerlichen Reise durch die Vergangenheit werden: Das Bürgerrecht musste mit Bier erkauft werden, die »Große Wäsche« war Schwerstarbeit, das Kochen an der rauchigen Feuerstelle schädlich für die Lungen. Der Mendener Bischof Henninghaus wurde persönlicher Berater des Kaisers von China und Kapitän Hermann Cordier brachte von seinen Reisen in ferne Länder vergiftete Pfeile mit.

In Menden bietet sich die einzigartige Gelegenheit, den Alltag der einfachen Leute mit dem prallen Leben reicher Bürger zu vergleichen. Die Pracht einer barocken Küche, die Einfachheit einer verrußten Feuerstelle, Kälte und Dunkelheit eines Arme-Leute-Hauses und die Wohnlichkeit eines Patrizierhauses können hautnah erlebt werden.

1999 wurden unmittelbar angrenzende Räumlichkeiten in der Kirchstraße hinzugemietet, so dass nun alle Museumsräume umgestaltet und die wertvollen Sammlungsgegenstände besser präsentiert werden können. Regelmäßige Sonderausstellungen bereichern die ständige Sammlung. Für Kinder gibt es einen lehrreichen und lustigen Fragebogen, mit dem die Museumsmaus Melchior Stöbernas die jungen Besucher durch das Museum führt. Unter dem Motto »Menden entdecken« bietet das Museum regelmäßig offene Führungen durch die Stadt.

Im Dachgeschoss ist ein komplettes historisches Schlafzimmer zu sehen.

Durch das schönste Eingangsportal Mendens hinein in die Geschichte

Im Museum Menden für Stadt- und Kulturgeschichte

Menden

Menden ist Handball

HSG Platzhirsch unter den Vereinen – Fokus auf gute Jugendarbeit

Menden ist Handballstadt und bietet als solche auch ein besonders attraktives Umfeld für besondere Handballveranstaltungen. Die Hönnestadt zählt zur Zeit etwa 65 Handball-Mannschaften in unterschiedlichen Vereinen – davon allein etwa die Hälfte bei der größten Spielgemeinschaft der Stadt: der HSG Menden-Lendringsen. Zeitweise kämpften gleich vier Teams aus dem Stadtgebiet in den Männer- und Frauen-Oberligen Westfalens um Punkte und Meisterschaften. Woche für Woche elektrisieren und begeistern diese Spiele weit mehr als 1000 Zuschauer. Und bei den von der HSG organisierten Großveranstaltungen neben dem Punktspielbetrieb wie Handballpartys und Sauerland-Cup ist ein großer Zuschauerzuspruch garantiert.

Mehr als 1000 begeisterungsfähige Fans kommen zu den Heimspielen.

Die 1. Damenmannschaft der HSG spielt in der 3. Bundesliga.

In der Saison 2010/2011 kreierten die Macher des HSG-Hallenmagazins »Heimspiel« eine Titelseite mit der Überschrift »Menden ist Handball – Handball ist Menden«. Dieser Leitspruch dokumentiert eindrucksvoll das Engagement der Handballer für Menden einerseits und die Identifikation der sportbegeisterten Mendener mit dem Handballsport auf der anderen Seite. Für die HSG ist dies Bestätigung und Anspruch zugleich, dieses Motto auch künftig mit Leben zu füllen.

Im HSG-Handball-Feriencamp bietet die HSG Kindern, die bisher noch keine Verbindung zum Handball hatten, die Möglichkeit, den Sport spielerisch kennen zu lernen.

Die HSG Menden-Lendringsen ist eine Handballspielgemeinschaft, bestehend aus den Stammvereinen SV Menden und DJK Saxonia Lendringsen. Mit mehr als 800 Vereinsmitgliedern gehört die HSG zu den größten Handballvertretungen in Südwestfalen. Mehr als 30 Mannschaften nehmen aktiv am Spielbetrieb teil. Neben einer ausgewogenen sportlichen Ausrichtung im Seniorenbereich – die Leistungsmannschaften spielen aktuell in der Oberliga Westfalen (Männer) und in der 3. Bundesliga (Frauen) – steht vor allem die Jugendarbeit der HSG Menden-Lendringsen im Fokus: Seit der Saison 2011/2012 stellt die HSG ebenfalls ein Team in der A-Jugend-Bundesliga.

In 22 Jugendmannschaften und drei Spielgruppen sind etwa 400 Kinder und Jugendliche im Alter von drei bis 18 Jahren in das Vereinsleben integriert. Dabei sind die Mannschaften von den höchsten deutschen Jugendspielklassen (Bundesliga, Regional- und Oberliga) bis in die unteren Ligen verteilt. Dies belegt, dass in der HSG der Spagat zwischen leistungs- und breitensportbezogenen Gedanken gelungen ist. Im HSG-Handball-Feriencamp bietet die HSG Kindern, die bisher noch keine Verbindung zum Handball hatten, die Möglichkeit, den Sport spielerisch kennen zu lernen.

Mit dem Sauerland-Cup seien die HSG und Menden eine Top-Adresse im deutschen Jugendhandball, urteilte sogar Ex-Bundestrainer Heiner Brand. 80 Mannschaften der A- und B-Jugend messen dabei in acht Großsporthallen ihre Kräfte. Bei den HSG-Handball-Partys duelliert sich die HSG mit Bundesligisten wie der SG Flensburg-Handewitt oder dem TBV Lemgo.

Menden ist Handball – Handball ist Menden

Romantik pur am Hexenteich

Wer Ruhe, Beschaulichkeit und mehr als nur einen Hauch Romantik sucht, ist am Mendener Hexenteich genau richtig. Klein, aber besonders fein, so ließe sich dieser schöne Flecken Erde mit wenigen Worten beschreiben. Rundwege um den Teich selbst und die umliegenden Wälder laden zu ausgedehnten Spaziergängen und Wanderungen ein. Die dem Teich seinen Namen gebende Zeit war leider weniger rühmlich. Ob eben genau dieses Gewässer zu Beginn des 17. Jahrhunderts der »Wasserprobe« diente, ist nicht hundertprozentig bewiesen. Damals wurden die Angeklagten, über Kreuz gefesselt und an ein Seil gebunden, ins Wasser geworfen. Schwammen sie oben, waren sie schuldig und wurden verbrannt, gingen sie unter, waren sie tot. Das war gestern. Heute wird viel mehr die Verbindung von Kunst und Kultur gelebt, und das in Form des beeindruckenden Skulpturenparks des serbischen Künstlers Mile Perad. Die Baumskulpturen symbolisieren die Ängste und stellen die Hoffnungen des Menschen und seinen Wunsch nach Frieden dar.

Burg Rodenberg bereits 1301 zerstört

Burg Rodenberg war einst Stammsitz des gleichnamigen Geschlechts, das auf Mendener Gebiet beträchtlichen Besitz besaß. Die Burg wurde vor 1249 auf einem nach Norden, Süden und Westen abfallenden Bergsporn oberhalb der Hönne errichtet.

Das Geschlecht der Rodenberger erwarb von den Grafen von Arnsberg die Freigrafschaft Menden. Weil es seine Rechte missbrauchte, nutzte der Kölner Erzbischof Siegfried von Westerburg die Gelegenheit, die Burg an sich zu reißen und mit eigenen Burgmannen zu versehen. Bereits 1262 erhob er vor diesem Hintergrund Menden zur Stadt, die allerdings nach der Schlacht von Worringen 1288 vorübergehend wieder zerstört wurde. Aus Geldmangel wurde die Burg an den Grafen von Berg verpfändet. Dieser gab sie an die Grafen von der Mark weiter.

Erst Erzbischof Wigbold von Holte gelang es, die Burg wieder unter erzbischöfliche Kontrolle zu bringen. Nur kurze Zeit später wurde das Areal 1301 von Graf Eberhard II. von der Mark erfolgreich belagert und zerstört. Zwar erteilte König Albrecht 1306 die Genehmigung zum Wiederaufbau, dieser blieb jedoch aus. Die Festungsfunktion übernahm die ummauerte und mit einer Stadtburg versehene Stadt Menden. Die Ruine ist das älteste erhaltene Bauwerk auf Mendener Stadtgebiet.

Burg Rodenberg wurde in den 1950er Jahren untersucht. Dabei wurde die zweiteilige durch ein Wall- und Grabensystem geschützte Anlage teilweise freigelegt. Im Westen des Bergsporns wurde ein größeres Gebäude entdeckt und gesichert. Experten vermuten, dass es sich dabei um den Palas der Anlage handelt.

1278 errichtete der Kölner Erzbischof übrigens auf dem nahegelegenen Fürstenberg eine weitere Burg, die ebenfalls mehrmals erobert und deshalb noch vor der Mitte des 14. Jahrhunderts endgültig aufgegeben wurde.

Die Ruine der Burg Rodenberg

An dieser Stelle wird der Palas der Burg Rodenberg vermutet.

Menden

Kräfte bündeln und neue Impulse setzen

Initiativkreis Mendener Wirtschaft will Stadt weiter zukunftsfähig machen

Der Initiativkreis Mendener Wirtschaft fördert seit 1995 die Zusammenarbeit von Bürgern, Unternehmen, der Verwaltung und der Politik. Denn mit vereinten Kräften lässt sich etwas in Menden bewegen und die Zukunft gestalten.

Im IMW sind heute mehr als 270 Mitglieder vertreten. Gemeinsam ist allen der Wunsch nach mehr Eigeninitiative in ihrer Stadt. »Gemeinsam möchte der Initiativkreis die Wünsche und Anliegen der Wirtschaft im Schulterschluss mit Politik und Verwaltung angehen, um Menden weiter voran zu bringen«, erklärt IMW-Vorstandssprecher Andreas Wallentin. »Wir sehen uns vor allem als Sprachrohr der Mendener Wirtschaft und engagieren uns regelmäßig für Projekte zur Verbesserung der Standortqualität und Infrastruktur. Dabei gilt unser Hauptaugenmerk selbstverständlich der Stärkung des Wirtschaftsstandortes Menden. Themen wie die Ausweisung weiterer Gewerbegebiete, Ausbildung und Wirtschaft und der Weiterbau der A 46 stehen neben den weichen Standortfaktoren dabei im Mittelpunkt.«

Durch verschiedene Initiativen werden Verbindungen geschaffen, die die Geschäftsbeziehungen der Mendener Unternehmen untereinander stärken. Jeder, der sich aktiv an der Gestaltung Mendens beteiligen möchte, kann Mitglied werden und Ideen, Visionen und Wünsche einbringen. Die Wohnqualität soll gesteigert werden, wozu auch verbesserte Freizeit-, Kultur- und Bildungsangebote gehören. Zur Erhöhung der Attraktivität Mendens trägt der IMW finanziell und ideell zur Stadtentwicklung bei. Die Innenstadt wurde zum Beispiel durch neue Straßenbeleuchtung, Blumenschmuck und den jährlichen Stadtverschöne-

Prof. Dr. Max Otte auf der Wilhelmshöhe in Menden; sitzend: Thilo Sarazzin und WP-Chefredakteur Stefan Hans Kläsener. Thema des vom IMW initiierten Abends: Europa braucht den Euro nicht(?)

Neu gestalteter »Alter Rathausplatz« in der Mendener Innenstadt

»Business at Lunch« bei der Firma DEDERICH Gase, Technik + Service in Menden

rungswettbewerb aufgewertet. Auch der Arbeitskreis Stadtmarketing, in dem sich Mitglieder verschiedenster Organisationen engagieren und regelmäßig Projekte anstoßen, und das in der Wirtschaftsförderungs- und Stadtentwicklungsgesellschaft Menden GmbH installierte professionelle Stadtmarketing wurden auf Anregung des IMW ins Leben gerufen.

Durch die Organisation und Durchführung von Kulturveranstaltungen wurde eine Plattform zur Begegnung für alle Bürger und ihre Gäste geschaffen. Hier ist an erster Stelle das seit 1995 stattfindende und weit über die Region hinaus bekannte Menden à la Carte mit seinem reichen kulinarischen und kulturellen Angebot zu nennen.

Die Veranstaltungsreihe »Business at lunch« holt Unternehmen aus unterschiedlichsten Wirtschaftsbereichen an einen Tisch, um den Informationsaustausch zu fördern: Bei vier Terminen pro Jahr können sich Firmen anderen Mitgliedern präsentieren. Dabei kommt es zu einem regelmäßigen Austausch über Innovationen, Zukunftsaussichten und Entwicklungen in unterschiedlichen Branchen. Im Stadtentwicklungskreis formulieren Politik, Verwaltung und Wirtschaft Konzepte, Strategien und Ziele für die weitere Entwicklung Mendens. Zur inhaltlichen Vorbereitung der Initiativen, Projekte und Gesprächsthemen im Stadtentwicklungskreis und um eine erfolgreiche Umsetzung zu gewährleisten, wurden vom IMW verschiedene Projektgruppen gebildet. Vor dem Hintergrund der demographischen Herausforderungen steht unter dem Motto »Menden 2025« auch der Erhalt und Gewinn von qualifizierten Arbeitskräften in der Hönnestadt mit auf der Agenda.
Weitere Informationen unter:
www.imw-menden.de

Beitrag von:
IMW – Initiativkreis Mendener Wirtschaft e.V.
Franz-Kissing-Straße 7
58706 Menden
Tel. (0 23 73) 92 60
Fax (0 23 73) 92 61 09
info@imw-menden.de
www.imw-menden.de

Eine gotische Hallenkirche im Herzen der Stadt

Kern der heutigen Pfarrkirche St. Vincenz stammt aus dem 14. Jahrhundert

Die Pfarrkirche St. Vincenz im Mendener Zentrum steht seit 1983 unter Denkmalschutz. Geweiht ist die alles überragende Kirche dem heiligen Vincenz und der heiligen Walburga. Möglicherweise hat früher die Verehrung der Walburga vorgeherrscht. Heute dominiert Vincenz. Die Pfarrei erstreckte sich ursprünglich über Menden hinaus bis nach Hemer und jenseits der Ruhr sogar bis nach Fröndenberg. Im Laufe des Mittelalters wurden zahlreiche Gemeinden »abgepfarrt«.

Vor dem heutigen Gotteshaus bestanden ältere Kirchenbauten. Den Anfang machte wohl eine einfache Saalkirche. Im Jahr 1200 bestand ein romanischer Hallenbau. Dieser wurde 1344 bei einem Überfall der Grafen von der Mark und von Arnsberg geplündert und stark beschädigt. Teile der älteren Kirche wurden in einen Neubau integriert.

Bei der heutigen St. Vincenz-Kirche handelt es sich im Kern um eine gotische Hallenkirche, die ab 1345 in der Amtszeit des Erzbischofs Walram entstanden ist. Der älteste Teil der Kirche ist der Westturm, der im Kern noch auf das 14. Jahrhundert zurückgeht. Dieser diente auch als Wehrturm. Äußeres Zeichen hierfür sind die schmalen Schießschartenöffnungen. Das Kirchenschiff stammt aus dem 15. Jahrhundert. Die Kirche ist dreischiffig und dreijochig mit runden Säulen. Die Fenster sind spitzbogig mit Maßwerk. Der Baustil der Kirche ist in dieser Form im kurkölnischen Westfalen eher selten.

1868 bis 1871 wurde die Kirche um das Querschiff und den Chor im spätgotischen Stil erweitert. Auch die Turmspitze wurde deutlich erhöht. Die Farbgestaltung, die Kirchenfenster und die Raumaufteilung wurden insbesondere im 19. und 20. Jahrhundert mehrfach stark verändert. In den 1970er Jahren haben die Verantwortlichen das Innere in Folge des Zweiten Vatikanischen Konzils in einem eher schlichten Stil umgestaltet.

Das Innere enthält einen hölzernen Altar von 1628. Es handelt sich um einen Säulenaufbau mit Figuren und Reliefs. Hinzu kommt eine Madonnenfigur aus bemaltem Eichenholz. Sie stammt aus der Zeit um 1460. Zur Ausstattung gehört auch ein gotisches Triumphkreuz. Vier Heiligenfiguren aus dem Barock sind 2009 an Säulen rund um das in der Mitte des Kirchenschiffs aufgestellte Taufbecken gruppiert.

Teile des ursprünglichen Hochaltars wurden ebenfalls 2009 im Kirchturm identifiziert. In der Turmkapelle befindet sich eine Kreuzigungsgruppe aus dem 18. Jahrhundert. Es gibt drei Glocken mit Inschriften. Die St. Michaels-Glocke stammt von 1767, die St. Gabriel-Glocke ist aus dem Jahr 1638 und die St. Raphaels-Glocke wird auf 1628 datiert.

Die große Orgel von St. Vincenz

St. Vincenz in Menden

Im Inneren der Kirche ist auch eine Madonnenfigur aus bemaltem Eichenholz zu finden.

Menden

Menden – industriegeschichtlich ein Schrittmacher Südwestfalens

Auch die ersten Wasserscheinwerfer wurden in der Hönnestadt entwickelt

Bei R. & G. Schmöle waren seinerzeit nur Gruppenbeziehungsweise Belegschaftsbilder ohne Damen möglich.

Insbesondere ein gesunder Mittelstand macht Menden zu einem starken Wirtschaftsstandort. Produkte aus Kalk, Metall und Kunststoff werden in der Hönnestadt weiterverarbeitet und gehen in alle Welt, im Schwerpunkt an die Elektrotechnik und in den Automotive-Bereich. Sowohl Firmen von Weltruf als auch eine Vielzahl mittelständischer Betriebe, wovon sich mehr als 260 Unternehmen im Initiativkreis Mendener Wirtschaft zusammengeschlossen haben, prägen das Bild. Unterstützt werden die Unternehmen von der 1998 gegründeten Wirtschaftsförderungs- und Stadtentwicklungsgesellschaft Menden (WSG) und der Stadt Menden. Aufgrund zahlreicher Innovationen ist der technische Standard hoch. Das Know-how des modernsten Blitzforschungszentrums Europas sowie die Katalysatoren- und die Lichttechnik gehen in die ganze Welt.

Menden verfügt über rund 23 000 Arbeitsplätze. Der größte Anteil davon entfällt auf das verarbeitende Gewerbe, gefolgt von Handwerk, Handel und dem Dienstleistungsbereich. Ansiedlungsinteressierten Unternehmen steht ein großes Angebot an Arbeitskräften zur Verfügung. Die Mendener Unternehmen nehmen ihre Verantwortung für den Ausbildungsbereich äußerst ernst. Viele Akteure engagieren sich in den verschiedensten Projekten wie dem Mendener Modell, dem Forum Schmelzwerk oder dem Projekt 25-plus. Sie veranstalten Ausbildungstage, um die Schülerinnen und Schüler schon zu Schulzeiten auf die berufliche Ausbildung vorzubereiten.

Orientalische Kultgefäße der Firma Tekla

Menden

Mendens Industrie prägt die Stadt entscheidend. Industriekulturell betrachtet waren die Mendener Unternehmer echte Pioniere und Menden galt als Schrittmacher für die industrielle Entwicklung der gesamten Region. Über viele Jahrzehnte war Menden ein bedeutendes Zentrum der Metall verarbeitenden Industrie. Gleichzeitig prägen bedeutende Unternehmen noch heute das Leben in der Stadt. Eine Reihe von Firmen blickt selbst auf eine zum Teil mehr als 100-jährige Geschichte zurück.

Aufgrund seiner Lage nah am feindlichen märkischen Gebiet ließen die Verantwortlichen Menden im Mittelalter zur kurkölnischen Grenzfeste ausbauen. Die Pflicht zur entsprechenden Ausrüstung der Stadt drängte schon früh einzelne Gewerbezweige dazu ihre handwerklichen Leistungen durch die Ausnutzung der Wasserkraft von Hönne und Oese zu erhöhen. 1613 gab es im Stadtgebiet bereits sechs Mühlenanlagen. Später erwies sich die Wasserkraft der Hönne als entscheidend für die Ansiedlung bedeutender Industriebetriebe der Metallverarbeitung. Die Nadelfabrikation nutzte mit einer Schleif- und Schauermühle zu Beginn des 18. Jahrhunderts diese Antriebskraft. Die Zeit von 1850 und 1872 ist von der Entwicklung der Mendener Messingwerke gekennzeichnet.

Seit vielen Jahrhunderten war die benachbarte Grafschaft Mark eine klassische Stätte der Eisengewinnung und -verarbeitung. Die geologische Voraussetzung für das Aufkommen der heimischen Eisenindustrie bildete der Massenkalkzug von Hagen über Iserlohn Richtung Deilinghofen, der bei Oberrödinghausen in den Mendener Raum vorstößt. 1751 wurde die »Rödinghauser Eisenfabrique« des Max Theodor von Dücker mit Bergwerken, einem Hochofen und zwei Frischfeuern mit den dazugehörigen Hammerwerken erwähnt.

Schwerstarbeit im alten Menden am Hammer

Carl Schmöle

1721 ließ Bernhard Adolf von Dücker in Rödinghausen einen Drahtzug einrichten. Um die notwendigen Fachkenntnisse zu bekommen, hatte er den Drahtzieher Bomnüter aus Altena entführen lassen. Alle Versuche der Altenaer, den Drahtzieher unter Zusicherung von Straffreiheit zurückzugewinnen, scheiterten. Um zu verhindern, dass die märkischen Kenntnisse des Drahtziehens in den kurkölnischen Raum gelangten, ließ der Magistrat zu Altena bei einem Überfall die Drahtrolle zerstören, den Drahtzieher in ihre Stadt zurückbringen und in den Kerker unter der Burg sperren, wo er ein Jahr später starb.

Das seit 1790 aufblühende Textilgewerbe bot einen Ersatz für den Rückgang der Nadelindustrie und entwickelte sich zu einem der bedeutendsten Mendener Wirtschaftszweige.

Mit Industriepionieren wie Theodor von Dücker und Carl Schmöle, mit der Einrichtung einer der ersten unterschlächtigen Blechwalzen Westfalens und der Einführung des Puddlingsverfahrens erwies sich Menden industriegeschichtlich als Schrittmacher für die Entwicklung Südwestfalens. Theodor von Dücker war dabei ein wahrer Industriepionier. Carl Schmöle betrieb im 19. Jahrhundert gemeinsam mit seinem Vater eine Ketten- und Schnallenschmiederei in Iserlohn. Er beschloss, zusammen mit seinem Stiefbruder Wilhelm Romberg eiserne Geschirr- und Wagenbeschlagteile selbst herzustellen. Die Notwendigkeit, mit Anwendung stärkerer Antriebsenergien zu größeren Leistungen zu kommen, führte 1834 zum Bau des Walzwerkes und Drahtzuges in Hönnenwerth bei Menden. Schmöle gehörte zu jenen Unternehmern, die Menden von Iserlohn aus industriell kolonialisiert hatten. Sein patriarchalisches Verhältnis zu den Arbeitern war, bedingt durch sein religiöses Selbstverständnis, von hohem sozialem und gesellschaftlichem Engagement geprägt.

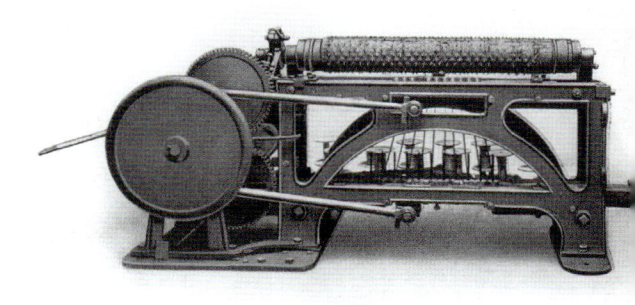

Älteste deutsche Flechtmaschine, erbaut 1879.

Die älteste deutsche Drahtflechtmaschine aus dem Jahr 1879 stammt aus Menden.

1853 erfolgte die Auflösung des alten »Fabrik- und Handlungsgeschäftes« Schmöle & Romberg in Iserlohn. Das Unternehmen in Menden, das den beiden Söhnen Schmöles, Rudolf und Gustav, durch das Los zufiel, erhielt die Firmenbezeichnung R. & G. Schmöle. Auch 1887 brachte die Reorganisation des deutschen Heeres neue große Aufträge. Noch vor der Jahrhundertwen-

Menden

Drathwalze und Puddlingswerk zu Rödinghausen. (Von Ost.)

Drahtwalze und Puddlingswerk zu Rödinghausen

de wurden die ersten Schraubenmaschinen aufgestellt. 1904 errichtete Schmöle eine Strangpresse für nahtlose Messing- und Kupferrohre. Von Menden eroberte dieses, die Rohrfertigung wesentlich vereinfachende Verfahren, die Welt. In den folgenden Jahren wurde das firmeneigene Laboratorium zur »Brutstätte systematisch-fortschrittlicher Halbzeugentwicklung«. Nach dem Krieg bildeten Walzwerk, Rohrwerk und Fertigwarenerzeugung die unternehmerischen Schwerpunkte. 2002 stellte die Firma R. & G. Schmöle den Betrieb ein.

1827 wurde von dem Iserlohner Handelshaus Kissing & Möllmann das Neuwalzwerk Bösperde errichtet. Der zuerst aufgenommene Hauptfabrikationszweig war das Walzen von Eisendraht. Um 1840 ging man zur Drahtzieherei über. Das Neuwalzwerk zählte zu den sieben ältesten Drahtwalzwerken in Rheinland und Westfalen. Ab 1864 wurde die Erzeugung von Drahtgeweben und -geflechten ausschlaggebend für die Entwicklung des Werkes. 1879 wurde in Bösperde die erste Drahtgeflechtmaschine Europas konstruiert.

Die Mendener Leuchtenindustrie entwickelte sich aus der Metall verarbeitenden Industrie und nicht aus dem Elektrogewerbe. Bereits um 1830 wurden im Mendener Wirtschaftsraum Lampen und Leuchter und als notwendiges Zubehör Lichtputzscheren aus Messing hergestellt. Um 1853 begab man sich an die Anfertigung von Wagenlaternen und Wagenlampen. Mit der Verwendung von Erdöl zu Leuchtzwecken verlagerte sich aber die Herstellung von Lampen ausschließlich in das benachbarte Neheim. Wahrscheinlich war die Mendener Messingindustrie als Lieferantin von Blechen oder gedrückten Einzelteilen für die Neheimer Lampenfabrikation tätig. Der Bedarf der Industrie an gusseisernen Vorfabrikaten für Petroleumhängeleuchten führte 1890 zur Gründung der Eisengießerei Rödinghausen KG, die sich als Lampenfabrik bezeichnete. 1912 begann der Unternehmer Lenze (heute Trilux) in Menden mit der Fertigung von Rohrpendel- und Rohrwandleuchten für Gas und elektrisches Licht.

1947 entwickelte Heinrich Gantenbrink die erste Außenleuchte, die im Punkt-Schweiß-Verfahren auf industrielle Art hergestellt werden konnte. Bis dahin waren Außenleuchten teure handwerkliche Fertigungen und daher wenig verbreitet. Zusammen mit seinem Bruder Bruno gründete Heinrich die Leuchtenfirma BEGA. Nun eroberte sich die Außenleuchte Hausfassaden, Vorgärten und Straßenräume, wobei die Gebrüder Gantenbrink von Anfang an größten Wert auf das Design der Leuchten legten.

Bereits in den 1860er Jahren wurde in der Firma BEGA der Lichtbaustein erfunden. Auf den Begriff »Lichtbaustein« ebenso wie auf die »Pollerleuchte«, das »Lichtgitter« und die »Bausteinleuchte« erhielt das Unternehmen ein Patent. Weitere Entwicklungen, mit denen die Firma weltweit bekannt wurde, waren Bodenleuchten und Unterwasserleuchten. Im Hause BEGA entstanden die ersten Gartenleuchten mit Erdspieß, die ersten Unterwasserscheinwerfer sowie die ersten Scheinwerfer für ortsfeste und ortsveränderliche Montage. Die ersten Leuchten für Schiffe werden in den 1870er Jahren ebenfalls dort produziert. Eine neue Möglichkeit, Glas mit Metallteilen aus Aluminiumdruckguss zu verbinden, ließ eine neuartige Leuchtengruppe entstehen, die heute an vielen Bauwerken der Weltarchitektur zu finden ist. Derzeit ist die Firma BEGA Hersteller der fortschrittlichsten und wohl größten Außenleuchtenkollektion.

Schon zu Beginn des 20. Jahrhunderts gab es in Menden viele Firmengründungen, die in den folgenden Jahrzehnten zwei Weltkriege zu überstehen hatten. Einen weiteren Gründungsboom gab es in der Jahren des Wirtschaftswunders. Neben Kinderwagen, Haushaltsgeräten, Töpfen, Armaturen, Devotionalien und zahlreichen Artikeln aus Metall und nun auch aus Kunststoff wurden in Menden auch Nylon-Strümpfe hergestellt.

Jutta Törnig-Struck
Museum Menden für Stadt- und Kulturgeschichte

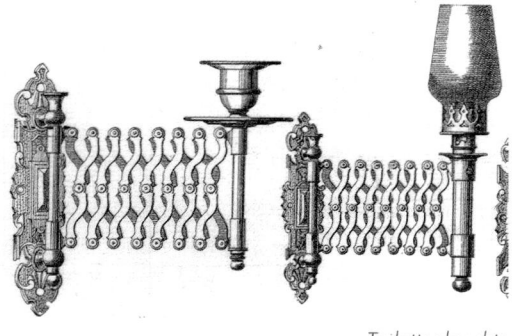

Toilettenleuchte

Rheinkalk-Werk Hönnetal

Eines der modernsten Kalkwerke Europas

Die mehr als 110-jährige Geschichte des Rheinkalk-Werkes Hönnetal ist eng verbunden mit der Stahlindustrie an Ruhr und Sieg. Die zunehmende Bedeutung von Kalk für deren Produktion führte 1896 zur Gründung des Werkes. Damals ist es übrigens nicht, wie viele Produktionsstätten, aus zahlreichen kleineren Betrieben entstanden, sondern es wurde von Anfang an geplant und durchdacht. So entstand das Kalkwerk nicht auf dem Gestein, sondern neben der Lagerstätte. Seit seiner Gründung profitiert das Werk Hönnetal von der ausgezeichneten Qualität und der Größe des Naturvorkommens.

Im Märkischen Kreis, fünf Kilometer südlich von Menden in Oberrödinghausen, befindet sich mit dem Werk Hönnetal eines der größten und modernsten Kalkwerke Europas. Heute gehört es zur Rheinkalk-Gruppe, die wiederum ein bedeutender Teil des belgischen Lhoist-Konzerns, des größten Kalkherstellers der Welt, ist. Im Hönnetal werden heute mehr als 15 Prozent des deutschen Kalkbedarfs produziert. Beschäftigt sind dort etwa 160 qualifizierte Mitarbeiter. Hinzu kommt eine moderne Lehrwerkstatt mit mehr als 60 Ausbildungsplätzen.

In hochmodernen Brennöfen werden im Hönnetal täglich etwa 2500 Tonnen Kalk für den Einsatz in der Stahlindustrie, Bauwirtschaft, Chemie und Umweltschutz produziert. Alle Produkte unterliegen einer ständigen Qualitätskontrolle nach ISO 9001. Neben der traditionellen Ausrichtung auf die Eisen- und Stahlindustrie werden zunehmend neue Anwendungsbereiche ausgebaut. Trinkwasseraufbereitung, Wasser/Abwasser- und Schlammbehandlung sowie Luftreinhaltung sind deshalb schon fast klassische Anwendungsbereiche für viele innovative Kalkprodukte aus dem Hönnetal.

Und das Werk produziert nicht nur für den Umweltschutz, es praktiziert ihn auch aktiv. Hochmoderne Entstaubungsanlagen reduzieren die Emission auf ein Minimum. Hinzu kommen beträchtliche Maßnahmen zur Geräuschreduzierung. Von zentralen Leitständen aus wird die strikte Einhaltung der Grenzwerte überwacht.

In Kalksteinabbaugebieten beginnt die Konzeption der Folgenutzung bereits vor dem Abbau. Man ist im Hönnetal in der Lage, nach Abbauende die Steinbrüche, Halden und Klärteiche zu renaturieren und in die bestehende Landschaft ökologisch zu integrieren. Auch die Öffentlichkeit nimmt lebhaften Anteil am Werksgeschehen, nicht zuletzt wegen der weitgehenden Maßnahmen zu Landschaftsschutz und Heimatpflege. Das Werk Hönnetal ist und bleibt ein zuverlässiger Partner in der Region.

Klärteich im Steinbruch Asbeck

Moderne Kalkofenanlage

Beitrag von:
Rheinkalk GmbH · Werk Hönnetal
Kalköfenstraße 20 · 58710 Menden
Tel. (0 23 79) 9 20 · info@rheinkalk.de

Nachrodt-Wiblingwerde

1907 entstand liebenswerte Doppelgemeinde
Bereits zur Zeit Karls des Großen siedelten Menschen auf Wiblingwerder Gebiet

Auf Wiblingwerder Gebiet siedelten bereits im 9. Jahrhundert Menschen. Das belegen Bodenfunde. Wahrscheinlich zur Zeit Karls des Großen wurden dort eine Kapelle und ein Curtis gegründet. Ein Curtis hatte in karolingischer Zeit regelmäßige Zahlungen an den königlichen Hofstaat zu dessen Versorgung zu leisten. Das Gebiet der heutigen Gemeinde Nachrodt-Wiblingwerde ist etwa deckungsgleich mit dem Kernbereich des alten Kirchspiels Wiblingwerde. Die sprachliche Entwicklung des Ortsnamens »Wiblingwerde« legt nahe, dass es sich dabei zur Zeit der sächsischen Besiedlung um einen befestigten Ort in einer Kette von Befestigungen gehandelt hat. Die schriftlichen Zeugnisse zur Frühgeschichte fielen im Mittelalter leider Brandkatastrophen zum Opfer.

Etwa vom Jahr 1000 an eine eigene Kirchengemeinde im Dekanat Lüdenscheid, bestand das Kirchspiel aus dem Zentrum Wiblingwerde und vielen zugeordneten Hofanlagen, aus denen sich im Laufe der Jahrhunderte zum Teil Weiler und Ortschaften entwickelten. Die Einzelhöfe im Lennetal kamen zu den Tafelgütern der Landesherren von der Mark mit Sitz auf der Burg Altena und wurden erstmals 1352 unter der Bezeichnung »Kelleramt« genannt. Sie wurden durch Kriegswirren und Feuersbrünste vernichtet.

Im 13. Jahrhundert errichteten die Wiblingwerder die Johanneskirche, wahrscheinlich als Nachfolgerin der alten Kapelle. Das Dorf tauchte 1316 im Abgabenverzeichnis an die Kölner Kirche, dem »liber valoris ecclesiarum Coloniensis deioeccesis«, auf. Zu den Flecken im Sauerland, die König Ludwig der Bayer dem Grafen Dietrich von Kleve 1317 als Lehen übertrug, zählte auch das »curtem dictam Web(elg) engwerde«.

Am 29. Dezember 1709 brannte fast ganz Wiblingwerde nieder. Auch das Pfarrhaus, das Dach und die Turmspitze der Wiblingwerder Kirche wurden ein Opfer der Flammen. Daher sind aus der Zeit davor nur noch wenige schriftliche Dokumente erhalten geblieben. Bis 1830 wurde in Wiblingwerde der 29. Dezember als Brandbettag begangen.

Die Grundschule in Wiblingwerde

Nachrodt-Wiblingwerde

Die evangelische Kirche in Nachrodt

Die katholische Kirche St. Josef in Nachrodt

Und weiter unten? Eine erste Erwähnung der Ortschaften im Lennetal stammt von 1423, als der Hof Einsal genannt wurde, der Hof Obstfeld wurde 1510 erwähnt. Die größten Höfe im 17. Jahrhundert waren das Kelleramtsgut Opperhusen und Helbecke (zwischen Opperhusen und Einsal). Das ist 1666 sicher belegt. Ein Vorläufer, »älteres Haus Helbecke«, soll bereits 1535 bestanden haben.

Die erste urkundliche Erwähnung des Hauses Nachrodt erfolge 1600 in einem Verzeichnis der Freigüter im Kelleramt. 1890 wurde die Verwaltung des Amtes Altena nach Haus Nachrodt verlegt. Damit war die Namensgebung bei der Gründung der Gemeinde Nachrodt-Wiblingwerde für den Gemeindeteil im Lennetal progammiert. Von 1860 bis 1866 war der Dichter, Komponist, Liedersammler, Naturforscher und Erzieher Anton Florentin von Zuccalmaglio Privatlehrer der Familie von Löbbecke auf Haus Nachrodt. Dort starb er auch 1869. Das Grabmal steht heute auf Burg Altena. Sein wohl bekanntestes Lied, »Kein schöner Land in dieser Zeit«, entstand 1838 und wurde zum Heimatlied von Nachrodt-Wiblingwerde.

Am 1. April 1907 wurde in Preußen durch königlichen Erlass das damals bestehende Amt Altena aufgelöst und die beiden amtsangehörigen Gemeinden Kelleramt und Wiblingwerde bildeten die neue amtsfreie Gemeinde Nachrodt-Wiblingwerde.

Das Amtshaus in Nachrodt

Namensgeber Haus Nachrodt

Das Gut Nachrodt lässt sich seit 1600 urkundlich nachweisen. Die heutigen Gebäude wurden wahrscheinlich im 18. und 19. Jahrhundert errichtet. Bedeutsam sind das klassizistische Herrenhaus mit den beiden Nebengebäuden, ein massives Bauhaus und ein Fachwerkhaus im Stil des westfälischen Bauernhauses. Der weitläufige Park zwischen Lenne und Hagener Straße ist mit seinem alten erlesenen Baumbestand über die Grenzen des Märkischen Kreises hinaus eine Seltenheit. Bei der Bildung der Gemeinde Nachrodt-Wiblingwerde 1907 war das Haus Nachrodt Namensgeber für den Gemeindeteil im Lennetal.

In der Heimatstube wird Geschichte lebendig

Die Heimatstube in Wiblingwerde wurde 1990 ihrer Bestimmung übergeben. In ehrenamtlicher Arbeit war aus dem ehemaligen Feuerwehrgerätehaus an der Grundschule unter Einbeziehung eines Anbaus ein Heimatmuseum entstanden. Dort wird Geschichte greifbar und Brauchtum lebendig. Das Motto des heimischen Verkehrsvereins, der für den Aufbau der Heimatstube verantwortlich zeichnet: »Blicke in die Vergangenheit, so wird die Gegenwart verständlich, und du wirst lernen, was die Zukunft fordert.« Wer durch die bäuerlich eingerichteten Räume schlendert, erfährt viel über die Industriegeschichte der Gemeinde, über bäuerliches Wohnen vom 19. Jahrhundert an sowie über kunsthandwerkliches Schaffen im Dorf. Er sieht bäuerliche wie handwerkliche Arbeitsgeräte. Übers Jahr verteilt bietet der Verkehrsverein verschiedene Sonderveranstaltungen an, die immer wieder einen Einblick in das Leben früherer Generationen auf dem Land geben. Auf Wunsch finden in der Heimatstube standesamtliche Trauungen statt. Das Foto zeigt den 1597 erbauten Kornspieker (Kornspeicher) neben der Heimatstube.

Hof Dümpel an der Grenze zu Iserlohn

Der Hof Dümpel war ursprünglich einer von 35 bis 40 Höfen, die um 1300 das Kelleramt der Burg Altena bildeten. Von den zwei Wohn- und Wirtschaftsgebäuden wurde der Bruchsteinbau im 18. Jahrhundert und der Fachwerkbau laut Inschrift 1772 gebaut. Den Längsdielen-Hallenhäusern mit Giebelverbretterung sind jeweils eingeschossige Wohnhäuser aus Fachwerk sowie offene Wagen- und Geräteschuppen zugeordnet. Die Wohnhäuser waren wohl seinerzeit Landarbeiterhäuser. Sie wurden in der Mitte des 19. Jahrhunderts errichtet. Spannend heute: Der Häuserkomplex liegt unmittelbar an der Grenze von Nachrodt-Wiblingwerde zu Iserlohn. Mitten durch das Häuserareal verläuft die alte Grenzmauer. Die unmittelbaren Nachbarn sind also Bürger zweier Kommunen.

Kein schöner Land in dieser Zeit

Halb-Nachrodter Anton Wilhelm von Zuccalmaglio verantwortlich für populäres Volkslied

Anton Wilhelm Florentin von Zuccalmaglio kam 1803 in Waldbröl zur Welt. Der Mann war deutscher Heimatschriftsteller und Volksliedforscher, Dichtermusiker und Komponist. Er starb 1869 dort, wo er einige Jahre lebte und wo er sein wohl populärstes Volkslied »Kein schöner Land in dieser Zeit« zu Papier brachte: in Nachrodt.

1825 begann Zuccalmaglio zusammen mit seinem Bruder Vinzenz ein Studium der Rechtswissenschaften in Heidelberg. Dort begegnete er einem der größten Juristen seiner Zeit, Prof. Anton Friedrich Justus Thibaut, der seinen weiteren Lebensweg entscheidend beeinflusste. Thibaut unterhielt in seiner Freizeit einen Singverein, in dem er neben Kirchenmusik auch internationale Volkslieder singen und spielen ließ. Zuccalmaglio machte mit und wurde wegen seiner mythologischen Schwärmereien schon bald der »Große Wodan« genannt. Um seine Herkunft deutlich zu machen, gab er sich selbst den Namen »Wilhelm von Waldbrühl« – nach seinem Geburtsort Waldbröl. Als Privatlehrer zog es ihn später ins Rheinland und nach Westfalen. Von 1860 bis 1866 war Zuccalmaglio Privatlehrer der Familie von Löbbecke auf Haus Nachrodt.

Zuccalmaglio hatte schon in jungen Jahren zusammen mit Vinzenz mit der Sammlung von Volksliedern begonnen. In einer Zeit als Privatlehrer in Warschau lernte er den Herausgeber August Kretzschmer kennen, der ebenfalls Sammler von Volksliedern war. Noch zu Lebzeiten Kretzschmers gaben beide 1838 den ersten Band »Deutsche Volkslieder« mit 317 Titeln heraus. Zwei Jahre später brachte Zuccalmaglio ein zweites Werk mit weiteren 382 Volksliedern heraus, die er selbst gesammelt hatte. Auf den Seiten 494 und 495 veröffentlichte er, mit der Nr. 274 überschrieben, als »Abendlied« die Weise »Kein schöner Land in dieser Zeit«.

Heftige Kritik hagelte es von Ludwig Erk. In diesem Werk könnten zahlreiche Lieder als »eingeschwärzte und nie vom Volke gesungene Melodien« angesehen werden. Es handele sich vielfach um Text- und Melodienverfälschungen. Franz Magnus Böhme stimmte ein, es handele sich um ein Machwerk und nicht um Volksgut. Erst Walter Wiora jedoch setzte sich in seinem Buch »Die rheinisch-bergischen Melodien« bei Johannes Brahms mit Nachdruck für eine Rehabilitation Zuccalmaglios ein. Er zitierte dort Brahms, der die Kritik an Zuccalmaglio zurückgewiesen hatte und den romantischen Gehalt seiner Werke lobte: »Die Auswahl ist mit feinem poetischen Blick gemacht und gibt Vieles, was bisher unbekannt war ... Hier weht frisches poetisches Leben.«

Nach der Veröffentlichung von »Kein schöner Land« 1912 im Liederbuch »Unsere Lieder« des Österreichischen Wandervogels etablierte sich das Lied schnell in der Wandervogelbewegung. Die Menschen sangen es am Lagerfeuer und sorgten so für eine weitere Verbreitung in der Jugend- und Singbewegung. Die hohe Popularität des Liedes schlug sich bereits in den 1920er Jahren in einer Anzahl von Umdichtungen zur traditionellen Melodie nieder. So existieren eine sozialistische Variante von 1929 und eine etwa gleichzeitige Fassung für evangelische Mädchen- und Frauenkreise. Das in Nachrodt entstandene Lied findet sich bis heute in nahezu allen Sammlungen traditioneller deutschsprachiger Lieder. Auf Burg Altena steht im Innenhof ein Gedenkstein, der an Anton Wilhelm Florentin von Zuccalmaglio erinnert.

Buchtitel »Deutsche Volkslieder mit ihren Original-Weisen« von Anton Wilhelm von Zuccalmaglio aus dem Jahr 1840

Anton Wilhelm Florentin von Zuccalmaglio starb 1869 in Nachrodt.

Der Zuccalmaglio-Gedenkstein auf Burg Altena

Neuenrade

Neuenrade

Schmucke Stadt an Hönne und Kohlberg

Gesunde Wirtschaft und umfangreiches Freizeitangebot in Neuenrade

Die Grafen von der Mark gründeten die Stadt Neuenrade als Befestigung gegen die Grafschaft Arnsberg als »Plansiedlung«. Entsprechend wuchs die Stadt auch lange einwohnermäßig nicht wirklich gut. Die heutige Stadtstruktur geht auf diverse Eingemeindungen zwischen 1969 bis 1975 zurück. Die Stadt besteht aus fünf Ortsteilen. Neben dem Ortskern Neuenrade mit rund 9000 Einwohnern sind dies Küntrop (1500), Affeln (1300), Altenaffeln (550) und Blintrop (350). Dank seiner topographischen Lage und der waldreichen Flächen ist die Stadt ein Paradies für alle Wanderer und Spaziergänger.

Kunst am Bau

Neuenrade liegt im Osten des Kreises an der Grenze zum Hochsauerland im oberen Tal der Hönne. Die Hönne entspringt im Westen der Stadt an der Südflanke des Großen Attigs (512 Meter). Sie fließt in nordöstlicher Richtung durch das Stadtgebiet und verlässt es nordwestlich von Küntrop. Entsprechend ist Neuenrade auch der südliche Endhaltepunkt der Hönnetalbahn, die über Balve und Menden bis Unna führt.

In Neuenrade stehen heute etwa 4000 Arbeitsplätze zur Verfügung. Die Neuenrader Wirtschaft dominieren Kleinbetriebe und mittelständische Unternehmen. Durch eine günstige Topographie hat Neuenrade einen hohen Wohn- und Freizeitwert und ist eine lebendige Kleinstadt, deren Lebensgrundlage eine positive Wirtschaftsstruktur ist. Diese wird durch Industrie, Handel und Handwerk geprägt. Nicht zuletzt dank der inzwischen touristischen Ausrichtung der Stadt verfügt das kleine Zentrum über ein beachtliches Sortiment von Gasstätten und Einzelhändlern. Neben dem Rathaus an der Alten Burg liegt der schöne Stadtgarten mit einem großen Kinderspielplatz.

Neuenrade birgt schmucke Ansichten.

In Neuenrade

Der Neuenrader Einzelhandel ist am örtlichen Bedarf orientiert.

237

Neuenrade

In Neuenrade

Höchste Erhebung im Stadtgebiet ist der 513,7 Meter hohe Kohlberg mit dem Quitmannsturm. Das Gebiet rund um den Kohlberg wird für verschiedene Wintersportarten genutzt. Weitere Erhebungen sind die Homert (511,2 Meter) etwa zwei Kilometer südlich von Altenaffeln und der Kleine Hemberg (501 Meter) östlich der Homert.

Blick von der Durchgangsstraße in die Neuenrader Altstadt

Die katholische Pfarrkirche St. Marien Heimsuchung

Neuenrade bietet ein breit gefächertes Sportspektrum, das von Wandern, Reiten, Fliegen, Mountainbiken, Tennisspielen und vielem mehr bis hin zum Skifahren reicht. Es existieren viele Möglichkeiten, in Musik- und anderen Vereinen aktiv zu sein und für die eigene Gesundheit und das Wohlbefinden etwas zu tun. Das Waldstadion und seine angeschlossenen Sportanlagen liegen im Süden des Ortskerns.

Küntrop als zweitgrößter Stadtteil im Osten der Stadt ist locker besiedelt mit Reihenhäusern und mehreren hübschen Bauernhöfen in den Außenlagen. Besucher lockt dort der Flugplatz des LSV Werdohl an. Magnetwirkung besitzt im zeitigen Frühjahr das Neuenrader »Getrüdchen«.

Der Neuenrader Stadtbrunnen

Der Lüdenscheider Metallplastiker K.-T. Neumann schuf den 1990 fertig gestellten Stadtbrunnen in der Altstadt. Der Brunnen dokumentiert auf insgesamt acht Tafeln wesentliche Ereignisse der Neuenrader Stadtgeschichte. Zu sehen ist auch, wie Graf Engelbert III. von der Mark 1355 Neuenrade die Stadtrechte verlieh.

Gertrüdchenmarkt lockt nach Neuenrade

Das erste große Fest des Jahres im Märkischen Kreis ist so alt wie die Stadt selbst

Wenn das nicht Tradition vom Allerfeinsten ist: Das Neuenrader Aushängeschild Getrüdchen ist genauso alt wie die Stadt selbst. Ein Blick zurück: Am 25. Juli 1355 verlieh Graf Engelbert III. von der Mark der Ansiedlung Rode die Stadtrechte. Gleichzeitig wurde in jener Urkunde der Stadt zugestanden, drei Jahrmärkte abzuhalten. Diese Urkunde ist der Grundstein für den alljährlich um den 17. März (Gertrudis) stattfindenden Viehmarkt, der von den Neuenradern nur liebevoll Gertrüdchen genannt wird.

Der Viehmarkt entwickelte sich im Laufe der Jahre zu einem weit über die Stadtgrenzen hinaus bekannten Pferde-, Kram- und Jahrmarkt, kurz: zu einem Volksfest. Diese Tradition hat bis heute unverändert Bestand. Bis Anfang dieses Jahrhunderts diente Getrüdchen auch insbesondere als Pferdemarkt.

Nur auf Gertrüdchen wird der legendäre Gertrudenschnaps in und an der Gertruden-Apotheke ausgeschenkt. Seinen Ursprung hat das Getränk bereits im 18. Jahrhundert, als der Provisor Franz Vigelius den besonderen Tropfen brannte. Die Herstellung des Branntweines wird vom jeweiligen Apotheker bis heute fortgesetzt. Das Aufsuchen der Gertrudenpassage zum Kosten des »Buba-Bitter« ist ein Muss für jeden Besucher. Ein Traditionsessen darf dann auch nicht fehlen: Sauerkraut mit weißen Bohnen, Mettwurst und Speck, dazu ein frisch gezapftes Sauerländer Pils.

Alljährlich werben in den letzten beiden Wochen vor Gertrüdchen die Stadtsoldaten in traditioneller Uniform auf den Wochenmärkten der Umgebung für das Gertrüdchen. Mit einer Glocke wird um das Gehör der Wochenmarktbesucher gebeten. Anschließend verliest der Ausrufer eine Bekanntmachung: »Die Bevölkerung wie auch die Nachbarn sind herzlich eingeladen.«

Der offizielle Start jedes Gertrudenmarktes findet am Samstag um kurz vor 10 Uhr statt. Viele Menschen finden sich hierzu rechtzeitig auf dem Festplatz ein und verfolgen den Auftakt. Auf dem Balkon des Rathauses gibt der Ausrufer zur Eröffnung des Marktes in Anwesenheit des Bürgermeisters und des für das Fest verantwortlichen Gertrudenkomitees kund: »Auf dem Wall ist für Kurzweil und Kirmes gesorgt. Schnaps und Bier werden in Maßen angeboten. Abends wird zum Tanz in den Schankwirtschaften aufgespielt.«

Für Musik beim traditionellen Festakt sorgen der Musikverein Neuenrade und der MGV »Liedertafel« Neuenrade. Pünktlich um 10 Uhr ertönt ein dreifacher Peitschenknall, mit dem der Gertrudenmarkt eröffnet ist.

Fröhliches Treiben findet dann nicht nur auf dem Kirmesgelände an den Fahrgeschäften und den Los-, Schieß- und Spielbuden statt, sondern auch auf der angrenzenden Park- und Gartenanlage auf dem Wall. Dort finden die Besucher mehr als 50 Marktstände. Für das leibliche Wohl sorgen Reibekuchen, Fisch, Pizza oder Waffeln.

Gertrüdchen ist längst nicht nur ein Fest für Neuenrade und ehemalige Neuenrader, die zu diesem Anlass immer wieder gern in ihre Heimatstadt kommen. Viele Menschen aus der Umgebung besuchen jedes Jahr gern das erste Volksfest des Jahres im Märkischen Kreis.

»Gertrüdchen« in Neuenrade ist kreisweit das erste große Volksfest im Jahr.

Viele tausend Besucherinnen und Besucher strömen zu dem bekannten Volksfest.

Auf dem Getrüdchenmarkt geht es hoch her.

Mehr als 50 Verkaufsstände laden zum Stöbern ein.

Neuenrade

Erste Siedler nach Nyenrade gezwungen

Geplanter Ort bot bereits Mitte des 14. Jahrhunderts 100 Familien Lebensraum

Eine Hand voll Gehöfte und eine kleine Wasserburg am so genannten Wall – die »alte Burg« – prägten das Geschehen auf dem Gebiet der heutigen Stadt Neuenrade vom 11. bis 13. Jahrhundert. Der Erzabbau sorgte bereits seinerzeit für eine wirtschaftliche Entwicklung – und damit verbunden für zunehmend mehr Einwohner. Das Eisenerz wurde anfangs in etwa 20 Rennöfen zu Kleineisenwaren weiterverarbeitet. Ein besonderes Beispiel ist der Rennofen Gut Berentrop, der gut erhalten entdeckt wurde. 1220 wurde erstmals die innerhalb des heutigen Stadtgebietes gelegene Siedlung namens Rode urkundlich erwähnt. Im selben Jahr wurde das in Berentrop gelegene Prämonstratenserstift urkundlich genannt.

Im 13. und 14. Jahrhundert festigten die Grafen von der Mark ihre Herrschaft in der Grafschaft gegen die Landesherren der Umgebung durch die Anlage von Burgen und Städten. Hierzu gehörte auch Neuenrade, das nahe der Grenze zur Grafschaft Arnsberg entstand. 1353 begann Gerhard von Plettenberg mit der Anlage einer Burg und einer daran angrenzenden kleinen befestigten Stadt. Als geplanter Ort wies Neuenrade einen schachbrettartigen Grundriss auf. Die ersten Siedler kamen aus dem ehemaligen Dorf Rode und wurden zur Ansiedlung in Nyenrade gezwungen.

Am 7. Juli 1355 erhielt der Ort das »große Stadtprivileg«. Damit verbunden waren städtische Gerichtsbarkeit, Selbstverwaltung und das Marktrecht. Der Rat der Stadt bestand aus elf Ratsherren und dem Bürgermeister. In der Burg wohnten die Drosten von Neuenrade, die die hohe Gerichtsbarkeit ausübten, von der noch die alte Gerichtslinde in der Parkanlage am Wall zeugt. 1521 brannte die Burg ab und verfiel danach.

1366 erhielt die in der Stadt erbaute Kapelle das Tauf- und Begräbnisrecht. Von diesem ersten Gotteshaus ist der mächtige steinerne Turmunterbau, die heutige Evangelische Kirche, erhalten. Die Stadt bot nach ihrem endgültigen Ausbau etwa 100 Bürgerfamilien Platz. In der ausgedehnten Feldmark betrieben die Städter nach wie vor Ackerbau und Viehzucht. Als die Rennfeuer auf den Bergen und in den Tälern erloschen, entstanden im Stadtgebiet die beiden Osemundhämmer.

Hauskunst in Neuenrade

Neuenrader Beschaulichkeit

Die ersten Siedler kamen aus dem ehemaligen Dorf Rode und wurden zur Ansiedlung in Nyenrade gezwungen.

Neuenrade

Als geplanter Ort wies Neuenrade einen schachbrettartigen Grundriss auf.

Zwischen 1670 und 1690 wurden im Amt Neuenrade neun Osemundschmieden erwähnt. Die Erzeugnisse aus dem gewerblich betriebenen Erzabbau und der Eisenverhüttung ermöglichten der Stadt schon früh den Anschluss an die hansischen Märkte.

In der frühen Neuzeit kam die Tuchproduktion hinzu, die zeitweise die Bedeutung der Eisenproduktion sogar noch übertraf. Neben den Rennöfen wurden vom 16. Jahrhundert an Osemundschmieden gebaut, die das hochwertige Osemundeisen herstellten. Um 1690 gab es in Neuenrade bereits neun dieser Schmieden. Der Handel wurde um diese Zeit vor allem mit den Städten der Umgebung abgewickelt.

Rund ein Dutzend Mal wüteten Brände in Neuenrade. Die Häuser standen mit ihren hohen Giebeln zur Straße. Nach Art der westfälischen Bauernhöfe befand sich in der Giebelwand die große Deelentür, durch die Vieh und Erntewagen ins Innere gelangten, wo Menschen, Tiere und Erntevorräte unter einem Dach zusammenblieben. Die strohgedeckten Dächer und die Fachwerkwände wurden wegen der engen Bauweise entlang der fünf Längsstraßen (Eulengasse, Erste, Zweite und Dritte Straße, Kletterpot) mehrfach ein Raub der Flammen. Auch durch diese Rückschläge blieb die Entwicklung der Stadt begrenzt. So wurde Neuenrade 1660 als »Städtlein« bezeichnet.

Um 1800 zählte die Stadt etwa 1000 Einwohner, ohne ihre »Außenbürger« in Dahle. Das Leben hatte sich gegenüber dem Mittelalter nicht wesentlich verändert. Von 1830 an kündigten sich nach dem Einsetzen der Industrialisierung entscheidende Umwälzungen an. Die ersten Fabriken entstanden. 1832 begann der Bau fester Straßen durch die Hölmecke nach Altena und nach Werdohl mit dem Anschluss an die Ruhr-Sieg-Eisenbahn. Diese Straßen verbesserten die Handelsverbindungen in die dortigen Städte und brachten indirekt eine Anbindung an die Eisenbahn. Erst 1912 erhielt die Stadt mit der Hönnetal-Bahn einen eigenen Eisenbahnanschluss.

Neuenrade war lange Zeit Sitz des Amtes Neuenrade, zu dem auch die Orte Dahle, Werdohl und Ohle gehörten. 1890/1891 kam es jedoch aufgrund des rasanten Wachsens der Lennetalgemeinden zum Ausscheiden von Werdohl und Ohle aus dem Verbund. Um 1900 wohnten in Neuenrade rund 2000 Menschen, vor Ausbruch des Zweiten Weltkrieges 3000.

Während des Zweiten Weltkriegs gab es in Neuenrade relativ geringe Schäden. Durch einen schweren Bombenabwurf wurde die »Villa Suhr« des Fabrikanten Heinrich Suhr zerstört. Dieser hatte 1889 in Neuenrade eine Musikinstrumentenfabrik gegründet, die zwischenzeitlich auch als »Erste und älteste Neuenrader Harmonika-Fabrik gegründet 1889« firmierte.

Nach 1945 stieg die Bevölkerung durch die Ansiedlung von Flüchtlingen und Vertriebenen aus den deutschen Ostgebieten stark an. So konnten 1955 rund 5000 Einwohner verzeichnet werden. Es entstanden auf der Grundlage der übernommenen Kleineisenindustrie zahlreiche Klein- und Mittelbetriebe, die Gießereierzeugnisse, Elektrogeräte, Drähte, Schrauben, Drehteile, Fahrräder und Kleineisen herstellten und auch heute noch – neben einigen bedeutenden Werken der Leichtmetall- und Kunststoffverarbeitung – zu den Haupterwerbsquellen zählen.

Am 1. Januar 1969 wurde das Amt Neuenrade im Rahmen der kommunalen Neugliederung aufgelöst. Die zu Neuenrade gehörende Amtsgemeinde Dahle ging an die Stadt Altena. Zum gleichen Zeitpunkt wurde die bis dahin zum Amt Balve zählende Gemeinde Küntrop in die Stadt eingegliedert. Die Einwohnerzahl stieg auf 7500. Durch den Anschluss der im Amt Balve bis dahin selbstständigen Gemeinden Affeln, Altenaffeln und Blintrop am 1. Januar 1975 erfuhr Neuenrade mit nun 10 600 Einwohnern eine weitere Stärkung. Affeln wurde übrigens bereits 1492 durch Erzbischof Hermann von Köln zur »Freiheit« erhoben und erhielt damit das Selbstverwaltungsrecht.

Über den Dächern von Neuenrade

Neuenrade

St. Lambertus ist das Prunkstück

Katholische Kirche thront im Neuenrader Stadtteil Affeln

Die katholische Pfarrkirche St. Lambertus ist das Prunkstück des Neuenrader Stadtteils Affeln, dessen Entstehung bis ins 12. Jahrhundert zurückreicht. 1492 zur Freiheit erhoben, verlor Affeln die damit verbundenen Privilegien erst im 19. Jahrhundert und wurde 1975 nach Neuenrade eingemeindet.

Die spätromanische Hallenkirche St. Lambertus ließen die Verantwortlichen im 13. Jahrhundert errichten. Das imposante Bauwerk besteht aus heimischen Bruchsteinen. In der Außenarchitektur ist die Welsche Haube charakteristisch. Auch das Kircheninnere ist sehenswert: Der Klapp-Altar, der so genannte Antwerpener Retabel, stammt aus der Zeit zwischen 1500 und 1530 und zählt zu den berühmtesten flandrischen Schnitzaltären der Spätgotik.

Bereits rund 100 Jahre vor dem Kirchbau, 1187, fand ein Volmarus de Aflen urkundliche Erwähnung. 1492 erhob der Kölner Erzbischof Hermann IV. das Dorf Affeln zur Freiheit – eine Bezeichnung, die Affeln bis Anfang des 19. Jahrhunderts führte. 1975 schließlich wurde der Ort in die vergrößerte Stadt Neuenrade eingemeindet.

Die Pfarrei Affeln gehörte zu den alten Pfarreien des ehemaligen Dekanates Attendorn. Sie wurde 1319 erstmals erwähnt. Das Patronatsrecht war verbunden mit einem adligen Sitz in Affeln, der im 17. Jahrhundert der Familie von Hatzfeld gehörte. Zur Pfarrei zählten neben Affeln auch Altenaffeln, Blintrop, Kesberg, Küntrop und Freientrop. Um 1615 wurden die beiden Brüder Georg und Johann Brune, Pastor beziehungsweise Bürgermeister von Affeln, der Zauberei bezichtigt. Im Dreißigjährigen Krieg wurde der Ort 1634 von lüneburgischen Truppen geplündert.

Von der kurkölnischen Zeit bis zu seiner Eingemeindung gehörte Affeln zum Amt Balve. 1801 war Affeln 38 Häuser groß. Ein Jahr später kam es mit dem Herzogtum Westfalen zu Hessen-Darmstadt und 1816 zu Preußen. 1814 brannte der Ort bis auf die Kirche und das Pfarrhaus fast vollständig ab.

Der Flandrische Altar in der St. Lambertuskirche

Die katholische Pfarrkirche St. Lambertus ist eine in der Mitte des 13. Jahrhunderts in Affeln erbaute spätromanische Hallenkirche.

Der höchste Punkt Neuenrades

Hoch über Neuenrade thront in 514 Metern Höhe auf dem Kohlberg der Quitmannsturm, der 1893 von den nach England ausgewanderten Söhnen des Neuenrader Lehrers Carl Friedrich Quitmann gestiftete Aussichtsturm. Sein Bau verlief seinerzeit allerdings nicht ohne Probleme. Noch vor der geplanten Einweihung zerstörte 1893 ein orkanartiger Wintersturm das Bauwerk und die Arbeit begann wieder von vorne. Der 14 Meter hohe Turm wurde 1986 von der Stadt Neuenrade erneuert. Er steht nur wenige Meter entfernt von dem gleichnamigen Wanderparkplatz. Seit Juli 2008 führt der Fernwanderweg »Sauerland-Höhenflug« am Quitmannsturm vorbei.

Der ehemals weite Ausblick vom Turm nach Osten ins Lennegebirge und nach Süden ins Ebbegebirge wird inzwischen durch heranwachsende Lärchen eingeschränkt. Nach Norden und Westen reicht der Blick zu den benachbarten Hohenzügen und Tälern mit auffallend waldfreien Flächen als sichtbaren Folgen des Orkans Kyrill.

Der Neuenrader Quitmannsturm

Wirtschaftsstandort im Grünen

Neuenrade behauptet sich mit viel Gewerbe

Auch wenn nun wirklich niemand ernsthaft sagen würde, der Wirtschaftsstandort Neuenrade sei verkehrsgünstig gelegen, behauptet sich Neuenrade außerordentlich gut als kleine Industriestadt. Von den sozialversicherungspflichtig Beschäftigten sind rund zwei Drittel in der gewerblichen Wirtschaft tätig: überdurchschnittlich viele. Die Arbeitslosenquote ist traditionell niedrig.

Die Neuenrader Wirtschaftsstruktur wird durch Industrie, Handwerk und Handel geprägt. Es existieren Firmen zur Herstellung von Gießereiwaren und Elektrogeräten, Betriebe der Draht- und Schraubenherstellung sowie zur Verarbeitung von Leichtmetall und Kunststoff. Die vielen Kleinbetriebe sind das Rückgrat der örtlichen Wirtschaft. Diese Betriebe und angesiedelte neue Unternehmen sorgten in den vergangenen 30 Jahren für 1500 zusätzliche Arbeitsplätze.

Der Stadt Neuenrade gelang es ein spürbar unternehmens- und unternehmerfreundliches Klima zu schaffen und zu erhalten. Die Stadt hält nicht nur Steuern und Gebühren gering, sie nutzt auch alle ihre Mittel, unternehmerische Initiativen zu unterstützen und zu fördern. Das hat bisher dazu geführt, dass es zwar eher selten nennenswerte Neuansiedlungen gibt, aber die vorhandenen Unternehmen sich standorttreu zeigen. Viele Firmen investieren in den Ausbau des Neuenrader Standortes.

Im Gegenzug bemüht sich die Stadt erkennbar, die weichen Standortfaktoren zu verbessern. In das Stadtbild, in Kultur, Sportstätten und Schulen wird auch in finanziell schwierigen Zeiten investiert. Eine zusätzliche Fläche für kleine Gewerbebetriebe wurde erschlossen. Da das Industriegebiet in Neuenrade-Küntrop inzwischen fast komplett belegt ist, wird auch dort eine Ausweitung des Gebietes vorbereitet.

Neuenrade

Kloster Berentrop mit langer Geschichte

Nach 1600 geistliche Bedeutung verloren, seit 1806 in Privatbesitz

Das Prämonstratenserstift Berentrop entstand im 13. Jahrhundert und wurde 1356 zu einem Priorat des Klosters Scheda. Nach der um 1600 eingeführten Reformation verlor es nach und nach seine geistliche Bedeutung. Von 1630 an pachteten weltliche Personen das Stift, bis dieses schließlich 1806 an einen Altenaer verkauft wurde.

Die Behauptung, Kloster Berentrop existiere bereits seit dem 12. Jahrhundert, lässt sich urkundlich nicht belegen. Erstmals erwähnte ein Dokument des Klosters Flechtdorf das Anwesen 1220. Kloster Flechtdorf schenkte Berentrop die Pfarrkirche in Werdohl und übertrug den dortigen Pfarrhof. Später erwarb Berentrop noch Höfe in Langenholthausen, Altenaffeln und Affeln sowie einen Zehnten in Neheim. Seit 1287 hatte das Kloster einen eigenen Vogt, Conrad von Rüdenberg. Im 13. Jahrhundert hielten sich die Grafen von der Mark gelegentlich in Berentrop auf.

In der Urkunde von 1220 wurde das Kloster »Silva Sancte Marie Virginis« beziehungsweise »Marienwalde« oder »Bertelindorp« genannt. Es hatte als Vorsteher einen Propst. Ihm unterstanden ein Prior, ein Subprior und ein Cellerarius. Daneben werden vier Priester, zwei Diakone, ein Subdiakon, ein Kleriker und fünf Laienbrüder aufgezählt.

1356 wandelten die Verantwortlichen das Kloster in ein Priorat des Klosters Scheda um. Mit Prior Pöppinghaus hielt die Reformation um 1615 Einzug. Nach dem Tod des Priors Kaspar von

Das Prämonstratenserstift Berentrop entstand im 13. Jahrhundert.

Auch die Grafen von der Mark hielten sich gelegentlich in Berentrop auf.

Im 17. Jahrhundert verlor das Stift seine Selbstständigkeit.

Graffen verlor das Stift seine Selbstständigkeit und wurde an Weltliche verpachtet. Anschließend wurde kein Gottesdienst nach katholischem Ritus mehr gehalten. Das Kirchengebäude wurde 1669 den Protestanten zur Verfügung gestellt.

Die wirtschaftliche Lage verschärfte sich zunehmend, weil die Pächter ihrer Abgabenpflicht nicht nachkamen und die Neuenrader in den Waldungen des Klosters ohne Erlaubnis Holz einschlugen. Um 1800 wurde eine Garnbleicherei auf dem Klostergelände eingerichtet, 1806 der gesamte Besitz an Arnold Heinrich Ludwig Schniewindt aus Altena verkauft. Ein Brand zerstörte 1815 einen Großteil der Gebäude bis auf den Klostergrund.

243

Neuenrade

Berentrop – der besterhaltenste Rennofen
Technisches Kulturdenkmal bei Neuenrade bereits im 13. Jahrhundert entstanden

Das Zentrum der Eisenerzeugung lag früher nicht im Ruhrgebiet, sondern im Sauer- und Siegerland. Dies hatte seinen Grund im Wald- und Erzreichtum dieser Gebiete, denn zur Eisenerzverhüttung benötigte man damals außer dem Erz große Mengen an Holzkohle. Hinzu kam, dass sich die Bevölkerung wegen des unfruchtbaren Bodens und der ungünstigen Witterungsverhältnisse in diesem bergigen Landesteil schon damals nach anderen Erwerbsmöglichkeiten als der Landwirtschaft umsehen musste.

Allein im märkischen Sauerland konnten mehr als 1400 Eisenschmelzplätze und Eisenverarbeitungstätten gefunden werden, die größtenteils aus dem 11. bis 13. Jahrhundert stammen. In Neuenrade wurden 16 Rennfeuerplätze entdeckt, die sich zumeist im Brunnenbachtal befinden. Im Mittelalter breitete sich die Rennfeuerverhüttung ungewöhnlich stark aus, was vor allem auf das Anwachsen des Eisenbedarfs für die Herstellung von Waffen und Rüstungen, im Burgenbau oder bei Städtegründungen zurückzuführen war. Der Name »Rennfeuer« leitet sich dabei von »zerrennen« beziehungsweise »rinnen lassen« der Schlacke ab.

Der Rennofen Gut Berentrop ist ein Kulturdenkmal allererster Güte und liegt ganz in der Nähe des ehemaligen gleichnamigen Stifts. Er ist der am besten erhaltene Rennofen des gesamten märkischen Sauerlands. Der Rennofen, ein einfacher Lehmofen, wurde 1965 freigelegt. Er stammt aus dem 13. Jahrhundert und ist ein Beweis für die Industrialisierung des Märkischen Kreises im frühen Mittelalter. Das im Rennofen unter Verwendung eines Blasebalges mit Holzkohle verhüttete Eisenerz wurde anschließend zu Schmiedeeisen verarbeitet.

Der Ofen besteht aus Ton und Lehm. Er hat einen Herddurchmesser von 50 Zentimetern und eine Schachthöhe von 80 Zentimetern, dürfte aber eine

Der einfache Lehmofen aus dem 13. Jahrhundert ist ein Beweis für die Industrialisierung des Kreises im frühen Mittelalter.

Der Rennofen wurde 1965 freigelegt.

Neuenrade

Wegweiser

ursprüngliche Höhe von etwa 130 bis 150 Zentimetern gehabt haben. Den damals während des Schmelzvorgangs verschlossenen Herdausgang hatten die Eisenhüttenleute nach dem Schmelzen aufgebrochen, um die flüssige Schlacke abfließen zu lassen und die »Eisenluppe«, das heißt: den Klumpen aus Eisen, herauszuziehen. Damit nun der geöffnete Rennofen in den 1960er Jahren nicht weiter zerfiel, musste dieser Teil wieder restauriert werden.

In der linken Herdwand befindet sich in 20 Zentimetern Höhe über der Sohle ein faustgroßes Windloch, in dem ursprünglich eine aus Ton gebrannte Düse (lichte Weite drei Zentimeter) steckte. Mit Hilfe eines Tretblasebalges, der in einer muldenförmigen Vertiefung angebracht war, wurde hier Luft in das Ofeninnere geblasen.

Das Eisenerz wurde im benachbarten Tagebau gewonnen und zum Schmelzplatz befördert. Dort wurde das Erz aufbereitet, in dem es bis auf Nuss- und Erbsengröße zerkleinert und im Holzkohlefeuer geröstet wurde. Die Holzkohle, die auch als Brennstoff für den Ofen diente, wurde auf umliegenden Meilerplätzen gewonnen. Für einen einzigen Schmelzvorgang verbrauchte man etwa 150 Kilogramm Erz und 500 Kilogramm Holzkohle und erhielt nach acht bis neun Stunden eine etwa 15 Kilogramm schwere Eisenrohluppe, die noch erheblich durch Holzkohle und Schlackeneinflüsse verunreinigt war und anschließend in den Schmieden weiterverarbeitet wurde.

Mit Hilfe der Stadt Neuenrade, des Märkischen Kreises und des Westfälischen Amtes für Denkmalpflege wurde 1983 für den Rennofen eine Schutzhütte gebaut, so dass das technische Kulturdenkmal heute jedem zugänglich ist.

Die Neuenrader Gerichtslinde

Als Zeuge längst vergangener Zeiten steht in der Parkanlage »Auf dem Wall« die mehr als 900 Jahre alte Gerichtslinde. Als Stadt hatte Neuenrade seinerzeit nicht nur Marktrechte, sondern auch eine eigene Gerichtsbarkeit. Daran erinnert der Baum. Gerichtslinden sind eine besondere Form von Gerichtsstätten. Es sind in der Regel sehr alte Bäume, die in den meisten Fällen einzeln an herausgehobener Stelle in der Nähe eines Dorfes stehen, manchmal aber auch in dessen Zentrum. Unter diesem Baum wurde im Mittelalter das Dorfgericht oder die Ratsversammlung, das so genannte Thing, unter freiem Himmel abgehalten.

Die Neuenrader Gerichtslinde steht als Naturdenkmal unter Schutz.

Plettenberg

Keine »normale« Industriestadt

Vier-Täler-Stadt Plettenberg ist die waldreichste Kommune im Kreis

Der Name ist Programm: Vier-Täler-Stadt. Die Senken von Lenne, Else, Oester und Grüne prägen das Bild der Stadt Plettenberg im Südosten des Märkischen Kreises. Zwischen Ebbe- und Homertgebirge gelegen, gehört Plettenberg mit seinen 27 000 Einwohnerinnen und Einwohnern zu den abwechslungsreichen und vielseitigen Kommunen des Kreises. Der tiefste Punkt liegt mit 194 Metern bei Teindeln, der höchste mit 593 Metern im Ebbegebirge. Am Oberlauf der Oester liegt die gleichnamige Talsperre.

Berge, Wald und Wasser auf der einen und eine vielfältige Industrie, die sich harmonisch in die Landschaft einfügt, auf der anderen Seite machen den Charakter der Stadt aus. Insbesondere Unternehmen der Metallverarbeitung bilden neben Handwerksbetrieben, Dienstleistungsunternehmen, Handel, Banken und Versicherungen die wirtschaftliche Grundlage der Stadt und ihrer Bevölkerung. Plettenberg, die waldreichste Stadt des Märkischen Kreises, mit einem vom Sauerländischen Gebirgsverein (SGV) gekennzeichneten Wanderwegenetz von 470 Kilometern, bietet vielfältige Wandermöglichkeiten. Lohnende Ausflugsziele sind unter anderem die Burgruine Schwarzenberg mit Engelbertstuhl, die Oestertalsperre, der Hexentanzplatz, das Bommecketal, der Sundern bei Ohle, Schloss Brüninghausen und der Saley. Besonders sehenswert sind die Christuskirche aus dem 13. Jahrhundert im Zentrum des historischen Stadtkerns und die alte Dorfkirche in Ohle. Plettenberg bietet vielfältige Sport-, Kultur- und Unterhaltungsangebote, ein geselliges Vereinsleben und eine gepflegte Gastronomie.

Das Gebiet rund um die Christuskirche lädt zum Verweilen ein.

Industriestadt Plettenberg

Der Vier-Täler-Brunnen in der Innenstadt

Plettenberg

Plettenberg wurde 1072 unter dem Namen »Helispho« erstmals in einer Urkunde erwähnt. Der Name »Helispho« wurde in der Folgezeit von Plettenberg, der auf die Familie von Plettenberg zurückzuführen ist, abgelöst. Bis ins 14. Jahrhundert gehörte dieser Familie nahezu die gesamte Stadt und ihre Umgebung.

Seine heutige Größe von 96,26 Quadratkilometern erreicht Plettenberg durch die Vereinigung von Stadt und Amt Plettenberg im Jahr 1941, nachdem bereits 1890 die Gemeinde Ohle in das Amt Plettenberg eingegliedert worden war.

Im Rahmen der Innenstadtsanierung in den 1980er Jahren haben die Verantwortlichen zahlreiche Gewerbebetriebe in die Außenbezirke umgesiedelt, so dass auch im Zentrum neben den Neubaugebieten, die am Stadtrand entstanden, zusätzlicher Wohnraum geschaffen werden konnte. Die Fußgängerzone mit Geschäften, kleinen Boutiquen und Straßencafés direkt neben dem historischen Stadtkern rings um die Christuskirche lädt zum Bummeln und Einkaufen ein. Als Abschluss der Stadtsanierung weihten die Plettenberger im September 1988 ihr neues Rathaus ein.

Nachdem 1997 die neue Feuer- und Rettungswache und der Baubetriebshof in die neuen Gebäude Am Wall umgezogen waren, wurde zwei Jahre später das neue Jugendzentrum »Alte Feuerwache« eingeweiht. Das Freizeitbad AquaMagis Plettenberg in Böddinghausen, das im Frühjahr 2003 fertig gestellt wurde, ist ein Besuchermagnet und weit über die Grenzen Plettenbergs und des Märkischen Kreises hinaus bekannt.

In jedem Stadtteil sind Sport-, Spiel- und Bolzplätze vorhanden. Die zahlreichen Plettenberger Vereine ermöglichen vielfältige Freizeitaktivitäten, nicht nur auf dem sportlichen Sektor. Highlight im Plettenberger Veranstaltungskalender ist seit 2004 das P-Weg-Marathonwochenende im September, die Herausforderung für Wanderer, Walker, Läufer und Mountainbiker. Die Patenschaften für das Panzerbataillon Ahlen beziehungsweise Partnerschaften mit der Stadt Bludenz in Österreich und Schleusingen in Thüringen werden durch viele Aktivitäten und Kontakte mit Leben erfüllt.

Das P-Weg-Marathonwochenende im September ist seit 2004 die Herausforderung für Wanderer, Walker, Läufer und Mountainbiker.

Plettenberg im Winter

In der Hitze der Stadt

In Plettenberg

Am Plettenberger Maiplatz

Plettenberger Christuskirche vereint westfälische und rheinische Stilelemente

Die schönste Hallenkirche des Sauerlands

An der Christuskirche sind viele interessante Details zu entdecken.

Sie ist eine der ältesten und nicht wenige meinen eine der schönsten Hallenkirchen das gesamten Sauerlandes. Die evangelische Christuskirche in Plettenberg ließ Graf Engelbert von der Mark als Bischof von Lüttich im 13. Jahrhundert bauen. Die Kirche wurde dem heiligen Lambertus gewidmet, der 708 als Bischof von Maestricht mit Wurfspeeren durchbohrt worden sein soll. Daher hieß sie lange Zeit »Lambertuskirche«. Der Bau trug früher fünf Turmspitzen auf dem Westturm, dazu einen Vierungsturm sowie die beiden heute noch erhaltenen Chortürme. Der Vierungsturm und die Ecktürmchen des Westturms wurden nach dem Stadtbrand von 1725 abgetragen. Der spätromanische Stil der Kirche diente als Vorbild für etliche weitere Hallenkirchen im Sauerland.

Die Christuskirche vereint zwei Ansätze mittelalterlicher Architektur. Mit ihren westfälischen und rheinischen Stilelementen ist sie einzigartig im Märkischen Kreis. Typisch westfälisch-sauerländisch sind die drei Schiffe der Hallenkirche sowie die Einturmlösung mit dem massiv ungegliederten Turm im Westen. Rheinisch sind die Dreikonchenanlage sowie die beiden Chorwinkeltürme.

Beeindruckend ist der Blick auf das Vierpassfenster über der sogenannten Brautpforte an der Südseite. Das ebenfalls an der Südseite über einem weiteren Portal integrierte, für die heimische Region typische Tympanon bildet ikonenhaft Christi Geburt, Kreuzigung sowie Frauen am Grabe ab. In der Kirche sind in erster Linie die bemerkenswerten Fresken im Chorgewölbe zu entdecken.

Die Christuskirche im Plettenberger Stadtzentrum

Schloss Brüninghausen etliche Male umgebaut

Schloss Brüninghausen stand bereits 1311 in Ohle. Anfangs war das Haus Brüninghausen ein kurkölnisches Lehen und das Stammhaus des Geschlechts derer von Brüninghausen. Jedoch wurden die Besitzungen früh geteilt. So gab es zwei Burghäuser: das Turmgut und das Mühlengut. Das Turmgut war im Besitz der Familie von Rüspe und das Mühlengut gehörte den Herren von Ohle.

Nachdem es in der Zwischenzeit etliche Male den Besitzer wechselte, kam das Mühlengut ebenfalls in den Besitz der Familie von Rüspe und beide Güter waren schließlich wieder in einer Hand. Mitte des 17. Jahrhunderts fiel Brüninghausen an die Familie von Wrede, in deren Besitz das Schloss heute noch ist.

Ursprünglich war das Gebäude von Gräften umgeben, die zu Beginn des 19. Jahrhunderts trockengelegt wurden. Die heutige Gestalt des Gebäudes ist das Ergebnis von unzähligen An- und Ausbauten. Von 1944 bis 1950 war das Haus Sitz der Westfälischen Ferngas AG, bis es 1970 an das »Ohler Eisenwerk« vermietet wurde. Die neuen Besitzer ließen es so umbauen, dass darin Wohnungen für Mitarbeiter entstanden.

Das heute dreigeschossige Wohnhaus besteht aus zwei Flügeln, die durch galerieartig gestaltete Balkone verbunden sind. Im Herrenhaus ist noch ein mittelalterlicher Rechteckbau erhalten, der vermutlich auf das im 14. Jahrhundert erwähnte Turmhaus zurückgeht. Da es auch heute als Wohnhaus genutzt wird, kann es von innen nicht besichtigt werden.

Schloss Brüninghausen in Ohle stammt aus dem 14. Jahrhundert.

Plettenberg

»Heslipho« taucht 1072 erstmals in einer Urkunde auf

Bergbau und Eisenverarbeitung erlebten in Plettenberg früh ihre Blütezeit

Mit Sicherheit war der Kern des heutigen Plettenberger Stadtgebietes schon in vorkarolingischer Zeit von sächsischen Stämmen besiedelt. Unter dem Namen »Heslipho« tauchte Plettenberg 1072 erstmals in einer Urkunde von Anno II., dem damaligen Erzbischof von Köln, auf. Vermutlich befand sich aber bereits im 8. Jahrhundert in Ohle eine sächsische Fliehburg – die wohl älteste menschliche Siedlungsstelle im Stadtgebiet. Der Name »Heslipho« wurde später von Plettenberg abgelöst, was auf die Familie von Plettenberg zurückzuführen ist.

Nachdem die Grafen von der Mark den Ort 1368 einschließlich seiner Bewohnerinnen und Bewohner gekauft hatten, erhielt Plettenberg vom Grafen Engelbert III. 1387 die mit bestimmten Privilegien verbundenen Freiheitsrechte. Graf Dietrich von der Mark schließlich verlieh den Plettenbergern zehn Jahre später die Stadtrechte. In der gleichen Zeit versahen die Verantwortlichen die Stadt mit Stadtmauern und Wehranlagen, die zu-

In Plettenberg

Kunst am Maiplatz

Graf Engelbert

Alt-Plettenberg bei der Christuskirche

sammen mit der 1301 errichteten Burg Schwarzenberg einen Schutz gegen die kurkölnischen Länder bildeten.

Vom historischen Ursprung Plettenbergs ist heute nur noch wenig erhalten. Im Zentrum findet sich ein kleiner historischer Kern rund um die Christuskirche aus dem 13. Jahrhundert und im Stadtteil Ohle die alte Dorfkirche.

Die Wirtschaft der Stadt – insbesondere der Bergbau und die Eisenverarbeitung – blühte bereits früh auf. Durch die günstige Lage an Handelswegen bestanden gute Verbindungen zur nordischen Hanse. Der relative Wohlstand wurde aber durch den Dreißigjährigen Krieg und die damit verbundenen Plünderungen und Epidemien zerstört. 1622/1623 war die Stadt von Spaniern besetzt, die 38 Wochen versorgt werden mussten. Bei einem Überfall 1634 wurde Plettenberg verwüstet und geplündert. 1666 wurde die Stadt Brandenburg-Preußen zugeschlagen. Ein Jahr nach Ausbruch des Niederländisch-Französischen Krieges erhielt Plettenberg 1673 einen Kurkölnisch-Münsterisch-Französischen Schutzbrief. Dennoch fielen 1679 französische Truppen in die märkische Region ein und Plettenberg musste große Abgaben leisten.

1725 vernichtete der große Stadtbrand alle innerhalb der Stadtmauern stehenden Häuser, nur sechs außerhalb befindliche blieben erhalten. Nach dem Feuer bauten die Bewohner ihre Stadt genauso wie zuvor wieder auf. Durch diesen Brand bereits schwer beschädigt, kam das sich seit 1648 entwickelnde Weberhandwerk Mitte des 18. Jahrhunderts völlig zum Erliegen.

Seit 1735 waren Stadt und Amt Plettenberg dem Kreis Altena unterstellt. Schon 1750 gab es in Plettenberg ein Obdachlosenheim. Zwischen 1807 und 1815 war Plettenberg von Frankreich besetzt und in das Großherzogtum Berg eingegliedert. 1816 wurde Plettenberg dem Regierungsbezirk Arnsberg und dem Kreis Altena zugeordnet.

Während der Industrialisierung entwickelten sich in den Tallagen an den Flüssen erste Metall verarbeitende Betriebe, die mit Wasserkraft das heimische Erz weiterverarbeiteten. Die Entwicklung der Wirtschaft war von der nun aufkommenden Kleineisenindustrie mit Gesenkschmieden, Walzwerken, Stanzereien, Gießereien, Schrauben- und Mutternfabriken geprägt. Von der Errichtung der Ruhr-Sieg-Eisenbahn ab 1860 profitierte vor allem die Schwerindustrie enorm.

Verarbeitendes Gewerbe dominierend

Plettenberger Wirtschaft seit jeher eng mit Maschinen- und Fahrzeugbau verbunden

Das Gros der Plettenberger Unternehmen ist eng mit der Automobilindustrie und dem Maschinen- und Fahrzeugbau verbunden. In der Stadt sitzt sogar ein 1846 gegründetes Unternehmen als Zulieferer der Automobilindustrie. Plettenberg ist durch kleine und mittelständische Industrie geprägt. Die Produktionspalette ist vielfältig. Neben Drehteilen, Schrauben, Muttern, schweren und leichten Press-, Zieh- und Stanzteilen werden Gesenke und Gesenkschmiedestücke hergestellt. Dabei dominiert der Bereich Stahlverformungen. Ein Gerüstbau-Unternehmen war lange Zeit das erfolgreichste und umsatzstärkste Unternehmen der Stadt und ging Anfang der 1990er Jahre sogar an die Börse.

Rund zwei Drittel der Plettenberger Erwerbstätigen arbeitet im verarbeitenden Gewerbe, etwa ein Drittel im Dienstleistungssektor und nur etwa ein Prozent in der Landwirtschaft. Von 1000 Einwohnern sind knapp unter 300 in der Industrie tätig (Bundesdurchschnitt 85, Landesdurchschnitt Nordrhein-Westfalen 95).

Die heutige Plettenberger Wirtschaft hat ihre Ursprünge in der Eisenverarbeitung. Mit Beginn der Industrialisierung entwickelten sich in der Vier-Täler-Stadt mit Hilfe der Wasserkraft und der heimischen Erzgruben die ersten Metall verarbeitenden Betriebe. Nach der Erschließung durch die Ruhr-Sieg-Eisenbahn um 1860 nahm der Wirtschaftsraum sehr schnell einen schwerindustriellen Charakter an. Diese Struktur der Plettenberger Wirtschaft hat sich bis heute nicht wesentlich verändert – während in anderen Regionen bereits ein massiver Strukturwandel vollzogen werden musste. Gleiches gilt für die Beschäftigtenstruktur.

Die Unternehmen zeichnen sich seit jeher durch eine hohe Flexibilität aus, so dass die Stadt Plettenberg wirtschaftlich lange Zeit vergleichsweise gut dastand. Die schwache Konjunkturentwicklung zu Beginn der 1990er Jahre hat aber auch in der Plettenberger Wirtschaft, insbesondere bei der Industrie, Spuren hinterlassen. Die zunehmende Globalisierung tat durch Kosten-, Rationalisierungs- und Automatisierungsdruck ihr Übriges.

Um den Wirtschaftsstandort Plettenberg wieder zu stärken, wurden in Zusammenarbeit von Wirtschaft und Verwaltung diverse Förderungsmaßnahmen gestartet. Insbesondere wollen die Verantwortlichen heute versuchen, bei einer Anmeldung entsprechender Bedarfsflächen mit nachfragenden Firmen schnellstmöglich Einigung über Zuschnitt, Lage oder notwendige Festsetzungen zu erzielen.

Die Stadt Plettenberg hat 1998 erstmals eine Einzelhandelsstrukturuntersuchung erstellen lassen. Die Ergebnisse waren Impulsgeber für die Gründung eines Stadtmarketingvereins. Weitere Untersuchungen wurden im ersten Jahrzehnt des neuen Jahrtausends notwendig. Auch da leiteten die Verantwortlichen die notwendigen Maßnahmen ein.

Plettenberg

»Neu Glück« mit lebendigen Bleispuren

Ein gutes Stück Bergbau im Märkischen Kreis findet sich in Plettenberg

1993 wurde auf Initiative des Kreises eine Dokumentation zum Thema »Bergbau im Märkischen Kreis« erstellt. Dabei konnten noch insgesamt 485 Grubenfelder nachgewiesen werden, 78 davon allein auf Plettenberger Stadtgebiet. Die Grube »Neu Glück« im Hestenberg in der Nähe des Weidenhofs ist eines von einst elf kleineren Bergwerken, aus denen Bleierz gefördert wurde. Die Grube liegt inmitten eines Bleierzbandes, das vom »Heiligenstuhl« über den »Saley« und das Elsetal ins Bommecketal und weiter in Richtung Holthausen und Bremcke reicht. In unmittelbarer Nachbarschaft der Grube Neu Glück befinden sich die Bleigruben »Brandenberg« und »Henriette I«.

Die Grube hat gleich drei unterschiedliche Entwicklungsphasen vorzuweisen. Interessierte können in Plettenberg als absolute Seltenheit den »Dreistufen-Abbau« spätmittelalterlicher Gruben besichtigen. Beim Vortrieb der Stollengänge konnte wegen der Enge meist nur ein Bergmann bei der Arbeit sein. Beim Dreistufenabbau, wie er in Neu Glück möglich war, wirkten drei Mann unmittelbar hintereinander und sie kamen so selbstverständlich wesentlich schneller vorwärts.

Am 15. April 1755 erhielt Hermann Schantz von der Bergbehörde die Genehmigung für die Erschließung und Nutzung der Bleierze. Innerhalb von drei Monaten wurde ein etwa 36 Meter langer Stollen ausgehauen. Dabei zeigten sich »lebendige Bleispuren«. Jedoch entzog das Bergamt dem Grubeneigentümer aufgrund nicht genehmigter Vortriebsarbeiten bereits vier Jahre später das weitere Schürfrecht. Der Bergbaubetrieb musste wieder eingestellt werden.

Beim Bau der Plettenberger Umgehungsstraße wurden älteste Stollenteile der Grube Neu Glück freigelegt. Kernstück der neuen Straße ist der 734 Meter lange Hestenbergtunnel. Dort, wo die Grubengänge unmittelbar Verbindung zum Tunnel hatten, wurden sie mit Betonblomben verschlossen. In der Bleierzgrube Neu Glück sind heute noch im gesamten Stollenverlauf deutliche Spuren vom Suchen nach Mineralien sichtbar.

Wer heute die Grube Neu Glück besucht, findet zwei Mundlöcher. Das linke Mundloch ist der ursprüngliche Zugang zur Grube, das rechte wurde 1944 bei der Umwandlung und Vergrößerung eines Stollenteils zu einem Luftschutzbunker geschaffen. Die ursprünglichen Grubengänge sind bis heute gut erhalten und leicht begehbar.

Nachdem es bis ins Jahr 2012 hinein zuerst Sicherheitsrisiken, später technische Probleme gab, ist die Grube zwischenzeitlich wieder als Besucherbergwerk für Führungen geöffnet. Wer einen Blick ins Innere wagen will, braucht nicht weit zu gehen: der Stolleneingang liegt leicht erreichbar nahe der Stadt. Die Besucherinnen und Besucher erhalten Helme und Schutzponchos, für festes Schuhwerk müssen sie selbst sorgen. Alles weitere regelt die Heilige Barbara, die Schutzpatronin der Bergleute ...

Die alte Bleierzgrube versteht es auch heute noch, die Menschen zu beeindrucken.

Den Besucherinnen und Besuchern ist festes Schuhwerk dringend ans Herz gelegt.

Die Grube ist mittlerweile wieder für den »Publikumsverkehr« geöffnet.

Licht erstrahlt in der Grube Neu Glück auch in der Mitte des Tunnels.

Nichts für Menschen mit Platzangst: Grube Neu Glück

Weltweit führend in Aluminium-Walzprodukten

Novelis im Sauerland – zwei Standorte, ein Unternehmen mit Tradition

Novelis in Plettenberg

Die Metall bearbeitende und verarbeitende Industrie hat im Sauerland aufgrund der reichhaltigen Wasservorräte eine lange Tradition. Die Nähe zu Eisen und Stahl aus dem benachbarten Siegerland sowie zur Kohle aus dem nicht weit entfernt gelegenen Ruhrgebiet schaffte günstige Voraussetzungen für eine florierende Industrie im Sauerland.

Unter dem heutigen Namen Novelis gehören die traditionsreichen Werke Ohle und Lüdenscheid zur Firma Hindalco, einem Unternehmen der weltweit operierenden indischen Aditya Birla Gruppe. Novelis beschäftigt etwa 11 000 Mitarbeiter an 26 Standorten in zehn Ländern. Der Konzern ist weltweit führend als Hersteller von Aluminium-Walzprodukten und produziert mit erstklassigen Walzwerken und herausragender Produktionstechnologie Aluminiumbleche und Folienprodukte für hochwertige Marktanwendungen. Er bedient Kunden in industriellen Schlüsselbereichen wie zum Beispiel der Automobilindustrie, Verpackungen und Baugewerbe. Heute werden an den beiden Standorten, die über zusammengelegte Verwaltungsbereiche verfügen, vornehmlich Walzprodukte aus dem Werkstoff Aluminium hergestellt und weiterverarbeitet.

Das Werk Ohle blickt auf eine über 120-jährige Erfahrung in der Metallbearbeitung zurück und beschäftigt heute etwa 485 Mitarbeiter im Plettenberger Stadtteil Ohle. Mit der Gründung als kleines Feinblechwalzwerk im Jahr 1889 war nicht abzusehen, dass sich in Ohle ein für die Region Plettenberg bedeutender Industriestandort entwickeln würde, der auch heute ein fester Bestandteil des Metall verarbeitenden Gewerbes im Sauerland ist.

Über Jahrzehnte im Besitz der Familie Pfeiffer hat der Standort wechselvolle Zeiten hinter sich, was sich auch in der Herstellung unterschiedlichster Produkte und Weiterentwicklungen zeigte. Am Standort Ohle produziert Novelis heute in drei Werksbereichen: OHLER® Flexrohre, OHLER® Verpackungs-Systeme und dem Aluminiumfolien-Walzwerk.

Das Werk in Lüdenscheid geht in seiner Entstehung auf die Firma Hueck & Büren im Jahr 1919 zurück. Die Produktion begann mit vier neuen Schmitz-Walzduos. Der Jahresausstoß betrug 20 Tonnen Aluminiumfolie. Heute sind am Standort Lüdenscheid etwa 250 Mitarbeiter beschäftigt, und der Jahresausstoß ist auf ungefähr 13 000 Tonnen angewachsen. Die dünnste Folie ist dabei nur 0,0058 Millimeter dick.

Weitere Produktionsbereiche im Werk Lüdenscheid sind die Veredelungsprozesse der dünnen Bänder und Folien: lackieren, kaschieren und beschichten. Hier wurden im Jahr 2011 etwa 53 Millionen Quadratmeter Folie veredelt. Das Werk Lüdenscheid ist darüber hinaus ein Kompetenzzentrum für technische Produkte speziell für die Kabel- und Rohrindustrie. Das durch einen Tunnel miteinander verbundene Werksgelände erstreckt sich beiderseits der Wiesenstraße, liegt direkt im Stadtgebiet von Lüdenscheid und ist etwa 1,5 Kilometer vom Stadtkern entfernt.

Das Walzwerk in Plettenberg-Ohle

Das Walzwerk in Lüdenscheid

Novelis in Lüdenscheid

Beitrag von:
Novelis Deutschland GmbH, Werk Ohle
Am Eisenwerk 30 · 58840 Plettenberg
Tel. (0 23 91) 6 10 · Fax (0 23 91) 61 22 01

Novelis Deutschland GmbH, Werk Lüdenscheid
Wiesenstraße 24–30 · 58507 Lüdenscheid
Tel. (0 23 51) 87 20 · Fax (0 23 51) 87 22 21

info@novelis.com · www.novelis.com

Plettenberg

Von Burg Schwarzenberg wurde die Region regiert
Nach Blitzeinschlag brannte Wahrzeichen Plettenbergs 1864 völlig ab

Im Wald oberhalb von Pasel befindet sich die Ruine einer Burganlage, deren Geschichte eng mit der Stadt Plettenberg verbunden ist. Burg Schwarzenberg ist ein markantes Wahrzeichen der Stadt. Vor rund 700 Jahren wurde mit den Bauarbeiten für die Wehranlage begonnen. Die Burg zählte neben den Burgen Mark, Altena, Wetter und Blankenstein zu den wichtigsten Landesburgen, was jedoch die Entwicklung Plettenbergs zur Stadt deutlich beeinträchtigte.

Die an der Ostseite des ehemaligen Backhauses sichtbare Außentoilette

Burg Schwarzenberg bestand zunächst nur aus einem Bergfried mit einer Seitenlänge von etwa 13 Metern und bildete zusammen mit dem Brunnen und dem Grafenhaus die erste Ausbaustufe. Weiter folgten der Ausbau des Roisthauses, Schmiede, Backhaus und der Burgkapelle. Vermutlich im letzten Bauabschnitt im 15. Jahrhundert erfolgte die Ummauerung der Kernburg, so dass der äußere Burghof mit der Gartenanlage entstand. Der Burgbrunnen hat eine Tiefe von 26 Metern. Heute noch erkennbar ist die an der Ostseite des ehemaligen Backhauses sichtbare Außentoilette. Grundmauern des Drostenhauses, eines runden Aufstieges und des Kurfürstenhauses sind ebenso erhalten wie die des Backhauses und Teile des Bergfrieds mit dem Brunnen.

Die Auseinandersetzung um die Vormachtstellung im südwestfälischen Raum zwischen den Grafen von der Mark, den Grafen von Arnsberg sowie den Erzbischöfen von Köln waren in vollem Gange. Hierbei diente Schwarzenberg als Symbol des Machtanspruchs der Grafen von der Mark. Darüber hinaus war der Wehr- und Wohnbau Verwaltungsmittelpunkt im Südosten

Burg Schwarzenberg mit dem Drostenhaus

Burg Schwarzenberg 1860

der Grafschaft Mark. Mehrere Jahrhunderte wurde von Burg Schwarzenberg aus die Region regiert.

Im Zusammenhang mit den Erbauseinandersetzungen mit seinem Bruder Gerhard verpfändete Herzog Adolf von Kleve 1422 die Burg an Diderich van Hemmerde, sein Bruder Gerhard dann 1423 an Herzog Adolf von Berg. Für 25 Jahre war die Burg nun der märkischen Macht entzogen.

Im Spätmittelalter wurde die Burg neben niederadeligen Burgmannsfamilien von einer Besatzung von etwa 14 bis 20 Mann bewohnt. Zu ihnen gehörte auch der Kellner, der die Einkünfte des Amtes Schwarzenberg verwaltete. 1513 gelangte die Burg als Pfand und 1661 durch Kauf in den Besitz der Familie von Plettenberg, die dort bis etwa 1830 wohnte und den im ehemaligen Zwingerbereich liegenden Barockgarten anlegte. Im 17. Jahrhundert waren von Wohnturm und Burgkapelle nur noch Ruinen erhalten. Nach einem Blitzeinschlag brannte die Burg 1864 mit den gesamten übrigen Wohngebäuden völlig ab, so dass die noch stehenden Mauern wegen Einsturzgefahr größtenteils abgerissen werden mussten.

In den Jahren 1913/1914 wurde die erste Restaurierungsphase gestartet. Dabei stand der Wiederaufbau des Torbogens bevor, leider jedoch nicht an seiner ursprünglichen Stelle und auch nicht mit dem originalen Bogenstich. Die nächsten Restaurierungen fanden erst in den 1930er Jahren statt. Die verfallenen Mauern des Lustgartens wurden erneuert. Weiter ging es in den 1960er Jahren. Im Mittelpunkt standen dann die Ausgrabung und Entschuttung des Kellergeschosses des Drostenhauses und eines runden Ausstiegs sowie die Sicherung verschiedener Mauerstücke am Drosten- und Roisthaus. Danach wurde es viele Jahre still um das alte Gemäuer. Seit Ende der 1970er Jahre wuchs bis heute wieder Interesse an dem Bauwerk, was sich in zahlreichen Renovierungsarbeiten niedergeschlagen hat.

Der Torbogen wurde 1913/1914 in einer ersten Restaurierungsphase wieder aufgebaut.

Die Tradition bewahren und die Zukunft gestalten

PRINZ: Verbindungselemente für die Automobilindustrie und andere Branchen

Nein, es sind nicht einfach »nur« Schrauben, die die »Prinzen« in Plettenberg bereits seit Generationen in ihrem Unternehmen herstellen. Die Firma PRINZ, gegründet 1875 an der Elsemühle in Holthausen, ist eines der ältesten Unternehmen Plettenbergs. Sicher, es sind in erster Linie Massenartikel, die produziert werden. Große Stückzahlen sind wichtig für das Unternehmen, welches die Automobilindustrie und ihre Zulieferer zu seinen wichtigsten Abnehmern zählt – anderswo sind große Stückzahlen auch nur schwer zu finden. Dennoch gehören auch etliche andere Branchen zu den Kunden und diverse Randbereiche sind längst in die Überlegungen mit einbezogen.

Zunächst stellten die Firmengründer Hut- und Mantelhaken, Kistengriffe, Schraubhaken und Drahtbiegeteile her. In den 1960er Jahren änderten sich die Marktanforderungen. Größere Umstrukturierungen waren notwendig und damit auch ein Wandel in der PRINZ-Produktpalette. Heute ist das in fünfter Generation befindliche Familienunternehmen ein bedeutender Spezialhersteller mechanischer Verbindungselemente, hergestellt durch Kaltumformung ausgehend von Draht. PRINZ produziert Schrauben, Bolzen, Kaltfließpress- und Stauchteile auf modernsten Mehrstufenpressen, Richt-, Backenstauch- und Gewindewalzmaschinen sowie auf Kniehebel- und Exzenterpressen. Das Unternehmen verfügt über diverse Spezialanlagen, zum Teil auch in Eigenbau entstanden. PRINZ stellt keine klassischen Schrauben her; die PRINZ-Produkte sorgen vielmehr dafür, dass zum Beispiel mehrere Komponenten miteinander verbunden und gegebenenfalls an oder mit Gehäusen befestigt werden.

Das Werksgelände im Plettenberger Elsetal

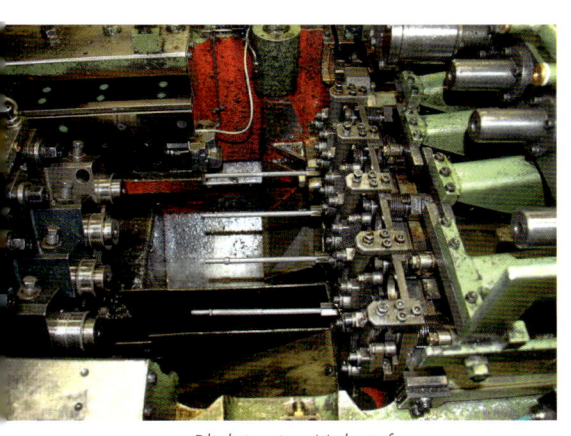

Blick in eine Mehrstufenpresse – unsere Kernkompetenz

140 Millionen Verbindungselemente stellen die rund 150 Mitarbeiterinnen und Mitarbeiter in dem 12 000 Quadratmeter umfassenden Fertigungskomplex jährlich her. Dabei werden rund 9000 Tonnen Stahl kaltmassiv umgeformt. Das Unternehmen ist nach sämtlichen, für die hohen Qualitätsansprüche der Automobilindustrie relevanten Normen zertifiziert.

Die Firmenphilosophie der Geschäftsführung ist denkbar einfach: »Die Tradition bewahren und die Zukunft gestalten«. Genau dies wird unter anderem durch die kontinuierliche Erneuerung und Erweiterung des Maschinenparks umgesetzt. Bedingt durch die Globalisierung ist der Exportanteil in den vergangenen Jahren enorm gestiegen und liegt dank eines sehr starken Automotive-Bereiches bei mehr als einem Drittel des Gesamtumsatzes.

Beeindruckende technische Möglichkeiten innerhalb des vielfältigen Maschinenparks bieten insbesondere die 3 bis 6 Stufenpressen. In solchen Maschinen entstehen komplexe Teile mit anspruchsvollen geometrischen Konturen und Durchmessern von vier bis 20 Millimetern sowie Längen von bis zu 2000 Millimetern in mehreren aufeinander folgenden Arbeitsstufen ohne Materialverlust, da spanlos umgeformt wird. Dies spart neben Material Zeit und damit letztendlich Kosten, denn zusätzliche, aufwändige und zeitraubende Rüstvorgänge können auf diese Art und Weise eingespart werden.

Anwendung finden die PRINZ-Teile in den verschiedensten Bereichen. Die Palette reicht von Verschraubungen in Dachfenstern über Trommelhalterungen in Waschmaschinen bis hin zu Bohrerrohlingen in der Werkzeugindustrie. Hauptsächliches Absatzgebiet ist und bleibt aber die Automobilindustrie mit ihren Zulieferern. Teile dafür finden sich als Bolzen für Bremskraftverstärker, Anlasser, Lenkhilfen und Klimakompressoren sowie als Komponenten für Schaltungen und Bremsen und als Verzurrhilfen für den Export von Pkw auf Schiffen. Viele namhafte Unternehmen gehören zu den Kunden von PRINZ.

Beitrag von:
P R I N Z VERBINDUNGSELEMENTE GMBH
Lehmweg 24 · 58840 Plettenberg
Postfach 5241 · 58829 Plettenberg
Fon +49 / 23 91 / 8104-0
Fax +49 / 23 91 / 8104-22
info@prinz-h.de · www.prinz-h.de

Schalksmühle

Als Kiepenlisettken durch Elektro Valley hausieren ging

Schalksmühle gelingt der Spagat zwischen Naherholung und modernem Industriestandort

Mit Blick aus der benachbarten Metropolregion kann man Schalksmühle als Portalgemeinde zum Märkischen Sauerland bezeichnen. Über die Autobahn Sauerlandlinie ist es für Ruhrgebietler nur ein Katzensprung zu den Hochflächen mit der beeindruckenden landschaftlichen Vielfalt, um einige Stunden der Entspannung und Erholung zu genießen. Gekennzeichnete Rundwanderwege führen zum privaten Wildgehege Mesekendahl mit heimischen und fremden Wildarten. Im westlichen Teil der Gemeinde ist die Glörtalsperre mit den sie umgebenden Waldflächen ein die Landschaft bestimmendes Element. Fast 300 Meter Höhenunterschied trennen die verbundenen Orte im Tal und auf den Höhen. Im 39 Quadratkilometer großen Gemeindegebiet mit rund 11 300 Einwohnern haben Natur und Menschenhand ein Mosaik aus Naherholungsgebieten, kleinen Bauernschaften, Agrarflächen, Bezirken durchdachter Wohnbebauung, Gewerbe- und Industriegebieten, Sport- und Freizeitstätten, Wäldern und Bächen, Höhen und Tälern geschaffen.

Die im Stundentakt von Dortmund aus über Hagen verkehrende Regionalbahn hält im Volmetal im Ortsteil Dahlerbrück und im Ortskern Schalksmühle, wo sich die wesentlichen Einrichtungen des Handels- und Dienstleistungsgewerbes, der zentrale Knotenpunkt des öffentlichen Nahverkehrs und der Sitz der Verwaltung befinden. Als Kontrast zur modernen, großzügigen Rathausarchitektur steht unbeweglich das bronzene »Kiepenlisettken« auf dem Rathausplatz. Als Handelsfrau zog sie mit ihrer Kiepe – gefüllt mit Waren für den täglichen Gebrauch – von Hof zu Hof und von Ort zu Ort.

Im Ortskern liegt die unter Denkmalschutz stehende Erlöserkirche mit ihrem Bruchsteinmauerwerk.

Über der im Tal liegenden Ortsmitte thront auf einem Hanggrundstück die Villa des erfolgreichen Fabrikanten Hans Curt Jaeger, Mitbegründer der Firma Gebr. Jaeger (Keimzelle der Schalksmühler Elektroindustrie), später Busch-Jaeger. Zusammen mit der im Ortskern ebenfalls unter Denkmalschutz stehenden Erlöserkirche mit ihrem Bruchsteinmauerwerk wirkt die Villa wie ein malerisch komponierter Kontrapunkt. Ein auffälliges Bauwerk ist auch das zweigeschossige Wohn- und Geschäftshaus mit einem reich

Die Schalksmühler zeigen im Ort, warum er so heißt, wie er heißt.

Der Ortsteil Hülscheid im Höhengebiet: Fast 300 Meter Höhenunterschied trennen die verbundenen Orte im Tal und auf den Höhen. Im Zentrum ist die beeindruckende Kirche zu erkennen.

Über der im Tal liegenden Ortsmitte thront auf einem Hanggrundstück an der Bergstraße die Villa des Fabrikanten Hans Curt Jaeger, dem Mitbegründer der Firma Gebr. Jaeger.

Schalksmühle

Die imposante Grundschule Spormecke im Höhengebiet der Gemeinde

Ein ganzer Reigen schöner alter Villen zieht sich an der Bergstraße entlang.

verzierten Staffelgiebel, der zum unverwechselbaren Gesicht des Schalksmühler Ortskerns ganz wesentlich beiträgt.

Ein Zeugnis der Sakralarchitektur der vergangenen Jahrhunderte ist die als Denkmal geschützte evangelische Pfarrkirche in Heedfeld, die das Gesicht des Ortes Heedfeld seit jeher mitbestimmt. Die in die Denkmalliste eingetragene evangelische Pfarrkirche in Hülscheid hat einen beachtlichen Dokumentar- und Symbolwert für den heimischen Raum. In der zweiten Hälfte des 12. Jahrhunderts ist die kleine dritte Glocke gegossen worden. Die beiden großen Glocken der Kirche mit den Jahreszahlen 1482 und 1487 reichen in die katholische Zeit der Gemeinde zurück.

Leben mit und von der Industrie

In Schalksmühle lässt sich nicht nur gut wohnen, sondern auch gut arbeiten. Man lebt mit und von der Industrie. Traditionelles Handwerk und moderne, in der Familientradition geführte Betriebe, nutzen die guten Rahmenbedingungen des Standortes. Zahlreiche mittelständische Industriebetriebe präsentieren sich erfolgreich mit ihren Hightech-Produkten auf Fachmessen in den »Schaufenstern der Welt« und exportieren ihre Produkte in viele Länder. Auf die Herausforderung der Märkte reagiert die Schalksmühler Industrie mit Kreativität, Flexibilität, Mut und Innovationsfreude.

Eine Tafel am Rathaus erinnert daran, dass an dieser Stelle die Firma Gebr. Jaeger 1892 ihr Betriebsgebäude errichtete und damit die Basis für die Elektroindustrie legte. Die Fertigung von Schaltern, Dosen, Elektroinstallations- und nachrichtentechnischen Artikeln, von Mess-, Steuer- und Regelungstechnik, Steckverbindern und Niederspannungsschaltgeräten hat hohe Perfektion erreicht. Trotz der hervorstechenden Rolle der Elektroindustrie ist die Industrielandschaft in der Volmegemeinde keineswegs monostrukturiert. So ist vor allem die Metallwarenindustrie fest verwurzelt. Hergestellt werden unter anderem Schmiedeteile, Metallwaren, Edelstahlbänder und Federn. Die Gewerbegebiete auf den Höhen nahe der Zufahrt zur A45 eröffneten den Investoren Expansions- und Neuansiedlungsmöglichkeiten. Harmonisch fügen sich die Gebäude, zum Teil mit sehenswerter Architektur, in die Landschaft ein.

Eng verknüpft sind die Aspekte von Betreuung und Bildung. Für eine familienfreundliche, aktive Kommune wie Schalksmühle sind vielfältige Bildungs- und Betreuungsangebote wichtig. Vorhanden ist ein lückenloses Angebot von Betreuungsplätzen für die Kleinsten – über wohnortnahe Kindergärten und Grundschulen mit Ganztagsangeboten – bis hin zur weiterführenden Schule. Außerdem bereichern die Volkshochschule, Musikschule, eine private Malschule, die öffentliche Bücherei (KÖB) und das Jugendzentrum die Bildungslandschaft.

Fachwerk mitten in Schalksmühle

Für die Seniorinnen und Senioren existieren vor Ort Wohnungen mit speziellen Einrichtungen für alte Menschen. Altenheime und Pflegeheime bieten ihre Dienste ebenso an wie ambulante Pflegedienste. Eine Diakoniestation berät zu Fragen der Altenpflege und hilft mit Beteiligung des Diakonieförderkreises bei organisatorischen und finanziellen Herausforderungen für den Einzelnen weiter.

Kommunale Partnerschaften bestehen mit der nordenglischen Stadt Wansbeck und der thüringischen Stadt Ruhla. Gegenseitige Besuche von Bürgergruppen unter der Regie der Schalksmühle-Wansbeck-Gesellschaft und des Pendants in Wansbeck stützen die vereinbarten Freundschaftsverhältnisse. Die Idee, mit der Stadt Ruhla eine Partnerschaft zu beginnen, sollte im geteilten

In der Schalksmühler Ortsmitte

Schalksmühle

Deutschland die »innerdeutsche Lebendigkeit« fördern. Niemand konnte 1987 ahnen, dass sich die deutsch-deutschen Verhältnisse so schnell ändern würden und es sich bald um eine innerdeutsche Partnerschaft handeln würde. Inzwischen ist man gut miteinander bekannt. Regelmäßig begegnen sich Jugend- und Seniorengruppen in beiden Partnerkommunen.

Aktive Freizeitgestaltung

Für eine aktive Freizeitgestaltung bieten sich die attraktiven Angebote der Sportvereine, Freiwilligen Feuerwehr, sozialen Vereine und Verbände, der Kultur tragenden Vereine und Gemeinschaften sowie der kirchlichen Gruppen an. Von jeher hat das Sportgeschehen das gemeindliche Leben stark beeinflusst. Außensportanlagen, Sport- und Turnhallen, Schwimmhalle, Sportpark, Schießheim, Reitanlagen mit Hallen und der Golfplatz bieten die Voraussetzungen und Grundlagen für eine gemeinschaftliche und individuelle sportliche Betätigung.

Kulturangebote für unterschiedliche Interessensgruppen zu machen, ist immer wieder das erklärte Ziel der Verantwortlichen. Diese Zielvorstellung spiegelt sich im Jahresprogramm »K wie Kultur« wider. Der Neujahrsempfang im Rathaus, die seit mehr als 40 Jahren stattfindende Konzertreihe »Musik alter Meister«, kleine Konzerte im Rathausfoyer, Ausstellungen, klassische Musik und Chorkonzerte in den Kirchen, Autorenlesungen sowie Vorstellungen der mehr als 20 Jahre bestehenden Theaterwerkstatt sorgen für kulturelle Abwechslung. Begehrt ist das Kleinkunst-Abo mit Gastspielen bekannter Kabarettisten.

Ein kulturelles Juwel ist das restaurierte, rund 400 Jahre alte, museal eingerichtete bäuerliche Kulturdenkmal »Bauernhaus Wippekühl«, das seit 1995 der Heimatverein betreut und pflegt. Es ist typisch für das »Märkische Haus« und ein letzter Zeuge vergangener bäuerlicher Kultur. Bis in das Münsterland hinein gibt es kein weiteres Beispiel für die erhaltene Bauweise. Das Haus fristet aber keineswegs als pures Museumsstück sein Dasein. Veranstaltungen der Gemeinde und des »Freundeskreises Bauernhaus Wippekühl« bringen Leben in das Haus, wie zum Beispiel »Frühling im Bauernhaus«, New Orleans-Jazz, Swing, Blues, Country-Musik, Irish-Folk, Klezmer, südamerikanische Folklore und Literarisches in plattdeutscher Sprache.

Mit sehr langer Tradition verbunden ist das Schützenfest des Hülscheider Schützenvereins. Die Vereinsfamilie versteht es, dieses Fest Jahr für Jahr in besonderer Weise zu feiern und in den Blick der Öffentlichkeit zu rücken. Mannigfach sind die weiteren Feste der übrigen Vereine und kirchlichen Gruppen in den Ortsteilen. Einer Feierlaune nachzugeben ist zum Beispiel möglich beim Musikfest des Musikcorps Dahlerbrücker Husaren, Kiepenlisettkenmarkt des Stadtmarketingvereins, Gemeindefest im Schalksmühler Ortskern sowie beim Dorffest des Feuerwehrlöschzuges Winkeln. Die gesamte Palette der kleinen und großen Feste ist auch ein Beweis dafür, dass es sich in Schalksmühle prima leben lässt.

Jörg Schönenberg
Bürgermeister der Gemeinde Schalksmühle,
im Sommer 2012

Durch die Schalksmühler Ortsmitte verläuft die Volmetalbahn von Hagen nach Lüdenscheid.

Das ewige Kiepenlisettken

Besondere Kennzeichen: rotes Kopftuch, braungrauer und dickgekräuselter Rock, vorgebundene blaue Schürze, schafwollene Strümpfe, hohe Nagelschuhe, Kiepe und Regenschirm. Das kann nur das Kiepenlisettken sein. Wenn donnerstags auf dem Platz vor dem Schalksmühler Rathaus das bunte Markttreiben beginnt, ist auch sie stets dabei. Heute eben »nur« noch in Bronze: Lisette Buschhaus. Die über die Schalksmühler Grenzen hinaus bekannte Bronzeplastik stammt aus den Künstlerhänden Waldemar Wiens. Ein Schalksmühler Unternehmen stiftete das Bronze-Lisettken aus Anlass seines 150 jährigen Bestehens im Jahr 1979.

Das Kiepenlisettken ist keine Kunstfigur. Die Frau, die Waldemar Wien als Vorlage für seine Bronzeplastik nahm, hieß Lisette Buschhaus und war Hausiererin. Ein Jahrmarkt ist zudem nach ihr benannt.

Hinter dem Kiepenlisettken verbirgt sich also keine Kunstfigur. Aber wer war Lisette Buschhaus? Sie kam 1845 als Tochter begüteter Eltern zur Welt. Nachdem sie 1866 Carl Cramer geheiratet hatte, lebte sie mehrere Jahre in Rotthausen. Das Kiepenlisettken ging als Hausiererin mit Kiepe und Regenschirm von Hof zu Hof. Der Überlieferung nach zog es Lisette Buschhaus in jungen Jahren weit über die Grenzen des Märkischen Sauerlandes hinaus bis nach Frankfurt, Mainz und Einbeck. Dabei fungierte sie in jener Zeit als wandelnde Tageszeitung. So war sie es auch, die den Bauern nach der Schlacht bei Sedan die freudige Nachricht mit den Worten überbracht hatte: »Kaiser Napolgun (Napoleon) gefangen!« Darüber hinaus überbrachte sie auch Grüße aus der Heimat an die in den Garnisonsstädten stationierten Schalksmühler und Halveraner Soldaten.

Schalksmühle

Vom Schandfleck zur Schönheit

Bauernhaus Wippekühl ist in seiner Bauweise einzigartig weit und breit

Das um 1600 gebaute Bauernhaus Wippekühl in dem ärmlichen Zustand, in dem es die Schalksmühler kauften.

Es hat exakt die Maße 13 mal 11,5 Meter Grundfläche. Im Mittel ist es 11,7 Meter hoch und wurde um 1600 gebaut. In seiner Denkmalsbeschreibung – die Denkmalwürdigkeit wurde 1986 anerkannt – heißt es zudem: »Auffällig sind neben einer großen Nientür an einer Giebelseite Giebelverkleidungen aus schweren, breiten Eichenbrettern sowie ein steinernes Untergeschoss, auf das ein Fachwerkteil aufgesetzt ist. Das innere Fachwerkgefüge ist weitgehend erhalten.« Das Bauernhaus des alten Hofes Wippekühl, hoch über dem Ortskern Schalksmühle gelegen, hat in den vergangenen Jahrzehnten nicht nur als Denkmal, sondern auch als Veranstaltungsort gewaltig an Attraktivität gewonnen. Und es hat Seltenheitswert. Bis ins Münsterland gibt es kein anderes Beispiel dieser historischen Bauart.

Nachdem der Heimat- und Geschichtsverein Schalksmühle das von der Gemeinde unter finanzieller Beteiligung des Vereins erworbene Bauernhaus nach seiner Instandsetzung in seine Obhut nahm, ließ es die Gemeinde restaurieren. Seit der Fertigstellung 1995 finden dort regelmäßig unter Betreuung des »Freundeskreises Bauernhaus« kulturelle Veranstaltungen statt.

Das steinerne Untergeschoss ist unverbaut, das Fachwerkgefüge fast noch im Originalzustand. Wie der Heimat- und Geschichtsverein betont, dokumentiert es die frühere Gemeinschaft von Mensch und Tier unter einem gemeinsamen Dach. Wohn- und Wirtschaftsbereich waren seinerzeit keinesfalls exakt voneinander getrennt.

Der frühere Wohnbereich ist mit rundgeschliffenen Volme-Schottersteinen im Fischgrätmuster gepflastert. Dort sind auch die über die Jahrhunderte entstandenen Wand-Schablonenmalereien mit unterschiedlichen Motiven zu bewundern, die durch einen Restaurator gesichert werden mussten. Im Wohnbereich besteht auch wieder – unterhalb der Räucherkammer – die offene Feuerstelle. Der ehemalige Stall ist originalgetreu ausgestaltet worden. Dort lagen links und rechts der Deele die Räumlichkeiten für Pferde, Kühe und Ziegen.

Das Bauernhaus, dessen Denkmalwürdigkeit 1986 anerkannt wurde, in seinem aktuellen Zustand

Das Bauernhaus Wippekühl von seiner schönsten Seite

Zweithöchste Industriedichte im Kreis

Elektrotechnik seit jeher Motor der Schalksmühler Wirtschaft

Die Schalksmühler Industrie wird von der Metallverarbeitung geprägt. Motor ist jedoch die Elektrotechnik, die aufgrund des historisch gewachsenen Anteils überproportional vertreten ist. Bekannt sind Namen wie Berker, Rutenbeck, Albrecht Jung, Lumberg, Spelsberg, Kaiser und Busch-Jaeger. Auch die Metallbearbeitung ist bedeutend. Insgesamt besitzt Schalksmühle die zweithöchste Industriedichte im Märkischen Kreis.

Schalksmühles Aufstieg zu einer wirtschaftlich überregional bedeutenden Gemeinde begann spät, entwickelte sich dann aber um so rasanter. Während der Beginn der Industrieansiedlung vor rund 100 Jahren durch den Bau der Bahn- und Straßentrasse durchs Volmetal seine Initialzündung erfuhr, hat der Bau der Sauerlandlinie für Schalksmühle enormen Anschub für die gewerbliche Wirtschaft mit sich gebracht. Bestes Beispiel ist das Gewerbegebiet Ramsloh im Höhengebiet in Autobahnnähe, in dem zahlreiche klein- und mittelständische Unternehmen produzieren.

Der karge Boden und die Enge des Volme- und des Hälvertals ließen zuvor keine ergiebige Landwirtschaft zu. In den 1760er Jahren schwappte die Breitewarenindustrie aus dem Bergischen auf Schalksmühler Gebiet und nutzte mit Hilfe von Wasserrädern die Kraft der Volme und ihrer Zuflüsse. Innerhalb nur weniger Jahre avancierte die neue Industrie zur bedeutenden Wirtschaftskraft. Aus einigen dieser Hämmer entstanden namhafte Werke, die teilweise heute noch existieren.

Die Erfindung der Dampfmaschine eröffnete neue Horizonte und ließ ganz andere Industriezweige wachsen. Die Massenfabrikation wurde Thema. Die Möglichkeit, elektrische Energie als Licht-, Wärme- und Kraftquelle zu nutzen, ließ einen ganz neuen Wirtschaftszweig entstehen: die elektrotechnische Industrie. Und diese sollte für Schalksmühle wichtig werden. Und so ist die Entwicklung der Gemeinde insgesamt eng mit der Entwicklung der Elektrotechnik verbunden. Ein markantes Jahr ist 1892. Die Brüder Hans Curt (genannt Heinrich) und Georg Jaeger gründeten ihr Unternehmen »Gebr. Jaeger Fabrik von Apparaten für elektrische Beleuchtung«. Hans Curt war der Techniker und seit 1885 Teilhaber der Lüdenscheider Firma Jaeger & Fischer OHG, die auch beide Entwicklung der Lüdenscheider Elektroindustrie eine entscheidende Rolle besaß. Meinungsverschiedenheiten mit dem Mitgesellschafter Fischer führten zum Ausscheiden Jaegers aus dem Unternehmen. Damit war ihm auch untersagt, in Lüdenscheid selbst ein Konkurrenzunternehmen zu gründen. Die beiden Jaegers wählten als sinnvolle Alternative Schalksmühle. Von dort stammte Georgs Frau.

Dort ermöglichte die Nutzung der Wasserkraft die Stromerzeugung. Mehr noch: Die hergestellten Apparate konnten auf diesem Weg auf ihre elektrische Sicherheit überprüft werden – das Problem, das zum Zerwürfnis zwischen Jaeger und Fischer geführt hatte. Ganz nebenbei konnte jeder Schalksmühler, der es wünschte, mit elektrischem Licht versorgt werden.

Die Arbeiterinnen und Arbeiter kamen zunächst mit der Bahn aus Lüdenscheid. Später siedelten sie sich in Schalksmühle an. So entstanden Häuser auf dem Schulberg an Berg-, Viktoria und Jägerstraße. Auch die Firmeninhaber ließen ihre Häuser auf dem »Hügel« errichten.

Schon bald entstanden weitere Unternehmen, deren Inhaber in der Regel eine Lehre im Jaegerschen Unternehmen absolviert hatten. Dazu zählten bekannte Namen wie Kaiser, Spelsberg, Berker, Vedder, Albrecht Jung, Nachtrodt & von Brocke, Bär Lumberg und Müller (Kalthoff). Die Gebr. Jaeger fusionierten schließlich 1926 mit dem Lüdenscheider Unternehmen F.W. Busch. Nach wechselnder Zugehörigkeit wurde der Betrieb in Schalksmühle 1968 geschlossen. Doch der Name Jaeger ist bis heute eng mit dem »Elekto Valley« verbunden.

In den Anfängen der Industriealisierung nutzten die Unternehmen die Kraft der Volme.

Spätestens mit der A45 war der Industriestandort Ramsloh im Schalksmühler Höhengebiet von Bedeutung für das produzierende Gewerbe geworden.

Schalksmühle

Installationsmaterial aus dem Hause KAISER

KAISER – Zukunftsweisend. Praxisnah. Innovativ.

Unternehmen bietet Produkt- und Systemlösungen für die professionelle Elektro-Installation

Die KAISER GmbH & Co. KG ist bekannt für ihr großes Spektrum an überzeugenden Produkt- und Systemlösungen für die moderne Elektro-Installation. Höchste Innovationskraft und eine internationale Ausrichtung, basierend auf einem soliden mittelständischen Fundament – das ist der Schlüssel zum Erfolg. Als Marktführer mit Hauptsitz in Schalksmühle und Tochterfirmen in Belgien und der Schweiz gibt KAISER tagtäglich sein Bestes.

Ein Jahrhundert innovative Elektro-Installations-Technik

Die Geschichte des Unternehmens KAISER begann vor mehr als 100 Jahren. 1904 gründeten Walther Kaiser und Ernst Spelsberg ihr eigenes Unternehmen. Begonnen hat die Entwicklung bei KAISER mit Isolierrohren, Dosen und Kästen aus Metall für die Unterputzinstallation. 52 Jahre und eine Generation später trennten sich die Gründerfamilien. In den vergangenen Jahrzehnten hat KAISER kontinuierlich neue Produkte und Systeme entwickelt, die schnell zu Standards für die gesamte Branche wurden. So wurde KAISER zu einem marktführenden Unternehmen. KAISER bietet Produkte für die Unterputz-, Hohlwand- und Betonbauinstallation. Neben den klassischen Produkten hat KAISER Freiraum schaffende Einbaugehäuse für Leuchten und Lautsprecher im Programm. Ergänzt wird das Programm durch ein professionelles, hochwertiges Sortiment von Kabelverschraubungen für Handwerk und Industrie.

Zu aktuellen Themenbereichen wie Brandschutz, Schallschutz, Strahlenschutz, effizienter Energieeinsparung oder Gebäude-Renovation bietet KAISER ebenfalls komplexe Produktlösungen.

Bei KAISER, einem gesunden, mittelständischen Unternehmen, arbeiten heute mehr als 300 engagierte Mitarbeiter, davon allein 200 am Hauptsitz in Schalksmühle. Die gewachsene Infrastruktur und das erfahrene Personal garantieren Produktqualität »Made in Germany«. Gemeinsam mit den Tochterunternehmen, der Schweizer AGRO AG und der Firma HELIA in Belgien, expandiert KAISER erfolgreich im europäischen Ausland.

Mit eigenem Außendienst, einem dichten regionalen Handelsvertreter-Netz und internationalen Vertretungen informiert und berät KAISER seine Kunden direkt vor Ort, zum Beispiel auf Baustellen und zahlreichen Messen. KAISER pflegt starke und zuverlässige Partnerschaften – auch zu Verbänden und Kooperationspartnern. KAISER steht für Qualität und Innovation. Für Vertrauen und Sicherheit.

KAISER Elektroinstallations-Systeme umfassen Unterputz, Hohlwand, Betonbau, Einbaugehäuse, Erdung, Kabelverschraubungen, Werkzeuge, Energieeffizienz, Brandschutz, Schallschutz, Strahlenschutz und Bauen im Bestand.

Der KAISER-Firmensitz im Schalksmühler Gewerbegebiet Ramsloh

KAISER

Beitrag von:
KAISER GmbH & Co. KG
Ramsloh 4 · 58579 Schalksmühle
Tel. (0 23 55) 80 90 · Fax (0 23 55) 8 09 21
info@kaiser-elektro.de · www.kaiser-elektro.de

Zum Bau der Glörtalsperre kamen 1903 die ersten Gastarbeiter nach Dahlerbrück

Feierliche Einweihung am 11. Juni 1906 – gleichmäßige Nutzung der Wasserkraft gewährleistet

Wenn an Sommertagen die bade- und sonnenhungrigen Besucher zur Glörtalsperre strömen, stellt sich schon mal die Frage, wann und warum die Talsperre eigentlich gebaut wurde.

Die ersten Vorbereitungen gehen bis ins Jahr 1893 zurück. Am 12. Juli trafen sich im Lokal Hencke in Dahlerbrück erstmals Besitzer von Triebwerken im Volmetal. Sie suchten für ihre Turbinen beziehungsweise ober- oder mittelschlächtigen Wasserräder mit vorgeschaltetem Teich nach einer Lösung, die eine gleichmäßigere und rationellere Nutzung der Wasserkraft im Volmetal ermöglichte. Denn vor allem in trockenen Zeiten reichte der über das Wochenende angesammelte Wasservorrat nicht aus, die Wasserräder mehrere Tage lang anzutreiben.

Nach einigen regenreichen Jahren wurden die – allerdings auch wegen der wirtschaftlichen Lage – ins Stocken geratenen Verhandlungen wieder aufgenommen, erste Pläne aufgestellt, Kosten ermittelt und deren Verteilung errechnet. Am 12. November 1898 schließlich erklärte sich ein Großteil der Fabrikbesitzer im Volmetal – an der Spitze die Herren Brune, Krägeloh, Holthaus und Kuhbier aus der Schalksmühler Region – bereit, einer »Thalsperrengenossenschaft« beizutreten und die Mittel für Verzinsung, Amortisation und Instandhaltung von zwei »Thalsperren«, und zwar die Jubach- und die Glörtalsperre, aufzubringen.

Anfang 1903 rückte eine Firma aus Hannover mit mehreren Baukolonnen an, darunter für Dahlerbrück die ersten italienischen Gastarbeiter. Im einst so stillen Glörtal wurde es lebendig. Mit Ausnahme der Mauersteine musste das gesamte Baumaterial vom Bahnhof Dahlerbrück zur Mauerbaustelle transportiert werden. Dafür wurden Schmalspurschienen verlegt, auf denen eine kleine Lok mit einigen Loren den ganzen Tag zwischen Bahnhof und zukünftiger Glörmauer pendelte.

Eine zweite Lorenbahn führte von der Baustelle zum Steinbruch am heutigen »Felsen«, wo die Grauwacke für den Mauerbau aus dem Bergvorsprung des Rotthauser Hanges gesprengt und bearbeitet wurde. Der Bergvorsprung endete dort, wo bei niedriger Stauhöhe die Insel aus dem Wasser ragt. Hätte man die Steine für die gewaltige Mauer von auswärtigen Steinbrüchen holen müssen, wären die Kosten für den Sperrenbau sicherlich zu hoch gewesen.

Die Baubedingungen legten genauestens fest, dass die Bruchsteine aus Grauwacke nicht kleiner als zehn mal 30 Zentimeter, aber auch nicht größer als ein halber Kubikmeter sein durften. Jeder Stein musste vor seiner Vermauerung von Verunreinigungen befreit und mit Wasserdruck und Stahlbesen rein gewaschen werden. Weiter hieß es in den Vertragsbedingungen: »Werkmeister, Aufseher und Arbeiter, welche von der Bauleitung als nicht brauchbar, trunksüchtig oder widersetzlich befunden werden sollten, hat der Unternehmer von der Baustelle zu entfernen und durch brauchbare Leute zu ersetzen.«

Auch die Bauzeit wurde festgelegt: Die Mauer sollte am 1. Juli 1904 fertig sein. Für jede Woche Verzögerung war eine Verzugsstrafe von 500 Mark festgesetzt, die geschätzten Kosten lagen bei 780 000 Mark.

Nach der landespolizeilichen Abnahme am 17. November 1904 konnte mit dem Aufstauen des Wassers begonnen werden. 1906 erfolgte der erste Überlauf und am 11. Juni 1906 fand die feierliche Einweihung der Glörtalsperre statt. Nach der letzten Sanierung der Sperrmauer kann das Wasser wieder bis zum Überlauf angestaut werden.

Gerd Gebhardt

Die Bauarbeiten an der Staumauer der Glörtalsperre zu Beginn des 20. Jahrhunderts

Werdohl

Zweiflüssestadt mit 31 Brücken und der Zukunft im Visier

Werdohl setzt auf eine City-Offensive und das Miteinander von Industrie und Natur

Werdohl entwickelt sich. Die Stadt hat einen immensen »Umstrukturierungsprozess« eingeleitet, um sich nicht nur optisch, sondern in jeder Hinsicht für die Zukunft zu rüsten. In Werdohl wurden stets Brücken gebaut: 31 über Flüsse zum Laufen und Fahren im Stadtgebiet, aber auch Brücken zwischen den Werdohlern selbst, die sich aus insgesamt nicht weniger als 56 unterschiedlichen Nationalitäten zusammensetzen. Werdohls topographische Lage wird bestimmt durch die markanten Flussschlingen der Lenne als symbolische Lebensader der Stadt sowie durch die im gleichnamigen Tal fließende Verse. Die 19 000 Einwohner zählende Stadt lebt vom Miteinander der Menschen und vom Miteinander von Industrie und Natur. Werdohl liegt im sauerländischen Erholungsgebiet, teilweise in den Naturparks Ebbegebirge und Homert.

Werdohl bietet als Mittelzentrum ein attraktives Einkaufsangebot mit einem eigenen Kaufhaus, einer gelungenen Fußgängerzone sowie 1350 gebührenfreien und zentral gelegenen Parkplätzen. Die bewaldeten Höhen rund um die Stadt bieten einen imposanten Ausblick auf das Lennetal. Wandermöglichkeiten, das Frei- und das Hallenbad sowie eine Minigolfanlage sorgen für sportliche Abwechslung. Ein Reiterhof und Tennisplätze runden das Freizeitangebot ab.

Blick auf Werdohl

Mit der City-Offensive »Unser Werdohl« starteten der Einzelhandel, der Stadtmarketing-Verein »Natürlich ... Werdohl« und die Stadtverwaltung ihre Initiative. Schon bald erkannten die Verantwortlichen, dass nur ein ganzheitliches, professionelles Stadtmarketing auf Dauer in der Lage ist, Werdohl nach innen und außen gleichermaßen positiv zu »verkaufen«. Ergebnis ist mittlerweile die »Werdohl Marketing GmbH«, eine Gesellschaft, an der sich die Stadt Werdohl, der Marketing-Verein sowie weitere 14 Gesellschafter aus der Wirtschaft beteiligten.

Werdohl wurde erstmals im Jahr 1101 in einer Urkunde des Bischofs Heinrich II. von Paderborn im Zusammenhang mit der Kilianskirche erwähnt. Bis zur Mitte des 19. Jahrhunderts war Werdohl eine kleine ländliche Gemeinde, zu der seinerzeit 1800 Einwohnerinnen und Einwohner gehörten. Dies änderte sich wesentlich durch die Fertigstellung der Ruhr-Sieg-Eisenbahn 1861. Damit war Werdohl als Standort für Industriebetriebe interessant geworden.

Wohngebiete, die sich die bewaldeten Hänge hinaufziehen, und die mittelständische Metall verarbeitende Industrie im Tal prägen heute das Bild. Mehr als 8000 Werdohlerinnen und Werdohler sind in Vereinen organisiert, insbesondere in Sportvereinen. Viele Hundert engagieren sich

In Werdohl – im Hintergrund die Christuskirche

Werdohl

ehrenamtlich und zeigen damit die Verbundenheit mit ihrem Wohnort.

Von den etwa 4000 Ausländerinnen und Ausländern stellen die Türken die bei weitem größte Zahl der Migranten. 2003 hat der Rat der Stadt Werdohl beschlossen, die Bemühungen für ein konfliktfreies Miteinander durch das Werdohler Integrationsprojekt zu intensivieren.

Ausgelöst durch den anhaltenden Strukturwandel vom stahlkonzerngeprägten Industriestandort zur modernen und auf High-Tech ausgerichteten Stadt bietet Werdohl inzwischen einen interessanten Branchenmix zum Beispiel in den Bereichen Hydraulik, Automobil-Teilefertigung, Logistik und Transport. Wichtig ist ungeachtet dessen nach wie vor die Stahl verarbeitende Industrie sowie die Eisen- und Metallverarbeitung.

Das produzierende und verarbeitende Gewerbe bestimmte seit der Gründerzeit im 19. Jahrhundert das Wirtschaftsleben in Werdohl. Der Bau der Ruhr-Sieg-Eisenbahnstrecke zeichnete für diese Entwicklung maßgeblich verantwortlich. Werdohl war als Standort für Industriebetriebe interessanter geworden. Heute arbeiten die meisten industriellen Betriebe in der Metall verarbeitenden Industrie und im Werkzeug- und Maschinenbau, wobei hiervon die Automobilzulieferer den größten Teil stellen.

In Werdohl sind Betriebe der Federnherstellung, NE-Metallverarbeitung, Kleineisenwerke, die Fabrikation von Pumpen und Armaturen, Leichtmetallgießereien, Präzisionswerkzeugbau und die Produktion elektronischer Bauteile beheima-

Auf der Lennebrücke

In der verkehrsberuhigten Innenstadt

tet. Obwohl auch Werdohl von klein- bis mittelständischen Betrieben geprägt ist, die häufig inhabergeführt sind, haben auch diverse größere Aktienunternehmen Produktionsstandorte oder sogar ihren Firmensitz in Werdohl.

Seit dem 6. April 1975 besteht eine Städtepartnerschaft mit dem englischen District Derwentside. Mit der Reuterstadt Stavenhagen in Mecklenburg-Vorpommern ist die Stadt Werdohl seit dem 10. August 1990 durch eine Städtepartnerschaft verbunden.

Schmuckstück am Ortsausgang Richtung Plettenberg

Alfred Colsman: Ein Werdohler prägte die Luftschifffahrt mit

Bekannter Ingenieur und Manager setzte sich 1945 für seine Stadt ein

Ein Werdohler prägte die Entwicklung der Luftschifffahrt mit: Alfred Colsman. Der Ingenieur und Manager lebte von 1873 bis 1955. Sein Vater, Johann Friedrich Colsman, besaß in Werdohl eine Fabrik, die verschiedene Produkte aus dem seinerzeit neuen Werkstoff Aluminium herstellte. Wie seine Brüder Carl und Rudolf bereitete sich auch Alfred durch ein Studium an der Technischen Hochschule in Berlin-Charlottenburg und einige Auslandsreisen auf seine späteren Aufgaben im eigenen Unternehmen vor.

1899 heiratete Alfred Colsmann Helene Berg, eine Tochter des Lüdenscheider Fabrikanten Carl Berg. Colsman saß von 1907 an im Aufsichtsrat der Firma Berg. Dadurch kam er in engen Kontakt mit Ferdinand Graf von Zeppelin, der ihn im August 1908 als kaufmännischen Direktor der neu zu gründenden Luftschiffbau Zeppelin GmbH nach Friedrichshafen holte.

Als nach dem Unglück von Echterdingen die Volksspende dem Grafen Zeppelin über sechs Millionen Mark einbrachte, wurde Colsman als Generaldirektor eingesetzt, da die bisherige Organisation des LZ nicht überlebensfähig war. Colsman schuf durch Gründungen und Übernahmen ein Geflecht von Firmen, zu dem auch die DELAG und die Zahnradfabrik Friedrichshafen GmbH gehörten.

1910 befand sich Colsman an Bord des Zeppelins LZ 7, der neun Tage nach der Jungfernfahrt am 28. Juni nach Motorenausfall im Unwetter am Limberg bei Bad Iburg im Teutoburger Wald abstürzte. Bei dem Unglück kam glücklicherweise niemand zu Schaden.

1930 zog sich Colsman wegen grundsätzlicher Meinungsverschiedenheiten mit Hugo Eckener aus dem Zeppelin-Konzern zurück. In der Folge lebte er wieder in in seiner Heimatstadt Werdohl, wo er sich auch mit heimatgeschichtlichen Forschungen beschäftigte. In Friedrichshafen sind heute eine größere Straße sowie einer der Säle im Kultur- und Kongresszentrum Graf-Zeppelin-Haus nach ihm benannt. Ferner gibt es noch die Colsman-Villa, in der Colsman bis 1931 mit seiner Familie lebte. In der Stadtgeschichte Friedrichshafens werden Colsman und seine Leistungen wegen seiner Ausgründungen und seines unternehmerischen Weitblickes im Zeppelin-Konzern noch vor den Verdiensten Eckeners gewürdigt.

Am 14. April 1945 marschierten die Amerikaner in Werdohl ein. Durch den persönlichen Einsatz Alfred Colsmans wurden Übergriffe durch die Besatzungstruppen verhindert. Colsman wurde von den Amerikanern für drei Tage als Bürgermeister eingesetzt. In der Nachkriegszeit engagierte sich Alfred Colsman in der FDP, für die er bei der Bundestagswahl 1949 – erfolglos – kandidierte. Nach ihm wurde später ein Platz in Werdohl benannt und ein Gedenkstein aufgestellt.

Colsmann-Gedenkstein in der Werdohler Innenstadt

Alfred Colsmann

Werdohl

Mark-E: über 100 Jahre Stromerzeugung in der Region

Kraftwerk Werdohl-Elverlingsen 1912 in Betrieb genommen

Der größte Kraftwerksstandort der Mark-E in Werdohl-Elverlingsen

Das Kraftwerk der damaligen Elektromark in Elverlingsen in den 1950er Jahren. Der Wiederaufbau nach dem zweiten Weltkrieg wurde durch Mittel des Marshall-Plans mitfinanziert.

Der regionale Energiedienstleister Mark-E betreibt bereits seit über 100 Jahren Kraftwerke in der Region. Derzeit verfügt das Unternehmen über einen 1300 Megawatt starken Kraftwerkspark, basierend auf einem Erzeugungsmix aus Erdgas, Steinkohle, Wasserkraft, Biomasse, Sonnenenergie und seit 2011 auch Windkraft. Nach Gründung der damaligen »Kommunales Elektrizitätswerk Mark A.G.« (später Elektromark und heute Mark-E, ENERVIE Gruppe) im Jahr 1906 war bereits im Juni 1908 in Herdecke an der Ruhr das erste Kraftwerk der Region mit zwei Turbogeneratoren und einer Gesamtleistung von 6000 Kilowatt ans Netz gegangen.

Kraftwerk Werdohl-Elverlingsen

Mit dem ständig steigenden Energiebedarf von Industrie und Bevölkerung und dem damit verbundenen Ausbau der Stromnetze zu Beginn des 20. Jahrhunderts war schon bald der Bau eines weiteren Kraftwerkes notwendig. Um den südlichen Teil des Versorgungsgebietes der Elektromark ohne größere Übertragungsverluste zu versorgen, sollte dieses neue Kraftwerk in Elverlingsen, zwischen Werdohl und Altena gelegen, errichtet werden. Am 8. August 1912 lieferte das zweite Kraftwerk der E-Mark erstmals Strom an die Kunden. Zwei Turbogeneratoren mit einer Leistung von insgesamt 20 000 Kilowatt waren in Betrieb, das Unternehmen besaß somit die größte Maschineneinheit aus Kessel, Turbine und Generator ihrer Zeit.

Turbinenhalle des ersten Kraftwerks – das Bild zeigt Wartungsarbeiten an einer Turbinenwelle.

Werdohl

Das neue Kraftwerk der E-Mark in Werdohl-Elverlingsen ging im August 1912 an das Netz.

Wehranlage des Mark-E Laufwasserkraftwerkes Wilhelmsthal. Das Unternehmen betreibt insgesamt drei Laufwasserkraftwerke entlang der Lenne.

Das Kraftwerk in Werdohl-Elverlingsen wurde im Laufe der Jahrzehnte stetig erweitert und gemäß dem steigenden Bedarf ausgebaut. Heute ist das Kraftwerk mit einer Gesamt-Erzeugungsleistung von rund 710 Megawatt das größte Kraftwerk der Mark-E und feierte im Sommer 2012 sein 100-jähriges Jubiläum. Aktuell liefern zwei Steinkohleblöcke E3 (186 Megawatt) und E4 (310 Megawatt) Strom für die Versorgung mit Grund- und Mittellast. Die Gas- und Dampfturbinenanlage E1/2 erzeugt mit 206 Megawatt Strom für Spitzenlast und Regelenergie. Zudem wurde im Jahr 2002 zusammen mit dem Ruhrverband eine Wirbelschichtfeuerungsanlage zur thermischen Entsorgung von Klärschlämmen in Betrieb genommen.

Nutzung der Wasserkraft – Laufwasserkraftwerke an der Lenne

Zwischen Altena und Plettenberg liegen an der Lenne die drei Laufwasserkraftwerke der Mark-E. Errichtet wurden sie von Energiepionieren bereits in den 1920er Jahren, aber auch heute liefern die Anlagen in Werdohl – in Wilhelmsthal und Bockeloh – sowie in Siesel bei Plettenberg immer noch zuverlässig Strom. So tragen sie zu einem ausgewogenen Energie-Mix der Mark-E bei. Etwa 13 bis 18 Millionen Kilowattstunden Strom produzieren die Laufwasserkraftwerke jährlich und decken somit rechnerisch den Bedarf von etwa 4000 Haushalten. Insgesamt acht Turbinen mit Leistungen zwischen 300 und 650 Kilowatt sind im Einsatz. Betreiberin ist die NOVASTROM GmbH, eine Tochtergesellschaft der Mark-E.

Höchstleistungen in Sekundenschnelle – das Pumpspeicherkraftwerk Rönkhausen

Mit dem 1969 in Betrieb genommenen Pumpspeicherwerk Rönkhausen (PSW) und seiner Leistung von 140 Megawatt ist Mark-E in der Lage, die für jeden Stromversorger unangenehmen Lasttäler beziehungsweise -berge im ständig schwankenden Stromverbrauch von Industrie und Bevölkerung zu glätten. Auch wird das Pumpspeicherwerk zur Vorhaltung von Regelenergie im Energiehandel eingesetzt, die Schwankungen im Stromnetz ausgleicht. In ruhigen Stunden – den Schwachlastzeiten – wird aus dem unteren Becken im Tal der Glinge Wasser in das gut 300 Meter höher gelegene obere Becken auf dem Dahlberg gepumpt. 44 000 Liter Wasser pro Sekunde schaffen die beiden leistungsstarken Pumpenturbinen. Im Oberbecken steht das Wasser dann für die Stromerzeugung bereit. Wenn der Stromverbrauch auf Spitzenwerte steigt, heißt es dann »Kugelschieber öffnen«. Durch den 900 Meter langen Druckstollen strömt das Wasser direkt auf die Pumpenturbinen und in weniger als zwei Minuten erreichen die angekoppelten Generatoren ihre Höchstleistung.

Beitrag von:
Mark-E Aktiengesellschaft
Körnerstraße 40 · 58095 Hagen
Tel. (0 23 31) 12 30
info@mark-e.de · www.mark-e.de

Luftaufnahme des Kraftwerksstandorts Werdohl-Elverlingsen aus dem Jahr 2006 mit Kohlelagerplatz (links) und Umspannwerk (rechts)

Das Oberbecken des Pumpspeicherkraftwerkes der Mark-E in Finnentrop-Rönkhausen aus der Luft

Werdohl

Die Eisenbahn sorgte für Aufschwung

Zahlreiche Katastrophen suchten Stadt heim – 1556 erste Steinbrücke über die Lenne

Der Name Werdohl – beziehungsweise seine Ursprungsform Verthol – ist wahrscheinlich nicht auf einen den Ort betreffenden Begriff zurückzuführen, sondern vielmehr auf die landschaftlichen Gegebenheiten. Die Silbe Werd- steht für Insel oder Halbinsel (Werder) und die Endung -ohl bezieht sich auf ein Wiesengelände am Wasser (Aue).

Forscher fanden auf den Höhenzügen von Werdohl um Dösseln und Brenge Steinwerkzeuge aus der Mittelsteinzeit. Die Funde sind dementsprechend älter als 7000 Jahre. Aus der Jungsteinzeit wurden geschliffene Steinwerkzeuge entdeckt. Die Wissenschaft ist sich sicher, dass sich in der Steinzeit zumindest gelegentlich Menschen in der Werdohler Gegend aufhielten.

Im Mittelalter querte eine alte Königsstraße von Köln nach Arnsberg/Soest die Lenne im Werdohler Be-

Innenstadtansichten

31 Brücken prägen heute das Stadtbild Werdohls.

reich. So entstand dort ein kleines Kirchdorf. Werdohl als Ort wurde erstmals 1101 in einer Urkunde des Bischofs Heinrich II. von Paderborn im Zusammenhang mit der Kirche erwähnt: Graf Erpo von Padberg hatte dem Kloster Boke/Flechtdorf seine Eigenkirche zu Werdohl sowie Grundbesitz geschenkt.

1220 wurde das Patronat über die Werdohler Kirche dem Priorat Berentrop übergeben. Mehrere Jahrhunderte waren die Grafen von der Mark die Landesherren der unbefestigten Landgemeinde, bis Werdohl 1609 zu Kurbrandenburg kam und damit den in Berlin regierenden Kurfürsten unterstand.

1381 fand die Burg Pungelscheid erstmals Erwähnung. Dort residierte die Familie Neuhoff. Wahrscheinlich verbrachte Theodor von Neuhoff auf der Burg einige Jahre seines Lebens. Theodor wurde im 18. Jahrhundert als König von Korsika bekannt.

Die Reformation erreichte Werdohl 1573. Spätestens nach dem Übertritt des Kurfürsten Johann Sigismund zum reformierten Bekenntnis 1613 trat der Großteil des Landadels und des Bürgertums zu den Reformierten über. Werdohl wurde evangelisch.

Werdohl blieb von Katastrophen nicht verschont. 1535 wurde die hölzerne Brücke über die Lenne bei einem Hochwasser beschädigt. 1554 oder 1556 wurde die erste steinerne Brücke über die Lenne gebaut. Ein weiteres verheerendes Hochwasser gab es 1601. 1619 wurde Werdohl von der Pest heimgesucht. Weitere Epidemien befielen die Stadt 1626, 1632 und 1636. Großbrände vernichteten 1717, 1744 und 1777 Teile der Stadt. Am 2. November 1822 suchte ein verheerender Großbrand das Dorf heim: 50 Häuser – und damit rund 70 Prozent des Bestandes – brannten ab, es gab zwei Tote. Der Wiederaufbau Werdohls mit der Neustadt prägt das Bild bis heute.

1556 wurde die erste Steinbrücke über die Lenne errichtet. Im Stadtarchiv befindet sich als älteste Akte die von 1556 bis 1726 reichende so genannte »Brückenakte«. 1581 wurde die Stadtbrücke auf Anordnung des Drosten Gerhard von Neuhoff durch Schlagbaum und Schloss gesichert. Es wurde von da an Zoll für die Nutzung der Brücke erhoben.

Vom 17. Jahrhundert an gehörte Werdohl nach dem jülich-klevischen Erbfolgestreit zu Brandenburg-Preußen. In der napoleonischen Zeit wurde Werdohl dem Großherzogtum Berg eingegliedert (1806 bis 1813). In den Befreiungskriegen 1813/1814 zogen russische Truppen auf dem Weg nach Frankreich plündernd durch die Stadt und nötigten die Bauern, sie mit dem Fuhrwerk bis ins Bergische Land zu begleiten. Weiteren verbündeten Truppen musste Unterkunft und Verpflegung geboten werden. Teile der Bevölkerung wurden in die Armee eingezogen und Dutzende Werdohler kamen bei Kämpfen ums Leben.

1815 wurde die Provinz Westfalen im Königreich Preußen gegründet, zu der Werdohl seitdem gehörte. Die Stadt wurde lange aus dem Amt Neuenrade verwaltet. Ende des 19. Jahrhunderts hatte Werdohl aber schon eine höhere Einwohnerzahl als alle anderen Gemeinden des Amtes zusammen. Der Versuch, den Amtssitz von Neuenrade nach Werdohl zu verlegen, scheiterte jedoch und so erhielt Werdohl am 1. Juni 1891 eine eigene Gemeindeverwaltung.

Wirtschaftlich ging es Werdohl über Jahrhunderte nicht wirklich gut. Ackerbau und Viehzucht waren in den engen Tälern nur schwer möglich. Eine 1630 entdeckte Solquelle brachte auch nicht den erhofften Aufschwung, zumal die Quelle gegen Ende 18. Jahrhunderts versiegte.

Erst im 19. Jahrhundert begann der wirtschaftliche Aufschwung. Die Metallverarbeitung war der wichtigste Industriezweig. An vielen Stellen in der Region wurde Metall oberirdisch abgebaut, insbesondere im Versetal (zum Beispiel Bärenstein). Überall im Stadtgebiet entstanden Eisenschmieden und Hammerwerke. Hergestellt wurde Osemundeisen, das für die Drahterzeugung bestens geeignet war. Die Drahtindustrie hat sich bis heute in der Stadt gehalten. Daneben entwickelten sich im Lauf der Jahre auch Betriebe der Stahl- und Aluminiumindustrie sowie Werke für die Herstellung von Eisenbahn- und Kfz-Bedarf.

In den 1830er und 1840er Jahren wurde der Verkehr stark gefördert. 1832 bis 1834 wurde die Straße nach Altena ausgebaut, 1844 die nach Lüdenscheid und nach Rönkhausen. 1846 begannen die Planungen für die Bahnstrecke Hagen-Werdohl-Siegen (Ruhr-Sieg-Strecke). Der Bau erfolgte 1861 bis 1865. Dies führte zu einem industriellen Aufschwung und einer deutlichen Bevölkerungszunahme. Viele Familien aus katholischen Landesteilen wurden angesiedelt, so dass das Verhältnis der Konfessionen sich langsam annäherte.

Der Vorläufer der heutigen Realschule wurde 1869 als Candidatenschule gegründet, 1884 erfolgte die einer freiwilligen Bürgerfeuerwehr. 1887 nahm die Schmalspurbahn Kreis Altenaer Eisenbahn, genannt »Schnurre«, ihren Betrieb zwischen Werdohl und Lüdenscheid auf. 1889 wurde ein Verschönerungsverein gegründet. Die Werdohler Wasserversorgung wurde in Betrieb genommen. Das erste Krankenhaus entstand 1891 als evangelische Stiftung. 1895 wurde die elektrische Straßenbeleuchtung eingeführt.

1901 wurde die katholische Kirche St. Michael eingeweiht, 1911 die erneuerte und verbreiterte Stadtbrücke. 1931 gemeindeten die Verantwortlichen Gut Dresel vom Kelleramt (Nachrodt-Wiblingwerde) ein. Erst am 19. April 1936 wurden

Die 1901 eingeweihte katholische Pfarrkirche St. Michael

In Werdohl

Werdohl nach langjährigen Bemühungen vom Oberpräsidenten der Provinz Westfalen die Stadtrechte verliehen. 1953 weihten die Werdohler den Neubau der Stadtbrücke ein.

In den 1970er Jahren ließen die Verantwortlichen die Innenstadt sanieren und eine Fußgängerzone errichten. Ab 1978 wurden Teile der Bahnhof- und der Freiheitsstraße für den Verkehr gesperrt. Dieser lief fortan über die Derwentsider Straße im Norden beziehungsweise die Versestraße im Westen am Ortskern vorbei. Die Sanierung dauerte bis Mitte der 1990er Jahre.

Werdohl

Qualitätspumpen aus dem Sauerland werden weltweit eingesetzt

Seit über 100 Jahren überzeugt die Kracht GmbH durch Erfahrung und Kompetenz

Kracht in Werdohl

Die Kracht GmbH zählt zu den führenden deutschen Herstellern von Förderpumpen und Durchflussmessgeräten. Rund 280 Mitarbeiter der Kracht GmbH am Standort Werdohl sowie weitere 85 Mitarbeiter der Tochterunternehmungen in Ungarn, China und den Vereinigten Staaten konstruieren, produzieren und vertreiben Produkte sowohl in Standardausführungen, als auch Sonderlösungen auf Kundenwunsch. Eingesetzt werden diese qualitativ hochwertigen Bauteile zur Getriebeschmierung zum Beispiel in Windkraftanlagen oder in Schiffsgetrieben, in Dosier- oder Mischanlagen unter anderem bei der Herstellung von PU-Schäumen sowie auch in der Prüftechnik.

Mit Produkten wie dem Schraubenspindelzähler gewinnt Kracht neue Märkte.

Im hauseigenen Gesundheitszentrum steht die Gesundheit der Mitarbeiter an erster Stelle.

Ergänzt wird das Angebot durch Produkte für die Mobilhydraulik und Industriehydraulik, die beispielsweise in Baumaschinen, Landmaschinen, im allgemeinen Maschinenbau und einer Vielzahl von stationären Anwendungen zum Einsatz kommen.

100 Jahre Erfahrung zeichnen Kracht als zuverlässigen Partner aus

Liefertreue und hohe Qualitätsansprüche gehören ebenso zur Unternehmensphilosophie wie Fairness gegenüber Kunden, Lieferanten und Mitarbeitern.

KRACHT

Beitrag von:
Kracht GmbH
Gewerbestraße 20 · 58791 Werdohl
Tel. (0 23 92) 93 50 · Fax (0 23 92) 93 52 09
info@kracht.eu · www.kracht.eu

Von Pungeschede bis Pungelscheid

Burg brannte 1797 bis auf Turmreste nieder

Der kleine Werdohler Ortsteil Pungelscheid ist durchaus geschichtsträchtig. Erzbischof Anno II. von Köln schenkte bereits 1059 die Ländereien zu Pungelscheid dem neu gegründeten Kölner Kloster St. Maria ad Gradus. Auch eine Burg Pungelscheid gibt es. Sie wurde 1359 erstmals urkundlich erwähnt. Rötger von Neuhoff ließ sie bauen.

Der Name Pungelscheid hat seine Bedeutung. Der Wortteil Pungel bezieht sich auf das mittelhochdeutsche »punk(g)en«, was so viel wie stoßen oder schlagen bedeutet. Der zweite Teil scheid ist das mittelhochdeutsche Wort für Grenze oder Grenzscheide. Im Laufe der Jahre wandelte sich der Ortsname von Pungeschede (1359) über Pongelscheyd (1692) bis hin zu Pungelscheid (1796).

Theodor von Neuhoff war 1736 für 100 Tage König von Korsika. Er entstammte einer Nebenlinie der Neuhoffs auf Pungelscheid. Die Familie ist seit Mitte des 18. Jahrhunderts ausgestorben. Als neue Besitzer der Burg Pungelscheid traten seinerzeit die Herren von Rump auf. 1797 brannte die Burg bis auf Reste des Rundturms und des Gewölbekellers durch Blitzschlag ab.

Der Torbogen der ehemaligen Burg Pungelscheid in einer historischen Aufnahme

Alte Pungelscheider Schmiede

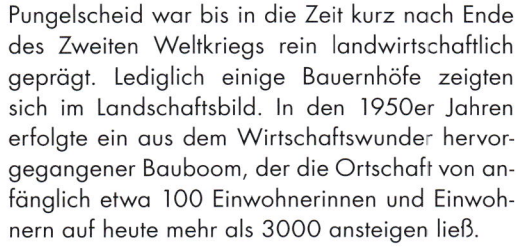

Pungelscheid war bis in die Zeit kurz nach Ende des Zweiten Weltkriegs rein landwirtschaftlich geprägt. Lediglich einige Bauernhöfe zeigten sich im Landschaftsbild. In den 1950er Jahren erfolgte ein aus dem Wirtschaftswunder hervorgegangener Bauboom, der die Ortschaft von anfänglich etwa 100 Einwohnerinnen und Einwohnern auf heute mehr als 3000 ansteigen ließ.

Auf dem Gelände der ehemaligen Vorburg wurden nach dem Brand drei Gebäude errichtet, die zusammen mit den umliegenden Bauernhöfen das Ortsbild prägen: ein Kornspeicher, ein Haferkasten sowie eine Huf- und Wagenschmiede. Das älteste Gebäude ist der Haferkasten. Der untere Teil stammt aus dem Jahre 1803, der obere Teil von 1860. Die Schmiede stammt ebenso wie der Speicher aus dem Jahre 1828.

Haferkasten in Alt-Pungelscheid

Rathaus diente einst als Ledigenheim

Das 1912 fertig gestellte Werdohler Rathaus an der Goethestraße diente früher als Ledigenheim für die Arbeiter der Firma Kugel & Berg. Die Stadt kaufte es 1927 und nutzt es bis heute als Rathaus. Damals wurden auch in den ehemaligen Speisesaal, der heute als Sitzungssaal dient, sieben große Fenster aus farbigem Glas mit der Darstellung verschiedener Zünfte und Wissenschaften eingebaut, darunter eine Darstellung des für das märkische Sauerland typischen Reidemeisters.

Bei dem Gebäude handelt es sich um ein zweigeschossiges neubarockes Bruchsteingebäude mit Werksteingliederung unter schiefergedecktem Mansarddach. Hinter dem Gebäude befindet sich ein 1975 errichteter Neubau, der durch einen Verbindungsgang mit dem Altbau verbunden ist. Im Verbindungsgang zwischen Alt- und Neubau ist der originale Wappenstein aus der ehemaligen Burg Pungelscheid mit dem Wappen der Neuhoff-Bottlenberg gen. Kessel eingemauert.

Werdohl

Schweinegruppe auf dem Weg zum Schlachthof

1993 schufen die Plettenberger Künstler Peter und Sven Klassen die »Schweinegruppe« nach der Idee eines Werdohler Ratsherren. Sie erinnert an die Zeit, als das Schlachtvieh vom Bahnhof kommend über die Brücke zum Schlachthaus in die nahegelegene Schweinegasse getrieben wurde. Die Skulpturen aus Kupferblech stellen Vater und Sohn mit ihren Tieren auf dem Weg Richtung Schlachthof dar.

Busenhof einer der ältesten in Werdohl

Ein markantes Gebäude in der Werdohler Innenstadt ist der so genannte Busenhof aus der Zeit nach dem Großen Brand 1822. Der Hof gehört zu den drei ältesten Höfen Werdohls und ist bereits Jahrhunderte alt. Der Name »Busenhof« rührt her von dem Ausdruck »Busen« oder »Bussen«. So wurden niedrige Hügel genannt, wie der oberhalb der Lenne, wo sich der Busenhof befindet. Nach dem Brand wurde das Haus vom damaligen Eigentümer, dem Reidemeister Johann Wilhelm Heutelbeck, als Bauernhof und Gasthaus wieder aufgebaut. Bei dem Gebäude handelt es sich um ein klassizistisches Bürgerhaus in den Formen eines Reidemeisterhauses.

Die Dame mit Tasche und Schirm

Ihr Name ist Lenneken. Sie sitzt schon einige Jahre da an ihrem Platz auf der Lennebrücke – mit Handtasche und Regenschirm bestens gegen alle Widrigkeiten ausgestattet. Geschaffen hat die Skulptur der Werdohler Künstler Ingo Duisberg.

Wenn die Lenne spuckt

Der »Saisonstart« der Lennefontäne in der Nähe der Werdohler Stadtbrücke wird seit einigen Jahren jeweils Anfang Mai vom Bürgerstammtisch und musikalisch vom Shanty-Chor bestritten.

Werdohl

Die Christuskirche im Winter

Hochgotische Verzierung in der Christuskirche

Ein markanter Kirchbau der Neugotik in Werdohl ist die Evangelische Christuskirche an der Freiheitstraße. Bei ihr handelt es sich um eine Hallenkirche, die am 3. April 1868 als Nachfolgerbau für die Kilianskirche eingeweiht wurde. Die Christuskirche besitzt fünf Joche mit Emporen, einen zweigeschossigen, halb eingezogenen Westturm mit achtseitigem Helm und Chor. Die Portale sind mit hochgotischem Maßwerk und Holzwerk verziert. Die nördlich angesetzte Flügelmauer mit Torbogen stammt aus späterer Zeit. Vor der Nordseite des Langhauses befindet sich das Grabmal des Pastors Friedrich Keßler.

Bahnhof erstrahlt in neuem Glanze

Ein Werdohler Schmuckstück soll schon bald in neuem Glanze erstrahlen. Der denkmalgeschützte Bahnhof wird mit Millionenaufwand saniert. Entstehen wird ein Kulturbahnhof mit Stadtarchiv, Stadtmuseum, Kulturforum, Kinderkunstschule, Touristeninfo und Gastronomie. Die Verartwortlichen lassen zudem auch den Bahnhofsvorplatz umgestalten, so dass die Werdohler und ihre Gäste von 2013 an – dem Jahr des 100. Jubiläums – vor dem Bahnhof in einem gemütlichen Biergarten oder im Bahnhof selbst in ansprechendem Ambiente sitzen und sich entspannen können.

Der Werdohler Bahnhof 2007

Orts-, Personen-, Firmen- und Sachregister

A

A45	20
Adolf BOOS GmbH & Co. KG	151
ADVISA Steuerberatungsgesellschaft mbH	136
Affeln	242
Ahe-Hamme	113
Alexanderhöhe	117
Altena	51
Alte Schmiede Beckum	69
Amtshaus in Nachrodt	233
Antoniushütte	66
Anton Wilhelm Florentin von Zuccalmaglio	235
Apostelkirche	112
Autohaus R. Nixdorf GmbH	33

B

Bakelitmuseum	153, 160
Balve	65
Balve Optimum	66
Balver Höhle	40, 70
Barendorf	120
Bauernhaus Wippekühl	260
Bauernkirche	135
Berg, Carl	191
Berg, Fritz	60
Bieberlies	114
Binolener Tunnel	41
BiTS Business and Information	30
Breitenhagen	51
Bremecker Hammer	195
Buchhandlung DAUB	213
Burg Altena	51, 54
Burg Holtzbrinck	62
Burg Klusenstein	19, 43
Burg Rodenberg	223
Burg Schwarzenberg	254
Busenhof	274
Busse, Jochen	138

C

Callerbachtalsperre 1914	119
Christophorus-Brunnen	90
Christuskirche	187, 275
Colsman, Alfred	267

D

Dahle	51
Dahlerbrück	263
Danzturm	140
Dechenhöhle	128
Dechenhöhle und Deutsches Höhlenmuseum Iserlohn	128
Denkfabrik Lüdenscheid	184
Deutsches Drahtmuseum	58
Diehl Metal Applications Sundwiger Messingwerk GmbH & Co. KG	103
Die sieben Jungfrauen	44
Doppelgemeinde	231
Dossmann, Ernst	15
Drahthandelsweg	22, 63
DURABLE Hunke & Jochheim GmbH & Co. KG	119

E

Ebbegebirge	45, 109
ECE Projektmanagement GmbH & Co. KG	25, 168
Edelburg	93
Eisenwald	124
Elektrotechnik	261
Elektro Valley	257
Erlebnisaufzug	34
Erlöserkirche	174
Evangelische Kirche in Nachrodt	232
Evingsen	51

F

Fachhochschule Südwestfalen	150
Feldhofhöhle	41
Felsendom	70
Felsenmeer	104
Felsenmeermuseum	102
Floriansdorf	142
FRIEBE – PRINZ + PARTNER	176
Friedrich Höppe GmbH	99
Fuelbecke Talsperre	47
Fürwiggetalsperre	48
F.W. Jul. Assmann	172

G

Gebietsreform	18
Gemeinnützige Wohnungsbaugenossenschaft Hemer eG	98
Genkeltalsperre	49
Gerhardi, Ida	185
Gerontotechnik	150
Gertrüdchenmarkt	239
GGT Deutsche Gesellschaft für Gerontotechnik® mbH	132
Glörtalsperre	47
Graf Engelbert II.	54
Graf Engelbert III.	53, 54
G+R Scholz GmbH & Co. KG	216
Grube »Neu Glück«	252

H

Hademare	92
Hademare-Platz	89
Halver	77
Halveraner Herbst	84
Handball	222
HASCO Hasenclever GmbH + Co KG	180
Hauptschule Stadtpark	193
Haus Hemer	90
Haus Köster-Emden	63
Haus Letmathe	148
Haus Nachrodt	233
Haus Rhade	157
Heesfelder Mühle	82
Heimatstube in Wiblingwerde	233
Heinrichshöhle	100
helit innovative Büroprodukte GmbH	158
Hemer	89
Herpine	87
Herscheid	109
Herscheider Spieker	113
Heslipho	250
Hexenteich	223
Hexenverfolgung	220
Highlander Lüdenscheid	199
Hof Dümpel	234
Höhlen	40
Höhlenbär	102
Höhlenbären	100
Hölcke, Klaus	107
Holtzbrinck, Georg	62
Homertturm	198
Hönne	39
Hönnetal	38, 40
Hönnetalbahn	39
HSG Menden-Lendringsen	222
Hüinghausen	115

I

IBSV	143
IFEU GmbH	133
IFINKOR – Institut für Instandhaltung und Korrosionsschutztechnik gGmbH	134
Immergrün	107
IMW – Initiativkreis Mendener Wirtschaft e.V.	224
Industrie-Automation	28
Iserlohn	117
Iserlohn Roosters	146

J

J.D. Geck GmbH	61
Jesus-Christus-Kirche	207
Jübergturm	94
Jugendherberge	57
Jungkurth GmbH	59

K

KAISER GmbH & Co. KG	262
Kalkstein	38, 104
Karfreitagsprozession	217
Karlshöhe	83
Katholische Kirche St. Josef	232
Kerspetalsperre	48
Kiepenlisettken	259
Kierspe	153
Kiersper Hülloch	156
Kiliansdom	148
Kirche St. Bonifatius in Sundwig	92
Klein Bäder und Wärme GmbH	98
Kleineisenindustrie	37
Klenk, Werner	81
Klöbner, Dr. (Loriot)	167
Kloster Berentrop	243
Knerling	51
Knochenmühle von Mühlhofe	206
Knopfstadt	175
Kohlberg	237
Kohlberg der Quitmannsturm	242
Koordinaten-Messtechnik Iserlohn GmbH	134
Kracht GmbH	272
Kraftwerk Werdohl-Elverlingsen	268
Kreis Altenaer Eisenbahn AG (KAE)	31
Kreis Altenaer Kleinbahn	31

Kühn TEC, Daniel Kühn GmbH & Co KG .. 188
Kulturbahnhof 80
Kunststoffverarbeitung 26
Kürbismarkt Rärin 112

L

Landsberg-Velen, Dieter Graf 75
LANG+MENKE GmbH 106
Lenne 36, 270, 274
Lenneken 274
Letmathe 147
Listertalsperre 46
Lobbe Holding GmbH & Co KG 127
Lüdenscheider Kulturhaus 165
Lüdenscheider Platt 24
Lüdenscheid Nord 184
Luftschiff 191
Luftschiffbau Zeppelin 267
Luidolvessceith 170
Luisenhütte 72

M

Mammut 65
Mark-E Aktiengesellschaft 29, 268
Märkische Bank eG 42
Märkische Kulturkonferenz (MKK) 24
Märkische Museums-Eisenbahn 114
Märkischer Arbeitgeberverband e.V. 141
Märkisches Jugendsinfonieorchester (MJO) .. 20
Medardus 173
MEDICE Arzneimittel ·
Pütter GmbH & Co. KG 122
Meinerzhagen 203
Meinhardus 205
Meinhardusschanzen 208
Menden 211
Menden à la carte 217
Mendener Kreuztracht 217
Mendener Museum für Stadt- und
Kulturgeschichte 221
Mendener Schützenwesen 217
Metall verarbeitende Industrie 26, 178
Metallverarbeitung 150
Mittelstand 26, 178
Mühlendorf 51
Müller-Lüdenscheidt 167
Münker, Wilhelm 56
Museum für Handwerk und Postgeschichte .. 121
Museum für Vor- und Frühgeschichte 69
Museums- und Künstlerdorf 120
MVG Märkische Verkehrsgesellschaft GmbH ... 16

N

Nachrodt-Wiblingwerde 231
Naturpark 45
Naturparkgemeinde 109
NAUST HUNECKE und Partner 27, 149
Nettenscheid 51
Neuenrade 237
Neuenrader Gerichtslinde 245
Nicolai-Kirche 79
Nordhelle 22, 45
Novelis Deutschland GmbH 253
NRW-Landesgartenschau 2010 .... 94, 96
Nyenrade 240

O

Oben an der Volme 35
Oberrödinghauser Hammer 214
Oberste Stadtkirche 135
Oestertalsperre 49
Ölmühle 162

P

Pater und Nonne 130
Pfarrkirche St. Blasius 67
Pfarrkirche St. Michael 271
Pfarrkirche St. Vincenz 225
Phänomenta 192
Plattdüütsch 24
Plettenberg 247
Plettenberger Christuskirche 249
Plettenberger Maiplatz 248
Pragpaul 51
P R I N Z
VERBINDUNGSELEMENTE GMBH 255
Pungelscheid 273
P-Weg 248

R

Rahmede 51
Rau, Johannes 24
Rauk 162
Reckenhöhle 41
Regenscheid 173
Regionale 2013 .... 23, 34
Reidemeisterhaus 92
Reinhard, Kaspar 68
Rennofen Gut Berentrop 244
Rheinkalk GmbH · Werk Hönnetal 229
Rönsahl 162, 163
Rot-Weiß Lüdenscheid 199

S

SASE gGmbH 133
Sauerland-Höhenflug 22, 44
Sauerlandlinie 20
Sauerland-Paderborn-Gesetz 18
Sauerlandpark 94
Schalksmühle 257
Schillerplatz 124
Schirrmann, Richard 56, 57
Schleiper Hammer 161
Schloss Brüninghausen 249
Schloss Neuenhof 183
Schloss Wocklum 75
Schmalenbach, Eugen 86
Schmöle, Carl 227
Schnurre 31
Schule an der Höh 189
Schützenbruderschaft St. Sebastian 71
Schweinegruppe 274
Seilersee 119, 146
Selve-Brunnen 165
Spetsmann Konditorei und Café 137
Sportklinik Hellersen 190
Stadtbahnhof 130
Stadtbrunnen und Geschichtssäule 215
Stadt des Lichts 182
Stadtfestes 2010 165
Stadtwerke Hemer GmbH 95
Stadtwerke Iserlohn GmbH 144
Stadtwerke Lüdenscheid GmbH 177
Stadtwerke Menden 218
Stephanopeler Tal 99
Stern-Center Lüdenscheid 25, 168
Sternplatz 166
St. Joseph und Medardus 187
St. Kilian 148
St. Lambertus 242
St. Nikolauskirche Beckum 68
St. Pankratiuskirche 135
SUDHAUS GmbH & Co. KG 139
Südwestfalen 35
Südwestfälische Technologie-Ausstellung
(SWTAL) 28
Sundwiger Mühle 93

T

Technologietransfer 165
Teufelsturm 220
Thingslinde 162
Thomée, Dr. Fritz 54
Thomée, Fritz 56
Tiergarten 51
Tischlerei Horst-Hermann Meyer 91
Traud, Werner 71
Trinkwassertalsperren 46

V

Valbert 209
Versetalsperre 46
Vier-Täler-Stadt 247
Volksbank im Märkischen Kreis eG 21
Volme 37, 203
von Berg, Adolf und Everhard 54
von der Brake, Wilhelm 52
von Landsberg, Franz Kaspar Ferdinand 72
von Plettenberg, Gerhard 43

W

Waldstadt 117
Walter, Prof. Dr. Ulrich 138
Wanderweg 44
Wasserschloss Badinghagen 206
Wedekind, Hermann 71
Weill, Kurt 185
Weltjugendherberge 57
Werdohl 265
Werdohler Bahnhof 275
Wien, Waldemar 162
Wietis Reiseservice 196
Wilde • Kutzner • Teichert PartG/
Architekten 200
Wilhelmshöhe 212
Wilh. Kämper GmbH u. Co. KG 181
Wilh. Schröder GmbH & Co. KG 186
Winnen-Metall GmbH & Co. KG 136
Wirtschaftsförderung 26
Wohnungsbaugesellschaft Hemer mbH 98

Z

Zentrum für jugendliche Diabetiker 194
Zeppelin 267
Zimmermann Druck + Verlag GmbH 74

Bildquellennachweis

Umschlag vorne: (»M«): Hans Blossey (3), Simplicius (Wikipedia), Sauerlandpark Hemer, Rolf Rutzen, Pressestelle Märkischer Kreis (3), HK (3); (»K«): HK (3), HK (Kreishaus), Pressestelle Märkischer Kreis, Hendrik Klein (Eishockey)
Umschlag hinten: HK (7), HSG Menden, Hans Blossey (2), Erich Ferdinand/Wikipedia, Pressestelle Märkischer Kreis

Seite 3: HK (1); 4/5: Pressestelle Märkischer Kreis (1); 6: Oliver Krieg (2); 7: Pressestelle Märkischer Kreis (1); 8: HK (1); 9: HK (1); 10: Pressestelle Märkischer Kreis (1), HK (1), Hans Blossey (1); 11: Hans Blossey (1), Pressestelle Märkischer Kreis (1); 12: Pressestelle Märkischer Kreis (2), HK (1); 13: Pressestelle Märkischer Kreis (1); 14: Pressestelle Märkischer Kreis (4), PeLei/Wikipedia (1); 15: Asio otus/Wikipedia (1), HK (1); 16: MVG (5); 17: MVG (4); 18: Hagar66/Wikipedia (1); 19: Pressestelle Märkischer Kreis (2); 20: Wizard/Wikipedia (1), BuBo/Wikipedia (1), Tokesave/Wikipedia (1); 22-23: Pressestelle Märkischer Kreis (4); 24: Pressestelle Märkischer Kreis (1), HK (1); 25: Stern-Center Lüdenscheid (3); 26: HK (1), Hans Blossey (2); 27: NAUST HUNECKE und Partner (2); 28: HK (3), Pressestelle Stadt Lüdenscheid (1); 29: ENERVIE (3); 30: BiTs Iserlohn (3); 31: HK (1), Wolfgang Poguntke/Wikipedia (1); 32-33: Nixdorf (4); 34: Pressestelle Märkischer Kreis (1), HK (1); 35: HK (1), Hans Blossey (1); 36: Hans Blossey (1), HK (2); 37: HK (3); 38: Pressestelle Märkischer Kreis (1), HK (1); 39: Stadt Balve (1), HK (1), Asio otus/Wikipedia (1); 40: Asio otus/Wikipedia (2); 41: Erich Ferdinand/Wikipedia (1), Rainer Lippert/Wikipedia (1), Erich Ferdinand/Wikipedia (1); 42: Märkische Bank eG (4); 43: Hans Blossey (1), HK (1); 44: Asio otus/Wikipedia (1), HK (1); 45: Gemeinde Herscheid (2), HK (2); 46: Pressestelle Märkischer Kreis (1), self/Wikipedia (1); 47: Pressestelle Märkischer Kreis (4); 48: Frank Vincentz/Wikipedia (2), Pressestelle Märkischer Kreis (2); 49: Pressestelle Märkischer Kreis (2), Jussuf/Wikipedia (1), Frank Vincentz/Wikipedia (1); 50: Hans Blossey (1); 51: HK (3); 52: HK (5), Stadt Altena (1); 53: HK (4), Stadt Altena (1); 54: HK (3), Museen Burg Altena/Thomas Millutat (1); 55: Museen Burg Altena/Klaus Sauerland (1), Stadt Altena (1); 56: Museen Burg Altena/Thomas Millutat (1), Museen Burg Altena/Klaus Sauerland (1), HK (1); 57: Stadt Altena (1), Pressestelle Märkischer Kreis (1), HK (1); 58: Stadt Altena (2), HK (2); 59: Jungkurth (2); 60: Frank Vincentz/Wikipedia (3); 61: J.D. Geck (5); 62: HK (2); 63: Frank Vincentz/Wikipedia (1), Stadt Altena (1); 64: Hans Blossey (1); 65: HK (4); 66: Pressestelle Märkischer Kreis (1), Stadt Balve (2); 67: Hans Blossey (1), HK (2), Pressestelle Märkischer Kreis (1); 68: HK (2), BuBo/Wikipedia (1); 69: Pressestelle Märkischer Kreis (1), Stadt Balve (2); 70: Stadt Balve (1), Christian Paul (1); 71: Stadt Balve (1); 72: Pressestelle Märkischer Kreis (2), Hans Blossey (3); 73: Pressestelle Märkischer Kreis (2); 74: Zimmermann (6); 75: Hans Blossey (1), Stadt Balve (1); 76: Hans Blossey (1); 77: HK (3); 78: HK (3); 79: HK (3); 80: HK (1); 81: HK (3); 82: HK (3); 83: HK (1), Hans Blossey (1), Heimatverein Halver (1); 84: HK (5); 85: Andrea Reich (2), Stadtmarketingverein Halver (2), Sascha Gerhardt (1); 86: Schmalenbach-Gesellschaft Köln (2), unbekannter Fotograf/Quelle: Wikipedia (1); 87: Herpine (4); 88: Stadt Hemer (1); 89: HK (4); 90: Pressestelle Märkischer Kreis (1), HK (2); 91: Meyer (3); 92: Pressestelle Märkischer Kreis (1), HK (2); 93: Asio otus/Wikipedia (1), BuBo/Wikipedia (1); 94: Sauerlandpark (4); 95: Sauerlandpark (3), Stadtwerke Hemer (3); 96: Hans-Hermann Stopsack (2), Dr. G. Schmitz/Wikipedia (1); 97: Hans-Hermann Stopsack (1), BuBo/Wikipedia (1), Asio otus/Wikipedia (1); 98: Klein Bäder und Wärme GmbH (3), Wohnungsbaugesellschaft Hemer (3); 99: Höppe (5); 100: Heinz-Werner Weber/Wikipedia (2), Rainer Lippert/Wikipedia (1); 101: Heinz-Werner Weber/Wikipedia (1), Timo Sack/Wikipedia (1), Rainer Lippert/Wikipedia (1); 102: Heinz-Werner Weber/Wikipedia (1), Stadt Hemer (1), Asio otus/Wikipedia (1); 103: Sundwiger Messingwerk (4); 104: Pressestelle Märkischer Kreis (3); 105: Waddehadde/Wikipedia (1), Asio otus/Wikipedia (1); 106: Lang + Menke (5); 107: Immergrün (3); 108: Gemeinde Herscheid (1); 109: Pressestelle Märkischer Kreis (2), HK (1); 110: HK (3), Gemeinde Herscheid (1), Pressestelle Märkischer Kreis (1); 111: HK (2); 112: HK (1), Pressestelle Märkischer Kreis (1), Gemeinde Herscheid (2); 113: Pressestelle Märkischer Kreis (1), HK (1); 114: Gemeinde Herscheid (1), Pressestelle Märkischer Kreis (1); 115: Pressestelle Märkischer Kreis (2), Gemeinde Herscheid (1); 116: Hans Blossey (1); 117: HK (3); 118: HK (3); 119: Asio otus/Wikipedia (1), Josef Gierse/Wikipedia (1), Durable (2); 120: Jan Schäfer (1), Pressestelle Märkischer Kreis (1), Gerd Schäfer (2); 121: Asio otus/Wikipedia (1); 122: MEDICE (3); 123: MEDICE (3); 124: HK (2), Scan: Bubo/Wikipedia (1); 125: HK (2), Asio otus/Wikipedia (1); 126: HK (1), Asio otus/Wikipedia (1); 127: Lobbe (3); 128: Dechenhöhle (3); 129: Dechenhöhle (3); 130: Simplicius/Wikipedia (1), Hans Blossey (1); 131: IFINKOR (1), IFEU (1), GGT (1), SASE (1); 132: GGT (5); 133: SASE (4), IFEU (3); 134: KMI (3), IFINKOR (1), Seggel »Broken«, CC-Lizenz (BY 2.0), http://creativecommons.org/licenses/by/2.0/de/deed.de, Quelle: www.piqs.de (1); 135: Hans Blossey (1), Pressestelle Märkischer Kreis (1), Asio otus/Wikipedia (1); 136: ADVISA (1), Winnen (1); 137: Spetsmann (3); 138: NASA (1), Elya/Wikipedia (1); 139: SUDHAUS (12); 140: Josef Gierse (1), Hans Blossey (1); 141: Märkischer Arbeitgeberverband (4); 142: Hans Blossey (1), Floriansdorf (3); 143: IBSV (5); 144: Stadtwerke Iserlohn (4); 145: Stadtwerke Iserlohn (8); 146: hendrik (5); 147: BuBo/Wikipedia (1), Asio otus/Wikipedia (1), Stefan Flöper/Wikipedia (1); 148: Hans Blossey (1), Pressestelle Märkischer Kreis (2), sinius/Wikipedia (1); 149: NAUST HUNECKE und Partner (2); 150: MEDICE (1), HK (1); 151: Boos (3); 152: Hans Blossey (1); 153: Stadt Kierspe (1), HK (2); 154: HK (3); 155: HK (2), Frank Vincentz/Wikipedia (1); 156: Georg Stephan (1), HK (2); 157: HK (2), Pressestelle Märkischer Kreis (1); 158: helit (2); 159: helit (3); 160: HK (1), Holger Ellgard/Wikipedia (1), Till Niermann/Wikipedia (1); 161: Stadt Kierspe (2); 162: HK (2), Pressestelle Märkischer Kreis (2); 163: HK (2); 164: Hans Blossey (1); 165: HK (2), Rolf Rutzen (1); 166: Rolf Rutzen (1), HK (3); 167: HK (1); 168: Stern-Center Lüdenscheid (3); 169: Stern-Center Lüdenscheid (4); 170: HK (3); 171: HK (4); 172: Assmann (4); 173: HK (1); 174: HK (2); 175: Museen der Stadt Lüdenscheid (1), HK (1), LutzBruno/Wikipedia (1); 176: Friebe – Prinz + Partner (4); 177: ENERVIE (4); 178: HK (2); 179: HK (2), PeLei/Wikipedia (1); 180: HASCO (4); 181: Kämper (2); 182: Rolf Rutzen (2); 183: Rolf Rutzen (2), Hans Blossey (1); 184: Oliver Krieg (2); 185: Bundesarchiv Koblenz (1), Frank Vincentz/Wikipedia (1), Repro Stadt Lüdenscheid (2); 186: Wilesco (6); 187: HK (3), Frank Vincentz/Wikipedia (1); 188: Kühn TEC (5); 189: Mirko Wohlfahrt (4); 190: Sportklinik Hellersen (3); 191: Alfred Wolf (1), HK (2); 192: Phänomenta (3), Pressestelle Märkischer Kreis (2); 193: Winfried Becker (1), Hauptschule Stadtpark (2), HK (1); 194: Zentrum für jugendliche Diabetiker (3); 195: Frank Vincentz/Wikipedia (1), Pressestelle Märkischer Kreis (2); 196: WIETIS (4); 197: WIETIS (5); 198: HK (2), Pressestelle Märkischer Kreis (1); 199: Rot-Weiß Lüdenscheid (3), Highlander Lüdenscheid (1); 200: Wilde – Kutzner – Teichert PartG/Architekten (3); 201: Wilde – Kutzner – Teichert PartG/Architekten (4); 202: Hans Blossey (1); 203: HK (3); 204: HK (3); 205: HK (3); 206: Hans Blossey (1), Pressestelle Märkischer Kreis (2); 207: HK (3); 208: Pressestelle Märkischer Kreis (1), Hans Blossey (1); 209: HK (3); 210: Hans Blossey (1); 211: Pressestelle Märkischer Kreis (1), Hans Blossey (1), HK (1); 212: Pressestelle Märkischer Kreis (1), HK (1); 213: Buchhandlung DAUB (3); 214: HK (2), Pressestelle Märkischer Kreis (2); 215: HK (3); 216: Scholz (2); 217: Stadtmarketing Menden (3), Asio otus/Wikipedia (1), Museum Menden f. Stadt- und Kulturgeschichte (1); 218: Stadtwerke Menden (3); 219: Stadtwerke Menden (4); 220: HK (1), Stadtmarketing Menden (5); 221: Museum Menden f. Stadt- und Kulturgeschichte (4); 222: HSG Menden (4); 223: Pressestelle Märkischer Kreis (1), BuBo/Wikipedia (2); 224: Initiativkreis Mendener Wirtschaft (1), Gudrun Scholand-Rebbert, Christina Luig (1); 225: Arnoldius/Wikipedia (1), HK (1), Mbdortmund/Wikipedia (1); 226: Museum Menden f. Stadt- und Kulturgeschichte (2); 227: Museum Menden f. Stadt- und Kulturgeschichte (3); 228: Museum Menden f. Stadt- und Kulturgeschichte (2); 229: Rheinkalk (3); 230: Hans Blossey (1); 231: HK (1); 232: HK (2); 233: HK (3); 234: HK (2); 235: HK (1), HK (1), Quelle: Pingsjong/Wikipedia (1); 236: Stadt Neuenrade (1); 237: HK (4); 238: HK (3); 239: HK (4); 240: HK (3); 241: HK (2); 242: Pressestelle Märkischer Kreis (2), Bubo/Wikipedia (1); 243: Frank Vincentz/Wikipedia (3); 244: Frank Vincentz/Wikipedia (2); 245: Frank Vincentz/Wikipedia (1), BuBo/Wikipedia (2); 246: Hans Blossey (1); 247: HK (3); 248: HK (4), Markus Schmellenkamp (1); 249: HK (2), Pressestelle Märkischer Kreis (1); 250: HK (4); 251: Hans Blossey (1); 252: Markus Schmellenkamp (5); 253: Novelis (4); 254: Scan gemeinfrei/Maler Wilhelm Riefenstahl (1), Wolfgang Poguntke/Wikipedia (2), Pressestelle Märkischer Kreis (1); 255: Prinz (2); 256: Märkischer Kreis – Vermessung und Kataster (1); 257: HK (4); 258: HK (4); 259: HK (2); 260: Gerd Gebhardt (2), Pressestelle Märkischer Kreis (1); 261: HK (2); 262: Kaiser (4); 263: Archiv Gebhardt (1); 264: Hans Blossey (1); 265: HK (2); 266: HK (3); 267: Bundesarchiv Koblenz (1), HK (1); 268: ENERVIE (3); 269: ENERVIE (3), ENERVIE/Quelle: Dr. G. Schmitz (1); 270: HK (2); 271: HK (2); 272: Kracht (4); 273: HK (3), Quelle: Der Märker (1957) (1); 274: HK (4); 275: Frank Vincentz/Wikipedia (1), HK (1), Stefan Flöper/Wikipedia (1), HK (1); 279: MSM Medienberatung + Verlag (1).

Bildmaterial, das in den mit Adressabbindern gekennzeichneten Beiträgen zu finden und in obiger Auflistung nicht aufgeführt ist, wurde dem Verlag von den Protagonisten des Buches ohne Bildautoren-Nennung zur Verfügung gestellt. Bilder der im Buch vertretenen Institutionen und Protagonisten sind demnach von diesen geliefert und verantwortet.
Alle Bilder, die im Nachweis mit HK gekennzeichnet sind, stammen von Holger Krieg.

Besten Dank

Beim Zusammenstellen eines Bildbandes über einen Kreis und seine 15 Kommunen ist die Zusammenarbeit mit den Pressestellen, Wirtschafts- und Stadtmarketingorganisationen vor Ort selbstverständlich unerlässlich. So auch hier.

Insbesondere sei Dank gesagt an Hendrik Klein vom Märkischen Kreis, seines Zeichens Fachdienstleiter Öffentlichkeitsarbeit/Tourismus, und sein Team. Darüber hinaus sei den anderen Gastautoren dieses Buches gedankt, die Beiträge eigens für diese Publikation formulierten bzw. Vorhandenes zur Verfügung stellten. Sollte ein Autor vergessen worden sein, so ist dies einem Versehen geschuldet und es geschah keinesfalls mutwillig. Denn es ist unstrittig: Ein Werk dieser Art lässt sich – ungeachtet des betriebenen Rechercheaufwandes – ohne die Hilfe und das Wissen der Experten vor Ort nicht realisieren.

Ebenso waren die Internetpräsentationen der Städte und Gemeinden, der Vereine, Wirtschafts- und Touristikorganisationen wichtige Quellen sowie »Informations- und Bildbeschaffer«.

Weiteres und detailliertes Wissenswertes über Spannendes im Märkischen Kreis finden Interessierte unter

www.maerkischer-kreis.de
www.altena.de
www.balve.de
www.halver.de
www.hemer.de
www.herscheid.de
www.iserlohn.de
www.kierspe.de
www.luedenscheid.de
www.meinerzhagen.de
www.menden.de
www.nachrodt-wiblingwerde.de
www.neuenrade.de
www.plettenberg.de
www.schalksmuehle.de
www.werdohl.de

Der Autor

Holger Krieg, geboren 1966 im hessischen Gelnhausen, ist freier Journalist und betreibt in Halver eine PR- und Werbeagentur.

1989 bedeutete auch für ihn ein Jahr der Veränderung: Den gelernten Tageszeitungsredakteur verschlug es beruflich nach Südwestfalen. Sein Einsatzgebiet war von nun an die Region im Dreieck Lüdenscheid – Hagen – Arnsberg.

Früh suchte Krieg die Selbstständigkeit und gründete seine Agentur, heute mit Sitz in Halver. Journalistisch ist er nach wie vor aktiv und nutzt die großen Vorteile, »beide Seiten des Schreibtischs« gut zu kennen. In Breckerfeld gab er eine eigene Monatszeitung heraus. In seiner Arbeit heute bilden Shopping-Center, das deutsche Schornsteinfegerhandwerk, für das er eine eigene Werbelinie entwickelte, und seine Tätigkeit als Redenschreiber die Arbeitsschwerpunkte.

Zu seinen Veröffentlichungen zählen auch ein Buch über bedeutende Unternehmen im südlichen Märkischen Kreis und ein Limosa-Bildband über den Ennepe-Ruhr-Kreis.

Im Internet ist er via www.media-msm.de erreichbar.

Noch mehr schöne Seiten Deutschlands

Holger Krieg | 280 Seiten, gebunden
24,5 x 30,5 cm | ISBN 978-3-86037-447-4

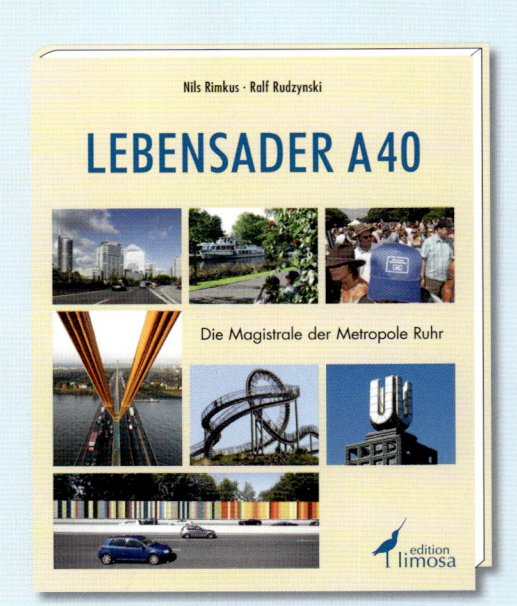

Nils Rimkus, Ralf Rudzynski | 240 Seiten, gebunden
24,5 x 30,5 cm | ISBN 978-3-86037-482-5

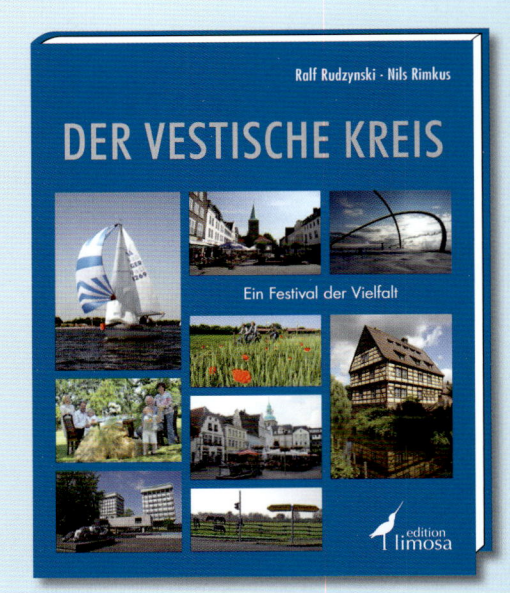

Ralf Rudzynski, Nils Rimkus | 240 Seiten, gebunden
24,5 x 30,5 cm | ISBN 978-3-86037-422-1

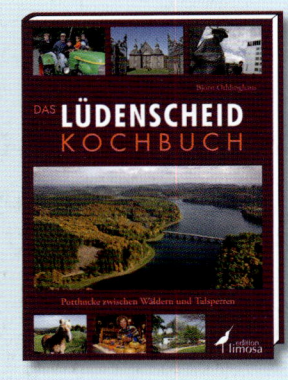

Björn Othlinghaus
192 Seiten, gebunden
17,5 x 24,5 cm
ISBN 978-3-86037-421-4

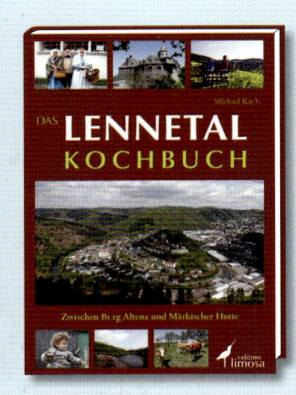

Michael Kaub
192 Seiten, gebunden
17,5 x 24,5 cm
ISBN 978-3-86037-411-5

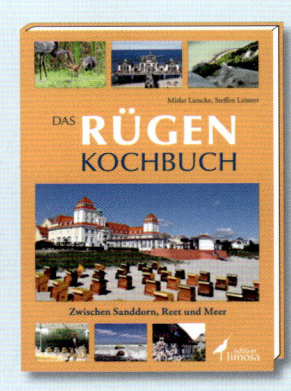

Mirko Liencke, Steffen Leistert
192 Seiten, gebunden
17,5 x 24,5 cm
ISBN 978-3-86037-460-3

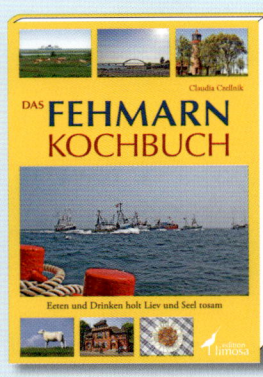

Claudia Czellnik
208 Seiten, gebunden
17,5 x 24,5 cm
ISBN 978-3-86037-469-6

Hans-Peter Hansen
192 Seiten, gebunden
17,5 x 24,5 cm
ISBN 978-3-86037-476-4

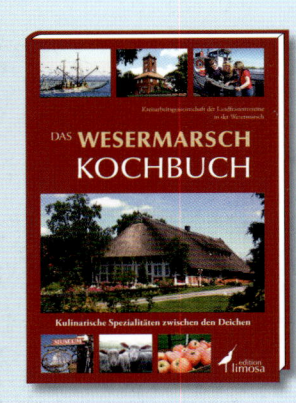

Kreisarbeitsgemeinschaft
der Landfrauenvereine
in der Wesermarsch
192 Seiten, gebunden
17,5 x 24,5 cm
ISBN 978-3-86037-486-0

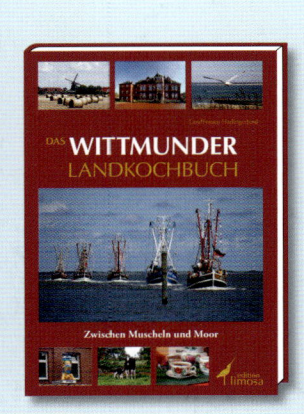

Landfrauen Harlingerland
208 Seiten, gebunden
17,5 x 24,5 cm
ISBN 978-3-86037-485-6

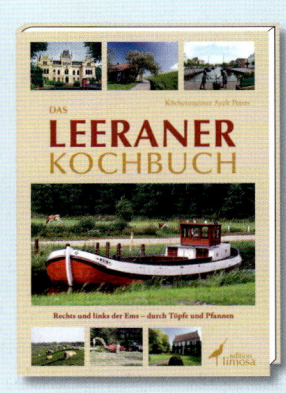

Küchenmeister Ayelt Peters
192 Seiten, gebunden
17,5 x 24,5 cm
ISBN 978-3-86037-491-7

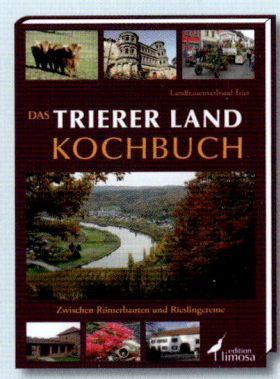

Landfrauenverband Trier
192 Seiten, gebunden
17,5 x 24,5 cm
ISBN 978-3-86037-431-3

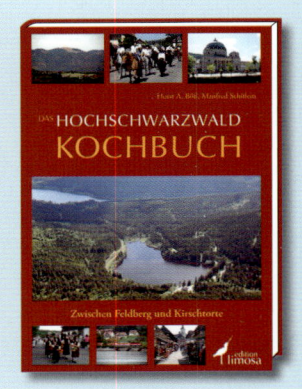

Horst A. Böß,
Manfred Schülein
192 Seiten, gebunden
17,5 x 24,5 cm
ISBN 978-3-86037-427-6

www.limosa.de